제3판

한글 SPSS
통계자료분석

이기성 · 한성실 · 정기문 지음

사회조사분석사 실기
기출문제 및 풀이 수록

자유아카데미

머리말(제 3판)

본서는 2006년도에 첫 출간이 이루어졌으며, 2012년에 개정판이 출간되었고, 독자 여러분들의 많은 성원으로 2020년에 3판까지 출간되기에 이르렀다. 3판이 출간되기까지 다소 많은 시간이 흐른 만큼 독자들의 다양한 의견을 충분히 반영하여 새롭게 수정 및 보완된 3판을 출간하고자 하였다.

본서는 대학에서 『한글 SPSS 활용』, 『통계소프트웨어』 또는 『통계자료분석』에 해당되는 교과목의 교재나 『사회조사분석사 실기시험』 준비생의 수험서로 이용될 수 있기를 기대하면서 출간되었다.

기본적으로 3판은 개정판의 내용을 바탕으로 저술되었으며, 특별히 다음과 같은 내용들이 수정되고 보완되었다. 첫째, 기존의 데이터 셋에 새로운 변수 및 케이스를 추가하여 다양한 통계분석이 가능하도록 하였으며, 실습 문제를 추가하여 독자가 스스로 해결할 수 있는 능력을 배양하도록 하였다. 둘째, IBM SPSS를 기초로 하여 저술되었던 개정판을 2020년도에 새롭게 출시된 SPSS 26.0를 사용하여 전면적으로 개정하였다. 셋째, 설문조사에서 많이 나타나는 다중응답을 분석하는 방법과 데이터의 크기가 충분히 크지 않을 경우 적용 가능한 비모수통계 분석방법을 추가하였다. 끝으로 독자들의 의견을 반영하여 SPSS 메뉴 대화상자와 결과 등을 설명하는 화면의 크기를 확대하여 보기에 편안하도록 하였다.

물론, 3판을 내면서도 여전히 부족하고 미흡한 점이 있기는 하지만 한글 SPSS를 이용하여 통계자료분석을 하고자 하는 독자들이나 사회조사분석사 자격증의 실기시험을 대비하고자 하는 이들에게 조금이나마 도움이 되기를 기대하며, 미진한 부분에 대해서는 앞으로도 계속 수정, 보완해 나가고자 한다. 출간 후 나올 수 있는 수정사항과 책에 사용된 데이터파일은 자유아카데미 홈페이지(www.freeaca.com) 자료실에 제공할 예정이니 참조하기를 바란다.

끝으로 이 책의 출판을 위해 애써주신 자유아카데미 여러분의 수고에 진심으로 감사를 드린다.

2020년 8월

이기성·한성실·정기문

머리말(개정판)

본서의 제 1판이 발행된 2006년도 이후에 SPSS는 버전이 12.0에서 현재의 IBM SPSS에 이르기까지 여러 차례의 업그레이드를 통해서 많은 변화를 보였다. 더불어 제 1판은 몇 번의 수정을 거치면서 보완되어 3쇄까지 인쇄가 되었다. 이에 저자들은 제 1판의 내용을 현재의 IBM SPSS를 활용하고, 독자들의 의견을 반영하여 새롭게 수정 및 보완된 개정판을 낼 필요가 있다고 생각하였다.

기본적으로 개정판은 제 1판의 내용을 바탕으로 저술되었으며, 특별히 다음과 같은 내용들이 수정되고 보완되었다.

첫째, 설명 및 표현이 적절하지 못했던 부분과 적지 않게 존재했던 오탈자를 수정하였다. 둘째, SPSS 12.0으로 저술되었던 제 1판을 2011년도에 새롭게 출시된 IBM SPSS를 사용하여 전면적으로 개정하였다. 셋째, 최근에 출제된 사회조사분석사 2급 실기문제에 대한 풀이를 추가하였다. 끝으로 SPSS 메뉴의 대화상자와 결과 등을 설명하는 화면의 크기를 넉넉하게 편집하여 독자들이 편안하게 이용할 수 있도록 하였다.

2006년도에 본서의 제 1판이 출간된 이후에 독자 여러분들의 많은 성원으로 여러 차례 인쇄를 하였고, 이제 개정판까지 출간되기에 이르렀다. 물론, 개정판을 내면서 부족하고 미흡한 점이 있다고 생각되나, 한글 SPSS를 이용하여 통계자료분석을 하고자 하는 독자들이나 사회조사분석사 자격증의 실기시험을 대비하고자 하는 이들에게 조금이나마 도움이 되기를 기대하며, 미진한 부분에 대해서는 앞으로도 계속 수정, 보완해 나가고자 한다.

끝으로 이 책의 출판을 위해 애써주신 자유아카데미 여러분의 수고에 진심으로 감사를 드린다.

2012년 2월

이기성·한성실·정기문

머 리 말(제 1판)

21세기 정보화 시대에 주요 정보 분석 도구로서 통계패키지 SPSS(Statistical Package for Social Science)는 통계학 뿐 아니라 사회과학 등 다른 여러 응용분야에서 폭넓게 활용되고 있다. 최근 한글로 된 『한글 SPSS』가 개발되면서 국내의 사용자들에게 더욱 호응을 얻게 되었으며, 더욱이 『사회조사분석사』실기 시험에서도 가장 많이 사용되는 패키지로 각광을 받고 있다.

현재 SPSS 자료분석에 대한 여러 형태의 교재들이 많이 출간되었으나, SPSS가 포함하고 있는 내용이 워낙 방대하고, 다양해서 이를 한 권의 책에 모두 포함하기가 쉽지 않으며, 통계자료분석을 위한 SPSS의 사용방법을 설명하는 교재들의 경우 너무 많은 내용을 포함하고 있거나, 너무 간결한 형태로 설명되어 있는 것이 대부분이다.

이 책은 저자들이 대학에서 SPSS를 이용한 통계자료분석과 사회조사분석 강좌를 수년간 강의하면서 꼭 필요하다고 생각되는 부분만을 포함하도록 하여, 한 학기에 강의 가능한 정도의 내용과 양으로 구성되어 있다. 이 책은 통계학 전공자뿐만 아니라 한글 SPSS를 처음 접하는 독자들이나 통계학 비전공자들도 쉽게 이해할 수 있도록 복잡한 통계학 이론보다는 각 장별로 꼭 필요한 통계학의 이론을 쉽고 간결하게 설명하고, 한글 SPSS를 이용하여 얻은 결과를 분석하는 형태로 구성되어 있다. 특히, 사회조사분석사 실기 시험 준비생들을 위하여 실제 사회조사분석사 2급 실기 기출문제 및 그 풀이 과정을 자세하게 다루고 있다.

이 책은 총 3개부 10개장과 5개의 기출문제로 구성되어 있으며, 제1부에서는 SPSS 자료의 입출력, 파일의 변환, 자료의 변환 등 한글 SPSS 사용법에 대한 내용을 설명하고, 제2부에서는 자료의 정리 및 요약, 모평균에 대한 검정, 범주형자료분석, 상관분석, 회귀분석, 분산분석, 설문조사자료분석 및 신뢰도분석 등 한글 SPSS를 이용한 통계자료분석에 대한 내용을 설명하고 있으며, 제3부에서는 최근에 출제된 사회조사분석사 2급 실기 문제 풀이 과정을 다루고 있다.

따라서 이 책은 대학에서 『한글 SPSS 활용』, 『통계소프트웨어』또는 『통계자료분석』에 해당되는 교과목의 교재나 『사회조사분석사 실기시험』 준비생의 수험서로 이용될 수 있을 것이다.

독자들의 편의를 위하여 이 책의 본문에 포함된 자료파일은 출판사의 홈페이지(http://www.freeaca.com) 자료실을 통하여 다운로드 받을 수 있도록 하였다.

이 책은 내면서 부족하고 미흡한 점이 있다고 생각되나, 한글 SPSS를 이용하여 통계자료분석을 하고자 하는 독자들이나 사회조사분석사 실기시험을 대비하고자 하는 이들에게 조금이나마 도움이 되기를 기대하며, 미진한 부분에 대해서는 앞으로도 계속 수정, 보완해 나가고자 한다.

끝으로 이 책의 출판을 위해 애써주신 자유아카데미 여러분의 수고에 진심으로 감사를 드린다.

저자 씀

차 례

제 I 부 한글 SPSS 사용법

제 II 부 SPSS를 이용한 통계자료분석

제 Ⅲ 부 사회조사분석사 실기 기출문제 및 풀이

제 I 부 한글 SPSS 사용법

CHAPTER 1
SPSS 자료의 입·출력

이 장에서는 SPSS에서 사용되는 자료를 입력하는 방법과 자료파일 및 출력결과를 저장하는 방법에 대해 살펴보고자 한다. 1절에서는 본 교재에서 사용될 SPSS 자료에 대한 정보를 설명하고, 2절에서는 SPSS에서 직접 자료를 입력하여 SPSS 자료 파일을 구성하는 방법을 설명한다. 3절에서는 2절에서 생성된 SPSS 자료 파일을 저장하는 방법과 이를 다른 유형의 파일로 저장하는 방법에 대해 설명한다. 4절에서는 SPSS 파일로 저장되어 있는 자료를 불러들이는 방법, 텍스트 파일 또는 엑셀, 데이터베이스 형태와 같이 외부파일로 저장되어 있는 자료를 불러들이는 방법에 대해 설명한다. 마지막 5절에서는 SPSS 분석을 통해 얻어진 출력결과 파일을 저장하는 방법과 외부파일로 내보내기 위한 방법을 설명한다.

SECTION 1.1 자료 파일 구성하기

SPSS를 이용하여 자료를 분석하기 위해서는 분석에 필요한 자료를 SPSS 통계 데이터 편집기(**IBM SPSS Statistics Data Editor**)로 불러와야 한다. 자료를 SPSS로 불러들이는 방법에는 SPSS에서 직접 자료를 입력하거나 외부파일 형태로 저장된 자료를 SPSS로 불러오는 두 가지 방법이 있다. SPSS 통계 데이터 편집기에서 직접 자료를 입력하는 방법과 텍스트 파일이나, 엑셀파일 또는 데이터베이스 형태로 저장된 외부파일을 SPSS 통계 데이터 편집기로 불러오기 위한 방법을 살펴보자.

본 교재에서 사용되는 자료는 a1, a2, a3, a4의 4개 파일로 구성되어 있으며, 각 파일은 다음의 변수들을 포함하고 있다. 자료 a1에는 1반 학생들의 일반사항(반, 번호, 이름, 성별, 전공, 나이, 지역)과 성공적인 취업을 위해서 우선적으로 필요하다고 생각하는 항목에 대한 설문조사 결과(P1, P2) 및 지능지수(IQ1, IQ2)에 대한 정보가 포함되어 있고, 자료 a2에는 1반 학생들의 신체정보(키, 몸무게, 허리둘레) 및 성적(언어영역 및 수리영역 점수, 평점) 정보가 포함되어 있다. 자료 a3와 a4는 2반 학생들에 대한 동일한 항목의 조사 결과가 포함되어 있으며, 2반 학생들에 대해서는 통학방법이 추가로 조사되었다. 여기서는 변수 설명을 위해 자료의 일부분만을 표시하였으며, 전체 자료 파일 및 변수 값 레이블은 **부록:spss 분석에 사용된 자료**에 수록하였으니 참고하기 바란다.

자료 a1 1반 학생들의 일반사항 및 설문조사 결과와 지능지수

반	번호	이름	성별	전공	나이	지역	P1	P2	IQ1	IQ2
1	1	김승현	1	1	20	1	1	2	80	77
1	2	최경희	2	2	20	2	1	2	70	68
1	3	강희영	2	2	20	1	1	2	66	80
1	4	이남석	1	2	20	3	1	3	87	72
1	5	이주형	1	2	21	1	1	2	70	69
1	6	한상철	1	1	20	3	1	2	78	81
1	7	김호준	1	1	20	2	2	3	75	63
1	8	김선영	2	1	22	1	1	2	83	70
1	9	정동준	1	1	20	3	1	2	85	73
1	10	이수미	2	2	20	2	1	3	60	79
1	11	이정아	2	2	21	3	1	2	66	78
1	12	한경기	1	1	21	3	1	2	90	85
1	13	김숙희	2	1	22	1	1	2	74	92
1	14	한미라	2	2	20	2	1	2	79	84
1	15	임철민	1	1	25	2	2	3	95	92

자료 a2 1반 학생들의 신체정보와 성적

반	번호	키	몸무게	허리둘레	언어영역	수리영역	평점
1	1	165.5	63	31	125	135	3.4
1	2	159.1	59	26	118	121	3.4
1	3	162.5	54	25	125	128	3.4
1	4	164.0	61	31	127	125	3.4
1	5	174.6	60	30	118	115	3.2
1	6	176.5	74	27	106	116	3.2
1	7	177.7	76	31	98	105	3.4
1	8	153.2	45	25	114	116	3.6
1	9	173.5	80	31	132	130	3.5
1	10	159.0	53	26	105	110	3.2
1	11	154.0	48	25	126	128	3.6
1	12	163.0	56	28	139	138	4.1
1	13	160.2	50	25	137	135	3.8
1	14	161.5	54	28	107	115	2.9
1	15	170.0	71	30	139	142	3.8

자료 a3 2반 학생들의 일반사항 및 설문조사 결과와 지능지수

반	번호	이름	성별	전공	통학방법	나이	지역	P1	P2	IQ1	IQ2
2	1	강성혁	1	1	1	21	1	1	3	127	129
2	2	정수진	2	1	2	22	1	2	3	140	145
2	3	김수민	2	2	1	23	2	2	3	120	117
2	4	정선미	2	1	1	21	1	1	3	123	125
2	5	조영기	1	1	2	20	3	2	4	116	120
2	6	강은주	2	1	1	21	3	1	3	124	128
2	7	전지영	2	2	2	21	2	2	3	137	139
2	8	정희숙	2	1	1	22	3	2	3	127	130
2	9	강난희	2	2	1	20	1	1	4	111	121
2	10	나석영	1	2	1	21	3	1	3	145	146
2	11	유승진	1	1	1	21	2	2	3	124	126
2	12	김윤정	2	2	2	22	2	2	3	125	128
2	13	홍석철	1	1	1	23	1	2	3	127	130
2	14	이순철	1	1	1	21	3	2	4	125	126
2	15	김수진	2	1	2	20	2	2	4	109	117

자료 a4 2반 학생들의 신체정보와 성적

반	번호	키	몸무게	허리둘레	언어영역	수리영역	평점
2	1	174.5	67	29	89	72	3.6
2	2	163.5	48	25	90	88	3.9
2	3	174.0	75	30	74	76	3.9
2	4	166.4	61	24	78	78	4.1
2	5	174.7	71	31	82	89	3.9
2	6	159.2	63	25	77	75	3.9
2	7	164.2	50	26	75	84	3.7
2	8	157.5	50	27	81	90	4.2
2	9	164.3	57	26	75	81	3.5
2	10	167.6	70	31	77	95	3.5
2	11	172.0	79	28	89	72	3.7
2	12	166.7	55	24	91	88	4.1
2	13	184.2	84	33	72	75	3.6
2	14	182.1	77	35	80	77	3.5
2	15	158.6	48	24	72	83	3.7

SECTION 1.2 자료 입력하기

SPSS에서 직접 자료를 입력하기 위해서는 SPSS 초기화면에서 다음의 메뉴를 선택함으로써 시작할 수 있다.

파일 ➡ **새파일** ➡ **데이터** *SPSSMENU*

결과 1.1은 **SPSS 통계 데이터 편집기**에서 1반 학생들의 일반사항 및 설문조사 결과와 지능지수 정보를 포함하고 있는 자료 a1을 직접 입력한 예를 보여준다.

결과 1.1 SPSS 통계 데이터 편집기의 데이터 보기

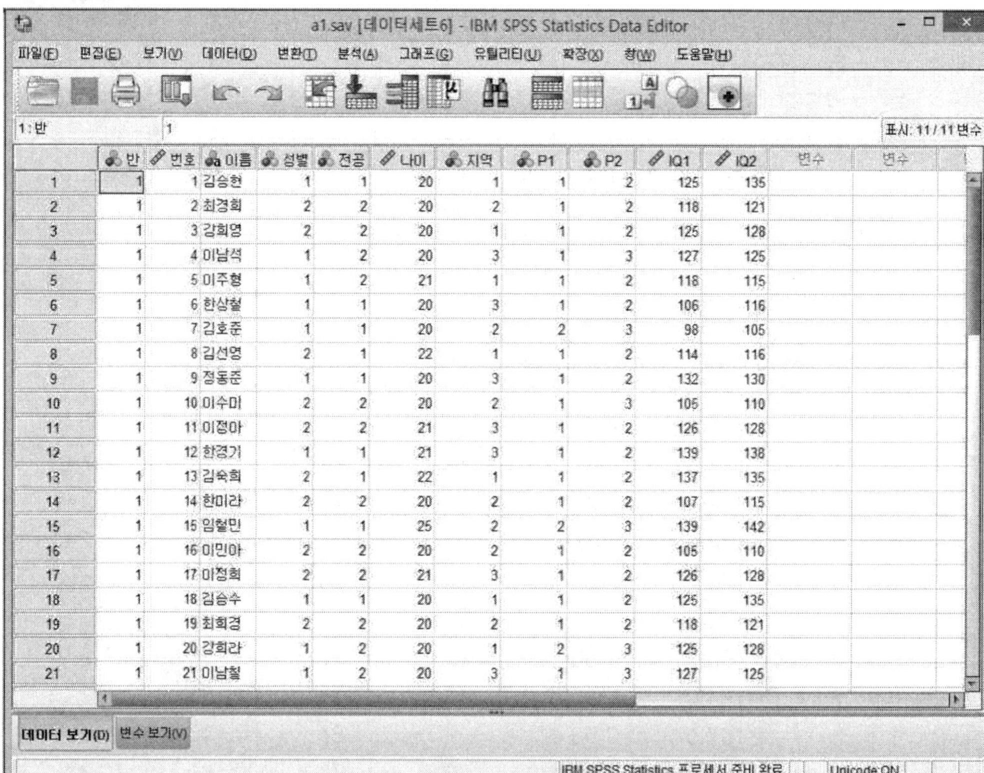
a1.sav [데이터세트6] - IBM SPSS Statistics Data Editor

파일(F) 편집(E) 보기(V) 데이터(D) 변환(T) 분석(A) 그래프(G) 유틸리티(U) 확장(X) 창(W) 도움말(H)

1:반 1 표시: 11 / 11 변수

	반	번호	이름	성별	전공	나이	지역	P1	P2	IQ1	IQ2	변수	변수
1	1	1	김승현	1	1	20	1	1	2	125	135		
2	1	2	최경희	2	2	20	2	1	2	118	121		
3	1	3	강희영	2	2	20	1	1	2	125	128		
4	1	4	이남석	1	2	20	3	1	3	127	125		
5	1	5	이주형	1	2	21	1	1	2	118	115		
6	1	6	한상철	1	1	20	3	1	2	106	116		
7	1	7	김호준	1	1	20	2	2	3	98	105		
8	1	8	김선영	2	1	22	1	1	2	114	116		
9	1	9	정동준	1	1	20	3	1	2	132	130		
10	1	10	이수미	2	2	20	2	1	3	105	110		
11	1	11	이정아	2	2	21	3	1	2	126	128		
12	1	12	한경기	1	1	21	3	1	2	139	138		
13	1	13	김숙희	2	1	22	1	1	2	137	135		
14	1	14	한미라	2	2	20	2	1	2	107	115		
15	1	15	임철민	1	1	25	2	2	3	139	142		
16	1	16	이민아	2	2	20	2	1	2	105	110		
17	1	17	이정희	2	2	21	3	1	2	126	128		
18	1	18	김승수	1	1	20	1	1	2	125	135		
19	1	19	최희경	2	2	20	2	1	2	118	121		
20	1	20	강희라	1	2	20	1	2	3	125	128		
21	1	21	이남철	1	2	20	3	1	3	127	125		

데이터 보기(D) 변수 보기(V)

IBM SPSS Statistics 프로세서 준비 완료 Unicode:ON

[데이터 보기] 상태에서 자료를 입력하면, 변수 **이름**은 자동으로 V1, V2, ... 와 같이 설정된다. 자료입력이 끝난 다음 [변수 보기]를 선택하면, 입력된 자료의 변수의 **이름**을 바꿀 수 있으며, 각 변수의 **유형** 및 **레이블**, **값** 등을 지정할 수 있다. 결과 1.2는 [변수 보기]를 선택한 화면으로 입력된 자료에 대한 변수들의 여러 가지 속성을 다음에 설명되는 규칙에 의해 지정할 수 있다.

결과 1.2 SPSS 통계 데이터 편집기의 변수 보기

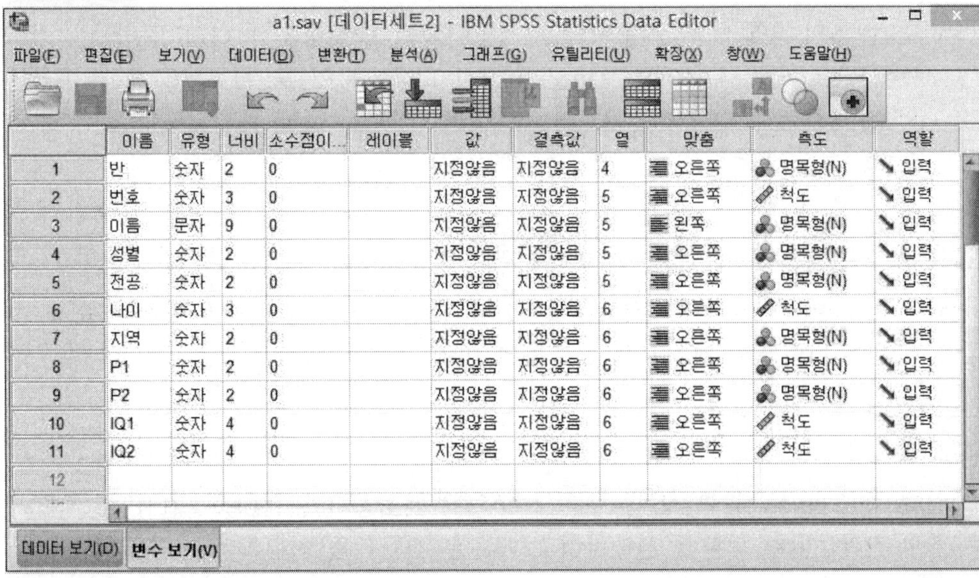
a1.sav [데이터세트2] - IBM SPSS Statistics Data Editor

파일(F) 편집(E) 보기(V) 데이터(D) 변환(T) 분석(A) 그래프(G) 유틸리티(U) 확장(X) 창(W) 도움말(H)

	이름	유형	너비	소수점이...	레이블	값	결측값	열	맞춤	측도	역할
1	반	숫자	2	0		지정않음	지정않음	4	오른쪽	명목형(N)	입력
2	번호	숫자	3	0		지정않음	지정않음	5	오른쪽	척도	입력
3	이름	문자	9	0		지정않음	지정않음	5	왼쪽	명목형(N)	입력
4	성별	숫자	2	0		지정않음	지정않음	5	오른쪽	명목형(N)	입력
5	전공	숫자	2	0		지정않음	지정않음	5	오른쪽	명목형(N)	입력
6	나이	숫자	3	0		지정않음	지정않음	6	오른쪽	척도	입력
7	지역	숫자	2	0		지정않음	지정않음	6	오른쪽	명목형(N)	입력
8	P1	숫자	2	0		지정않음	지정않음	6	오른쪽	명목형(N)	입력
9	P2	숫자	2	0		지정않음	지정않음	6	오른쪽	명목형(N)	입력
10	IQ1	숫자	4	0		지정않음	지정않음	6	오른쪽	척도	입력
11	IQ2	숫자	4	0		지정않음	지정않음	6	오른쪽	척도	입력
12											

데이터 보기(D) 변수 보기(V)

이름

- 변수의 **이름**을 지정한다.
- 변수의 **이름**은 문자로 시작하며, 나머지 부분은 문자, 숫자, 마침표, 부호(@, #, _, $)를 사용할 수 있고 대소문자 구분 없이 사용할 수 있다. **이름**의 최대 길이는 64바이트로 영어는 64자, 한글은 32자까지 지정할 수 있다. **이름**에는 공백과 특수 문자(예: !, ?, * 등)는 사용할 수 없으며, 각 변수의 **이름**은 서로 중복되지 않고 유일하도록 지정되어야 한다.

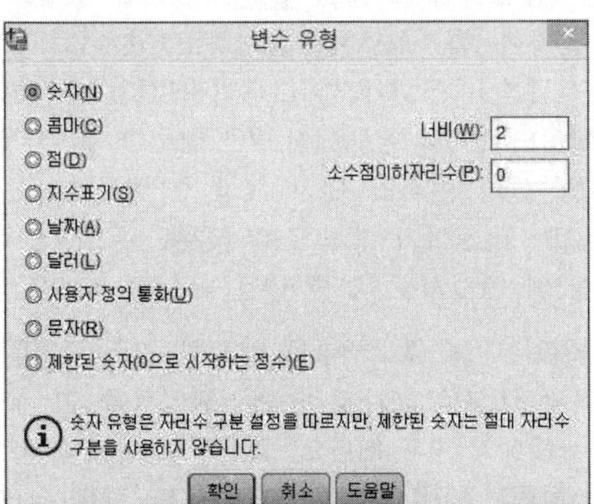

유형

- 각 변수의 **유형** 부분을 클릭하면 **《변수유형》** 대화상자가 나타나는데, 여기서 **변수 유형**과 **너비**, **소수점이하자리수**를 지정한 다음 [확인]을 클릭한다. 다음은 **변수유형**을 **숫자**로 하고 **너비**는 2자리, **소수점이하자리수**는 나타나지 않도록 설정한 예이다.

너비

- 각 변수의 **너비**는 **《변수유형》** 대화상자를 통하지 않더라도 **너비** 입력 부분을 선택하여 나타나는 화살표를 이용하여 변경시킬 수 있다.

소수점이하 자리수

- 각 변수의 **소수점이하 자리수** 또한 **《변수유형》** 대화상자를 통하지 않더라도 **소수점이하 자리수** 입력 부분을 선택하여 나타나는 화살표를 이용하여 변경할 수 있다.

레이블

- 변수에 대한 설명이 필요한 경우 이를 입력한다.

값

- 범주형 자료인 경우 **값**을 클릭하면 나타나는 **《값 레이블》** 대화상자에서 **기준값**에 실제 변수가 가지고 있는 값을 입력하고, **레이블**에는 기준값에 대한 설명을 입력한 다음 [추가]를 클릭한다. 예를 들어 성별 변수의 경우 **기준값**에 "1"을, **레이블**에 "남자"를 입력한 후 [추가]를 클릭하고, 변수값 "2"에 대해서도 아래와 같이 입력한 후 [추가]를 클릭한 다음 [확인]을 클릭한다. 이와 같이 입력된 레이블은 [데이터 보기] 상태에서 **보기** 메뉴의 **값 레이블**을 선택하면 [데이터 보기] 화면에 실제 변수값 대신 **《값 레이블》** 대화상자에서 지정된 **레이블**이 나타나게 된다. 마찬가지 방법으로 전공(1.통계, 2.수학)과 지역(1.서울, 2.광역시, 3.지방)에 대해서도 **값 레이블**을 설정할 수 있다.

  결과 1.3은 성별과 전공, 지역에 대해 **값 레이블**을 설정한 결과로 성별 변수의 경우 **값** 부분에 **지정않음**에서 **{1,남자}...**와 같이 변경되었음을 볼 수 있다. 결과 1.4는 [데이터 보기] 상태에서 **보기** 메뉴의 **값 레이블**을 선택한 화면을 보여준다. 이를 보면 성별과 전공, 지역 변수에 대해서 원 자료 값이 아닌 **값 레이블**에서 지정한 값이 표시되어 있는 것을 알 수 있다.

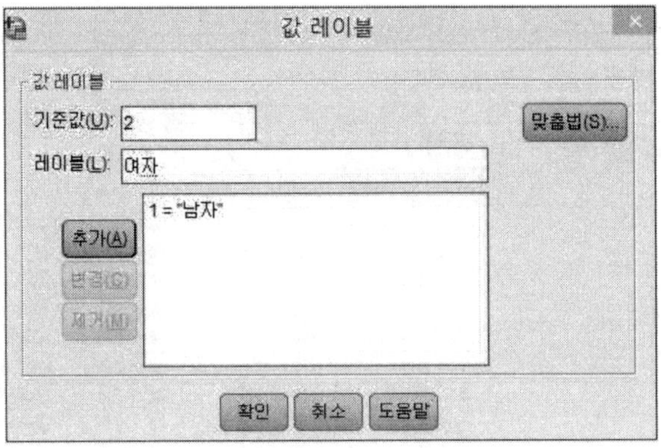

결측값

- 자료에 **결측값**이 포함된 경우 이를 지정하고, 결측값이 없는 경우에는 **결측값 없음**을 선택하고, [확인]을 클릭한다.
- 사용자 결측값으로 지정된 데이터 값은 특수 처리로 표시되고 일반적인 계산에서 제외되며, 세 개의 **이산형 결측값**과 **한개의 선택적 이산형 결측값을 더한 범위**에서 **하한, 상한과 이산값**을 입력할 수 있다.
- 8자가 넘는 문자변수에 대해서는 결측값을 정의할 수 없다.
- 문자변수의 경우 영(null) 또는 공백 값을 포함하는 모든 문자 값은 특별히 결측값으로 정의하지 않는 경우 유효한 값으로 인식하고, 영(null) 또는 공백 값을 문자열 변수에 대한 결측값으로 정의하려면 **이산값**에 대한 필드 중 한 필드에 공백을 입력한다.

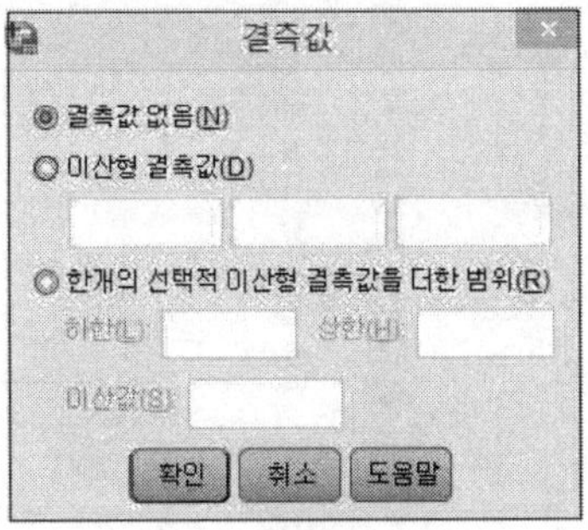

열

- 열 자리수를 지정한다.

결과 1.3 값 레이블 설정 후 SPSS 통계 데이터 편집기의 변수 보기

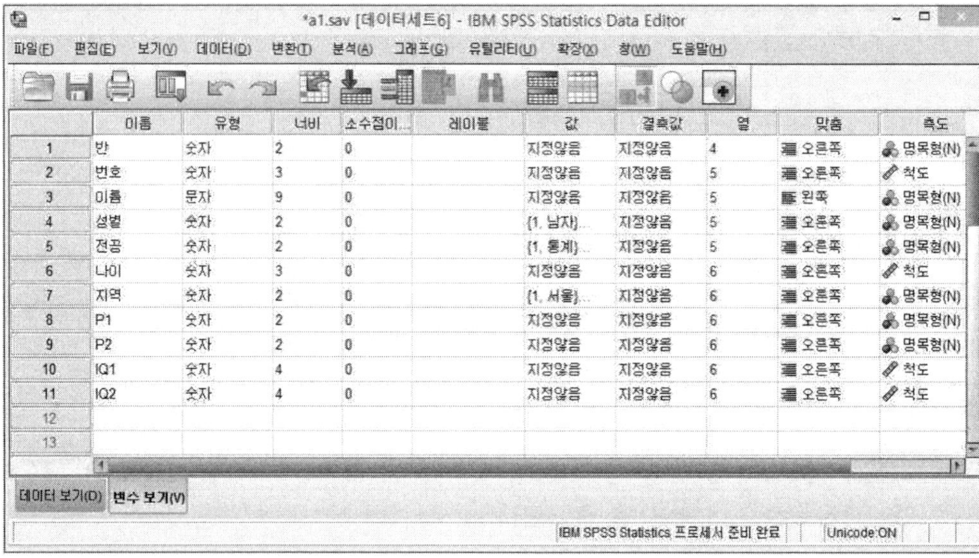

	이름	유형	너비	소수점이...	레이블	값	결측값	열	맞춤	측도
1	반	숫자	2	0		지정않음	지정않음	4	오른쪽	명목형(N)
2	번호	숫자	3	0		지정않음	지정않음	5	오른쪽	척도
3	이름	문자	9	0		지정않음	지정않음	5	왼쪽	명목형(N)
4	성별	숫자	2	0		{1, 남자}...	지정않음	5	오른쪽	명목형(N)
5	전공	숫자	2	0		{1, 통계}...	지정않음	5	오른쪽	명목형(N)
6	나이	숫자	3	0		지정않음	지정않음	6	오른쪽	척도
7	지역	숫자	2	0		{1, 서울}...	지정않음	6	오른쪽	명목형(N)
8	P1	숫자	2	0		지정않음	지정않음	6	오른쪽	명목형(N)
9	P2	숫자	2	0		지정않음	지정않음	6	오른쪽	명목형(N)
10	IQ1	숫자	4	0		지정않음	지정않음	6	오른쪽	척도
11	IQ2	숫자	4	0		지정않음	지정않음	6	오른쪽	척도
12										
13										

결과 1.4 값 레이블이 표시된 SPSS 통계 데이터 편집기의 데이터 보기

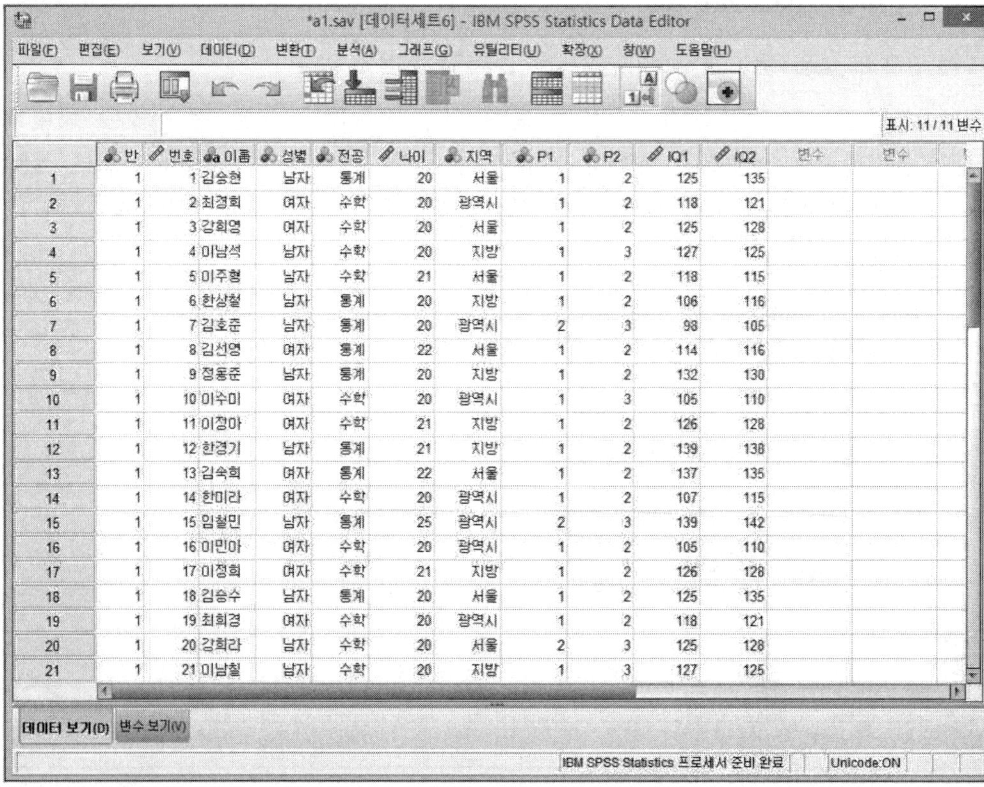

	반	번호	이름	성별	전공	나이	지역	P1	P2	IQ1	IQ2	변수	변수
1	1	1	김승현	남자	통계	20	서울	1	2	125	135		
2	1	2	최경희	여자	수학	20	광역시	1	2	118	121		
3	1	3	강희영	여자	수학	20	서울	1	2	125	128		
4	1	4	이남석	남자	수학	20	지방	1	3	127	125		
5	1	5	이주형	남자	수학	21	서울	1	2	118	115		
6	1	6	한상철	남자	통계	20	지방	1	2	106	116		
7	1	7	김호준	남자	통계	20	광역시	2	3	98	105		
8	1	8	김선영	여자	통계	22	서울	1	2	114	116		
9	1	9	정홍준	남자	통계	20	지방	1	2	132	130		
10	1	10	이수미	여자	수학	20	광역시	1	3	105	110		
11	1	11	이정아	여자	수학	21	지방	1	2	126	128		
12	1	12	한경기	남자	통계	21	지방	1	2	139	138		
13	1	13	김숙희	여자	통계	22	서울	1	2	137	135		
14	1	14	한미라	여자	수학	20	광역시	1	2	107	115		
15	1	15	임철민	남자	통계	25	광역시	2	3	139	142		
16	1	16	이민아	여자	수학	20	광역시	1	2	105	110		
17	1	17	이정희	여자	수학	21	지방	1	2	126	128		
18	1	18	김승수	남자	통계	20	서울	1	2	125	135		
19	1	19	최희경	여자	수학	20	광역시	1	2	118	121		
20	1	20	강희라	남자	수학	20	서울	2	3	125	128		
21	1	21	이남철	남자	수학	20	지방	1	3	127	125		

- [데이터 보기]에서 열 자리수는 열 경계선을 눌러 끌어서 변경할 수 있으며, 열 형식은 [데이터 보기] 상태에서의 값 출력에만 영향을 준다.
- 열 자리수를 바꾸어도 정의한 변수 자리수는 바뀌지 않으며, 정의한 실제 값 자리수가 열 자리수보다 크면 [데이터 보기] 창에 표시 "..."가 나타난다.

맞춤

- 자료의 출력형식을 지정한다.
- **맞춤**은 [데이터 보기]에서 데이터 값과 변수값 설명 표시를 제어한다.
- **맞춤**에서 출력형식을 지정하지 않으면 숫자변수는 **오른쪽**, 문자변수는 **왼쪽**정렬을 하게 되며, 이러한 설정은 [데이터 보기]의 표시에만 적용된다.

측도

- 측정수준을 **척도**(구간의 숫자 데이터 또는 비율 척도), **순서형**, **명목형**으로 지정할 수 있다.
- **명목형**과 **순서형** 데이터는 문자(문자 숫자식) 또는 숫자가 될 수 있다.

실 습 문 제

- a1.sav 파일에서 설문조사 결과를 나타내는 변수 P1과 P2의 값 레이블을 다음과 같이 설정하시오.
  1.학점 2.자격증 3.외국어 역량 4.공모전, 인턴쉽 5.봉사, 대외활동

SECTION 1.3 자료파일 저장하기

데이터 입력이 끝난 다음 이를 SPSS 파일로 저장하기 위해서는 다음의 메뉴를 선택하여 **저장유형**을 **SPSS Statistics(*.sav)** 형태로 저장하면 된다.

파일 ➡ 다른 이름으로 저장 *SPSSMENU*

SPSS에서 직접 자료를 입력하거나 외부에서 입력된 텍스트 파일이나 엑셀 파일을 SPSS로 불러들인 다음 이를 다른 형태의 자료파일로 저장하기 위해서는 **저장 유형**을 원하는 파일형태로 선택한 다음 [저장]을 클릭한다.

SPSS 통계 데이터 편집기에서 입력한 a1 자료를 저장해보자. 《**데이터를 다른 이름으로 저장**》 대화상자에서 저장하고자 하는 위치를 **찾아보기**에서 선택한 후, **파일 이름**을 a1으

로 지정하고, **저장 유형**을 **SPSS Statistics(*.sav)**로 선택한 다음 [저장]을 클릭한다. 동일한 파일을 엑셀 형식으로 저장하기 위해서는 **저장 유형**에서 **Excel(*.xlsx)**를 선택하고, **파일 이름**을 지정한 다음 [저장]을 클릭하면 된다.

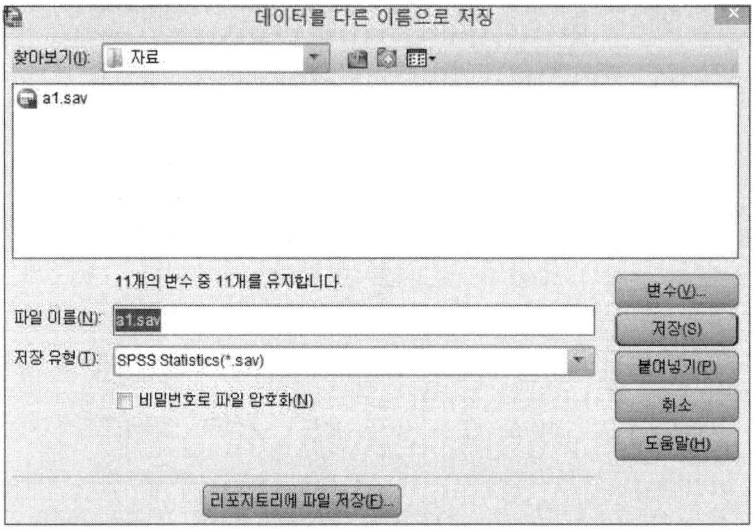

결과 1.5 엑셀에서 SPSS 파일 불러오기

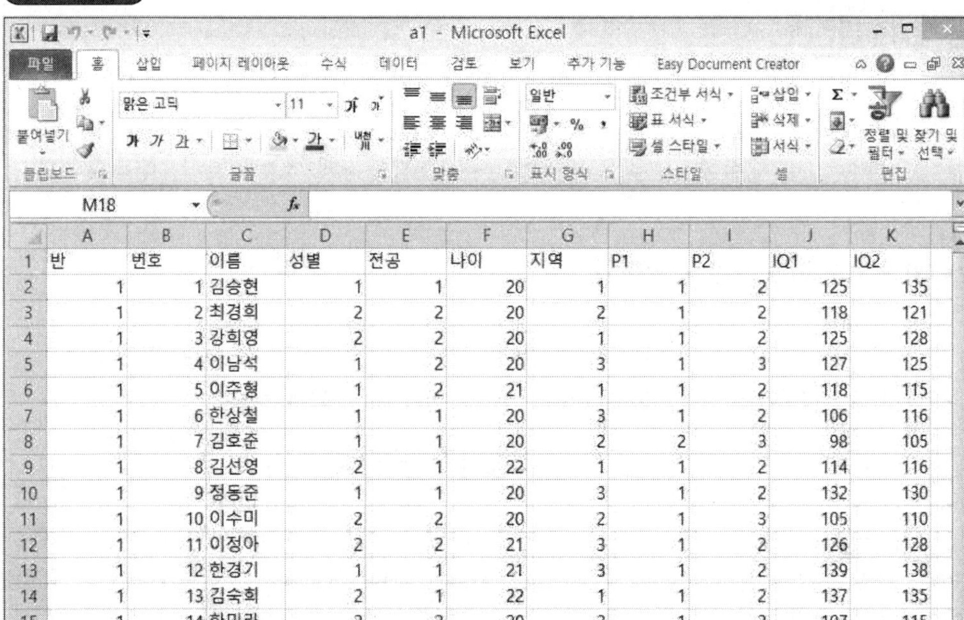

	A	B	C	D	E	F	G	H	I	J	K
1	반	번호	이름	성별	전공	나이	지역	P1	P2	IQ1	IQ2
2	1	1	김승현	1	1	20	1	1	2	125	135
3	1	2	최경희	2	2	20	2	1	2	118	121
4	1	3	강희영	2	2	20	1	1	2	125	128
5	1	4	이남석	1	2	20	3	1	3	127	125
6	1	5	이주형	1	2	21	1	1	2	118	115
7	1	6	한상철	1	1	20	3	1	2	106	116
8	1	7	김호준	1	1	20	2	2	3	98	105
9	1	8	김선영	2	1	22	1	1	2	114	116
10	1	9	정동준	1	1	20	3	1	2	132	130
11	1	10	이수미	2	2	20	2	1	3	105	110
12	1	11	이정아	2	2	21	3	1	2	126	128
13	1	12	한경기	1	1	21	3	1	2	139	138
14	1	13	김숙희	2	1	22	1	1	2	137	135
15	1	14	한미라	2	2	20	2	1	2	107	115

결과 1.5는 **저장 유형**을 엑셀 파일 형식으로 지정하여 a1.sav 파일을 저장한 다음 MS-엑셀에서 불러온 화면이다. 엑셀의 **파일** 메뉴에서 a1.xlsx 파일을 열면 저장된

SPSS 파일을 불러올 수 있다.
이 밖에 SPSS 파일을 텍스트 파일이나 데이터베이스 파일 형식으로도 저장할 수 있는데, 이는 엑셀파일로 저장하는 방법과 같고, **저장 유형**을 원하는 형태로 지정하면 된다. 텍스트 파일로 저장하기 위해서는 **저장유형**을 **탭 구분 데이터(*.dat)** 또는 **고정 ASCII(*.dat)**로 선택하고, 데이터베이스 파일 형식으로 저장하기 위해서는 **dBASE Ⅱ**, **dBASE Ⅲ** 또는 **dBASE Ⅳ(*.dbf)** 중의 하나를 선택한다.

SECTION 1.4 자료파일 불러오기

이 절에서는 외부에 저장되어 있는 다양한 형태의 자료파일을 불러오는 방법에 대하여 설명하고자 한다. 즉, SPSS 자료파일 형식으로 저장되어 있는 파일을 불러오는 방법, 텍스트 파일로 저장되어 있는 파일을 불러오는 방법, 그리고 엑셀 파일로 저장되어 있는 파일을 SPSS로 불러오는 방법에 대하여 자세히 설명한다.

1) SPSS 자료파일 불러오기

SPSS 자료파일 형식으로 저장되어 있는 파일을 불러오기 위해서는 SPSS 초기 화면에서 다음의 메뉴를 선택함으로써 시작할 수 있다.

파일 ➡ **열기** ➡ **데이터** *SPSSMENU*

다음은 SPSS 형식의 파일을 읽기 위해서 위와 같이 **데이터** 메뉴를 선택해서 얻게 되는《**데이터 열기**》대화상자이다.

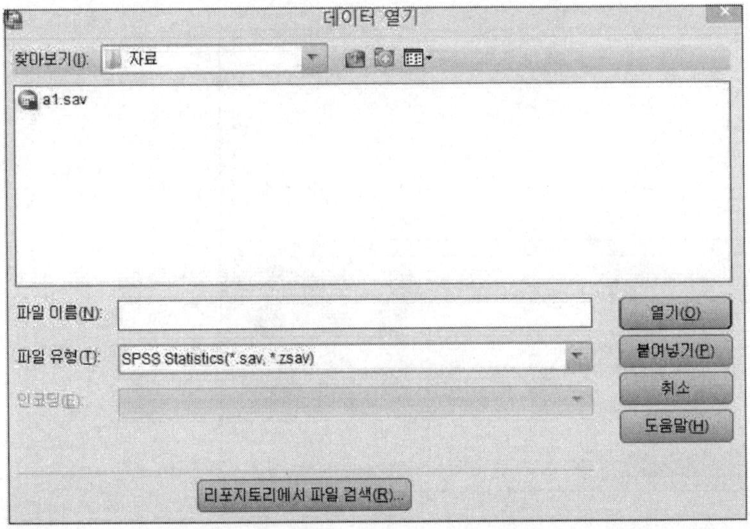

1.2절에서 설명된 것처럼 SPSS는 **저장 유형**이 자동적으로 *.sav의 확장자를 가지도록 저장되므로 **파일 유형**에서 열고자 하는 SPSS 파일을 선택한 다음 [열기]를 클릭하면 앞에서 저장했던 a1.sav 파일을 불러올 수 있다.

2) 텍스트 파일 불러오기 - 구분자에 의한 배열

SPSS에서 텍스트 형태로 저장된 자료를 불러오기 위해서는 SPSS 초기화면에서 다음의 메뉴를 선택함으로써 시작할 수 있다.

파일 ➡ 데이터 가져오기 ➡ 텍스트 데이터 *SPSSMENU*

a2 파일이 텍스트 파일(*.txt) 형태로 저장되어 있을 때 이 파일을 불러오기 위한 과정을 살펴보자. 여기서 각 변수는 **특정 구분자**(공백, 탭, 쉼표 등)에 의해 구분되어 입력되어 있어야 한다. 만약 데이터가 **특정 구분자** 없이 입력되어 있다면 이후에 설명되는 **텍스트 파일 불러오기-고정너비로 배열**을 참조하기 바란다.
텍스트 데이터 메뉴를 이용하여 텍스트 형식(*.txt)으로 저장된 파일을 열기 위한 《**데이터 열기**》 대화상자이다. **파일 유형**을 텍스트(*.txt, *.dat, *.csv, *.tab)로 선택하면, 텍스트 파일형식으로 저장된 파일 목록이 나타난다. 여기서, 읽으려고 하는 a2.txt 파일을 선택하고 [열기]를 클릭하면 《**텍스트 가져오기 마법사 - 6단계 중 1단계**》 대화상자가 나타난다.
마법사의 각 단계별로 선택사항을 지정하면, 텍스트 파일 형식으로 저장된 자료를 읽을 수 있다. **텍스트 가져오기 마법사**를 단계적으로 살펴보자.

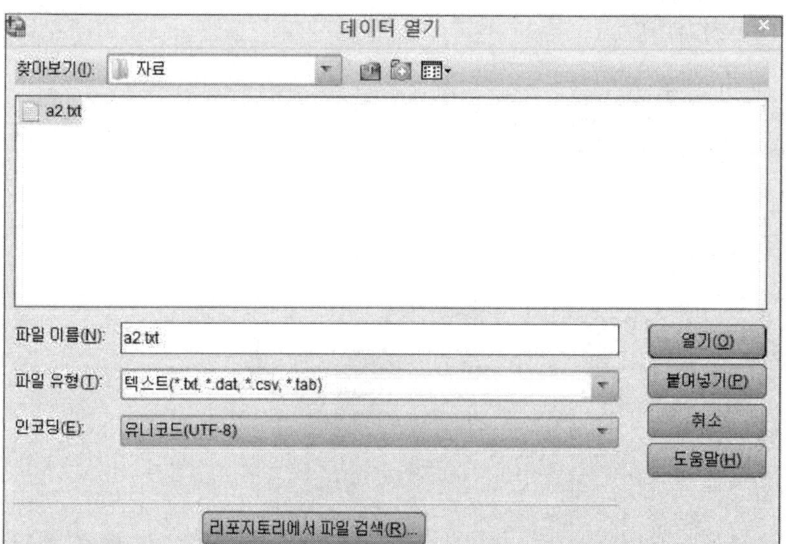

텍스트 가져오기 마법사

❐ 1단계 : 텍스트 파일의 형식 지정

《텍스트 가져오기 마법사 6단계 중 1단계》 대화상자에서는 텍스트 파일의 형식을 지정한다. 읽고자 하는 텍스트 파일의 형식이 사전에 spss에서 불러온 텍스트 파일의 형식과 일치하면 **예**를 선택하고, [찾아보기]를 클릭하여 해당 파일을 선택하면 동일한 형식으로 텍스트 파일을 읽을 수 있다. 이전에 **텍스트 가져오기 마법사**를 사용하여 텍스트 파일을 불러올 때 *.tpf 파일로 파일형식을 저장해 두었다면 이 방법을 사용할 수 있다. **텍스트 파일의 사전 정의된 형식**은 *.tpf이다. 만일 동일한 형식의 텍스트 파일을 불러온 적이 없는 경우 **아니오**를 선택하고, [다음]을 클릭한다.

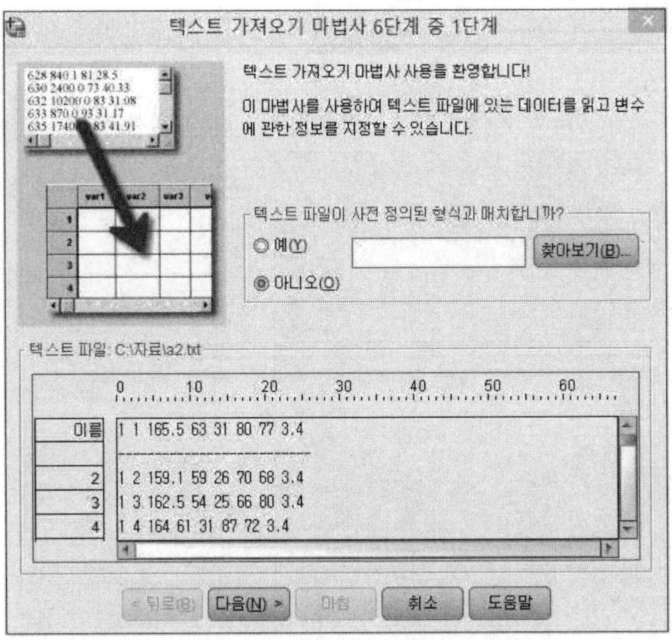

❐ 2단계 : 변수 배열형태와 변수이름의 위치 지정

《텍스트 가져오기 마법사 - 6단계 중 2단계》 대화상자에서는 텍스트 파일의 변수가 어떻게 배열되어 있는지를 지정한다. 변수들이 쉼표 또는 탭과 같은 **특정 문자**로 구분된 **구분자에 의한 배열**인지 **고정 너비로 배열**되어 있는지를 선택하고, 텍스트 파일의 처음에 변수이름이 포함되어 있는지를 지정한 후 [다음]을 클릭한다. 변수이름이 텍스트 파일의 첫줄에 포함되어 있으면 **예**를 선택하면 된다.

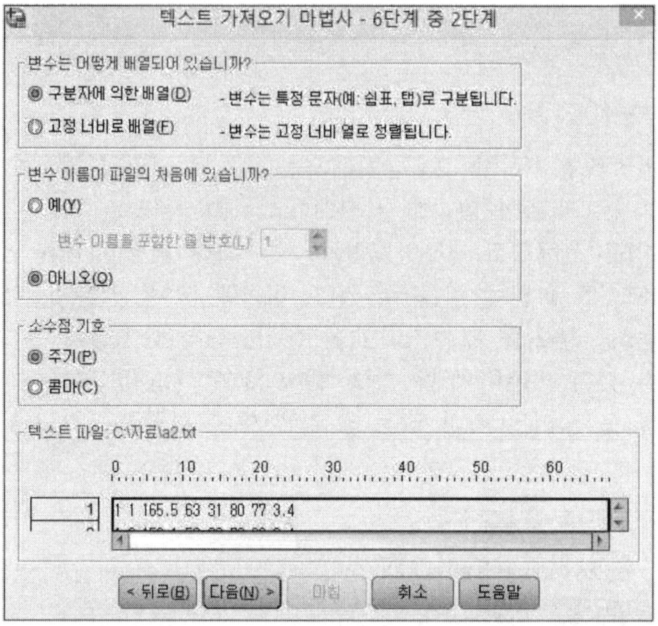

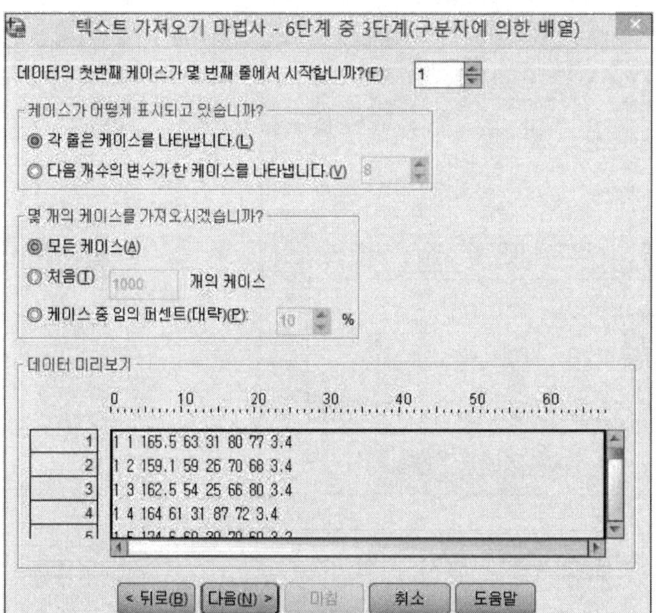

❒ 3단계 : 데이터의 첫 번째 케이스 위치, 개수 지정

《텍스트 가져오기 마법사 - 6단계 중 3단계(구분자에 의해 배열)》 대화상자에서는 2단계에서 지정한 변수의 배열 형태가 **구분자에 의한 배열**인 경우 자료를 읽기 위한 대화상자이다. 읽고자 하는 **데이터의 첫 번째 케이스가 몇 번째 줄에서 시작되는지**를 지

정할 수 있으며, **케이스가 어떻게 표시되고 있는지**를 지정한다. 변수의 수가 많은 경우 한 개의 케이스가 한 줄에 나타나 있지 않을 때 유용하게 사용될 수 있다. 또한, 전체 자료를 대상으로 분석하지 않고, 자료 중 일부분만을 이용하고자 하는 경우 **몇 개의 케이스를 가져오고자 하는지**를 지정할 수 있다. 모든 지정이 끝나면 [다음]을 클릭한다.

❒ 4단계 : 변수를 구분하는 구분자 지정

《텍스트 가져오기 마법사 - 6단계 중 4단계》 대화상자에서는 2단계에서 **구분자에 의한 배열**을 선택한 경우 **변수 사이에 어떤 구분자를 사용**하여 데이터가 구분되는지를 지정한다. 데이터 사이에 한 칸 이상의 공백이 포함된 경우 **구분자**로 **공백**을 선택하고 **선행 및 후행 공백**에서 데이터 상태에 따라 **문자열 값에서 선행 공백 제거** 또는 **문자열 값에서 선행 공백 제거**를 선택하고 [다음]을 클릭한다.

다음은 **공백**을 **구분자**로 지정한 경우의 대화상자이다. 다른 구분자가 사용되었다면 **탭**, **콤마**, **세미콜론** 중에서 사용된 구분자를 선택하고, 이 외에 다른 구분자가 사용된 경우 **기타**를 지정한 다음 직접 어떤 구분자가 사용되었는지를 입력한다.

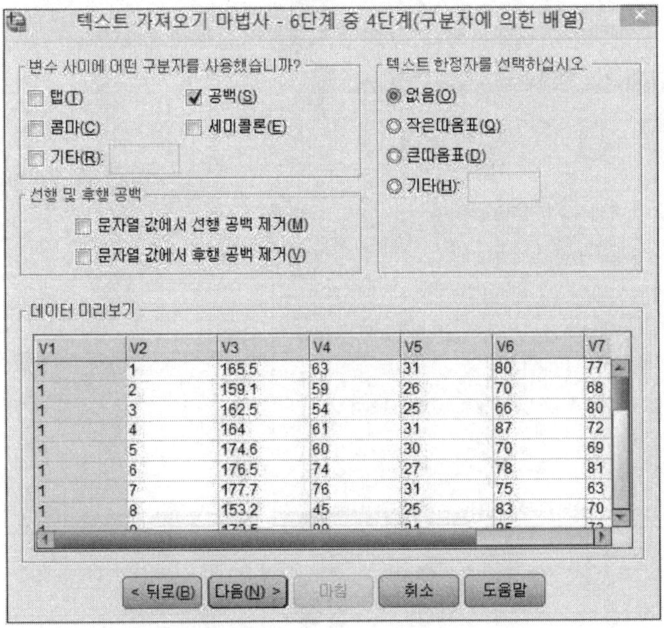

❒ 5단계 : 데이터 미리보기

《텍스트 가져오기 마법사 - 6단계 중 5단계》 대화상자는 **데이터 미리보기**를 제공한다. 읽은 파일에 **변수이름**이 지정되어 있지 않은 경우 자동적으로 V1, V2, ...와 같이 변수이름이 부여되는데, 해당 변수명을 클릭하면 **변수이름**과 **데이터 형식**을 수정할 수 있다. 모든 변수에 대한 **변수이름**과 **데이터 형식**에 대한 설정이 끝나면 [다음]을 클릭한다. 그러나 변수이름과 데이터 형식의 지정은 텍스트 가져오기가 모두 끝난 다음 [변수보기] 상태에서 지정하는 것이 좋으므로 여기서는 첫 번째 **반** 변수에 대해서만 지정하였다.

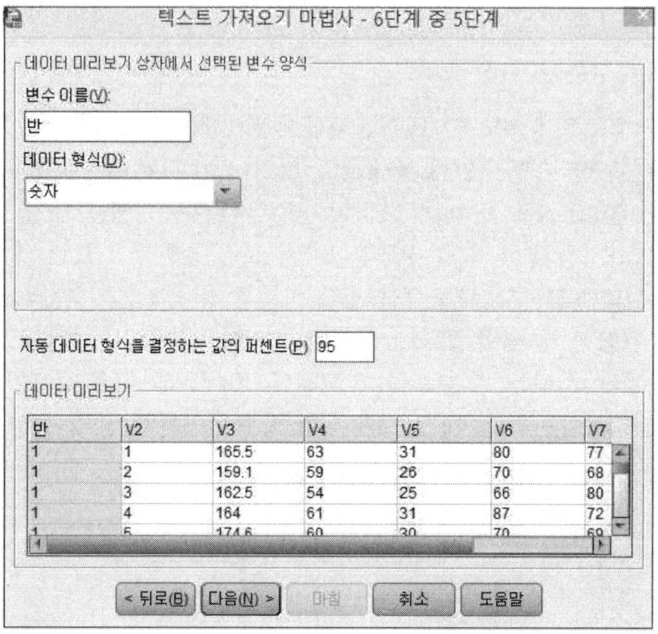

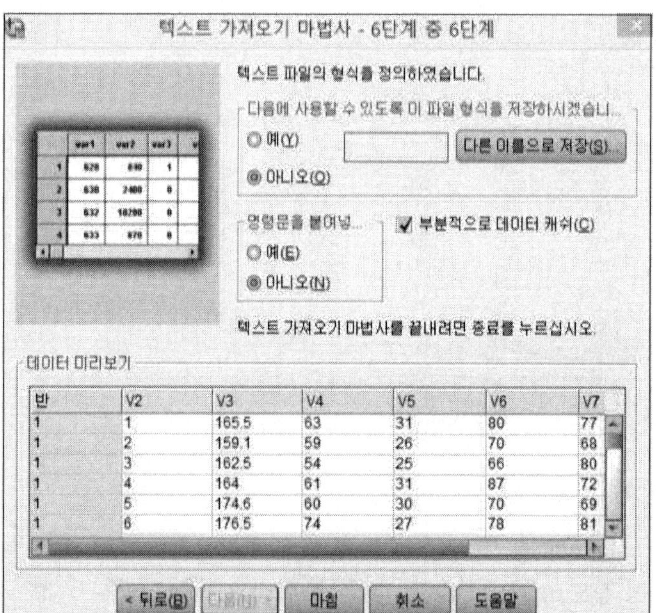

□ 6단계 : 정의된 텍스트 파일의 형식 확인

《**텍스트 가져오기 마법사 - 6단계 중 6단계**》 대화상자는 이제까지 정의한 파일 형식을 확인하는 단계이다. **정의된 텍스트파일의 형식**을 저장해두면, 동일한 형식의 텍스트 파일을 다음에 읽을 때 이용할 수 있다. 또한, 이제까지의 과정을 **명령문**으로 저장할 수도 있다. 파일의 형식을 확인하고 [마침]을 클릭한다.
결과 1.6은 **텍스트 가져오기 마법사(구분자에 의해 배열)**를 이용하여 변수 사이를 공백으로 지정하여 입력된 텍스트 파일 a2.txt를 읽어 들인 결과이다. [변수 보기]를 선택하여 지정되지 않은 **이름**과 **유형**, **레이블 값** 등을 지정할 수 있다.

결과 1.6 텍스트 가져오기 마법사(구분자에 의해 배열)를 이용한 a2.txt 파일

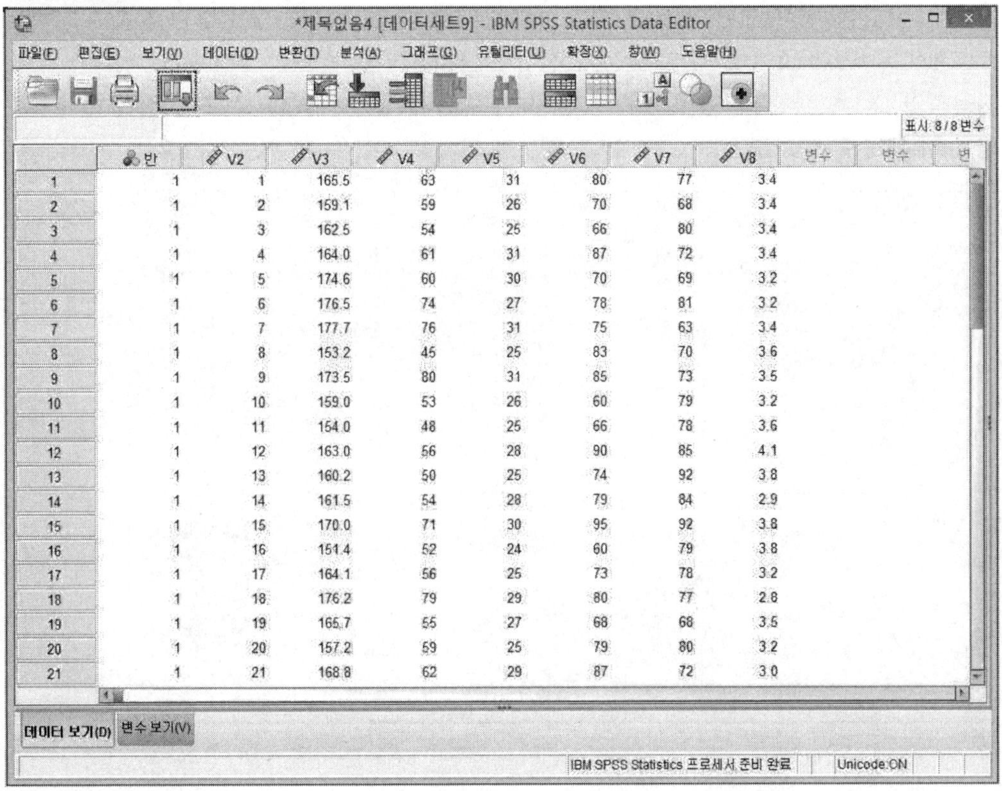

	반	V2	V3	V4	V5	V6	V7	V8
1	1	1	165.5	63	31	80	77	3.4
2	1	2	159.1	59	26	70	68	3.4
3	1	3	162.5	54	25	66	80	3.4
4	1	4	164.0	61	31	87	72	3.4
5	1	5	174.6	60	30	70	69	3.2
6	1	6	176.5	74	27	78	81	3.2
7	1	7	177.7	76	31	75	63	3.4
8	1	8	153.2	45	25	83	70	3.6
9	1	9	173.5	80	31	85	73	3.5
10	1	10	159.0	53	26	60	79	3.2
11	1	11	154.0	48	25	66	78	3.6
12	1	12	163.0	56	28	90	85	4.1
13	1	13	160.2	50	25	74	92	3.8
14	1	14	161.5	54	28	79	84	2.9
15	1	15	170.0	71	30	95	92	3.8
16	1	16	151.4	52	24	60	79	3.8
17	1	17	164.1	56	25	73	78	3.2
18	1	18	176.2	79	29	80	77	2.8
19	1	19	165.7	55	27	68	68	3.5
20	1	20	157.2	59	25	79	80	3.2
21	1	21	168.8	62	29	87	72	3.0

실 습 문 제

■ [변수보기] 상태에서 변수의 이름을 지정하고 파일명을 a2.sav로 하여 저장하시오(변수의 이름은 <u>부록:spss 분석에 사용된 자료</u>를 참조할 것).

3) 텍스트 파일 불러오기 - 고정너비로 배열

SPSS에서 고정너비로 배열된 텍스트 파일을 불러오기 위해서는 SPSS 초기화면에서 다음의 메뉴를 선택함으로써 시작할 수 있다.

파일 ➠ **데이터 가져오기** ➠ **텍스트 데이터** *SPSSMENU*

a4.txt 파일이 고정너비로 배열된 텍스트 파일(*.txt) 형태로 저장되어 있을 때 이 파일을 불러오기 위한 과정을 살펴보자. **텍스트 데이터** 메뉴를 이용하여 텍스트 형식(*.txt)으로 저장된 파일을 열기 위한 《**데이터 열기**》 대화상자이다. **파일 유형**을 텍스트(*.txt, *.dat, *.csv, *.tab)로 선택하면, 텍스트 파일형식으로 저장된 파일 목록이 나타난다. 여기서, 읽으려고 하는 a4.txt 파일을 선택하고, 데이터가 고정너비로 배열되어 있다면 **인코딩**에서 **로컬 인코딩**을 선택한 다음 [열기]를 클릭하면 《**텍스트 가져오기 마법사 - 6단계 중 1단계**》 대화상자가 나타난다. 마법사의 각 단계별로 선택사항을 지정하면, 텍스트 파일 형식으로 저장된 자료를 읽을 수 있다. **텍스트 가져오기 마법사**를 단계적으로 살펴보자.

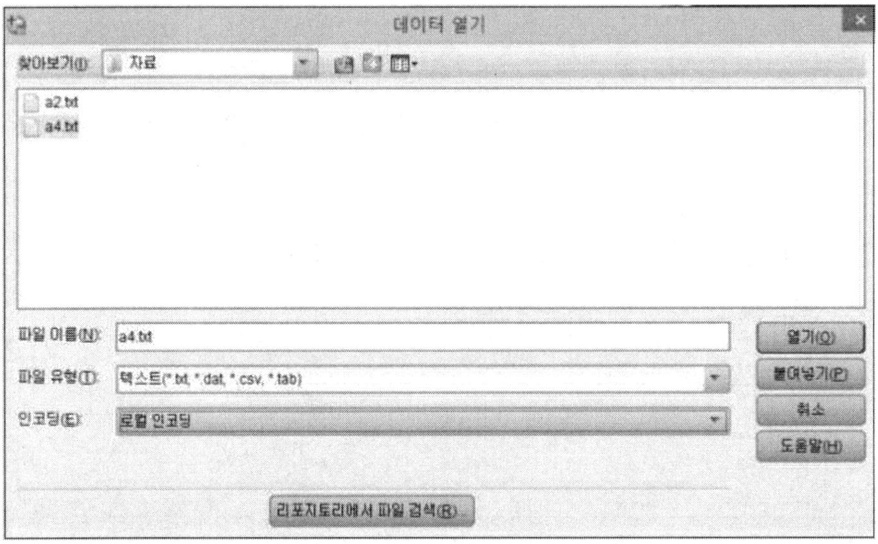

텍스트 가져오기 마법사

□ 1단계 : 텍스트 파일의 형식 지정

《**텍스트 가져오기 마법사 - 6단계 중 1단계**》 대화상자는 앞에서 설명한 구분자에 의한 배열인 경우와 동일하므로 자세한 설명은 생략한다.

❒ 2단계 : 변수 배열형태와 변수이름의 위치 지정

《텍스트 가져오기 마법사 - 6단계 중 2단계》 대화상자에서는 텍스트 파일의 변수가 어떻게 배열되어 있는지를 지정한다. 여기서는 변수들이 **고정 너비로 배열**되어 있으므로 이를 선택하고, 텍스트 파일의 처음에 변수이름이 포함되어 있는지를 지정한 후 [다음]을 클릭한다. 변수이름이 텍스트 파일의 첫줄에 포함되어 있으면 **예**를 선택하면 된다.

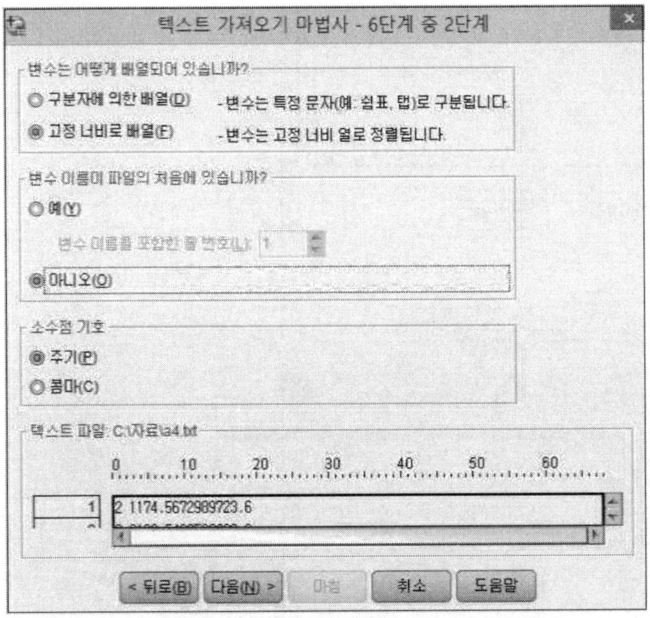

❒ 3단계 : 데이터의 첫 번째 케이스 위치, 개수 지정

《텍스트 가져오기 마법사 - 6단계 중 3단계(고정 너비로 배열)》 대화상자는 이전에 설명한 구분자에 의한 배열인 경우와 동일하므로 자세한 설명은 생략한다.

❒ 4단계 : 변수가 시작되는 위치 지정

《텍스트 가져오기 마법사 - 6단계 중 4단계(고정 너비로 배열)》 대화상자에서는 2단계에서 **고정 너비로 배열**을 선택한 경우 각 **변수가 시작되는 위치**를 지정할 수 있다. **열 번호**에 직접 값을 입력하여 [구분 삽입]을 클릭하거나 직접 마우스를 이용하여 해당 열을 클릭하면 다음 대화상자에서 보이는 것처럼 **구분선**이 생성된다. 구분선이 잘못 지정된 경우 [구분 삭제]를 선택하면 수정할 수 있다. a4 자료에 대한 각 변수의 자리수는 <u>**부록:spss 분석에 사용된 자료**</u>를 참조하면 된다. 3번째 변수는 키에 대한 자료로 소수점 이하 한 자리수를 포함하여 모두 5자리로 지정된다. **구분선** 지정이 모두 끝나면 [다음]을 클릭한다.

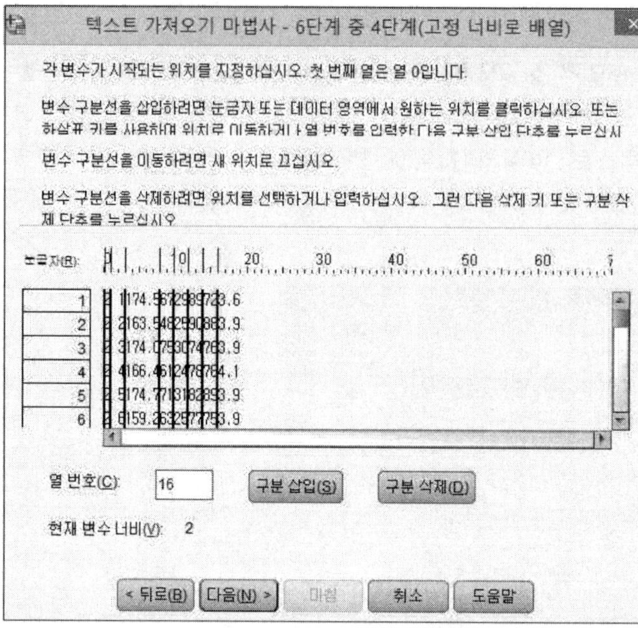

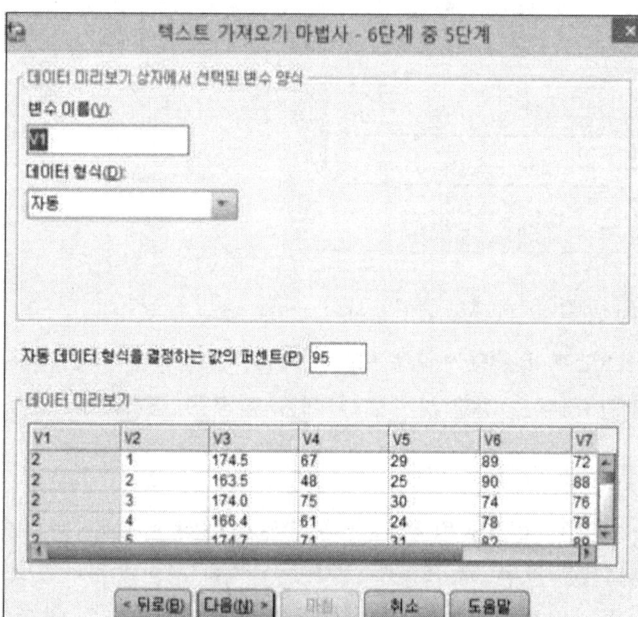

❐ 5단계 : 데이터 미리보기

《**텍스트 가져오기 마법사 - 6단계 중 5단계**》 대화상자는 **데이터 미리보기**를 제공한다. 읽은 파일에 **이름**이 지정되어 있지 않은 경우 자동적으로 V1, V2, ...와 같이 변수이름이 부여되는데, 해당 변수명을 클릭하면 **변수이름**과 **데이터 형식**을 수정할 수 있다. 모든 변수에 대한 **변수 이름**과 **데이터 형식**에 대한 설정이 끝나면 [다음]을 클릭한다. **데이터 미리보기** 상태에서 4단계에서 지정한 **구분선**이 제대로 설정되었는지 확인할 수 있다.

❐ 6단계 : 정의된 텍스트 파일의 형식 확인

《텍스트 가져오기 마법사 - 6단계 중 6단계》 대화상자는 이전에 설명한 구분자에 의한 배열인 경우와 동일하므로 자세한 설명은 생략한다.

결과 1.7은 **텍스트 가져오기 마법사**를 이용하여 **고정 너비로 배열**된 텍스트 형식으로 저장된 a4.txt 파일을 읽어 들인 결과이다. [변수 보기]를 선택하여 지정되지 않은 **이름**과 **유형**, **레이블 값** 등을 지정할 수 있다.

결과 1.7 텍스트 가져오기 마법사(고정너비로 배열)를 이용한 a4.txt 파일

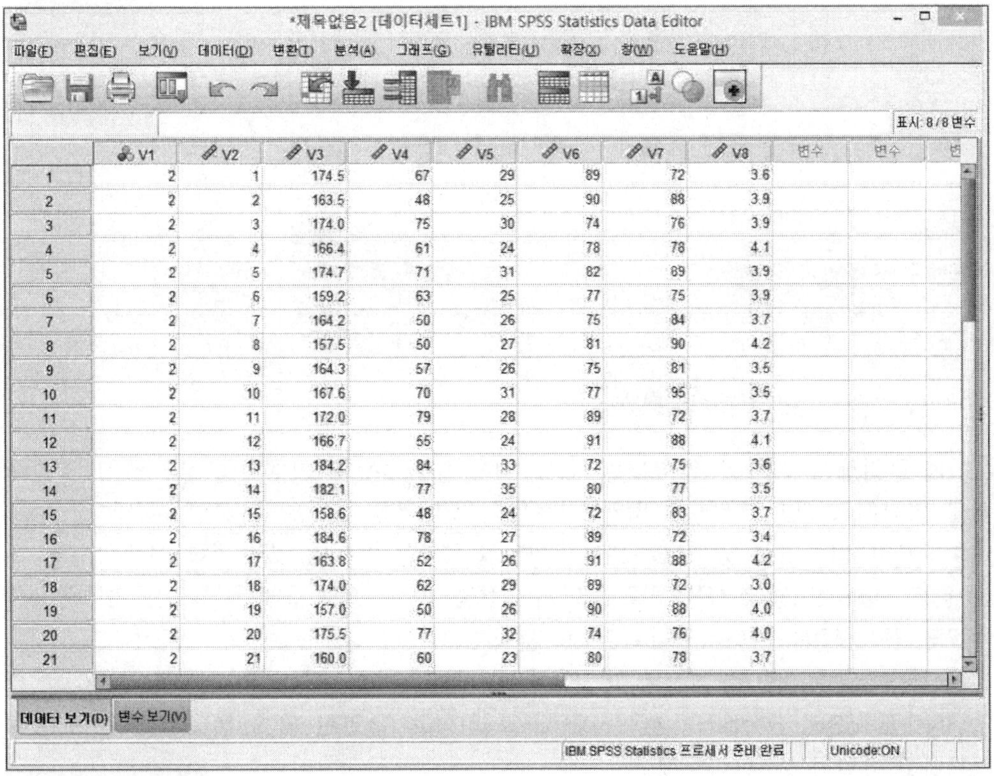

	V1	V2	V3	V4	V5	V6	V7	V8
1	2	1	174.5	67	29	89	72	3.6
2	2	2	163.5	48	25	90	88	3.9
3	2	3	174.0	75	30	74	76	3.9
4	2	4	166.4	61	24	78	78	4.1
5	2	5	174.7	71	31	82	89	3.9
6	2	6	159.2	63	25	77	75	3.9
7	2	7	164.2	50	26	75	84	3.7
8	2	8	157.5	50	27	81	90	4.2
9	2	9	164.3	57	26	75	81	3.5
10	2	10	167.6	70	31	77	95	3.5
11	2	11	172.0	79	28	89	72	3.7
12	2	12	166.7	55	24	91	88	4.1
13	2	13	184.2	84	33	72	75	3.6
14	2	14	182.1	77	35	80	77	3.5
15	2	15	158.6	48	24	72	83	3.7
16	2	16	184.6	78	27	89	72	3.4
17	2	17	163.8	52	26	91	88	4.2
18	2	18	174.0	62	29	89	72	3.0
19	2	19	157.0	50	26	90	88	4.0
20	2	20	175.5	77	32	74	76	4.0
21	2	21	160.0	60	23	80	78	3.7

실 습 문 제

■ [변수 보기] 상태에서 변수의 이름을 지정하고 파일명을 a4.sav로 하여 저장하시오(변수의 이름은 부록:spss 분석에 사용된 자료를 참조할 것).

4) 외부파일 형식으로 저장된 자료파일 불러오기

엑셀(*.xls)이나 데이터베이스 파일(*.dbf) 형태로 저장되어 있는 외부파일을 SPSS로 읽어 들이기 위해서는 다음 메뉴를 선택한다.

파일 ➠ **데이터 가져오기** ➠ **Excel** *SPSSMENU*

엑셀파일은 《**데이터 열기**》 대화상자의 **파일 유형**에서 Excel(*.xls, *.xlsx, *.xlsm)을 선택하면 읽을 수 있는 엑셀파일 목록이 나타나고, 여기서 읽고자 하는 파일을 선택한 다음 [열기]를 클릭한다. 《**데이터 열기**》 대화상자에서 a3.xlsx 파일을 선택하고 [열기]를 클릭하면, 《**Excel 파일 읽기**》 대화상자가 나타난다.

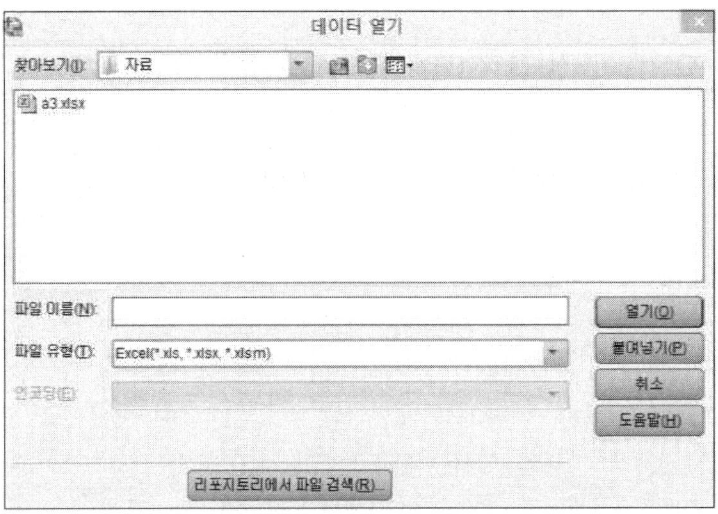

a3.xls 파일에서 자료가 입력되어 있는 **워크시트**와 **범위**를 선택한다. 첫 행에 변수이름을 입력하였다면 **데이터 첫 행에서 변수이름 읽어오기**를 선택하고 엑셀파일의 첫 행에 변수이름이 입력되어 있지 않으면 **데이터 첫 행에서 변수이름 읽어오기**를 선택하지 않아야 한다. 필요한 경우 **미리보기**를 보면서 **문자열 값에서 선행 공백 제거** 또는 **문자열 값에서 후행 공백 제거**를 선택하고 [확인]을 클릭한다.

데이터베이스 형식으로 저장된 파일도 엑셀 파일을 불러오는 방법과 마찬가지로 **파일 유형**에서 dBase(*.dbf)를 선택하여 파일 목록을 확인한 다음 열고자 하는 파일을 선택하고, [열기]를 클릭한다.

결과 1.8은 2반 학생들의 일반사항 및 설문조사 결과와 지능지수 자료가 저장된 파일 a3를 엑셀에서 입력하여 a3.xlsx로 저장한 후 이 파일을 **SPSS 통계 데이터 편집기**로 읽어 들인 화면을 보여준다. a3.xlsx 파일 생성시 첫 줄에 변수이름을 입력하였으므로 **데이터 첫 행에서 변수이름 읽어오기**를 선택하면 자동적으로 변수명이 주어진다.

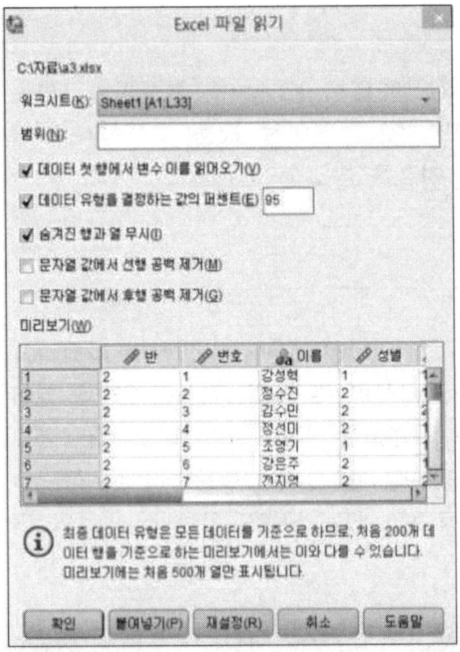

결과 1.8 엑셀 파일 읽기를 이용하여 a3.xls 파일 열기

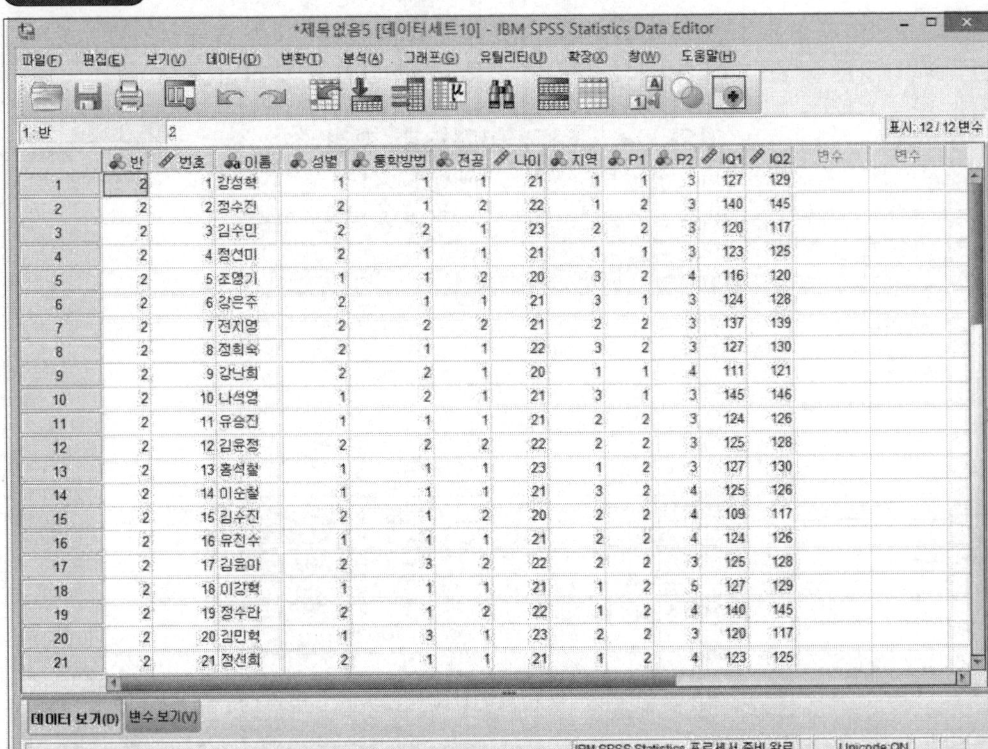

	반	번호	이름	성별	통학방법	전공	나이	지역	P1	P2	IQ1	IQ2	변수	변수
1	2	1	강성혁	1	1	1	21	1	1	3	127	129		
2	2	2	정수진	2	1	2	22	1	2	3	140	145		
3	2	3	김수민	2	2	1	23	2	2	3	120	117		
4	2	4	정선미	2	1	1	21	1	1	3	123	125		
5	2	5	조영기	1	1	2	20	3	2	4	116	120		
6	2	6	강은주	2	1	1	21	3	1	3	124	128		
7	2	7	전지영	2	2	2	21	2	2	3	137	139		
8	2	8	정희숙	2	1	1	22	3	2	3	127	130		
9	2	9	강난희	2	2	1	20	1	1	4	111	121		
10	2	10	나석영	1	2	1	21	3	1	3	145	146		
11	2	11	유승진	1	1	1	21	2	2	3	124	126		
12	2	12	김윤정	2	2	2	22	2	2	3	125	128		
13	2	13	홍석철	1	1	1	23	1	2	3	127	130		
14	2	14	이순철	1	1	1	21	3	2	4	125	126		
15	2	15	김수진	2	1	2	20	2	2	4	109	117		
16	2	16	유진수	1	1	1	21	2	2	4	124	126		
17	2	17	김윤아	2	3	2	22	2	2	3	125	128		
18	2	18	이강혁	1	1	1	21	1	2	5	127	129		
19	2	19	정수란	2	1	2	22	1	2	4	140	145		
20	2	20	김민혁	1	3	1	23	2	2	3	120	117		
21	2	21	정선희	2	1	1	21	1	2	4	123	125		

실 습 문 제

- 엑셀 파일 읽기를 이용하여 읽어 들인 a3.xls 파일을 a3.sav로 저장하고 [변수 보기]에서 성별, 통학방법, 전공, 지역, P1, P2의 레이블 값을 지정하시오(각 변수의 값 레이블은 부록:spss 분석에 사용된 자료를 참고할 것).

SECTION 1.5 SPSS 출력결과 저장하기

SPSS에서 실행된 결과는 **출력결과**(IBM SPSS Statistics Viewer) 창에 나타나게 되는데, 이 창의 내용을 SPSS 뷰어파일(*.spv)로 저장할 수 있다. 저장된 SPSS 뷰어 파일은 SPSS에서 다시 불러올 수 있으며, 내용을 편집할 수도 있다. SPSS 출력결과에 대한 정보를 보기 위해서 **출력결과** 창에서 다음 메뉴를 선택한 다음 데이터 정보를 보고자 하는 SPSS 파일을 선택하면, 현재 사용하고 있는 SPSS 자료파일의 데이터에 대한 정보를 출력해준다.

파일 ➠ 데이터 파일 정보표시 ➠ 작업파일 SPSSMENU

결과 1.9는 SPSS **출력결과** 창에서 위와 같이 **데이터 파일 정보표시** 메뉴를 선택해서 얻게 된 결과이다. 이러한 출력 결과를 저장하기 위해서 **출력결과** 창에서 다음 메뉴를 선택하면 다음과 같은 《**출력을 다른 이름으로 저장**》 대화상자가 나타난다.

파일 ➠ 다른 이름으로 저장 SPSSMENU

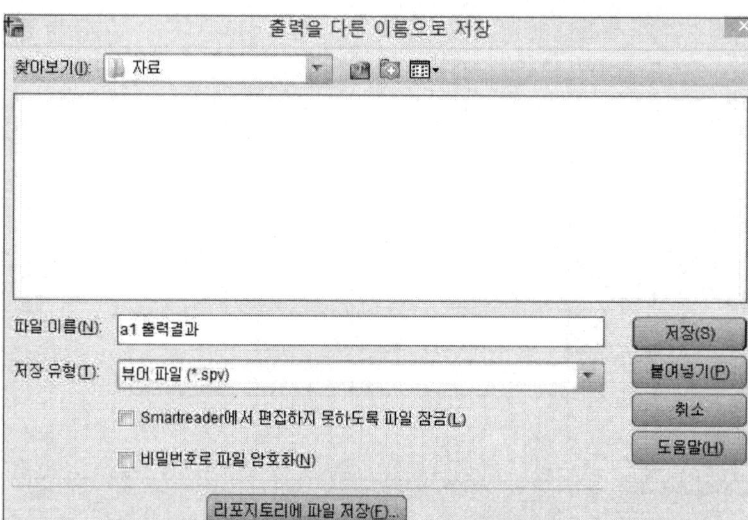

결과 1.9 데이터 정보표시 실행 결과

변수 정보

변수	위치	레이블	측정 수준	역할	열 너비	맞춤	인쇄 형식	쓰기 형식
반	1	<없음>	명목	입력	5	오른쪽 맞춤	F2	F2
번호	2	<없음>	척도	입력	5	오른쪽 맞춤	F3	F3
이름	3	<없음>	명목	입력	7	왼쪽 맞춤	A9	A9
성별	4	<없음>	명목	입력	5	오른쪽 맞춤	F2	F2
전공	5	<없음>	명목	입력	5	오른쪽 맞춤	F2	F2
나이	6	<없음>	척도	입력	5	오른쪽 맞춤	F3	F3
지역	7	<없음>	명목	입력	5	오른쪽 맞춤	F2	F2
P1	8	<없음>	명목	입력	6	오른쪽 맞춤	F2	F2
P2	9	<없음>	명목	입력	6	오른쪽 맞춤	F2	F2
IQ1	10	<없음>	척도	입력	6	오른쪽 맞춤	F4	F4
IQ2	11	<없음>	척도	입력	6	오른쪽 맞춤	F4	F4

작업 파일의 변수

변수값

값		레이블
성별	1	남자
	2	여자
전공	1	통계
	2	수학
지역	1	서울
	2	광역시
	3	지방
P1	1	학점
	2	자격증
	3	외국어 역량
	4	공모전, 인턴쉽
	5	봉사, 대외활동
P2	1	학점
	2	자격증
	3	외국어 역량
	4	공모전, 인턴쉽
	5	봉사, 대외활동

SPSS **출력결과**는 자동적으로 뷰어파일 형식으로 저장되는데 저장하고자 하는 **파일 이름**을 지정하고 **저장 유형**을 **뷰어 파일(*.spv)**로 선택한 다음 [저장]을 클릭하면 출력결과를 저장할 수 있다. SPSS **출력결과**는 pdf, 워드, HTML 파일 또는 텍스트 파일 등의 형식으로도 저장할 수 있는데, 이를 위해서는 다음 메뉴를 사용하면 된다.

파일 ➡ 내보내기

SPSSMENU

다음은 SPSS **출력결과**를 텍스트 파일형식으로 저장하기 위한 **《내보내기 출력결과》** 대화상자이다. **문서 유형**에서 저장하고자 하는 파일 형식을 선택하고, **파일 이름**에서 파일 저장위치와 파일이름을 [찾아보기]를 클릭하여 지정한 다음 [확인]을 클릭한다.

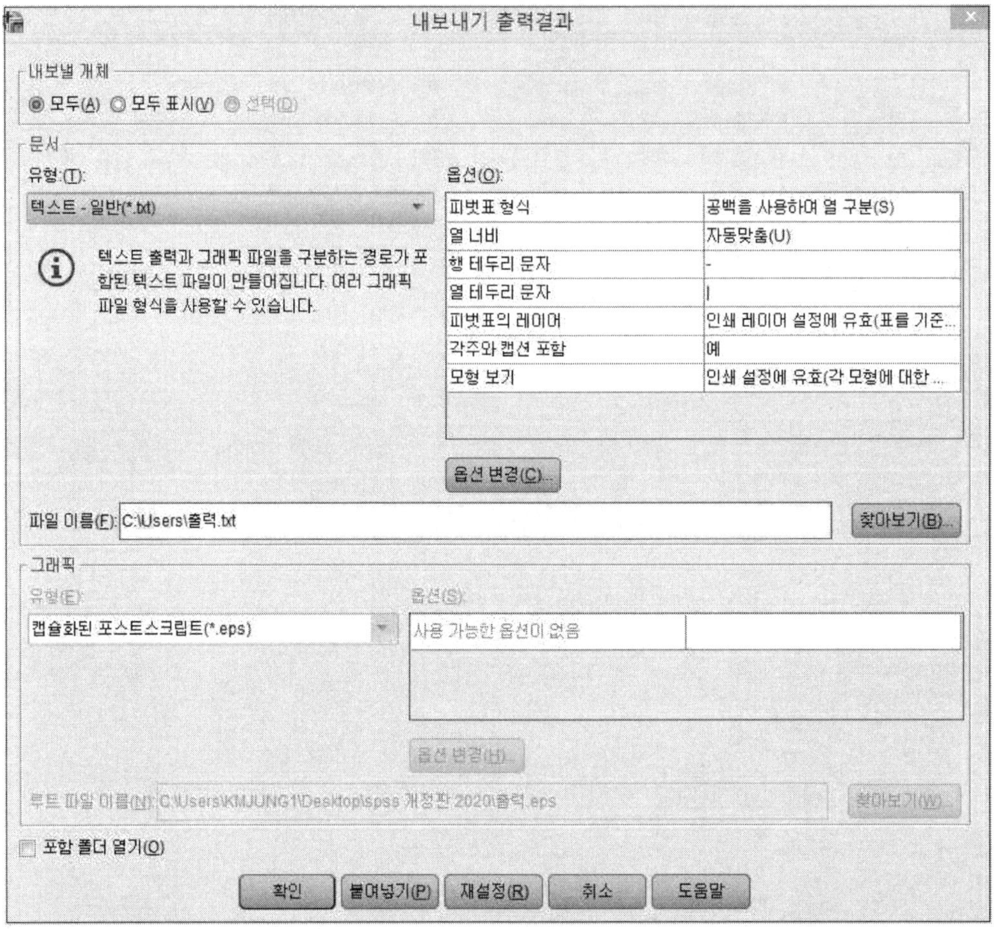

CHAPTER 2

SPSS 파일의 변환

이 장에서는 SPSS 자료파일을 합치거나 분할하는 방법과 자료 값을 변환하는 방법을 설명한다. 1절에서는 SPSS 자료파일에서 변수와 케이스를 삽입 또는 제거하는 방법을 설명하고, 2절과 3절에서는 각각 케이스를 정렬하는 방법과 특정 케이스를 선택하는 방법을 설명한다. 4절과 5절에서는 2개 이상의 SPSS 자료파일을 변수 기준 또는 케이스 기준으로 합치거나 분할하는 방법을 설명하며, 데이터 통합 메뉴의 사용방법을 살펴본다.

SECTION 2.1 변수 및 케이스 삽입하기

먼저, SPSS 자료파일에 케이스를 삽입하고자 할 때에는 [데이터 보기] 상태에서 케이스를 삽입하려는 위치에 커서를 두고 다음 메뉴를 선택하면 새로운 케이스를 입력할 수 있다.

편집 ➠ 케이스 삽입 SPSSMENU

마찬가지로 변수를 삽입하고자 할 때에는 [데이터 보기] 상태에서 변수를 삽입하려는 위치에 커서를 두고 다음 메뉴를 선택하면 새로운 변수를 입력할 수 있다.

편집 ➠ 변수 삽입 SPSSMENU

변수 삽입 메뉴를 실행하여 생성되는 변수의 이름은 자동적으로 VAR00001, VAR00002, ... 와 같이 설정되며, **케이스 삽입** 메뉴에 의해 케이스가 삽입되면, 자동적으로 모든 변수에 결측값(.)의 형태가 입력된다.
결과 2.1은 위에서 설명한 **케이스 삽입** 메뉴와 **변수 삽입** 메뉴를 사용하여 4번째 줄에 새로운 케이스를 삽입하고, 변수 번호 다음에 새로운 변수를 삽입하도록 한 화면이다. 따라서 추가하고자 하는 케이스와 변수의 값을 [데이터 보기] 상태에서 직접 입력하면 된다. **변수 삽입**에 의해 추가된 변수의 **이름**과 데이터의 형식은 1장에서 설명한 방법으로 [변수 보기] 상태에서 지정하면 된다. 변수 또는 케이스를 제거하기 위해서는 제거하려는 변수 또는 케이스를 선택한 상태에서 Del 키를 사용하여 제거할 수 있다.

결과 2.1 변수와 케이스 삽입하기

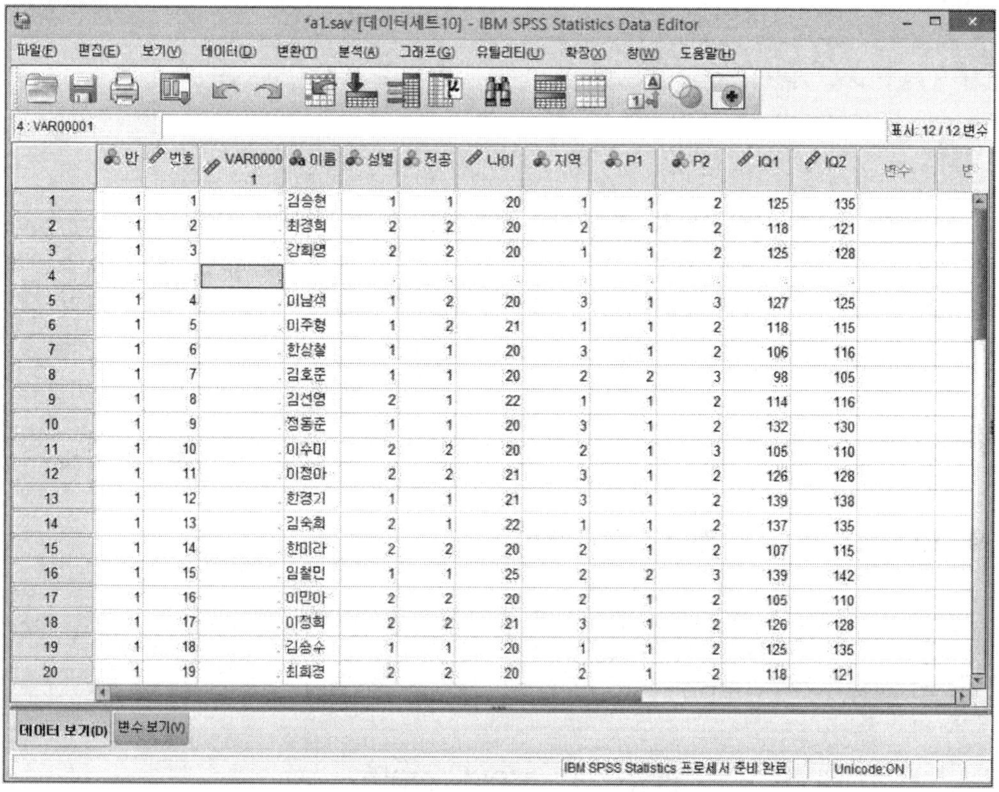

	반	번호	VAR00001	이름	성별	전공	나이	지역	P1	P2	IQ1	IQ2	변수
1	1	1		김승현	1	1	20	1	1	2	125	135	
2	1	2		최경희	2	2	20	2	1	2	118	121	
3	1	3		강희영	2	2	20	1	1	2	125	128	
4	.	.			.	.	.	.	.	.	.	.	
5	1	4		이남석	1	2	20	3	1	3	127	125	
6	1	5		이주형	1	2	21	1	1	2	118	115	
7	1	6		한상철	1	1	20	3	1	2	106	116	
8	1	7		김호준	1	1	20	2	2	3	98	105	
9	1	8		김선영	2	1	22	1	1	2	114	116	
10	1	9		정동준	1	1	20	3	1	2	132	130	
11	1	10		이수미	2	2	20	2	1	3	105	110	
12	1	11		이정아	2	2	21	3	1	2	126	128	
13	1	12		한경기	1	1	21	3	1	2	139	138	
14	1	13		김숙희	2	1	22	1	1	2	137	135	
15	1	14		한미라	2	2	20	2	1	2	107	115	
16	1	15		임철민	1	1	25	2	2	3	139	142	
17	1	16		이민아	2	2	20	2	1	2	105	110	
18	1	17		이청희	2	2	21	3	1	2	126	128	
19	1	18		김승수	1	1	20	1	1	2	125	135	
20	1	19		최희경	2	2	20	2	1	2	118	121	

SECTION 2.2 케이스 정렬하기

SPSS 자료파일을 특정 변수를 기준으로 정렬하고자 할 때에는 다음과 같이 **케이스 정렬** 메뉴를 선택한다.

데이터 ➡ 케이스 정렬

SPSSMENU

《**케이스 정렬**》 대화상자에서 **정렬 기준**에 기준이 되는 변수를 선택한 다음 [확인]을 클릭하면 지정된 변수에 의해 자료가 정렬된다. **정렬 순서**는 **오름차순** 또는 **내림차순**을 지정할 수 있는데, **오름차순**은 숫자변수의 경우 값이 작은 케이스부터 정렬되고, 문자변수의 경우 가,나, 다,... 또는 알파벳 순서대로 정렬된다. 정렬하고자 하는 기준변수가 2개 이상인 경우 **정렬 기준**에 여러 개의 변수를 지정할 수 있다.
1반 학생들의 일반사항 자료 a1.sav 파일을 나이순으로 정렬해보자. 이를 위해서는 《**케이스 정렬**》 대화상자에서 **나이**를 선택한 다음 **정렬 순서**를 **오름차순**으로 지정한다.

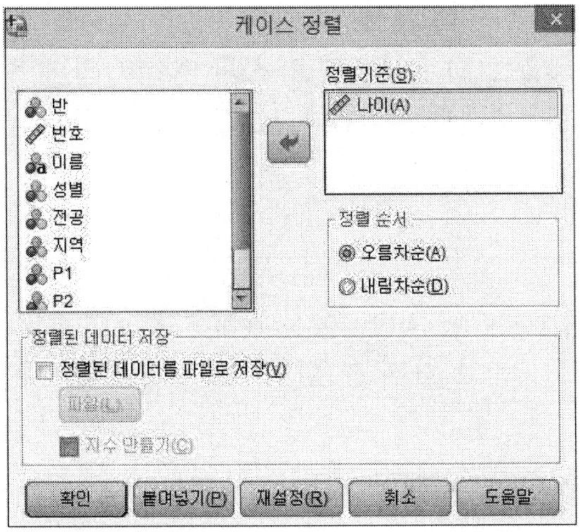

결과 2.2 나이 변수에 의해 케이스 정렬 후 a1_1.sav 파일로 저장

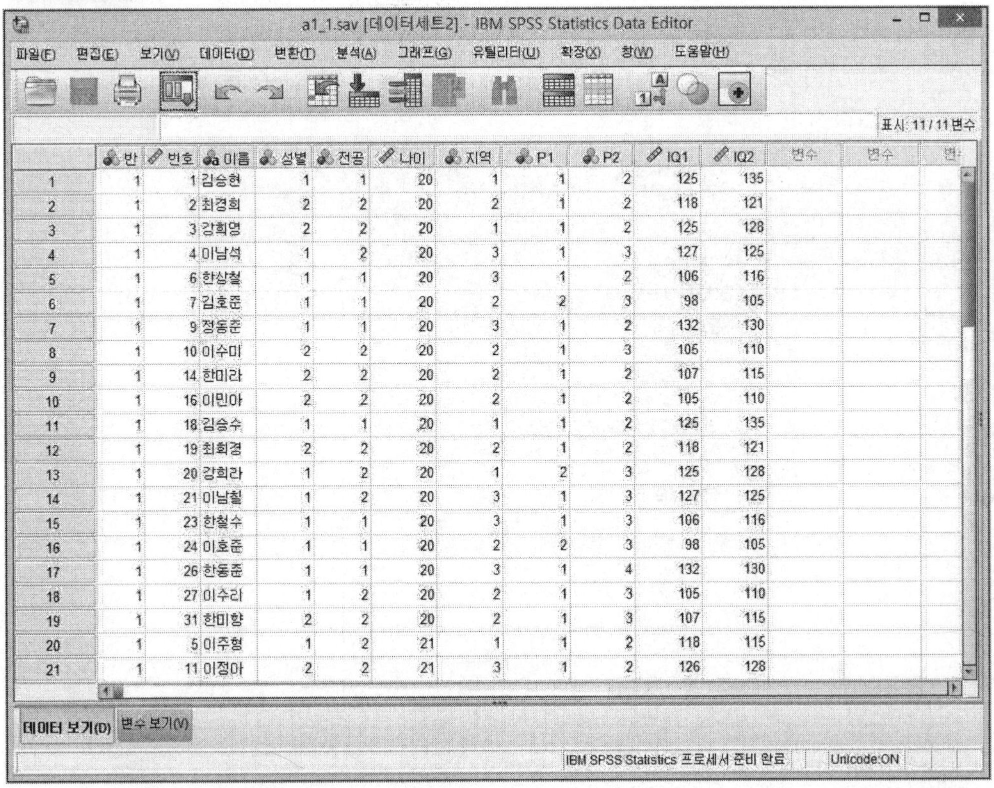

	반	번호	이름	성별	전공	나이	지역	P1	P2	IQ1	IQ2	변수	변수	변
1	1	1	김승현	1	1	20	1	1	2	125	135			
2	1	2	최경희	2	2	20	2	1	2	118	121			
3	1	3	강희영	2	2	20	1	1	2	125	128			
4	1	4	이남석	1	2	20	3	1	3	127	125			
5	1	6	한상철	1	1	20	3	1	2	106	116			
6	1	7	김호준	1	1	20	2	2	3	98	105			
7	1	9	정동준	1	1	20	3	1	2	132	130			
8	1	10	이수미	2	2	20	2	1	3	105	110			
9	1	14	한미라	2	2	20	2	1	2	107	115			
10	1	16	이민아	2	2	20	2	1	2	105	110			
11	1	18	김승수	1	1	20	1	1	2	125	135			
12	1	19	최희경	2	2	20	2	1	2	118	121			
13	1	20	강희라	1	2	20	1	2	3	125	128			
14	1	21	이남칠	1	2	20	3	1	3	127	125			
15	1	23	한철수	1	1	20	3	1	3	106	116			
16	1	24	이호준	1	1	20	2	2	3	98	105			
17	1	26	한동준	1	1	20	3	1	4	132	130			
18	1	27	이수리	1	2	20	2	1	3	105	110			
19	1	31	한미향	2	2	20	2	1	3	107	115			
20	1	5	이주형	1	2	21	1	1	2	118	115			
21	1	11	이정아	2	2	21	3	1	2	126	128			

[확인]을 클릭하면 현재 파일이 **나이** 변수에 의해 **오름차순**으로 정렬되며, 정렬된 데이터를 새로운 파일로 저장하려면 **정렬된 데이터를 파일로 저장**을 선택하고, [파일]을

클릭하여 나타나는 **《정렬된 데이터를 다른 이름으로 저장》** 대화상자에서 저장할 위치와 **파일 이름**, **저장 유형**을 지정하면 된다. 결과 2.2는 a1.sav 파일을 **나이** 변수에 의해 **오름차순**으로 정렬하여 a1_1.sav 파일로 저장한 결과를 나타낸다.

SECTION 2.3 케이스 선택하기

SPSS 자료파일 전체를 사용하지 않고, 일부 케이스만 선택하여 분석해야 하는 경우 **케이스 선택** 메뉴를 사용할 수 있다. 전체 자료 중 일부 케이스만을 선택하고자 할 때 다음 메뉴를 선택한다.

데이터 ➠ 케이스 선택

SPSSMENU

《케이스 선택》 대화상자에서 선택기준이 되는 변수를 지정한다. **선택**에서 디폴트는 **모든 케이스**이고, 케이스를 선택하기 위한 기준을 지정할 수 있다. **조건을 만족하는 케이스**를 선택하는 경우 [조건]을 클릭하면 **《케이스 선택:조건》** 대화상자가 나타나는데, 여기서 선택하고자 하는 케이스의 조건을 수식 또는 **함수**를 이용하여 지정한 다음 [계속]을 클릭한다.

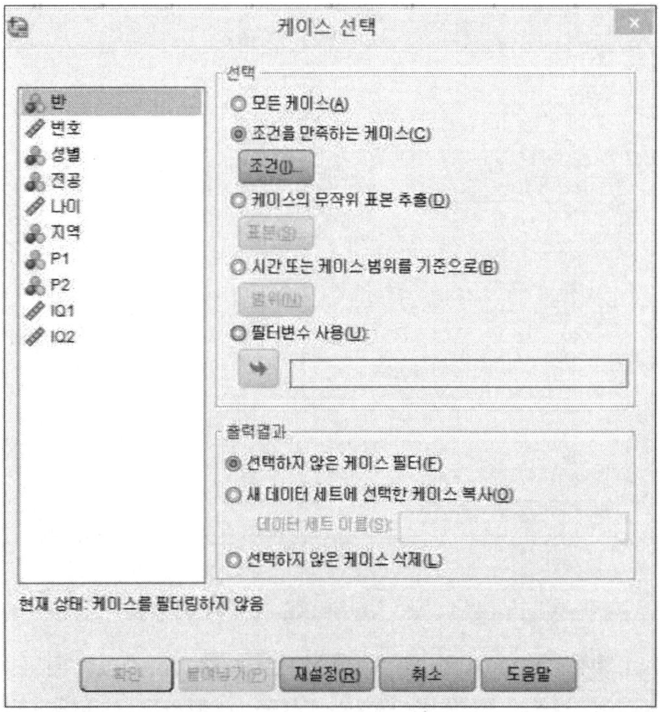

《케이스 선택》 대화상자에서 지정된 조건에 따라 케이스가 선택되고 난 후 선택되지

않은 케이스를 처리하는 방법을 지정할 수 있다. **출력결과**에서 **선택하지 않은 케이스 필터**는 선택되지 않은 케이스들의 행번호에 슬래시(/)가 나타나도록 하여 선택되지 않은 케이스임을 표시해주며, **선택하지 않은 케이스 삭제**를 선택하면 선택되지 않은 케이스들이 파일에서 삭제된다. 그리고 **새 데이터 세트에 선택한 케이스 복사**를 선택하면 지정된 **데이터 세트 이름**으로 선택된 케이스들이 포함된 새로운 데이터 세트가 생성된다.

《**케이스 선택**》대화상자의 하단에는 자료파일의 현재 상태를 보여주고 있는데 **현재 상태:케이스를 필터링하지 않음**으로 표시되어 있다.

a1.sav 파일에서 성별이 남자인 학생들의 케이스만 선택해서 분석하기 위해서 **케이스 선택** 메뉴를 이용하여 남자(성별=1)인 케이스만 선택해보자. 《**케이스 선택**》대화상자에서 **조건을 만족하는** 케이스를 선택하여 나타나는《**케이스 선택:조건**》대화상자의 변수 목록에서 성별을 지정한 다음 선택하고자 하는 케이스가 1의 값을 가지는 남자이므로 "**성별=1**"과 같이 입력한다. [계속]을 클릭하여 이전 대화상자로 돌아간 다음 **출력결과**를 **선택하지 않은 케이스 필터**로 선택하고 [확인]을 클릭한다.

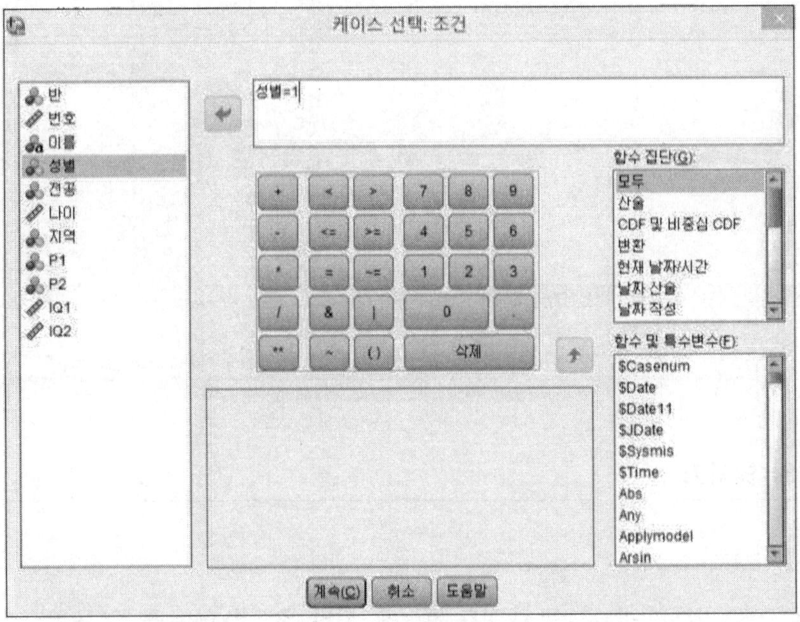

결과 2.3은 성별이 남자인 케이스만 선택한 결과를 보여준다. 이를 살펴보면 필터된 케이스는 데이터 파일에는 남아 있으나 분석에서는 제외되며, filter_$라는 새로운 변수가 자동적으로 생성되었음을 알 수 있다. filter_$ 변수는 0 또는 1의 값을 가지며, 선택된 케이스인 남자는 1의 값을 가지고, 제외된 케이스인 여자는 0 값을 가지고 있다.

[데이터 보기] 상태에서 필터된 케이스의 행번호에 슬래시(/)가 표시되며, 필터 작업을 해제하고 분석에 모든 케이스를 포함시키려면 《**케이스 선택**》 대화상자의 **선택**에서 **모든 케이스**를 선택하면 된다.

결과 2.3 남자(성별=1)만 선택

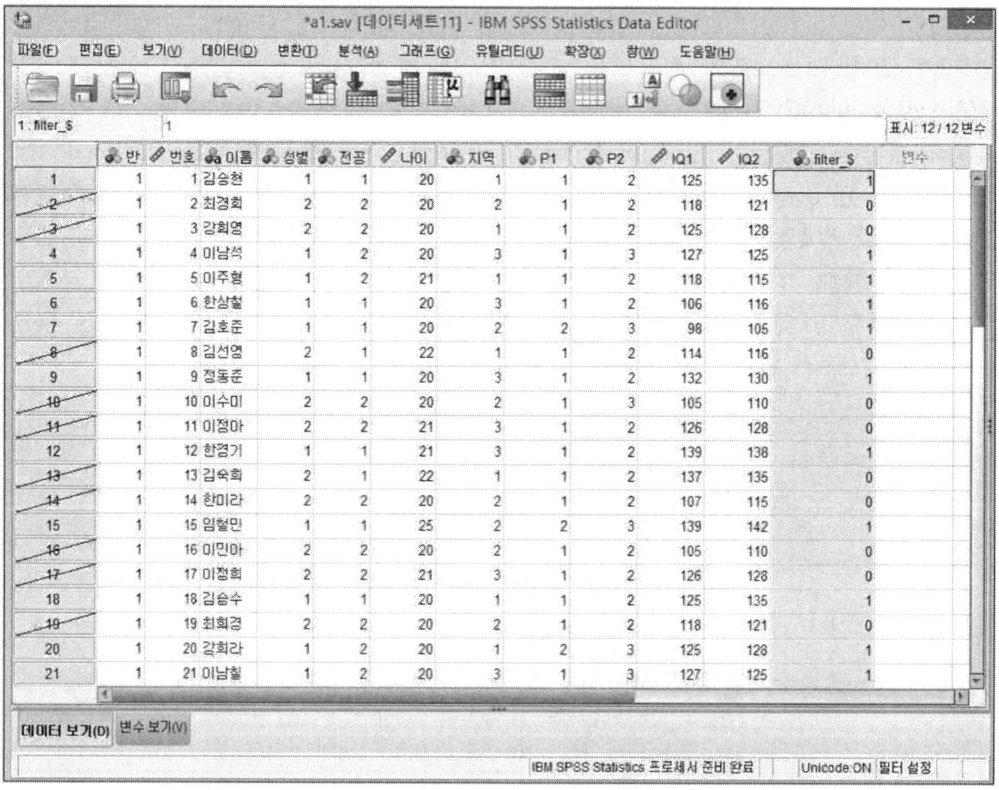

	반	번호	이름	성별	전공	나이	지역	P1	P2	IQ1	IQ2	filter_$	변수
1	1	1	김승현	1	1	20	1	1	2	125	135	1	
2	1	2	최경희	2	2	20	2	1	2	118	121	0	
3	1	3	강희영	2	2	20	1	1	2	125	128	0	
4	1	4	이남석	1	2	20	3	1	3	127	125	1	
5	1	5	이주형	1	2	21	1	1	2	118	115	1	
6	1	6	한상철	1	1	20	3	1	2	106	116	1	
7	1	7	김호준	1	1	20	2	2	3	98	105	1	
8	1	8	김선영	2	1	22	1	1	2	114	116	0	
9	1	9	정동준	1	1	20	3	1	2	132	130	1	
10	1	10	이수미	2	2	20	2	1	3	105	110	0	
11	1	11	이정아	2	2	21	3	1	2	126	128	0	
12	1	12	한경기	1	1	21	3	1	2	139	138	1	
13	1	13	김숙희	2	1	22	1	1	2	137	135	0	
14	1	14	한미라	2	2	20	2	1	2	107	115	0	
15	1	15	임혁민	1	1	25	2	2	3	139	142	1	
16	1	16	이민아	2	2	20	2	1	2	105	110	0	
17	1	17	이정희	2	2	21	3	1	2	126	128	0	
18	1	18	김승수	1	1	20	1	1	2	125	135	1	
19	1	19	최희경	2	2	20	2	1	2	118	121	0	
20	1	20	강희라	1	2	20	1	2	3	125	128	1	
21	1	21	이남철	1	2	20	3	1	3	127	125	1	

SECTION 2.4 파일 합치기

1) 케이스 추가하기

2개 이상의 SPSS 자료파일을 합치고자 할 때 **파일 합치기** 메뉴를 이용한다. 현재 파일에 추가하고자 하는 파일을 덧붙임으로써 두 파일이 합쳐진 새로운 파일을 구성할 수 있다. **파일 합치기**는 케이스를 추가하는 경우와 변수를 추가하는 두 가지 방법이 있다.

먼저 케이스를 추가하는 방법을 살펴보자. 케이스를 추가하기 위해서는 합치고자 하는 두 자료파일이 변수의 **이름**, **유형** 등이 모두 일치하는 동일한 변수를 가지고 있어야 하는데, 그렇지 않은 경우에는 대응되지 않는 변수를 처리하는 방법을 지정해 주어야 한다. 이를 위해서는 다음 메뉴를 선택한다.

데이터 ➠ **파일 합치기** ➠ **케이스 추가**

SPSSMENU

2반 학생들의 일반사항이 포함된 자료파일인 a3.sav를 1반 학생들의 일반사항 자료인 a1.sav 파일과 합쳐서 1, 2반 학생들의 일반사항에 대한 전체 자료파일 a13.sav를 구성해보자.

SPSS 통계 데이터 편집기 창에서 a1.sav 파일을 먼저 읽은 다음 **케이스 추가** 메뉴를 선택하면, 《**케이스 추가 a1.sav**》 대화상자가 나타난다. 이 대화상자에서 합치고자 하는 파일을 선택하면 되는데, 이미 **SPSS 통계 데이터 편집기** 창으로 불러 온 파일의 경우에는 **열려 있는 데이터 세트** 목록에 나타나기 때문에 바로 선택하면 된다. 그리고 외부에 저장되어있는 SPSS 데이터 파일은 [찾아보기]를 선택해서 합치고자 하는 데이터 파일을 선택하면 된다. 여기서는 불러 온 SPSS 데이터 파일이 하나도 없기 때문에 **열려있는 데이터 파일**에 나타나 있는 파일 이름이 없으며, **찾아보기**를 통해서 합치고자 하는 a3.sav파일을 선택한 다음 [계속]을 클릭한다.

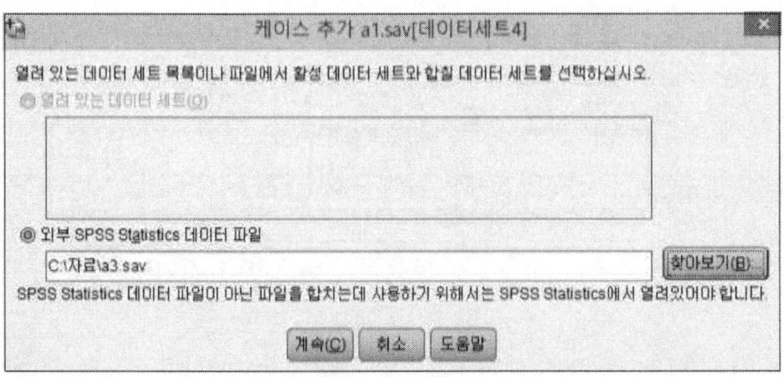

그러면, 다음과 같은 《**다음에서 케이스 추가**》 대화상자가 나타나는데, a3.sav에는 현재 작업 중인 a1.sav 파일에 대응되지 않는 변수 통학방법이 포함되어 있다. 따라서 이러한 경우 **대응되지 않은 변수** 목록에 이 변수가 표시되며 **새 활성 데이터 세트에 포함될 변수** 목록에는 통학방법을 제외한 두 파일에서 대응되는 모든 변수들이 표시된다. **대응되지 않은 변수**를 **새 활성 데이터 세트에 포함될 변수** 목록에 포함시키기 위해서는 해당 변수를 선택한 다음 ➡를 클릭하여 추가하고, 그렇지 않은 경우에는 바로 [확인]을 클릭한다. **새 활성 데이터 파일의 변수** 목록에 있는 변수들이 새로 만들어진 파일에 포함된다.

결과 2.4는 a1.sav 파일에 a3.sav 파일의 케이스를 추가한 다음 a13.sav로 저장한 파일의 일부를 보여준다. a13.sav 파일을 생성할 때 통학방법 변수는 제외되었으며, 이와 같이 대응되지 않은 변수가 존재하는 경우 **파일 합치기**에 대해서는 뒤에서 설명하기로 한다.

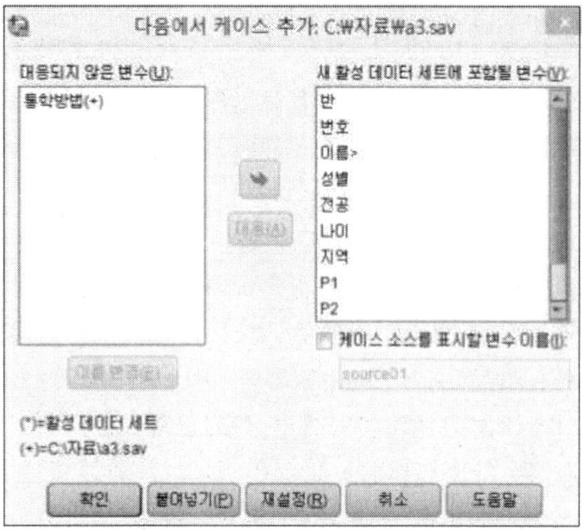

결과 2.4 파일합치기 : 케이스 추가

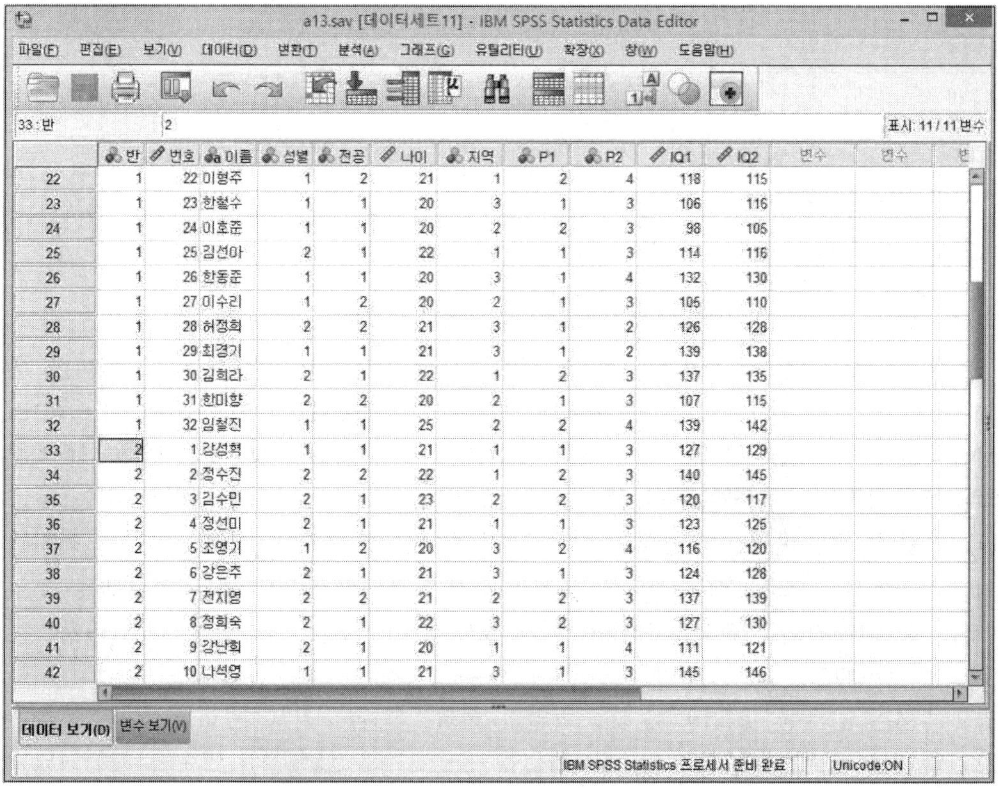

	반	번호	이름	성별	전공	나이	지역	P1	P2	IQ1	IQ2	변수	변수
22	1	22	이형주	1	2	21	1	2	4	118	115		
23	1	23	한철수	1	1	20	3	1	3	106	116		
24	1	24	이호준	1	1	20	2	2	3	98	105		
25	1	25	김선아	2	1	22	1	1	3	114	116		
26	1	26	한동준	1	1	20	3	1	4	132	130		
27	1	27	이수리	1	2	20	2	1	3	105	110		
28	1	28	허정희	2	2	21	3	1	2	126	128		
29	1	29	최경기	1	1	21	3	1	2	139	138		
30	1	30	김희라	2	1	22	1	2	3	137	135		
31	1	31	한미향	2	2	20	2	1	3	107	115		
32	1	32	임철진	1	1	25	2	2	4	139	142		
33	2	1	강성혁	1	1	21	1	1	3	127	129		
34	2	2	정수진	2	2	22	1	2	3	140	145		
35	2	3	김수민	2	1	23	2	2	3	120	117		
36	2	4	정선미	2	1	21	1	1	3	123	125		
37	2	5	조영기	1	2	20	3	2	4	116	120		
38	2	6	강은주	2	1	21	3	1	3	124	128		
39	2	7	전지영	2	2	21	2	2	3	137	139		
40	2	8	정희숙	2	1	22	3	2	3	127	130		
41	2	9	강난희	2	1	20	1	1	4	111	121		
42	2	10	나석영	1	1	21	3	1	3	145	146		

2) 변수 추가하기

다음은 서로 다른 변수를 가지고 있는 2개 파일을 합치는 방법을 살펴보자. 변수를 추가하여 파일을 합치고자 할 때 다음 메뉴를 선택한다.

데이터 ➠ **파일 합치기** ➠ **변수 추가** *SPSSMENU*

변수 추가는 동일한 케이스에 대해서 서로 다른 변수를 포함하고 있는 2개 파일을 합치고자 할 때 사용한다. 2반 학생들의 신체정보 및 성적 자료가 포함된 a4.sav 파일을 2반 학생들의 일반사항과 성공적인 취업을 위해서 우선적으로 필요하다고 생각하는 항목에 대한 설문조사 결과 및 지능지수에 대한 정보가 포함된 a3.sav 파일에 합쳐서 2반 학생들에 대한 모든 정보를 포함하는 자료파일을 구성해보자.

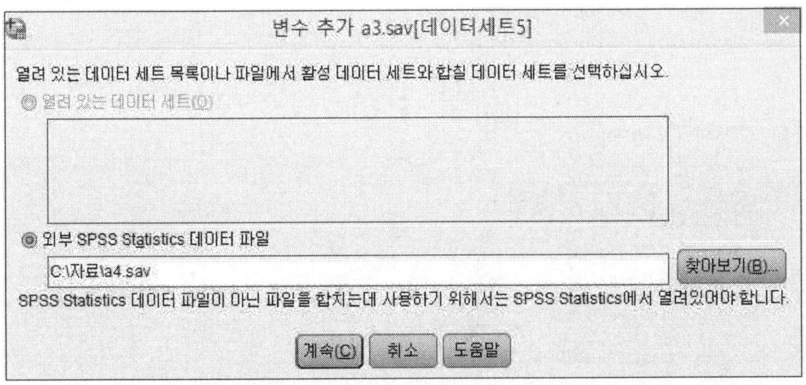

SPSS 통계 데이터 편집기 창에서 a3.sav 파일을 먼저 읽은 다음 **변수 추가** 메뉴를 선택하면 《**변수 추가 a3.sav**》 대화상자가 나타난다. 여기서, 합치고자 하는 a4.sav 파일을 선택한 다음 [계속]을 클릭하면 되는데, 이 대화상자의 사용방법은 앞에서 설명한 《**케이스 추가**》 대화상자와 동일하다.

이제, 《**변수 추가 위치**》 대화상자가 나타나면 [합치기 방법]을 어떻게 할 것인지를 선택한다. **키 값을 기반으로 하는 일대일 합치기** 방법을 사용하면 **기준변수**를 기준으로 두 파일이 합쳐지게 된다.

[합치기 방법]의 다른 옵션을 선택하게 되면 변수선택이 재설정된다. a3.sav 파일과 a4.sav 파일에 두 변수 반과 번호가 모두 포함되어 있는데 이 두 변수가 **기준 변수**가 되어 두 파일을 합치게 되는 것이다. 그리고 **키 값을 기반으로 하는 일대일 합치기**의 경우 파일이 키 값의 순서대로 정렬되어 있어야 하므로 **합치기 전에 키 값 기준으로 파일 정렬**을 선택한 다음 [확인]을 클릭한다. 다음으로 [변수]를 선택하면 다음과 같은 대화상자가 나타나는데 여기서는 **제외된 변수**와 **포함된 변수**, 그리고 **기준 변수**를 표시해준다.

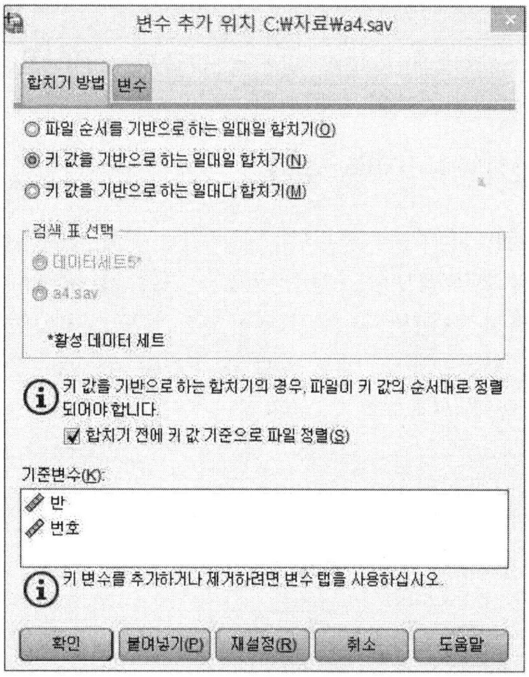

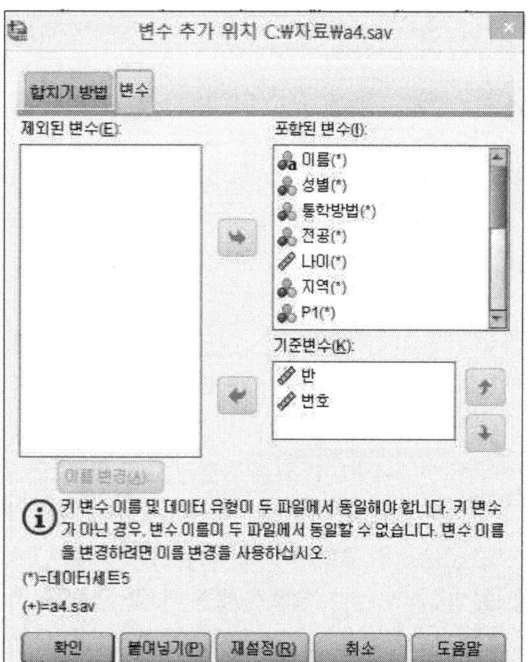

결과 2.5는 a3.sav 파일과 a4.sav 파일을 합친 다음 a34.sav로 저장한 2반 학생들의 전체 파일의 일부를 보여주고 있다.

결과 2.5 파일합치기 : 변수 추가

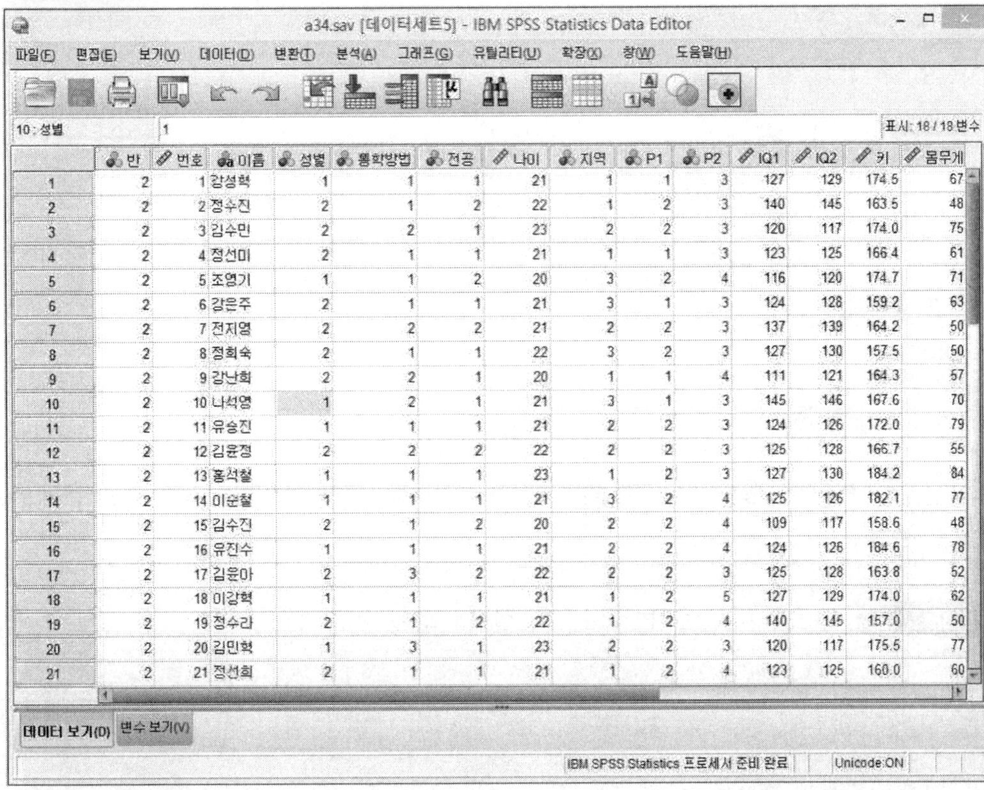

	반	번호	이름	성별	통학방법	전공	나이	지역	P1	P2	IQ1	IQ2	키	몸무게
1	2	1	강성혁	1	1	1	21	1	1	3	127	129	174.5	67
2	2	2	정수진	2	1	2	22	1	2	3	140	145	163.5	48
3	2	3	김수민	2	2	1	23	2	2	3	120	117	174.0	75
4	2	4	정선미	2	1	1	21	1	1	3	123	125	166.4	61
5	2	5	조영기	1	1	2	20	3	2	4	116	120	174.7	71
6	2	6	강은주	2	1	1	21	3	1	3	124	128	159.2	63
7	2	7	전지영	2	2	2	21	2	2	3	137	139	164.2	50
8	2	8	정희숙	2	1	1	22	3	2	3	127	130	157.5	50
9	2	9	강난희	2	2	1	20	1	1	4	111	121	164.3	57
10	2	10	나석영	1	2	1	21	3	1	3	145	146	167.6	70
11	2	11	유승진	1	1	1	21	2	2	3	124	126	172.0	79
12	2	12	김윤정	2	2	2	22	2	2	3	125	128	166.7	55
13	2	13	홍석철	1	1	1	23	1	2	3	127	130	184.2	84
14	2	14	이순철	1	1	1	21	3	2	4	125	126	182.1	77
15	2	15	김수진	2	1	2	20	2	2	4	109	117	158.6	48
16	2	16	유진수	1	1	1	21	2	2	4	124	126	184.6	78
17	2	17	김윤아	2	3	2	22	2	2	3	125	128	163.8	52
18	2	18	이강혁	1	1	1	21	1	2	5	127	129	174.0	62
19	2	19	정수라	2	1	2	22	1	2	4	140	145	157.0	50
20	2	20	김민혁	1	3	1	23	2	2	3	120	117	175.5	77
21	2	21	정선희	2	1	1	21	1	2	4	123	125	160.0	60

실 습 문 제

- 1반 학생들의 정보가 포함된 두 SPSS 자료파일 a1.sav와 a2.sav에 대해 파일 합치기-변수 추가 메뉴를 이용하여 1반 학생 전체 파일 a12.sav를 생성하시오.

지금까지 설명한 **파일 합치기**를 통해서 분석용 최종자료인 분석자료.sav 파일을 생성해 보자. 앞에서 생성된 파일 a12.sav와 파일 a34.sav을 **파일 합치기**의 **케이스 추가** 메뉴를 사용하면 《**다음에서 케이스 추가**》 대화상자가 나타나는데 이를 살펴보면 합치려고 하는 두 파일에 **대응되지 않은 변수** 통학방법이 존재함을 알 수 있다. 2반 학생들의 자료에는 통학방법 변수가 포함되어 있지만 1반 학생들의 자료에는 이 변수가 존재하지 않는다. 따라서 이 경우 새로 만들어지는 파일에는 대응되지 않는 변수인 통학방법 변수는 포함되지 않는다. 만일 이 변수를 포함시키려면 이 변수를 선택하여 추가하면 되는데 이 경우 1반 학생들의 자료에 통학방법 변수가 없기 때문에 1반 학생들의 통학방법은 모두 결측값(.)으로 표시된다.

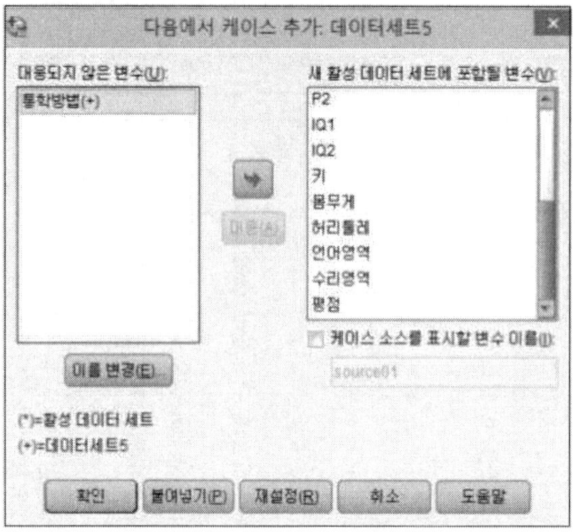

결과 2.6은 **대응되지 않은 변수** 통학방법을 포함시켜서 **파일 합치기**를 실행하여 생성된 파일을 보여준다.

결과 2.6 대응되지 않는 변수가 존재할 때 파일 합치기

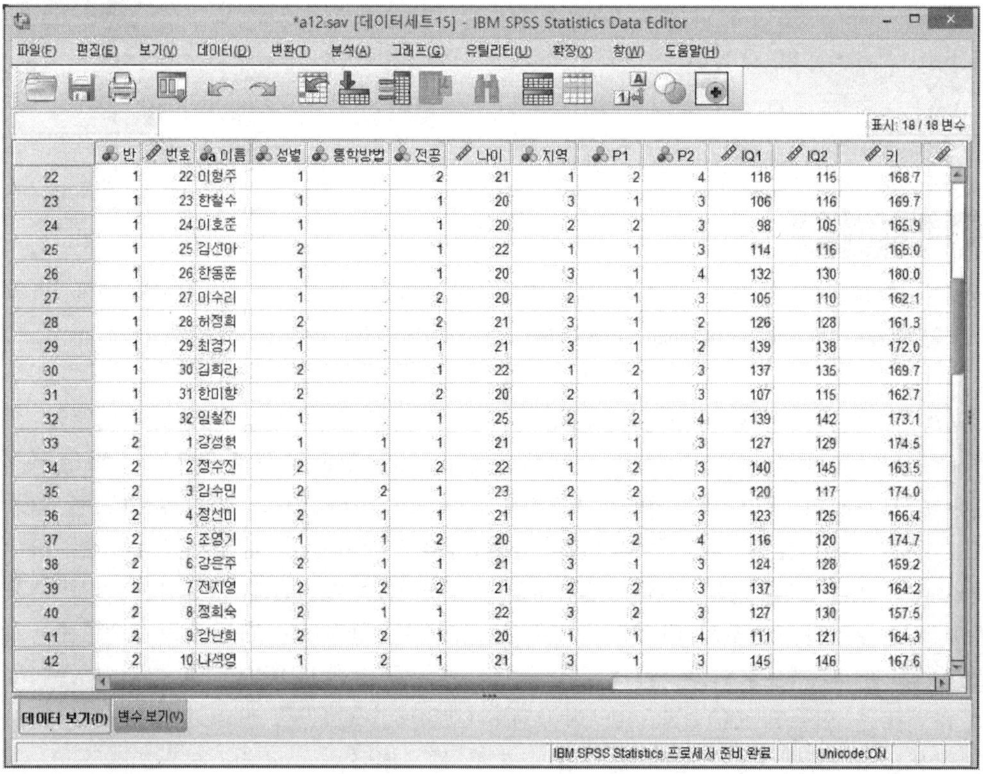

	반	번호	이름	성별	통학방법	전공	나이	지역	P1	P2	IQ1	IQ2	키
22	1	22	이형주	1	.	2	21	1	2	4	118	115	168.7
23	1	23	한철수	1	.	1	20	3	1	3	106	116	169.7
24	1	24	이호준	1	.	1	20	2	2	3	98	105	165.9
25	1	25	김선아	2	.	1	22	1	1	3	114	116	165.0
26	1	26	한동준	1	.	1	20	3	1	4	132	130	180.0
27	1	27	이수리	1	.	2	20	2	1	3	105	110	162.1
28	1	28	허정희	2	.	2	21	3	1	2	126	128	161.3
29	1	29	최경기	1	.	1	21	3	1	2	139	138	172.0
30	1	30	김희라	2	.	1	22	1	2	3	137	135	169.7
31	1	31	한미향	2	.	2	20	2	1	3	107	115	162.7
32	1	32	임철진	1	.	1	25	2	2	4	139	142	173.1
33	2	1	강성혁	1	1	1	21	1	1	3	127	129	174.5
34	2	2	정수진	2	1	2	22	1	2	3	140	145	163.5
35	2	3	김수민	2	2	1	23	2	2	3	120	117	174.0
36	2	4	정선미	2	1	1	21	1	1	3	123	125	166.4
37	2	5	조영기	1	1	2	20	3	2	4	116	120	174.7
38	2	6	강은주	2	1	1	21	3	1	3	124	128	159.2
39	2	7	전지영	2	2	2	21	2	2	3	137	139	164.2
40	2	8	정희숙	2	1	1	22	3	2	3	127	130	157.5
41	2	9	강난희	2	2	1	20	1	1	4	111	121	164.3
42	2	10	나석영	1	2	1	21	3	1	3	145	146	167.6

결과 2.7은 **파일 합치기**를 이용하여 생성된 분석자료.sav 파일을 보여주는데, 이는 자료 a1, a2, a3, a4로부터 생성된 자료파일로 변수 통학방법은 1반 학생들의 정보가 없는 결측값이므로 최종 분석자료에서 제외하였다. 따라서 이후의 모든 자료 분석에서는 17개 변수를 포함한 SPSS 자료파일 분석자료.sav를 사용하기로 한다.

결과 2.7 분석용 최종 자료 : 분석자료.sav

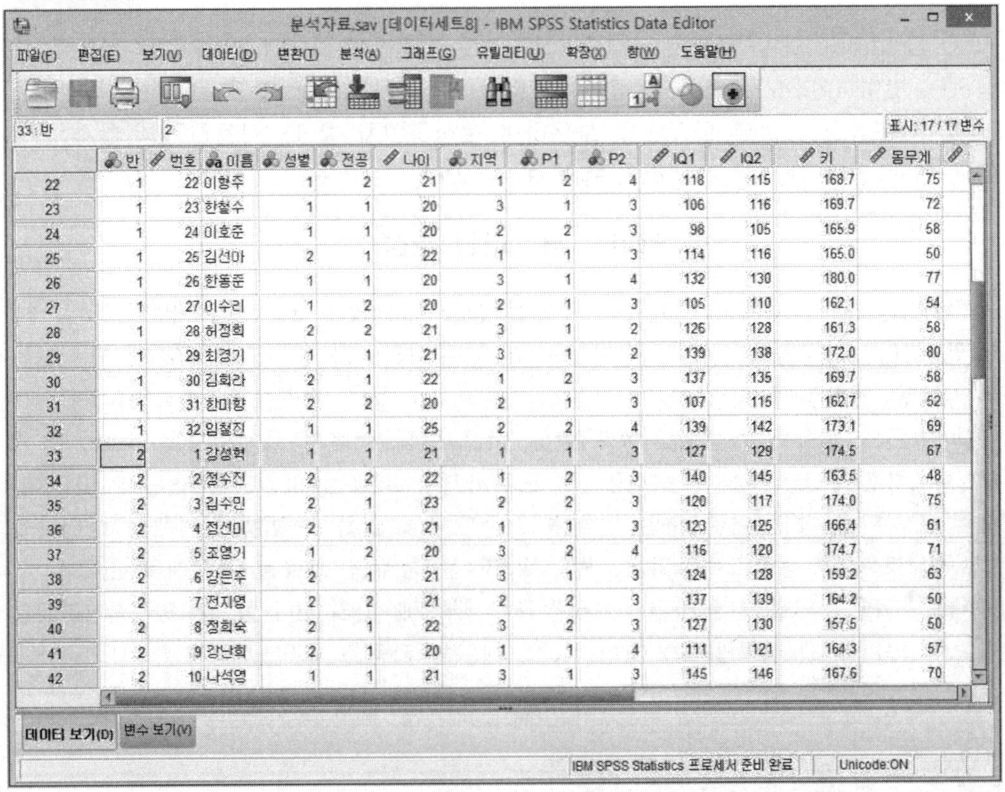

	반	번호	이름	성별	전공	나이	지역	P1	P2	IQ1	IQ2	키	몸무게
22	1	22	이형주	1	2	21	1	2	4	118	115	168.7	75
23	1	23	한철수	1	1	20	3	1	3	106	116	169.7	72
24	1	24	이호준	1	1	20	2	2	3	98	105	165.9	58
25	1	25	김선아	2	1	22	1	1	3	114	116	165.0	50
26	1	26	한동준	1	1	20	3	1	4	132	130	180.0	77
27	1	27	이수리	1	2	20	2	1	3	105	110	162.1	54
28	1	28	허정희	2	2	21	3	1	2	126	128	161.3	58
29	1	29	최경기	1	1	21	3	1	2	139	138	172.0	80
30	1	30	김희라	2	1	22	1	2	3	137	135	169.7	58
31	1	31	한미향	2	2	20	2	1	3	107	115	162.7	52
32	1	32	임철진	1	1	25	2	2	4	139	142	173.1	69
33	2	1	강성혁	1	1	21	1	1	3	127	129	174.5	67
34	2	2	정수진	2	2	22	1	2	3	140	145	163.5	48
35	2	3	김수민	2	1	23	2	2	3	120	117	174.0	75
36	2	4	정선미	2	1	21	1	1	3	123	125	166.4	61
37	2	5	조영기	1	2	20	3	2	4	116	120	174.7	71
38	2	6	강은주	2	1	21	3	1	3	124	128	159.2	63
39	2	7	전지영	2	2	21	2	2	3	137	139	164.2	50
40	2	8	정희숙	2	1	22	3	2	3	127	130	157.5	50
41	2	9	강난희	2	1	20	1	1	4	111	121	164.3	57
42	2	10	나석영	1	1	21	3	1	3	145	146	167.6	70

지금까지 설명된 **변수 추가**와 **케이스 추가**의 **파일 합치기** 메뉴를 쉽게 이해하기 위해 이 과정을 도식화해보면 다음과 같이 나타낼 수 있다.

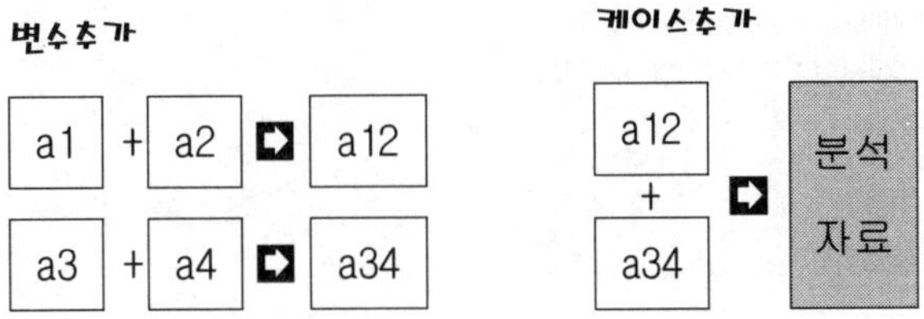

동일한 분석자료.sav 파일을 생성하기 위해서 a1.sav 파일과 a3.sav 파일을 **케이스**

추가로 합쳐서 a13.sav 파일을 생성하고, 마찬가지 방법으로 a2.sav 파일과 a4.sav 파일을 **케이스 추가**로 합쳐서 a24.sav 파일을 생성한 다음 이 두 파일 a13.sav 파일과 a24.sav 파일을 **변수추가**를 이용하여 합치는 방법을 사용할 수도 있다.

SECTION 2.5 파일 분할하기

SPSS에서 파일 분할은 파일을 물리적으로 분할하여 2개의 새로운 파일로 구성하는 것이 아니라 분석할 때 전체 파일을 모두 사용하지 않고, 파일을 특정변수에 따라 분류하여 일부 파일만을 사용하여 분석하고자 할 때 사용하기 위한 방법으로 다음과 같은 메뉴를 선택하여 실행할 수 있다.

데이터 ➡ 파일 분할

SPSSMENU

《**파일분할**》 대화상자에서 디폴트는 파일을 분할하지 않는 **모든 케이스 분석, 집단은 만들지 않음**이다. 파일을 집단으로 구분하여 비교 분석하고자 할 때에는 **집단들 비교** 또는 **각 집단별로 출력결과를 나타냄**을 선택한다. 여기서, **집단들 비교**는 각 파일분할 집단에 대해 별도의 도표가 작성되고 **출력결과**에 이들 도표가 함께 표시되도록 하며, **각 집단별로 출력결과를 나타냄**을 선택하면 각 프로시저의 결과는 파일분할 집단에 따라 별도로 표시된다. 다음으로 어떤 변수를 기준으로 파일을 분할할 것인지를 나타내는 **분할 집단변수**를 지정한다. 여기서, **분할 집단변수**는 범주형 자료를 지정해야 한다.

성별에 따라 파일을 분할하고, 분석결과를 성별에 따라 비교할 수 있도록 결과를 출력하고자 할 때, 《**파일분할**》 대화상자의 내용을 다음과 같이 지정하면 된다.

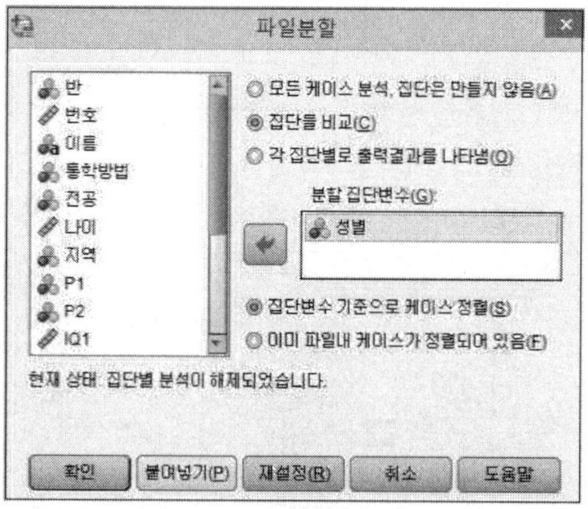

집단변수 기준으로 케이스 정렬을 선택하면, 출력결과가 지정된 기준변수에 따라 정렬되어 출력된다. 결과 2.8은 분석자료.sav 파일을 성별에 따라 분할한 결과로 파일 하

단의 오른쪽 부분을 보면 **분할기준 성별** 이라고 표시된 것을 볼 수 있으며, [데이터 보기] 상태에서 성별에 따라 데이터 파일이 정렬되었음을 알 수 있다. 이 파일을 이용하여 분석을 실시하면 성별에 따라 각각의 결과를 제공해준다.

결과 2.8 성별에 따라 파일 분할을 실행한 결과

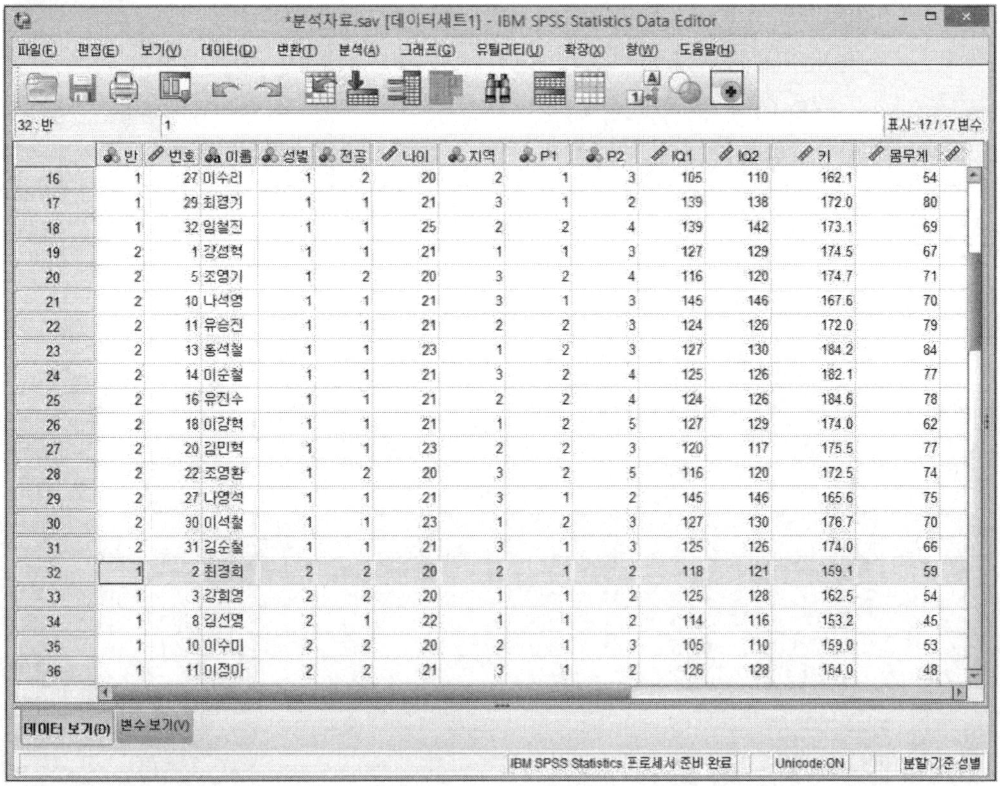

	반	번호	이름	성별	전공	나이	지역	P1	P2	IQ1	IQ2	키	몸무게
16	1	27	이수리	1	2	20	2	1	3	105	110	162.1	54
17	1	29	최경기	1	1	21	3	1	2	139	138	172.0	80
18	1	32	임철진	1	1	25	2	2	4	139	142	173.1	69
19	2	1	강성혁	1	1	21	1	1	3	127	129	174.5	67
20	2	5	조명기	1	2	20	3	2	4	116	120	174.7	71
21	2	10	나석영	1	1	21	3	1	3	145	146	167.6	70
22	2	11	유승진	1	1	21	2	2	3	124	126	172.0	79
23	2	13	홍석철	1	1	23	1	2	3	127	130	184.2	84
24	2	14	이순철	1	1	21	3	2	4	125	126	182.1	77
25	2	16	유진수	1	1	21	2	2	4	124	126	184.6	78
26	2	18	이강혁	1	1	21	1	2	5	127	129	174.0	62
27	2	20	김민혁	1	1	23	2	2	3	120	117	175.5	77
28	2	22	조명환	1	2	20	3	2	5	116	120	172.5	74
29	2	27	나영석	1	1	21	3	1	2	145	146	165.6	75
30	2	30	이석철	1	1	23	1	2	3	127	130	176.7	70
31	2	31	김순철	1	1	21	3	1	3	125	126	174.0	66
32	1	2	최경희	2	2	20	2	1	2	118	121	159.1	59
33	1	3	강희영	2	2	20	1	1	2	125	128	162.5	54
34	1	8	김선영	2	1	22	1	1	2	114	116	153.2	45
35	1	10	이수미	2	2	20	2	1	3	105	110	159.0	53
36	1	11	이정아	2	2	21	3	1	2	126	128	154.0	48

실 습 문 제

- 분석자료.sav 파일에 대해 파일분할을 이용하여 전공과 지역에 따라 각각 분할하여 결과를 비교해보시오.

CHAPTER 3

SPSS 자료의 변환

이 장에서는 SPSS 파일의 자료를 변환하는 방법을 설명한다. 1절에서는 원래 변수 값의 연산을 통하여 새로운 변수를 생성하는 방법을 설명하고, 2절에서는 자료의 코딩 값을 변경하는 방법을 설명한다. 3절에서는 원 변수를 지정하는 조건에 따라 범주화하여 새로운 변수를 생성하거나 기존 변수를 변환하는 시각적 구간화 방법을 살펴본다. 4절과 5절에서는 순위변수를 생성하는 방법과 자동코딩 변경에 의해 변수를 생성하는 방법을 설명한다.

SECTION 3.1 변수계산

SPSS 파일에 있는 변수들의 연산을 통해서 새로운 변수를 만들 수 있다. 이를 위해서 다음 메뉴를 선택한다.

변환 ➠ **변수 계산** *SPSSMENU*

《**변수계산**》 대화상자가 나타나면, **목표변수**에 연산을 통해 생성하고자 하는 새로운 변수이름을 지정하고, **숫자표현식**에 기존의 변수 값을 이용한 계산식을 입력한다.
숫자표현식의 계산식은 직접 연산자를 이용하여 수식의 형태로 표현할 수도 있고, 주어진 **함수 집단**에서 필요한 함수를 선택하면 아랫부분의 **함수 및 특수변수**에 사용가능한 함수 목록이 표시된다. 여기서 원하는 함수를 선택한 다음 ➚를 클릭하면, 함수식이 **숫자표현식**에 입력된다. 분석자료.sav 파일에서 언어영역과 수리영역의 평균을 나타내는 평균점수라는 새로운 변수를 생성해보자. 평균점수 변수를 만들기 위해서는 직접 수식을 입력할 수도 있고, 제공되는 함수를 이용할 수도 있다. 평균점수를 구하기 위해서 함수 *MEAN(?,?)*을 이용하는 과정을 살펴보자. 《**변수 계산**》 대화상자에서 **목표변수**에 평균점수를 입력하고, **함수 집단**에서 **통계**를 선택하면 통계와 관련된 함수가 **함수 및 특수변수**에 나타난다. 여기서 평균점수를 구하기 위해서 **Mean**을 선택한 다음 ➚를 클릭하면, **숫자표현식**에 *MEAN(?,?)*과 표시된다. **(?,?)** 부분에 왼쪽에 있는 변수 목록에서 언어영역과 수리영역을 선택하여 클릭하면 평균점수를 구하기 위한 **숫자표현식**이 다음과 같이 완성된다.

동일한 결과를 얻기 위해서 함수 **Mean**을 사용하지 않고, **숫자표현식**에 **(언어영역+수리영역)/2**와 같이 직접 수식의 형태로 입력할 수도 있다.

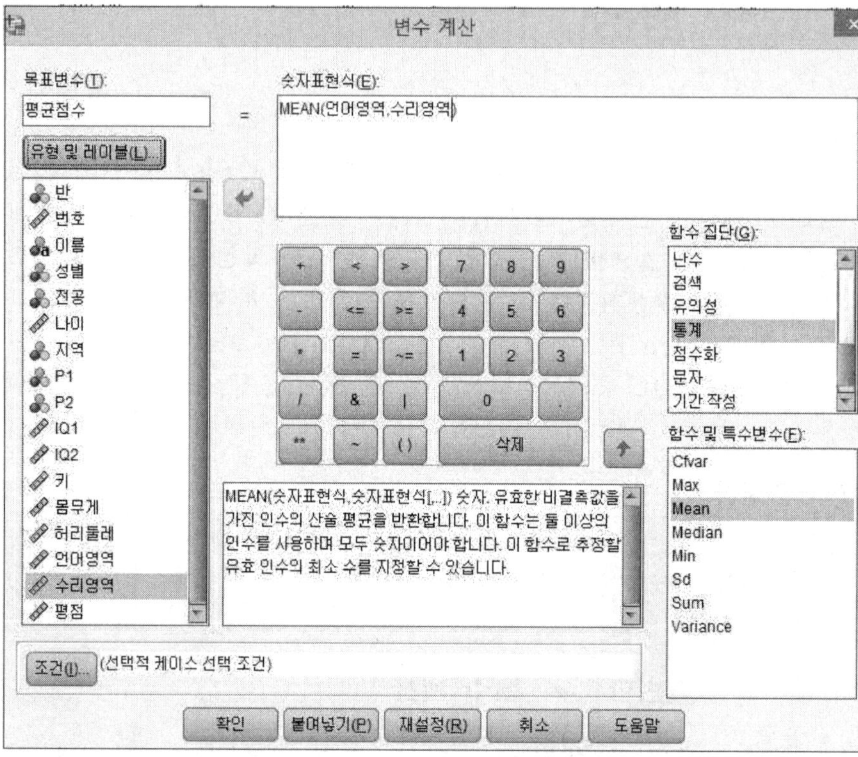

끝으로 **《변수 계산》** 대화상자의 [유형 및 레이블]을 선택하여 나타나는 **《변수계산:유형 및 레이블》** 대화상자에서 새로 생성되는 변수인 평균점수에 대한 **레이블** 및 **유형**을 지정하고 [계속]을 클릭한 다음 이전 대화상자에서 [확인]을 클릭하면 생성된 변수 평균점수가 데이터 파일에 추가된다. 결과 3.1을 보면 분석자료.sav 파일에 새로운 변수 평균점수가 추가되어 있음을 알 수 있다.

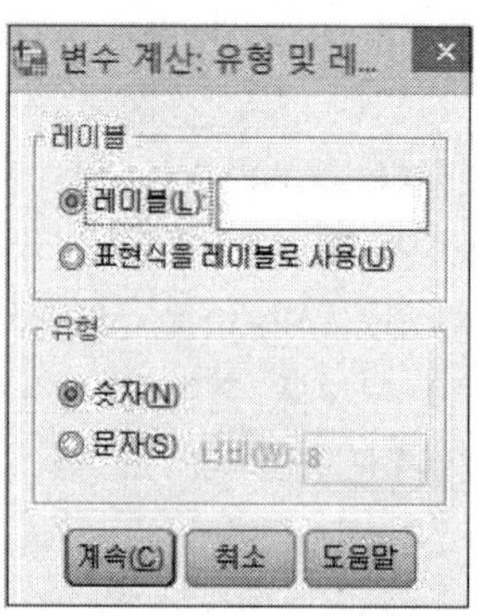

결과 3.1 변수계산을 이용한 새로운 변수 생성

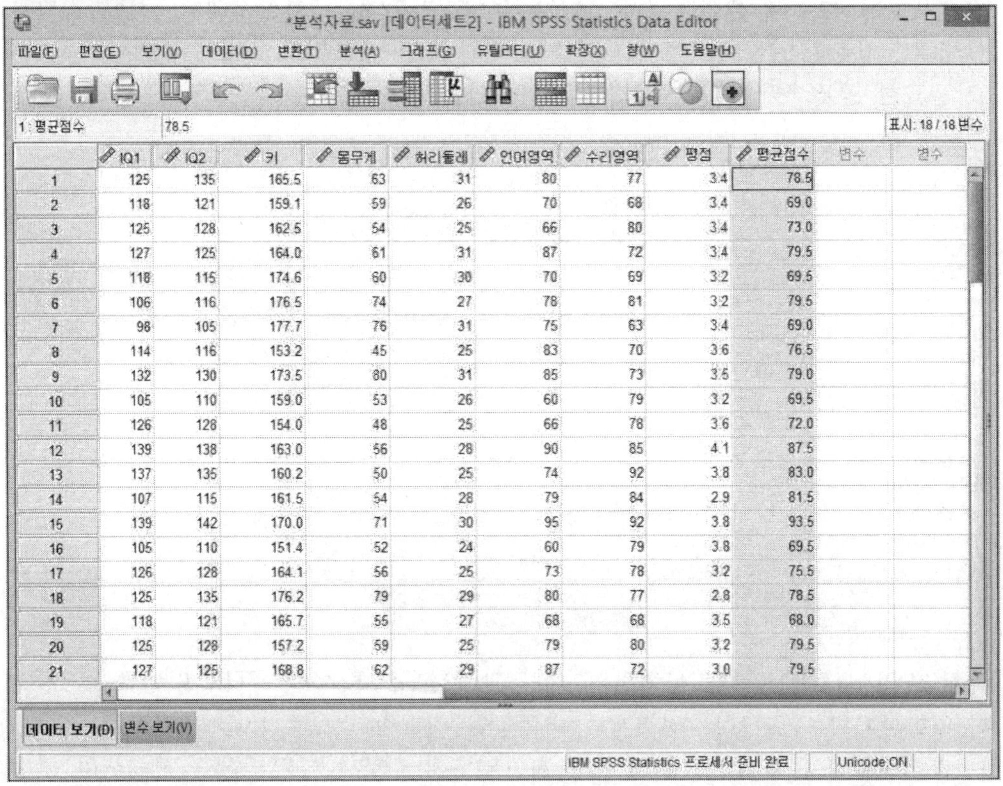

	IQ1	IQ2	키	몸무게	허리둘레	언어영역	수리영역	평점	평균점수	변수	변수
1	125	135	165.5	63	31	80	77	3.4	78.5		
2	118	121	159.1	59	26	70	68	3.4	69.0		
3	125	128	162.5	54	25	66	80	3.4	73.0		
4	127	125	164.0	61	31	87	72	3.4	79.5		
5	118	115	174.6	60	30	70	69	3.2	69.5		
6	106	116	176.5	74	27	78	81	3.2	79.5		
7	98	105	177.7	76	31	75	63	3.4	69.0		
8	114	116	153.2	45	25	83	70	3.6	76.5		
9	132	130	173.5	80	31	85	73	3.5	79.0		
10	105	110	159.0	53	26	60	79	3.2	69.5		
11	126	128	154.0	48	25	66	78	3.6	72.0		
12	139	138	163.0	56	28	90	85	4.1	87.5		
13	137	135	160.2	50	25	74	92	3.8	83.0		
14	107	115	161.5	54	28	79	84	2.9	81.5		
15	139	142	170.0	71	30	95	92	3.8	93.5		
16	105	110	151.4	52	24	60	79	3.8	69.5		
17	126	128	164.1	56	25	73	78	3.2	75.5		
18	125	135	176.2	79	29	80	77	2.8	78.5		
19	118	121	165.7	55	27	68	68	3.5	68.0		
20	125	128	157.2	59	25	79	80	3.2	79.5		
21	127	125	168.8	62	29	87	72	3.0	79.5		

SECTION 3.2 코딩 변경

SPSS 파일에 있는 기존 변수 값의 코딩을 변경할 수 있다. 코딩변경이란 기존 자료의 값을 그룹화하거나 자료 값을 변경하는 것을 의미한다. 이를 위해서 다음의 메뉴 중에서 하나를 선택한다.

변환 ➠ **같은 변수로 코딩변경** *SPSSMENU*

변환 ➠ **다른 변수로 코딩변경** *SPSSMENU*

같은 변수로 코딩변경 메뉴는 기존변수의 값이 새로운 코딩 값으로 대체되며, **다른 변수로 코딩변경** 메뉴는 기존의 변수는 그대로 남아 있고, 새로 정의되는 변수가 변경된 코딩 값을 가지게 된다.

앞에서 생성된 평균점수가 포함된 분석자료.sav 파일에서 평균점수가 80점 미만이

면 “C”, 80점 이상 90점 미만이면, “B”, 90점 이상이면 “A”의 값을 가지는 등급이라는 새로운 변수를 생성해보자. **《다른 변수로 코딩변경》** 대화상자에서 코딩변경하려는 변수인 평균점수를 선택하여 ➡를 클릭한 다음 **출력변수**의 **이름**에 등급을 입력하고, 필요한 경우 **레이블**을 입력한 다음 [변경]을 클릭한다.

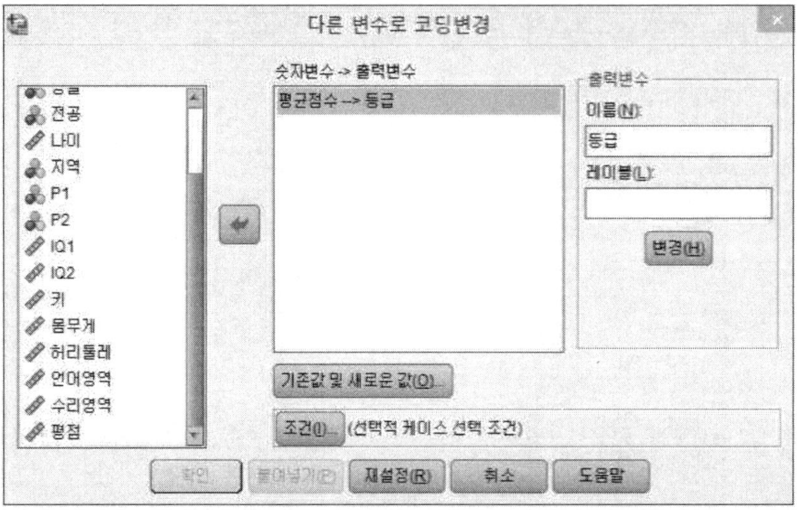

[기존값 및 새로운 값]을 선택하면, 다음과 같은 **《다른 변수로 코딩변경:기존값 및 새로운 값》** 대화상자가 나타난다. 여기서는 기존값을 어떠한 값으로 바꿀 것인지를 지정한다. 출력변수가 문자열이므로 오른쪽 하단부분의 **출력변수가 문자열임**을 선택해야 하며 문자열의 **너비**를 지정할 수 있다.

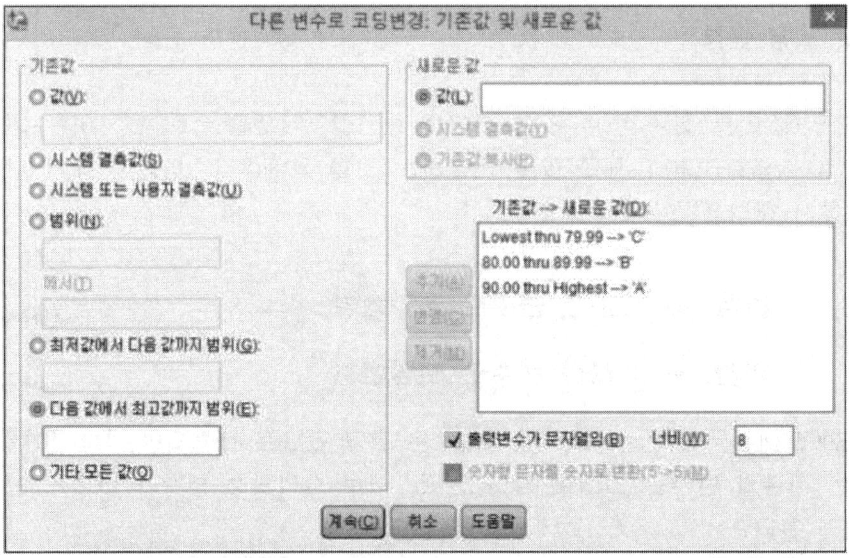

기존값은 **값**(하나의 값 지정), **시스템 결측값**, **시스템 또는 사용자 결측값**, **범위**(3가지 유형), **기타 모든 값** 중에서 선택할 수 있다. 이는 **기존값**을 어떻게 코딩 변경할 것인지에 따라 결정되며, 여기서는 **범위**를 사용해야 한다. 80점 미만이면 등급 변수가 "C" 값을 가지도록 하기 위해서 **최저값에서 다음 값까지 범위**에 79.99를 입력하고 **새로운 값**에 C를 입력한 다음 [추가]를 클릭한다. 다음으로 80점 이상 90점 미만이면 등급 변수가 "B" 값을 가지도록 하기 위해 **범위**에 80.00과 89.99를 각각 입력하고 **새로운 값**에 B를 입력한 다음 [추가]를 클릭한다. 마지막으로 **다음 값에서 최고값까지 범위**에 90.00을 입력하고 **새로운 값**에 A를 입력한 다음 [추가]를 클릭하면 코딩변경하려는 모든 값에 대한 지정이 끝난다.

[계속]을 클릭하고 **《다른 변수로 코딩변경》** 대화상자에서 [확인]을 클릭하면, 등급이라는 새로운 변수가 포함된 파일을 얻게 된다. 결과 3.2는 새로운 변수 등급이 추가된 분석자료.sav파일의 일부를 보여준다.

결과 3.2 평균점수 변수를 코딩 변경하여 등급 변수 생성

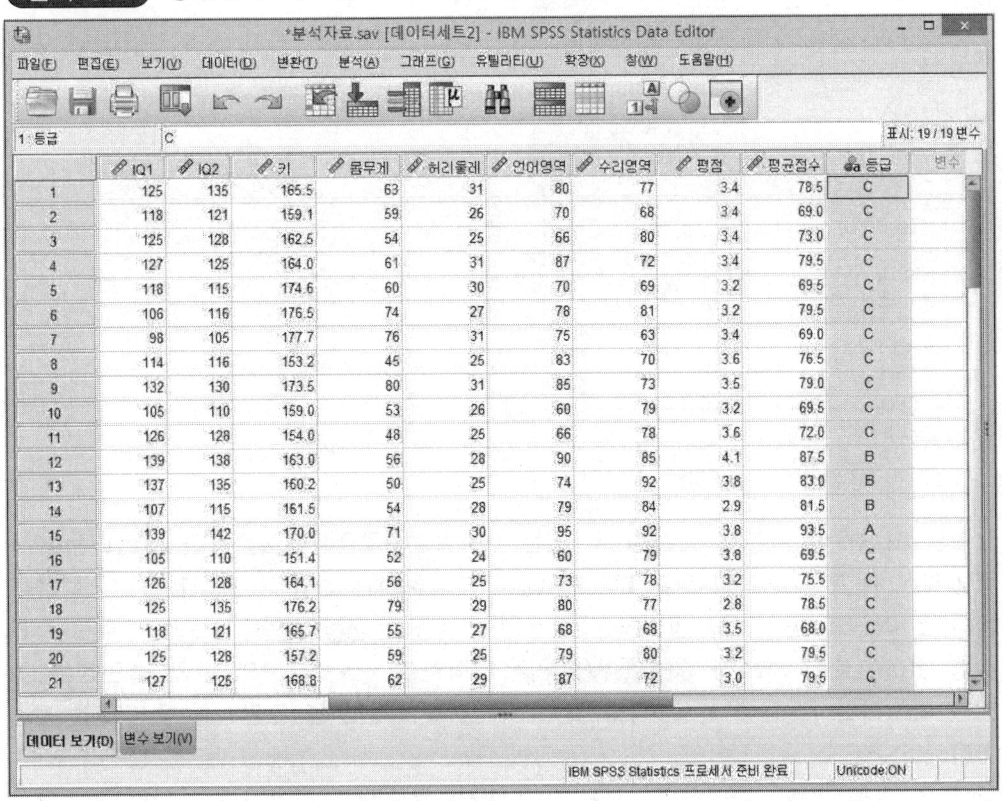

	IQ1	IQ2	키	몸무게	허리둘레	언어영역	수리영역	평점	평균점수	등급	변수
1	125	135	165.5	63	31	80	77	3.4	78.5	C	
2	118	121	159.1	59	26	70	68	3.4	69.0	C	
3	125	128	162.5	54	25	66	80	3.4	73.0	C	
4	127	125	164.0	61	31	87	72	3.4	79.5	C	
5	118	115	174.6	60	30	70	69	3.2	69.5	C	
6	106	116	176.5	74	27	78	81	3.2	79.5	C	
7	98	105	177.7	76	31	75	63	3.4	69.0	C	
8	114	116	153.2	45	25	83	70	3.6	76.5	C	
9	132	130	173.5	80	31	85	73	3.5	79.0	C	
10	105	110	159.0	53	26	60	79	3.2	69.5	C	
11	126	128	154.0	48	25	66	78	3.6	72.0	C	
12	139	138	163.0	56	28	90	85	4.1	87.5	B	
13	137	135	160.2	50	25	74	92	3.8	83.0	B	
14	107	115	161.5	54	28	79	84	2.9	81.5	B	
15	139	142	170.0	71	30	95	92	3.8	93.5	A	
16	105	110	151.4	52	24	60	79	3.8	69.5	C	
17	126	128	164.1	56	25	73	78	3.2	75.5	C	
18	125	135	176.2	79	29	80	77	2.8	78.5	C	
19	118	121	165.7	55	27	68	68	3.5	68.0	C	
20	125	128	157.2	59	25	79	80	3.2	79.5	C	
21	127	125	168.8	62	29	87	72	3.0	79.5	C	

SECTION 3.3 변수의 시각적 구간화

SPSS에서 연속적인 값을 가지는 숫자형 자료를 이산형 숫자 자료(범주형 자료)로 변환하기 위해서 **시각적 구간화** 메뉴를 이용할 수 있다. 이를 이용하면, 기존 변수의 연속적인 값을 제한된 수의 고유 범주로 집단화하고 이를 기준으로 새로운 변수를 생성할 수 있다. **시각적 구간화**는 연속형 변수를 범주형 변수로 변환하거나 여러 개의 순서 범주를 더 적은 수의 범주군으로 합치고자 할 때 사용되며, 다음 메뉴를 선택함으로써 시작할 수 있다.

변환 ➠ **시각적 구간화**

SPSSMENU

분석자료.sav 파일에서 수리영역 변수를 4개의 범주로 구분해보자. 다음과 같은 **《시각적 구간화》** 대화상자의 **변수** 목록에는 구간화할 수 있는 변수들의 목록을 보여주며 여기서 **구간화할 변수**를 선택한 다음 [계속]을 클릭한다.

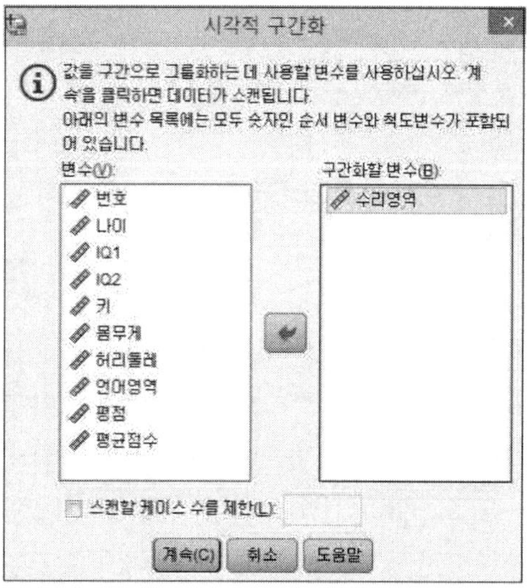

그러면 세부적인 구간을 지정할 수 있는 **《시각적 구간화》** 대화상자가 나타나는데 **스캔된 변수 목록**과 오른쪽의 **이름-현재 변수**에 구간화하려는 변수가 표시된다. **구간변수**에는 새로 작성될 변수명을 입력하면 되는데 여기서는 수리영역을 4개의 범주로 구간화할 것이므로 **구간변수**에 수리영역등급을 입력한다. 아랫부분의 구간 절단점을 직접 입력하거나 [절단점 만들기]를 클릭하여 어떻게 변수를 구간화할 것인지를 지정한다.

[절단점 만들기]를 클릭하여 나타나는 **《절단점 만들기》** 대화상자에서 어떤 방법으로 자료를 구간화할지 지정한다. **동일한 너비 구간**으로 지정할 수도 있고, **스캔된 케이스로부터 계산된 동일크기 백분위수**로 자료를 구간화할 수도 있다. 수리영역을 4개의 구간으

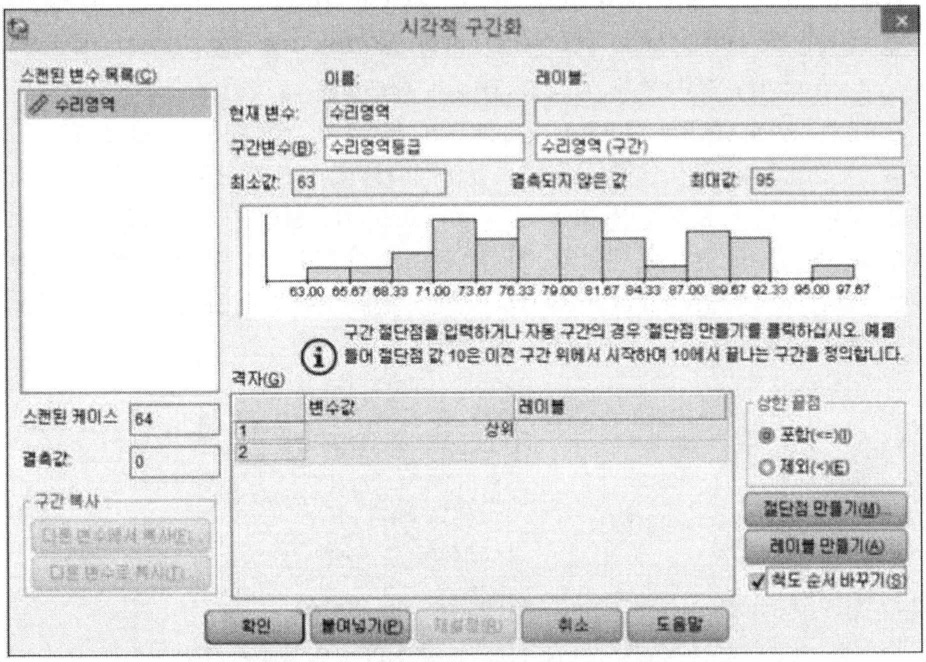

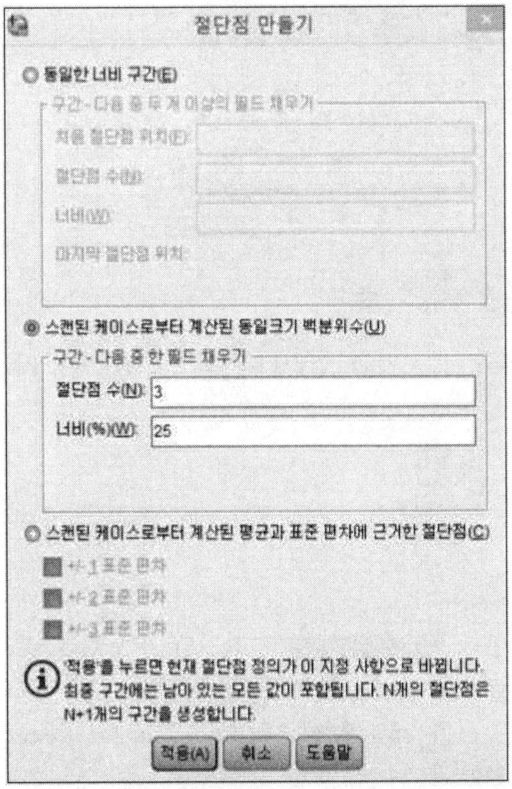

로 범주화해야 하므로 **스캔된 케이스로부터 계산된 동일크기 백분위수**를 선택한 다음 **절단점 수**를 3으로 지정하면 **너비**에 25가 표시된다. 만일 **절단점의 수**를 2로 지정하면 **너비**에는 50의 값이 표시된다. **절단점 수** 지정이 끝나면 [적용]을 클릭한다.

그러면, 다음과 같이 《**시각적 구간화**》 대화상자의 **변수값**에 25백분위수 값인 73.0과 50백분위수인 78.5, 75백분위수인 85.0의 값이 표시된다. 다음으로 절단점으로 지정된 값이 실제 자료에 포함되어 있을 경우 이 값의 처리방법을 지정하기 위해 오른쪽 부분의 **상한 끝점**을 **포함**할 것인지 **제외**할 것인지 선택한다. **척도 순서 바꾸기**를 선택하면 변수값이 큰 순서로 값이 부여된다. 수리영역 점수가 높은 경우를 1등급으로 하기 위해서 이를 선택하고 [확인]을 클릭한다.

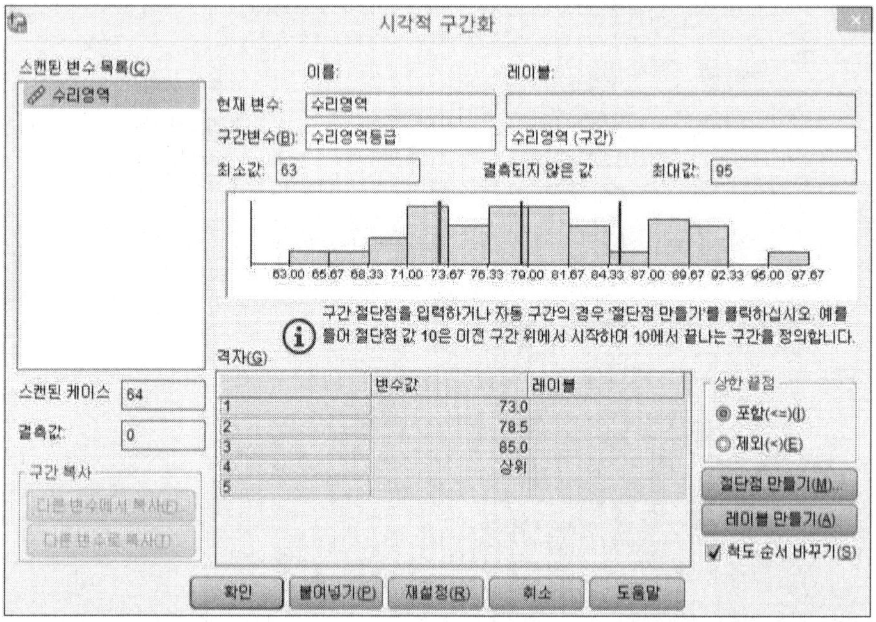

끝으로 다음과 같은 변수 작성 여부를 묻는 메시지가 나타나게 되는데, [확인]을 클릭한다.

결과 3.3은 수리영역을 구간화한 새로운 변수 수리영역등급이 추가된 분석자료.sav 파일의 일부를 보여준다. **절단점 수**를 3으로 지정하였으므로 수리영역등급 변수에서 1의 값을 가지는 학생들은 수리영역점수가 상위 25%에 해당되며, 4의 값을 가지는 학생들은 수리영역점수가 하위 25%에 속함을 알 수 있다.

결과 3.3 시각적 구간화를 이용한 변수 생성

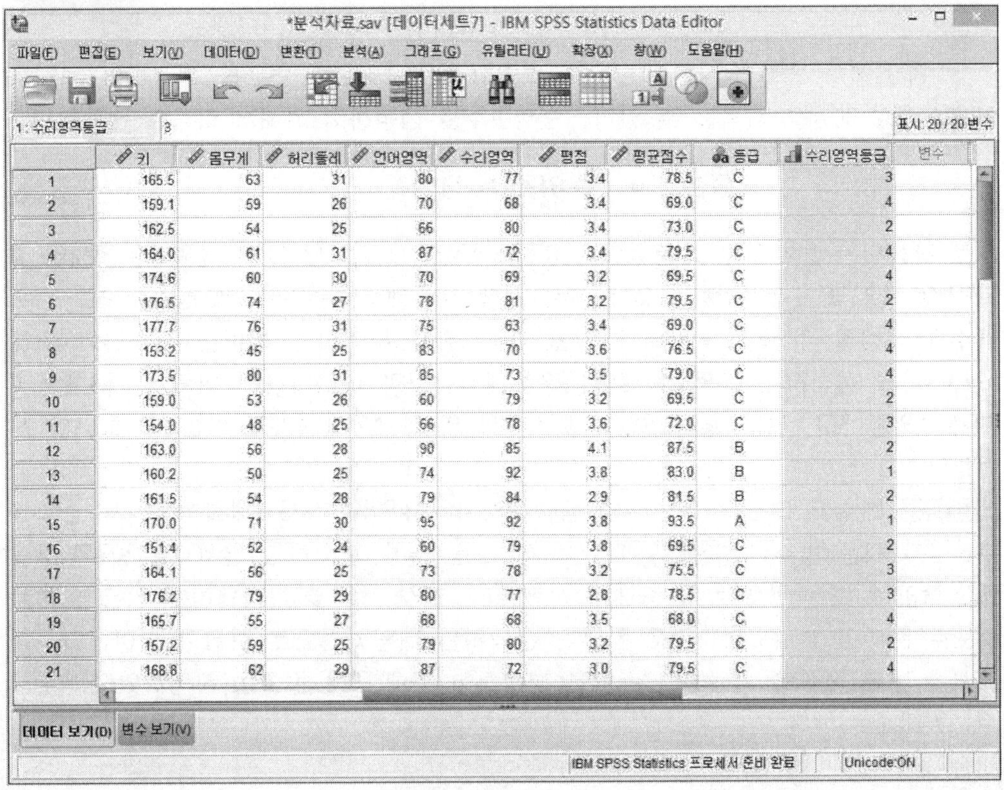

	키	몸무게	허리둘레	언어영역	수리영역	평점	평균점수	등급	수리영역등급	변수
1	165.5	63	31	80	77	3.4	78.5	C	3	
2	159.1	59	26	70	68	3.4	69.0	C	4	
3	162.5	54	25	66	80	3.4	73.0	C	2	
4	164.0	61	31	87	72	3.4	79.5	C	4	
5	174.6	60	30	70	69	3.2	69.5	C	4	
6	176.5	74	27	78	81	3.2	79.5	C	2	
7	177.7	76	31	75	63	3.4	69.0	C	4	
8	153.2	45	25	83	70	3.6	76.5	C	4	
9	173.5	80	31	85	73	3.5	79.0	C	4	
10	159.0	53	26	60	79	3.2	69.5	C	2	
11	154.0	48	25	66	78	3.6	72.0	C	3	
12	163.0	56	28	90	85	4.1	87.5	B	2	
13	160.2	50	25	74	92	3.8	83.0	B	1	
14	161.5	54	28	79	84	2.9	81.5	B	2	
15	170.0	71	30	95	92	3.8	93.5	A	1	
16	151.4	52	24	60	79	3.8	69.5	C	2	
17	164.1	56	25	73	78	3.2	75.5	C	3	
18	176.2	79	29	80	77	2.8	78.5	C	3	
19	165.7	55	27	68	68	3.5	68.0	C	4	
20	157.2	59	25	79	80	3.2	79.5	C	2	
21	168.8	62	29	87	72	3.0	79.5	C	4	

실 습 문 제

- 키와 몸무게 자료를 이용하여 BMI 지수를 나타내는 BMI 변수를 생성하시오. 원자료에서 키 변수의 단위가 cm이므로 BMI 변수 생성시 이를 고려해야 하며, BMI 지수는 다음과 같이 계산된다.

$$\text{BMI 지수} = \frac{\text{몸무게}(kg)}{\text{키}(m)^2}$$

- BMI 변수를 이용하여 BMI등급 변수를 다음과 같은 기준에 의해 생성하고 값 레이블을 설정하시오.

  1. 18.5 미만 : 저체중
  2. 18.5 이상 ~ 23.0 미만 : 정상
  3. 23.0 이상 ~ 25.0 미만 : 과체중
  4. 25.0 이상 ~ 30.0 미만 : 비만
  5. 30.0 이상 : 고도비만

SECTION 3.4 순위변수 생성

SPSS에서 숫자변수에 대한 순위를 나타내는 새로운 변수를 생성하기 위해서 **순위변수 생성** 메뉴를 이용할 수 있다. 순위변수를 생성하기 위해서 다음을 선택한다.

변환 ➡ **순위변수 생성**

SPSSMENU

새로 작성되는 변수명은 자동적으로 **R기존변수명** 형태로 지정되고, **순위 1을 할당할 값**을 **가장 작은 값** 또는 **가장 큰 값** 중에서 선택하여 내림차순 또는 오름차순으로 순위변수를 생성할 수 있다. 순위가 같을 때 순위를 부여하는 방법을 지정하기 위해 [등순위]를 클릭하면 《**순위변수 생성:등순위**》 대화상자가 나타나는데 여기서, **등순위에 부여되는 순위**를 **평균**, **낮음**, **높음**, **유일한 값에 대한 연속적 순위**의 4가지 방법 중 하나를 선택한다.

수리영역 변수에 대한 순위변수를 생성해보자. 《**순위변수 생성**》 대화상자에서 순위를 구하고자 하는 변수인 수리영역을 선택한 다음 ➡를 클릭하고, **순위 1을 할당할 값**을 **가장 작은 값** 또는 **가장 큰 값** 중에서 선택한다. **가장 작은 값**을 선택하는 경우 오름차순으로 순위가 부여되며, **가장 큰 값**을 선택하면 내림차순으로 순위가 부여된다. 여기서는 높은 점수의 학생부터 순위를 부여하기 위해 **가장 큰 값**을 선택하였다.

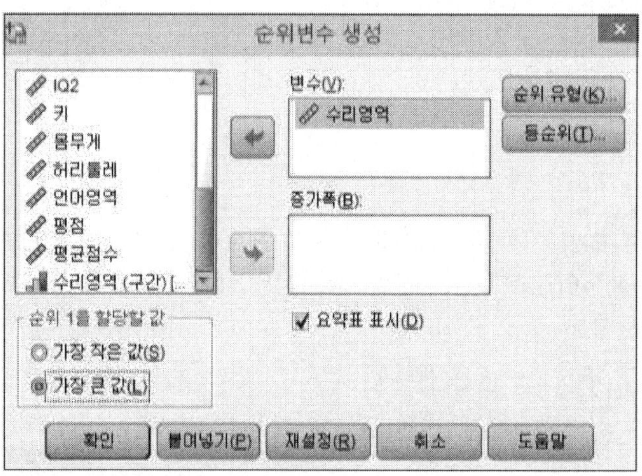

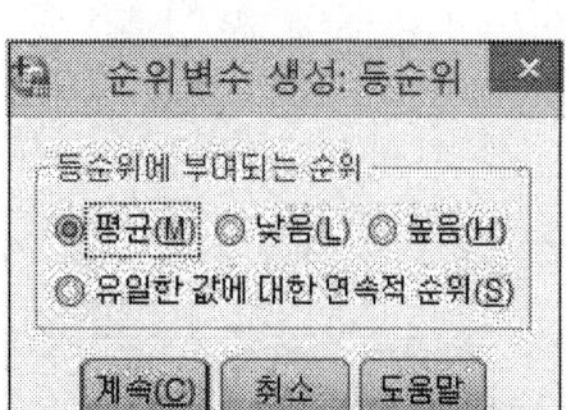

다음으로 순위가 같을 때 순위를 부여하는 방법을 지정하기 위해 [등순위]를 클릭하여 나타나는 《**순위변수 생성:등순위**》 대화상자에서 **등순위에 부여되는 순위**를 **낮음**으로 지정하였다. [계속]을 클릭하고 이전 대화상자에서 [확인]을 클릭한다.

결과 3.4는 수리영역에 대한 순위변수가 생성되어 변수 R수리가 추가된 분석자료.sav 파일의 일부를 보여준다. 수리영역의 최고점은 95점으로 이에 해당되는 학생은 모두 2명이다. 따라서 **등순위에 부여되는 순위**에서 **낮음**을 할당하도록 지정했으므로 R수리 변수에 1의 값이 지정되어 있다.

결과 3.4 순위변수 생성

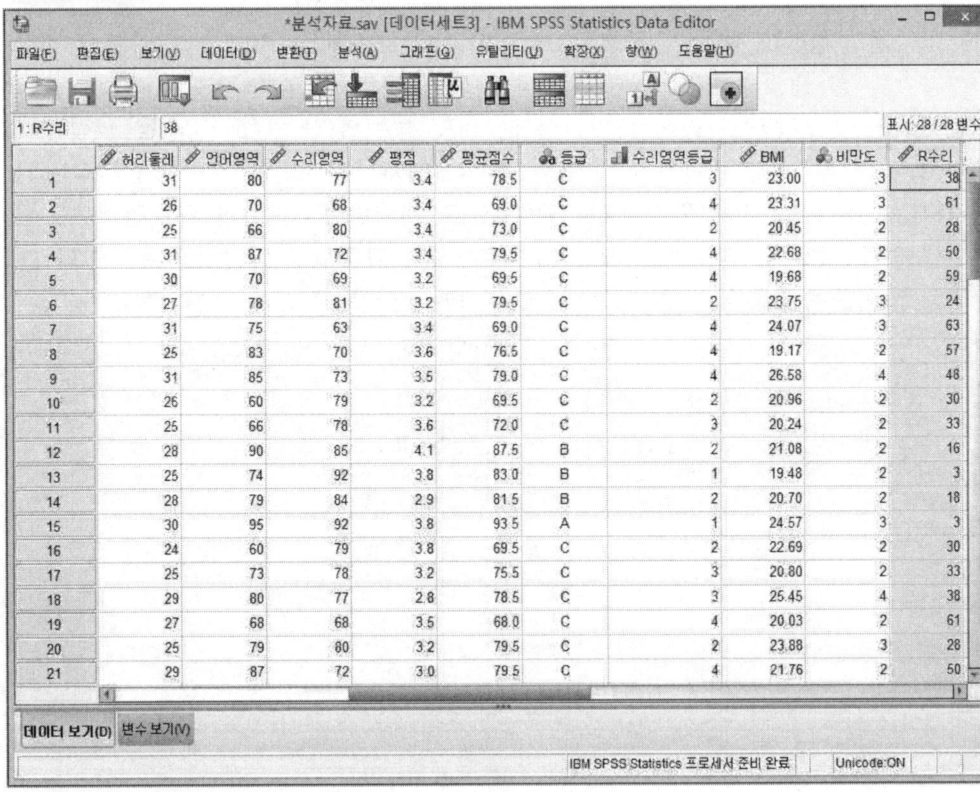

	허리둘레	언어영역	수리영역	평점	평균점수	등급	수리영역등급	BMI	비만도	R수리
1	31	80	77	3.4	78.5	C	3	23.00	3	38
2	26	70	68	3.4	69.0	C	4	23.31	3	61
3	25	66	80	3.4	73.0	C	2	20.45	2	28
4	31	87	72	3.4	79.5	C	4	22.68	2	50
5	30	70	69	3.2	69.5	C	4	19.68	2	59
6	27	78	81	3.2	79.5	C	2	23.75	3	24
7	31	75	63	3.4	69.0	C	4	24.07	3	63
8	25	83	70	3.6	76.5	C	4	19.17	2	57
9	31	85	73	3.5	79.0	C	4	26.58	4	48
10	26	60	79	3.2	69.5	C	2	20.96	2	30
11	25	66	78	3.6	72.0	C	3	20.24	2	33
12	28	90	85	4.1	87.5	B	2	21.08	2	16
13	25	74	92	3.8	83.0	B	1	19.48	2	3
14	28	79	84	2.9	81.5	B	2	20.70	2	18
15	30	95	92	3.8	93.5	A	1	24.57	3	3
16	24	60	79	3.8	69.5	C	2	22.69	2	30
17	25	73	78	3.2	75.5	C	3	20.80	2	33
18	29	80	77	2.8	78.5	C	3	25.45	4	38
19	27	68	68	3.5	68.0	C	4	20.03	2	61
20	25	79	80	3.2	79.5	C	2	23.88	3	28
21	29	87	72	3.0	79.5	C	4	21.76	2	50

실 습 문 제

- 순위변수 생성 메뉴를 사용하여 분석자료.sav 파일에서 언어영역에 대한 순위변수 R언어를 생성하시오.

SECTION 3.5 자동코딩 변경

자동 코딩변경에서는 문자변수와 숫자변수의 값을 연속적인 정수값으로 변환할 수 있다. 자동코딩 변경을 위해서 다음 메뉴를 선택한다.

변환 ➠ **자동코딩 변경**

SPSSMENU

《**자동 코딩변경**》대화상자에서 코딩 변경할 변수를 선택하고, ➡를 클릭한 다음 **새 이름**을 입력하고, [새이름 추가]를 클릭한다. **코딩변경 시작값**을 **최저값**으로 할 것인지 **최고값**으로 할 것인지를 지정한 다음 [확인]을 클릭하면 된다.

1반 학생들의 이름과 나이가 포함된 자료 a1.sav 파일에서 두 변수에 대한 자동 코딩변경 변수를 생성해보자. 먼저 이름을 선택한 다음 ➡를 클릭하면, **변수-->새 이름**에 **이름-->????????**과 같이 나타나는데, 아랫 부분의 **새 이름**에 NAME을 입력한 다음 [새 이름 추가]를 클릭하면, 다음 대화상자에서 보는 바와 같이 **이름-->*NAME***로 변경된다. 여기서, **코딩변경 시작값**을 **최저값**으로 선택하면, 문자변수의 경우에는 한글 순서대로, 영문인 경우에는 대문자를 우선하여 자동코딩 변경값을 부여한다. 마찬가지 방법으로 나이에 대한 자동코딩변경 변수 AGE를 지정한 다음 [확인]을 클릭한다.

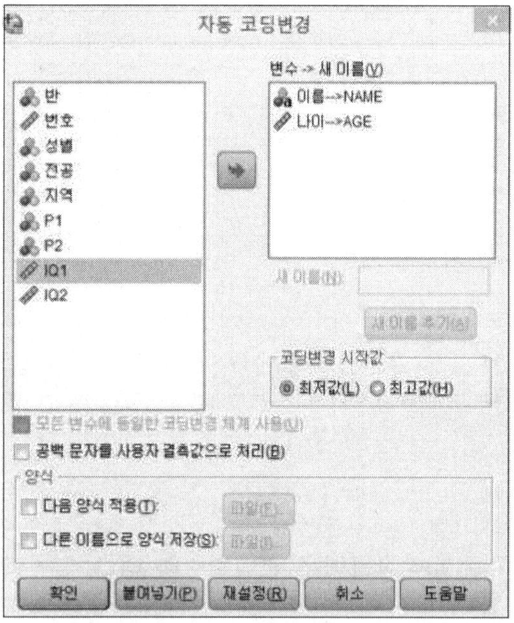

결과 3.5는 두 변수 이름과 나이에 대한 자동코딩 변경변수인 NAME과 AGE가 추가된

자료 a1.sav 파일의 일부를 보여준다. **코딩변경 시작값**을 **최저값**으로 선택하였으므로 AGE 변수는 나이가 20세이면 1, 21세이면 2, 22세이면 3, 25세이면 4의 값을 가지고 있으며, NAME 변수는 한글 순으로 자동 코딩변경 값이 부여되어 강희라 학생의 값이 1로 지정되었다.

결과 3.5 자동코딩 변경

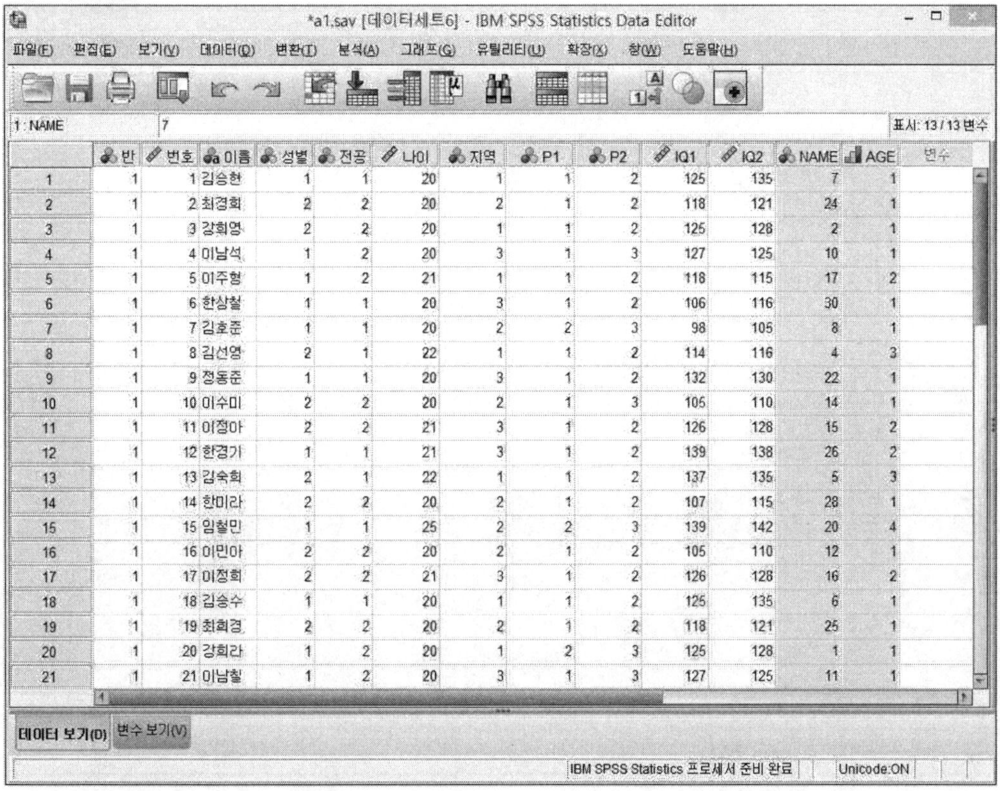
*a1.sav [데이터세트6] - IBM SPSS Statistics Data Editor

파일(F) 편집(E) 보기(V) 데이터(D) 변환(T) 분석(A) 그래프(G) 유틸리티(U) 확장(X) 창(W) 도움말(H)

1 : NAME 7 표시: 13 / 13 변수

	반	번호	이름	성별	전공	나이	지역	P1	P2	IQ1	IQ2	NAME	AGE	변수
1	1	1	김승현	1	1	20	1	1	2	125	135	7	1	
2	1	2	최경희	2	2	20	2	1	2	118	121	24	1	
3	1	3	강희영	2	2	20	1	1	2	125	128	2	1	
4	1	4	이남석	1	2	20	3	1	3	127	125	10	1	
5	1	5	이주형	1	2	21	1	1	2	118	115	17	2	
6	1	6	한상철	1	1	20	3	1	2	106	116	30	1	
7	1	7	김호준	1	1	20	2	2	3	98	105	8	1	
8	1	8	김선영	2	1	22	1	1	2	114	116	4	3	
9	1	9	정동준	1	1	20	3	1	2	132	130	22	1	
10	1	10	이수미	2	2	20	2	1	3	105	110	14	1	
11	1	11	이정아	2	2	21	3	1	2	126	128	15	2	
12	1	12	한경기	1	1	21	3	1	2	139	138	26	2	
13	1	13	김숙희	2	1	22	1	1	2	137	135	5	3	
14	1	14	한미라	2	2	20	2	1	2	107	115	28	1	
15	1	15	임철민	1	1	25	2	2	3	139	142	20	4	
16	1	16	이민아	2	2	20	2	1	2	105	110	12	1	
17	1	17	이정희	2	2	21	3	1	2	126	128	16	2	
18	1	18	김승수	1	1	20	1	1	2	125	135	6	1	
19	1	19	최희경	2	2	20	2	1	2	118	121	25	1	
20	1	20	강희라	1	2	20	1	2	3	125	128	1	1	
21	1	21	이남칠	1	2	20	3	1	3	127	125	11	1	

데이터 보기(D) 변수 보기(V)

IBM SPSS Statistics 프로세서 준비 완료 Unicode:ON

실 습 문 제

- 자동코딩 변경 메뉴를 사용하여 분석자료.sav 파일에서 이름과 나이에 대한 자동 코딩변경 변수 NAME과 AGE를 생성하시오.

제 II 부 SPSS를 이용한 통계자료분석

CHAPTER 4

자료의 정리 및 요약

이 장에서는 자료를 정리하고 요약하는 방법에 대해서 설명한다. 1절에서는 분석에 사용될 자료를 도수분포표나 다양한 형태의 그래프를 이용하여 정리하고 요약하는 빈도분석 방법에 대하여 설명하고, 2절에서는 다중응답 문항에 대하여 빈도표를 작성하는 방법을 다룬다. 3절에서는 도표나 그래프에 의한 방법처럼 주관적인 판단이 개입되지 않는 객관적 측도인 대푯값과 산포도 등의 기술통계량에 대해서 소개한다. 4절에서는 데이터 탐색 메뉴를 이용하여 자료를 정리하는 방법에 대하여 자세히 설명한다.

SECTION 4.1 빈도분석

통계학에서 사용되는 통계자료(statistical data)는 다량의 관측치(observations)들로 구성되어 있다. 이와 같은 통계자료를 분석하기 위해서 가장 먼저 선행되어야 할 문제는 수집된 다량의 자료들을 정리, 요약함으로써 전체 자료의 특성을 파악할 수 있도록 하는 것이다. 이러한 통계학의 분야를 기술통계학(descriptive statistics)이라 하며, 기술통계학은 분석 대상이 되는 자료의 형태에 따라 여러 가지 방법으로 이들을 요약, 정리하는 통계학의 한 분야이다.

통계학에서 연구 목적에 부합되는 관심대상이 되는 모든 관측값들의 집합을 모집단(population)이라 하며, 모집단으로부터 통계적 분석을 위해 추출된 일부 관측값들의 집합을 표본(sample)이라고 한다. 그리고 모집단의 특성을 나타내는 여러 값들을 모수(parameter)라 하고, 표본의 특성을 나타내는 표본의 함수를 통계량(statistic)이라 한다. 우리가 일반적으로 얘기하는 통계자료란 표본으로 추출된 관측값들의 집합을 의미한다. 이러한 통계자료를 요약 및 정리하는 방법은 크게 두 가지로 나눌 수 있는데, 첫 번째 방법은 주어진 통계자료들을 도수분포표 또는 막대그래프, 히스토그램, 도수다각형, 상자도표, 줄기-잎 그림 등과 같은 다양한 형태의 그래프로 표현하는 방법이고, 두 번째 방법은 주어진 자료를 대표할 수 있는 대푯값과 산포도(dispersion) 값을 수치적으로 구해서 전체 자료를 요약하는 방법이다.

통계학의 구분

통계학은 크게 기술통계학(descriptive statistics)과 추측통계학(inferential statistics)

으로 구분할 수 있다. 기술통계학은 분석 대상이 되는 통계자료를 다양한 방법에 의해 요약, 정리하는 분야로서 자료들을 표나 그래프, 숫자로 요약하여 자료의 전체적인 내용을 쉽게 파악할 수 있도록 하는 것이다. 자료를 요약하는 가장 단순한 방법으로 도수분포표(frequency table)를 이용하여 자료를 정리하는 방법이 있고, 자료의 전체적인 개요나 형태를 시각적으로 파악하기 위해서 히스토그램(histogram), 도수다각형(frequency polygon), 원그림(pie chart) 또는 상자그림(box plot)이나 줄기-잎 그림(stem-and-leaf plot)으로 표현하는 방법이 있다.

추측통계학은 모집단에서 추출되어 생성된 표본의 자료값들을 이용하여 계산된 통계량(statistic) 값들을 이용하여 모집단의 일반적인 특성을 추측하는 분야이다. 추측통계학은 크게 추정(estimation) 분야와 가설검정(hypothesis testing) 분야로 구분할 수 있으며, 추정은 표본의 특성값, 즉 통계량을 이용하여 모집단의 모수(parameter)를 추측하는 것이고, 가설검정은 표본에 의해 얻어진 통계량 값들을 이용하여 모집단에 대한 어떠한 주장이나 현상을 설명하는 가설을 설정한 후, 이 가설의 진위 여부를 판단하는 것이다.

■ ■ ■ ■ ■

4장부터 고려되는 모든 자료 분석에서는 2.4절에서 생성된 분석자료.sav 파일을 사용한다. 따라서 특별한 설명이 없으면 이 파일을 불러와서 사용하면 된다.

빈도분석 메뉴를 이용하면 위에서 설명한 도수분포표와 다양한 형태의 그래프를 작성하여 데이터를 정리, 요약할 수 있다. SPSS에서 **빈도분석**을 실행하기 위해서 다음을 선택한다.

분석 ➠ **기술통계량** ➠ **빈도분석** *SPSSMENU*

분석자료.sav로부터 학생들의 성별 분포를 알고자 할 때 빈도분석을 실행한다. **《빈도분석》** 대화상자에서 다음과 같이 분석하고자 하는 변수인 성별을 선택한 다음 **빈도표 표시**를 선택하고, [확인]을 클릭한다.

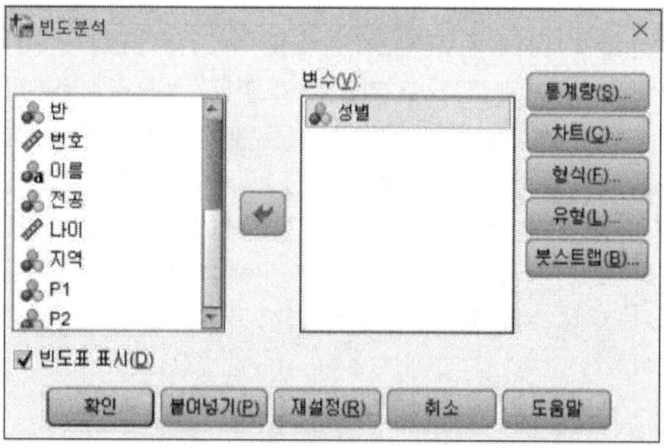

만약 빈도분석을 하고자 하는 변수가 여러 개일 경우에는 이 변수들을 모두 선택하

여 [→]를 클릭한다. 이는 단순히 빈도표만을 출력하고자 하는 경우이고, 빈도표의 형태나 종류를 선택하고자 할 때에는 [통계량]과 [차트], [형식] 등을 이용할 수 있다.

결과 4.1 성별 빈도분석

통계량

성별

N	유효	64
	결측	0

성별

		빈도	퍼센트	유효 퍼센트	누적 퍼센트
유효	남자	31	48.4	48.4	48.4
	여자	33	51.6	51.6	100.0
	전체	64	100.0	100.0	

결과분석

결과 4.1은 성별에 대한 **빈도**, **퍼센트**, **유효퍼센트**, **누적퍼센트**로 이루어진 빈도표이다. 학생들 중 31명(48.4%)이 남학생임을 알 수 있다. 여기서, **유효퍼센트**는 시스템의 결측값을 제외하고 계산된 퍼센트를 의미하는데, 이 결과에서는 결측값이 없기 때문에 **퍼센트**와 **유효퍼센트**가 동일함을 알 수 있다.

빈도분석 메뉴에서는 결과 4.1의 빈도표와 함께 기본적인 기술통계량과 도표를 함께 출력할 수 있다. **《빈도분석》** 대화상자에서 [통계량]을 클릭하면, **《빈도분석: 통계량》** 대화상자가 나타난다. **《빈도분석: 통계량》** 대화상자에서는 **백분위수 값**과 **산포도**, **중심경향** 및 **사후분포 특성화** 통계량을 선택할 수 있다. **백분위수 값**에서 **사분위수**는 3개의 사분위수(제 1, 2, 3 사분위수)를 제공해준다. **절단점**을 선택하고, **동일 크기 집단 수**를 지정하면, 전체자료를 지정된 집단 수만큼으로 분류해준다, **백분위수**에서는 0과 100사이의 숫자를 입력할 수 있으며, 입력된 **백분위수**를 산출한다. **중심경향**은 자료의 중심경향을 나타내는 **평균**, **중위수**, **최빈값**, **합계**와 같은 기술통계량 값들을 제공해준다. **산포도**는 자료의 흩어진 정도를 나타내는 통계량(**표준화 편차**, **분산**, **범위** 및 **최솟값**과 **최댓값**, **S.E.평균**)을 제공해주며, **사후분포 특성화**는 분포의 대칭이나 비대칭의 정도를 나타내 주는 **왜도**와 뾰족함의 정도를 나타내 주는 **첨도**를 산출해준다.

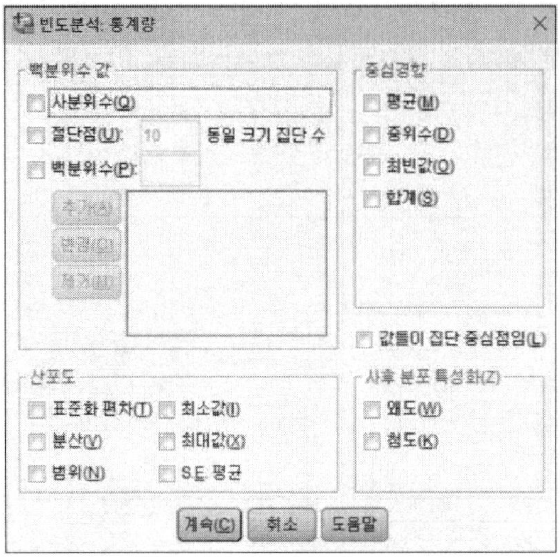

《빈도분석》 대화상자에서 [차트]를 클릭하면, 다음과 같은 **《빈도분석:차트》** 대화상자가 나타난다. 여기서는 빈도분석 결과를 도표 형태로 작성하기 위한 옵션을 지정할 수 있다. **《빈도분석:차트》** 대화상자의 **차트 유형**에서 **막대형 차트**, **원형 차트**, **히스토그램** 중 하나를 지정할 수 있으며, **차트 유형**을 지정하면, **차트**를 작성하는데 사용될 **차트 값**을 **빈도**를 이용할 것인지 **퍼센트**를 이용할 것인지 지정할 수 있다. 또한, **도표 유형**에서 **히스토그램**을 선택한 다음 **히스토그램에 정규곡선 표시**를 지정하면, 작성되는 히스토그램과 함께 정규곡선을 표시할 수 있다.

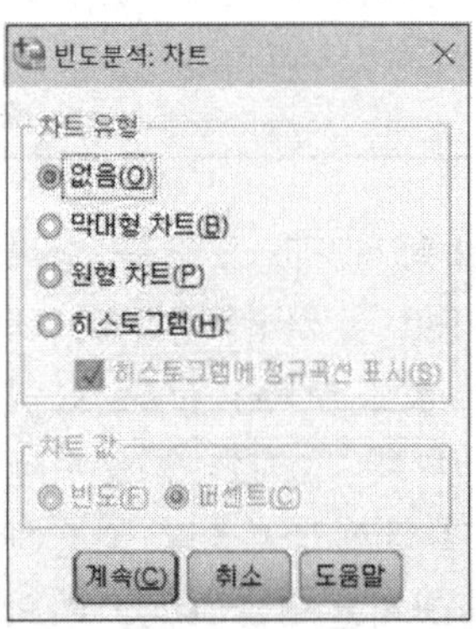

예를 들어서 학생들의 전공별 수강학생수의 빈도표와 막대도표를 함께 작성하고 싶다면 위에서 설명한 [차트]를 이용하면 된다. **《빈도분석》** 대화상자에서 빈도분석을 하고자 하는 변수인 전공을 선택하고, [차트]를 클릭하여 나타나는 **《빈도분석:차트》** 대화상자에서 **차트 유형** 중 **막대형 차트**를 선택하면 결과 4.2와 같이 전공별 수강학생수에 대한 빈도표와 막대도표를 함께 얻을 수 있다. 결과 4.2는 **막대형 차트**의 **차트 값**을 **빈도**로 지정한 결과이다.

결과 4.2 전공별 빈도표와 막대도표

통계량

전공

N	유효	64
	결측	0

전공

		빈도	퍼센트	유효 퍼센트	누적 퍼센트
유효	통계	37	57.8	57.8	57.8
	수학	27	42.2	42.2	100.0
	전체	64	100.0	100.0	

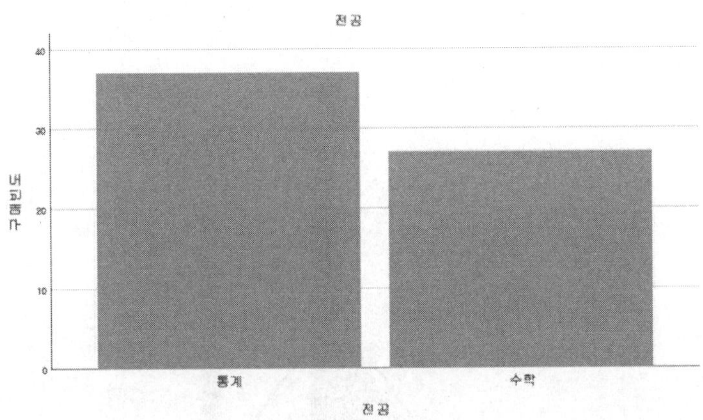

결과 4.3 전공별 원도표

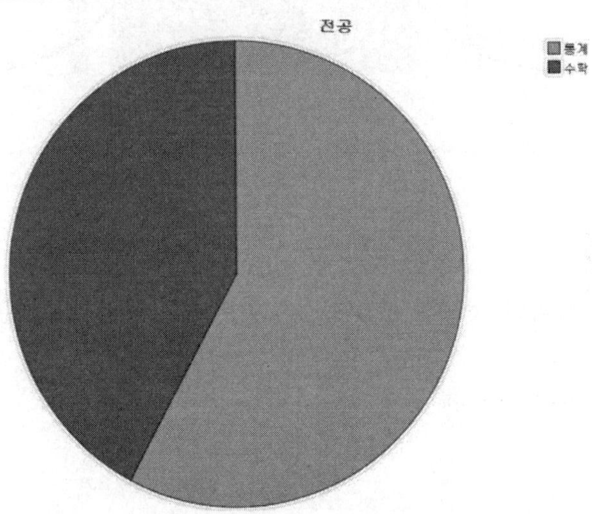

원도표를 작성하기 위해서는 **《빈도분석》** 대화상자에서 [차트]를 클릭하여 나타나는 **《빈도분석:차트》** 대화상자에서 **차트 유형** 중 **원형 차트**를 선택하면 된다. 결과 4.3은 전공별 수강학생수에 대한 원도표를 작성한 것으로 **원형 차트**의 **차트 값**을 **퍼센트**로 지정한 결과이다.

언어영역에 대해 정규곡선이 함께 표시된 히스토그램을 작성하고 싶다면 **《빈도분석》** 대화상자에서 히스토그램을 작성하고자 하는 변수인 언어영역을 선택하고, [차트]를 클릭하여 나타나는 **《빈도분석:차트》** 대화상자에서 **차트 유형** 중 **히스토그램**을 선택한 다음 **히스토그램에 정규곡선 표시**를 지정한다. 그러면 결과 4.4와 같이 언어영역에 대한 히스토그램을 얻을 수 있다. 이러한 히스토그램은 4.4절에서 설명될 **데이터 탐색** 메뉴를 이용해서도 작성할 수 있다.

결과 4.4 언어영역의 히스토그램

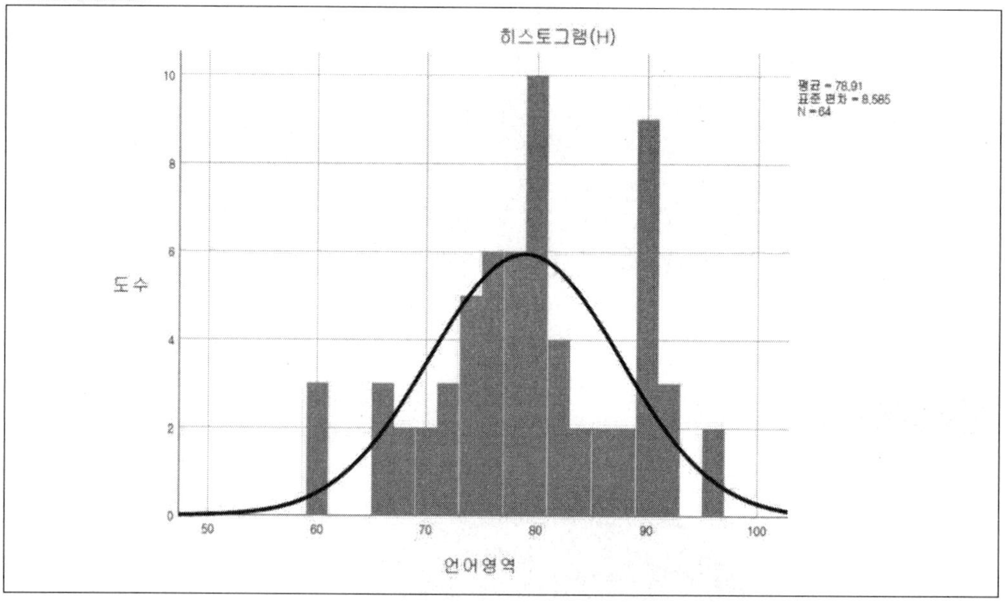

실 습 문 제

- 출신 고등학교 지역의 분포를 파악할 수 있는 빈도표와 막대도표 그리고 원도표를 작성하시오.
- 학생들의 키 분포를 파악하기 위한 히스토그램을 작성하시오.

SECTION 4.2 다중응답 빈도분석

설문조사에서 하나의 설문에 대하여 2개 이상의 응답이 요구되는 경우가 있는데 이를 다중응답 문항이라고 한다. 예를 들면, 분석자료.sav의 P1, P2는 성공적인 취업을 위해서 우선적으로 필요하다고 생각되는 항목 2개를 조사한 결과를 나타내는 변수로 다중응답 문항이라고 할 수 있다. 이러한 다중응답 문항에 대한 도수분포표를 작성하기 위해서는 **다중반응**의 **변수군 정의** 메뉴와 **다중반응**의 **빈도분석** 메뉴를 순차적으로 사용해야 한다. 우선, 변수군 정의를 위해서는 다음을 선택한다.

분석 ➠ **다중반응** ➠ **변수군 정의** *SPSSMENU*

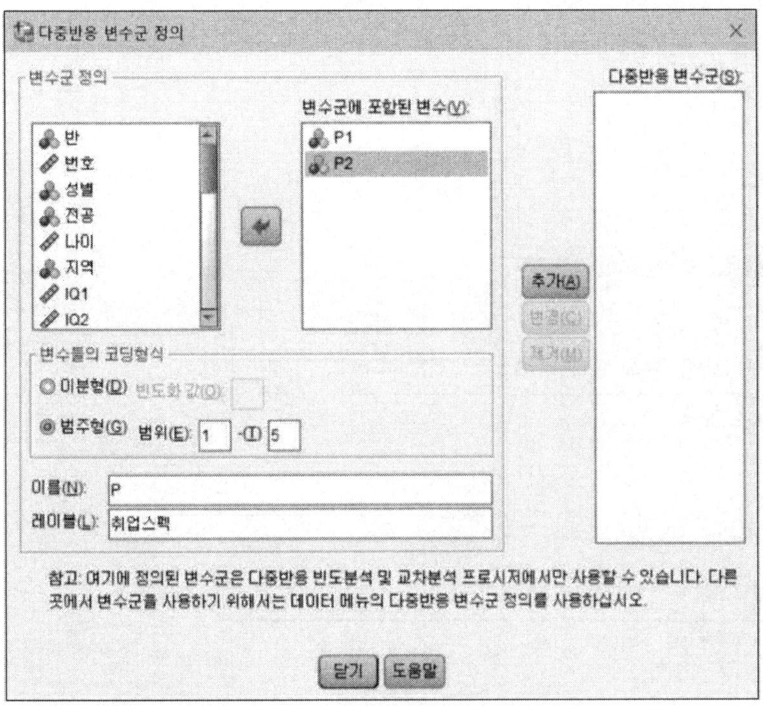

성공적인 취업을 위해서 우선적으로 필요하다고 생각되는 항목에 대한 빈도분석을 실행하기 위해서는 **변수군 정의** 메뉴를 선택해서 얻게 되는 《**다중반응 변수군 정의**》 대화상자에서 분석하고자 하는 변수인 P1과 P2 변수를 **변수군에 포함된 변수**에 지정하고 **변수의 코딩형식**에서 **범주형**을 선택한 후 범위를 1에서 5로 입력한다. 그리고 **이름**에 다중응답변수명을 P라고 지정하고 **레이블**에 다중응답변수에 대한 설명으로 **취업스펙**이라고 입력한 후 [추가]를 클릭한다. 다음으로 [닫기]를 선택하면 **다중응답 변수군**에 $P이 생성된다.

생성된 다중응답변수 $P에 대한 다중응답 빈도분석을 수행하기 위해서는 다음과 같이 빈도분석 메뉴를 선택한다.

분석 ➠ **다중반응** ➠ **빈도분석**

SPSSMENU

위와 같이 선택해서 얻게 되는 《**다중반응 빈도분석**》대화상자에서 다음과 같이 분석하고자 하는 변수인 취업스펙($P)을 선택한 다음 [확인]을 클릭하면 결과 4.5를 얻을 수 있다.

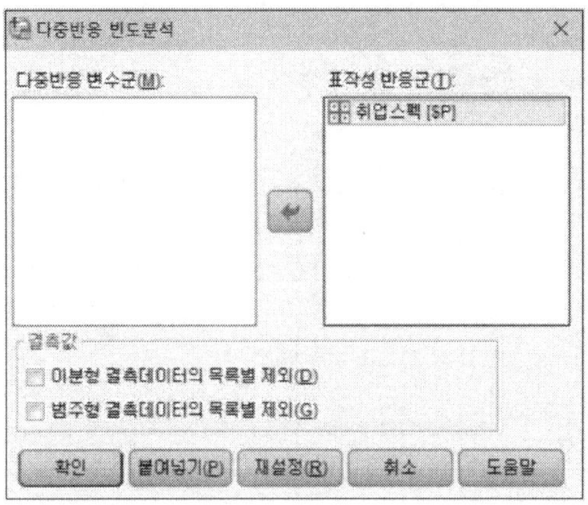

결과 4.5 다중응답 빈도분석

다중반응 분석

케이스 요약

	케이스					
	유효		결측		전체	
	N	퍼센트	N	퍼센트	N	퍼센트
$P[a]	64	100.0%	0	0.0%	64	100.0%

a. 범주형 변수 집단

$P 빈도

		반응		
		N	퍼센트	케이스 중 %
취업스펙[a]	학점	34	26.6%	53.1%
	자격증	50	39.1%	78.1%
	외국어 역량	27	21.1%	42.2%
	공모전, 인턴쉽	12	9.4%	18.8%
	봉사, 대외활동	5	3.9%	7.8%
전체		128	100.0%	200.0%

a. 범주형 변수 집단

결과분석

64명의 학생들이 성공적인 취업을 위해서 우선적으로 필요하다고 생각되는 항목 2개를 선택했기 때문에 결과 4.5에서 **케이스 중 %** 합계가 200%로 나타났다. 더불어 64명의 학생이 성공적인 취업을 위해서 가장 우선적으로 필요하다고 생각하는 것으로 자격증을 뽑았으며 이 항목이 78.1%를 차지하고 있음을 알 수 있다.

SECTION 4.3 기술통계량

통계자료를 요약 및 정리하는 또 다른 방법 중의 하나는 주어진 자료에 대한 수치적 측도를 이용하는 것인데, 이러한 수치적 측도를 구하고 이 값의 의미를 분석하는 것을 기술통계학이라고 한다. 자료를 요약, 정리하기 위한 수치적 측도로 대푯값과 산포도가 이용된다.

대푯값

모집단으로부터 추출된 n개의 표본 관측값 $(x_1, x_2, \cdots, x_n)$들이 주어진 경우, 관측값들의 중심위치를 나타내는 측도로 대푯값을 사용한다. 일반적으로 많이 사용되는 대푯값으로 평균(mean), 중앙값(median), 최빈값(mode)이 있다.

3개의 대푯값 중에서 어느 대푯값이 가장 좋은 대푯값인지를 판단하는 기준은 분석하고자 하는 자료의 형태 또는 특성에 따라 다르게 결정된다. 예를 들어 표본평균의 경우 이상값의 영향이 너무 크다는 단점이 있고, 중앙값은 관측값의 수가 너무 작은 경우 대푯값으로서의 의미가 없게 되는 경우가 있다. 또한, 최빈값의 경우 존재하지 않거나 유일하게 존재하지 않는다는 단점이 있다. 따라서 주어진 자료를 가장 잘 대표할 수 있는 대푯값의 설정이 무엇보다 중요하다. 대푯값의 의미와 이를 계산하기 위한 계산식을 표 4.1에 제시하였다.

산포도

대푯값과 함께 표본 관측값들을 요약하여 기술하는 중요한 측도로 사용되는 것이 산포도이다. 산포도란 표본에 포함된 각 관측값들이 대푯값을 중심으로 얼마나 흩어져 있는가를 나타내는 측도로 분산(variance) 또는 표준편차(standard deviation)가 주로 사용되는데, 표준편차는 분산의 양의 제곱근 값으로 계산된다.

산포도는 측정 단위를 가지고 있기 때문에 측정 단위가 서로 다른 집단 사이의 산포도를 비교할 때는 이러한 측도들을 사용할 수 없다. 이에 대한 대안적인 산포도 측도로 변이계수(coefficient of variation)가 있다. 변이계수는 이와 같이 단위가 서로 다른 두 집단의 산포도를 비교하거나 중심위치가 크게 다른 두 집단의 산포도를 비교할 때 사용되는 측도이다. 표준편차와 변이계수와 같은 산포를 나타내는 측도들은 표본평균을 대푯값으로 사용하는 경우의 산포도를 의미하며, 대푯값으로 중앙값이나 최빈값을 사용하는 경우에는 사분위 범위(quartile range) 또는 범위(range)를 산포도로 사용한다. 산포도의 의미와 이를 계산하기 위한 계산식을 표 4.1에 제시하였다. ■ ■ ■ ■ ■

표 4.1 기술통계량

통계량		설 명
대푯값	평균($\bar{x}$)	$\bar{x} = \frac{1}{n}\sum_{i=1}^{n} x_i$
	중앙값(Me)	주어진 관측값들을 크기 순서로 배열할 때 중앙에 위치한 값
	최빈값(Mo)	주어진 관측값들 중에서 빈도수가 가장 큰 값
산포도	범위(R)	R=(최댓값)-(최솟값)
	분산(s^2)	$s^2 = \frac{1}{n-1}\sum_{i=1}^{n}(x_i-\bar{x})^2$, $\bar{x}$는 표본평균
	표준편차(s)	$s = \sqrt{s^2}$
	변이계수(CV)	$CV = \frac{s}{\bar{x}} \times 100(\%)$
분포 형태	왜도(W)	$W = \frac{1}{n-1}\sum_{i=1}^{n}(x_i-\bar{x})/s^3$ $W=0$: 대칭인 분포 $W>0$: 왼쪽으로 치우치고 오른쪽으로 긴 꼬리를 가지는 분포 $W<0$: 오른쪽으로 치우치고 왼쪽으로 긴 꼬리를 가지는 분포
	첨도(K)	$K = \frac{1}{n-1}\sum_{i=1}^{n}(x_i-\bar{x})/s^4 - 3$ $K=0$: 정규분포 $K>0$: 정규분포보다 정점이 높고 뾰족한 모양의 분포 $K<0$: 정규분포보다 정점이 낮고 무딘 모양의 분포

SPSS에서 변수의 기술통계량 값을 구하기 위해서는 다음을 선택함으로써 시작할 수 있다.

분석 ➡ **기술통계량** ➡ **기술통계** SPSSMENU

앞에서 설명한 **빈도분석** 메뉴의 《**빈도분석:통계량**》 대화상자에서 구하고자 하는 통계량을 지정하여 기술통계량 값을 산출할 수도 있으나 개별변수가 아닌 여러 변수들에 대한 기술통계량을 한 번에 얻고자 할 때에는 **기술통계** 메뉴를 이용하는 것이 더욱 편리하다. **《기술통계》** 대화상자에서 기술통계량을 구하고자 하는 변수를 선택한 다음 [옵션]을 클릭하면 구하고자 하는 기술통계량을 선택할 수 있다. **《기술통계:옵션》** 대화상자에서 지정되는 기술통계량 값에 대한 설명은 표 4.1을 참조하기 바란다. 여기서, **표시순서**는 변수별 기술통계량을 산출하여 결과 창에 출력할 때 나타나는 순서를 지정하는 것이다. 한편, 특정변수를 표준화하여 새로운 변수를 생성하고 싶은 경우에는 **《기술통계》** 대화상자에서 **표준화 값을 변수로 저장**을 선택하면 된다.

언어영역과 수리영역에 대한 기술통계량 값들을 구해보자. 이를 위해서 **《기술통계》** 대화상자의 **변수**에 언어영역과 수리영역을 선택한 다음 [확인]을 클릭한다.

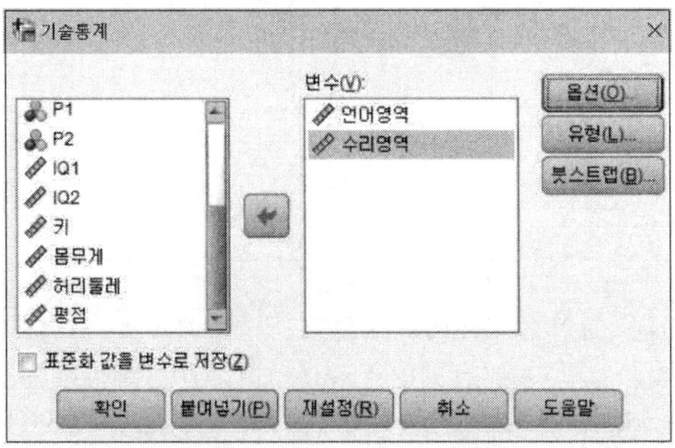

[옵션]을 클릭하면 다음과 같은 **《기술통계:옵션》** 대화상자가 나타나는데, 여기서 구하고자 하는 **평균, 표준화 편차**, **최댓값**, **최솟값**, **범위**를 선택하고 [계속]을 클릭한 후 **《기술통계》** 대화상자의 [확인]을 클릭하면 결과 4.6을 얻을 수 있다.

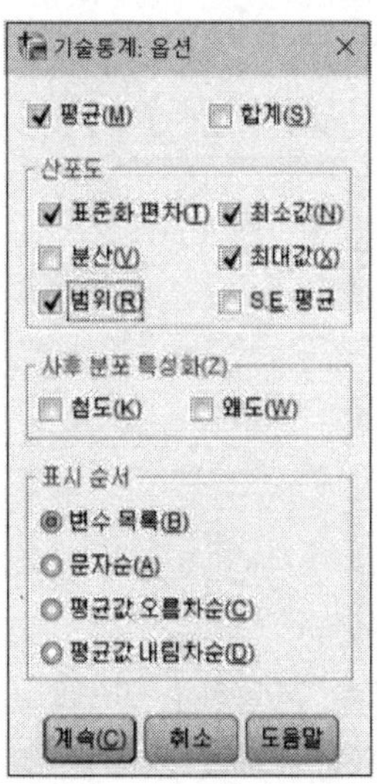

결과 4.6 기술통계량

기술통계

기술통계량

	N	범위	최소값	최대값	평균	표준편차
언어영역	64	35	60	95	78.91	8.585
수리영역	64	32	63	95	79.52	7.842
유효 N(목록별)	64					

실 습 문 제

- 키와 몸무게에 대한 평균, 표준편차, 최댓값, 최솟값, 범위를 산출하시오.

SECTION 4.4 데이터 탐색

데이터의 모든 케이스나 분리된 케이스 집단에 대한 요약 통계량과 그래픽 출력을 통해서 이상값 식별, 가정 확인, 부모집단(케이스 집단)간 차이 특성화 등 데이터를 탐색해야 할 경우에 **데이터 탐색** 메뉴를 이용하면 된다. SPSS에서 **데이터 탐색** 메뉴를 이용하기 위해서는 다음을 선택함으로써 시작할 수 있다.

분석 ➠ **기술통계량** ➠ **데이터 탐색** *SPSSMENU*

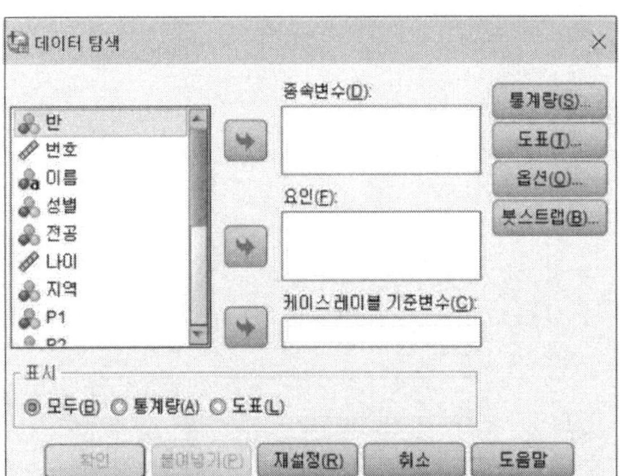

《**데이터 탐색**》대화상자에서 **종속변수**에는 분석하고자 하는 변수를 선택하고 **요인**에는 범주를 나타내는 변수를 지정한다. 예를 들어, 전체 케이스가 아닌 남녀 학생별 결

과를 얻고자 한다면 **요인**에 성별을 지정하면 된다. **표시**에서는 **통계량**과 **도표**의 출력을 선택할 수 있다. **도표**만 출력되기를 원하면 **도표**만 클릭하고, **통계량**과 **도표**를 모두 출력하고자 하면 **모두**를 선택한다.

[통계량]을 클릭하면 여러 가지 **기술통계량**과 지정된 수준의 **평균의 신뢰구간**, **M-추정량**, **이상값** 및 **백분위수**를 산출할 수 있는 **《데이터 탐색:통계량》** 대화상자가 나타난다.

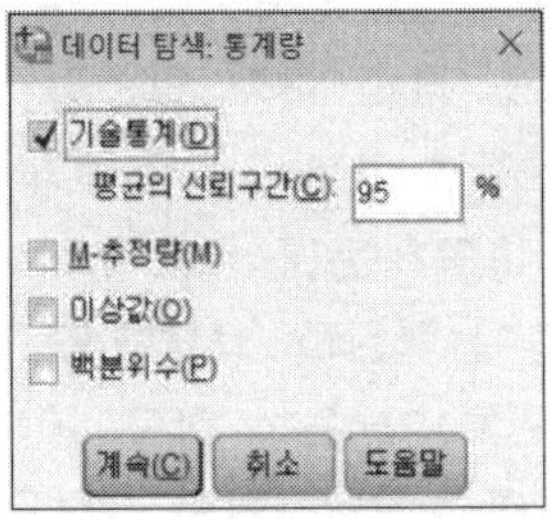

《데이터 탐색:통계량》 대화상자에서 **기술통계**를 선택하면 **평균**, **중위수**, **최빈값**, **5% 절사평균**, **표준오차**, **분산**, **표준편차**, **최솟값**, **최댓값**, **범위**, **사분위수 범위**, **왜도**, **첨도** 등의 기술통계량 값을 얻을 수 있으며, **평균의 신뢰구간**에 신뢰수준을 지정하면 지정된 신뢰구간을 얻을 수 있다. 이러한 기술통계량들 중 자주 사용되는 대푯값과 산포도, 분포형태와 관련된 통계량에 대한 설명은 표 4.1을 참조하기 바란다.

M-추정량은 데이터가 꼬리가 긴 대칭적 분포에서 비롯될 때나 데이터에 극단값이 있을 때 평균이나 중앙값보다 좋은 위치 추정량인 M-추정량을 제공해주는 옵션으로 Huber의 M-추정량, Andrews의 웨이브 추정량, Hampel의 내림차 M-추정량, Tukey의 이중가중 추정량 등을 제공해준다. **이상값**은 다섯 개의 최댓값과 다섯 개의 최솟값에 해당되는 케이스를 표시해주고, 출력결과에 극단값이라는 설명이 표시된다. **백분위수**는 지정한 케이스 퍼센트 아래의 값인 5, 10, 25, 50, 75, 90, 95 등의 백분위수를 표시해준다.

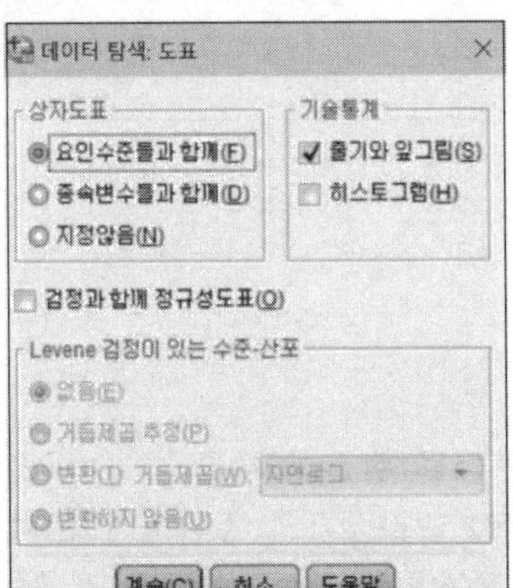

《**데이터 탐색**》 대화상자에서 [도표]를 클릭하면 **상자도표**와 **줄기와 잎 그림**, **히스토그램**을 기술통계량 값들과 함께 얻을 수 있는 《**데이터 탐색:도표**》 대화상자가 나타난다.

히스토그램은 평면의 직교좌표 측상에 있는 모든 계급에 대해 도수분포표의 계급을 나타내는 구간을 밑변으로 하고, 계급에 대응되는 도수를 높이로 하여 직사각형을 만들어 연결한 것으로 《**데이터 탐색:도표**》 대화상자에서 **기술통계**의 **히스토그램**을 선택하여 얻을 수 있다. 줄기-잎 그림은 주어진 자료들을 줄기 부분과 잎 부분으로 나누어서 표현한 것으로 자료 전체의 모양 즉, 일련의 수치가 어느 정도 퍼져 있는가, 다른 것과 멀리 떨어진 수치가 있는가, 수치가 집중되어 있는지의 여부, 수치 전체가 어느 값을 중심으로 대칭적으로 퍼져 있는지의 여부 등을 파악하는데 유용하다. 줄기-잎 그림을 작성하기 위해서는 **기술통계**의 **줄기와 잎 그림**을 선택한다. **상자도표**는 분위수를 이용하여 작성되는데 분포의 대칭성, 자료의 중심 위치, 산포의 정도, 이상치 등을 파악하는데 유용하게 사용되는 것으로 각 종속변수마다 각 집단의 **상자도표**를 차례대로 표시하여 종속변수의 값이 여러 집단에서 얼마나 다른지를 쉽게 비교할 수 있다. 만약, 《**데이터 탐색**》 대화상자에서 **요인**이 지정되지 않으면 전체 표본에 대한 **상자도표**만 제공되고, **요인**을 지정한 다음 **요인수준들과 함께**를 선택하면 요인별로 **상자도표**를 제공해준다. **종속변수들과 함께**는 《**데이터 탐색**》 대화상자의 **종속변수**에 지정된 변수별로 **상자도표**를 작성하고자 할 때 사용된다.

《**데이터 탐색:도표**》 대화상자에서 **검정과 함께 정규성도표**를 선택하면 정규성을 검정하기 위한 통계량과 정규성도표(정규 Q-Q 도표)를 얻을 수 있으며, 정규확률과 기울기 없는 확률도표를 표시해준다. 또한, 정규성검정을 위한 Kolmogorov-Smirnov 통계량과 Shapiro-Wilk 통계량이 계산된다.

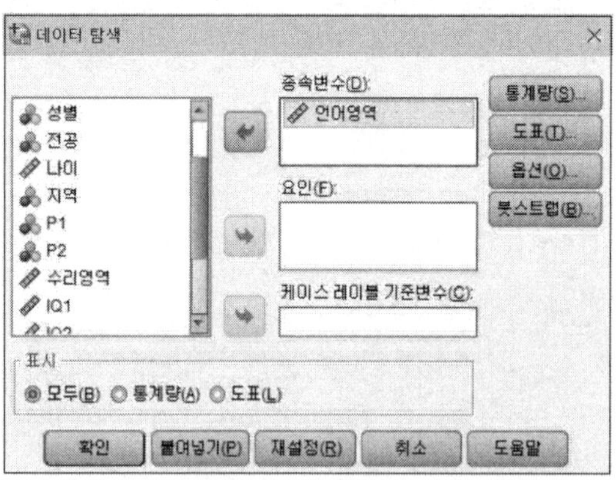

데이터 탐색 메뉴를 이용하여 언어영역에 대한 기술통계량을 산출하고 줄기-잎 그림과 상자도표를 작성해 보자. 이를 위해서 《**데이터 탐색**》 대화상자의 **종속변수**에 분석하고자 하는 변수인 언어영역을 선택한 다음 《**데이터 탐색:통계량**》 대화상자에서 **기술**

통계를 선택하고, 《**데이터 탐색:도표**》 대화상자에서 **줄기와 잎 그림**을 선택한 후 [계속]을 클릭한다. 여기서는 전체 케이스에 대한 결과를 구해야 하므로 **요인**에 범주를 나타내는 변수를 선택할 필요가 없다.

결과 4.7 기술통계량

케이스 처리 요약(O)

	케이스(S)					
	유효		결측값		총계	
	N(C)	퍼센트(C)	N(C)	퍼센트(C)	N(C)	퍼센트(C)
언어영역	64	100.0%	0	0.0%	64	100.0%

기술통계

			통계	표준화 오차
언어영역	평균 순위		78.91	1.073
	평균의 95% 신뢰구간	하한	76.76	
		상한	81.05	
	5% 절사평균		79.13	
	중위수(D)		79.00	
	분산(V)		73.705	
	표준화 편차		8.585	
	최소값(U)		60	
	최대값(X)		95	
	범위(R)		35	
	사분위수 범위		13	
	왜도(W)		-.202	.299
	첨도(K)		-.389	.590

결과 4.8 줄기 - 잎 그림

```
언어영역

언어영역 줄기와 잎그림 도표

구매빈도 Stem &  잎

    3.00        6 .  000
    5.00        6 .  56678
   10.00        7 .  0022233444
   16.00        7 .  5555557777889999
   12.00        8 .  000000112233
    9.00        8 .  557799999
    7.00        9 .  0000111
    2.00        9 .  55

줄기 너비:   10
각 잎:        1 케이스
```

결과분석

결과 4.7은 언어영역에 대한 기술통계량 값이 제시되어 있다. 이를 살펴보면, 전체 64명의 학생들에 대해 언어영역 점수의 평균은 78.91점이고, 최댓값은 95점, 최솟값은 60점임을 알 수 있다.

결과 4.8과 결과 4.9는 각각 언어영역의 전체적인 분포형태를 파악할 수 있는 **줄기와 잎 그림**과 **상자도표**를 나타낸다. **상자도표**를 살펴보면, 자료가 대칭임을 알 수 있고, **줄기와 잎 그림**의 형태에서도 자료의 대칭성을 살펴볼 수 있다.

결과 4.9 상자도표

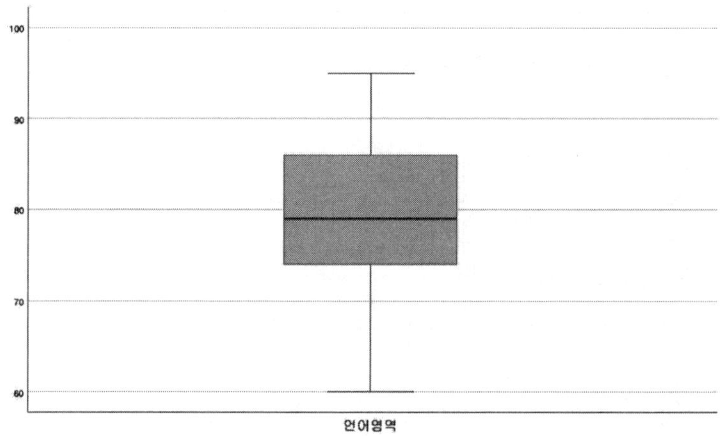

이제, 언어영역이 정규분포를 따르는지 살펴보자. **《데이터 탐색》** 대화상자의 **종속변수**에 분석하고자 하는 변수인 언어영역을 선택하고, **《데이터 탐색: 도표》** 대화상자에서 **검정과 함께 정규성도표** 옵션을 선택하면 결과 4.10과 같이 **정규성 검정**과 관련된 검정통계량 및 **정규 Q-Q 도표**를 얻을 수 있다.

결과분석

결과 4.10에는 자료의 **정규성 검정**을 위해 사용되는 통계량 값과 **언어영역의 정규 Q-Q 도표**가 나타나 있다. 먼저, 검정 통계량 값을 살펴보면, **Shapiro-Wilk**의 W통계량 값은 0.971이고, 이때의 유의확률 값은 0.137이다. 이로부터 자료가 정규분포를 따른다는 귀무가설을 받아들일 수 있다. 또한, 이를 뒷받침하는 자료로서 **정규 Q-Q도표**를 보면 대부분의 자료들(°°°°)이 정규분포를 나타내는 직선 위에 위치하고 있음을 알 수 있다.

결과 4.10 정규성 검정

정규성 검정

	Kolmogorov-Smirnov[a]			Shapiro-Wilk		
	통계	자유도	CTT 유의확률	통계	자유도	CTT 유의확률
언어영역	.099	64	.196	.971	64	.137

a. Lilliefors 유의확률 수정

언어영역의 정규 Q-Q 도표

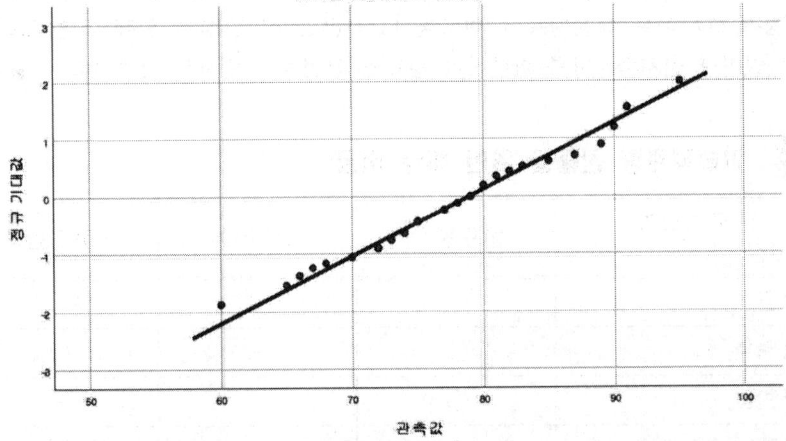

표 4.2는 기술통계량을 산출하기 위한 세 가지 메뉴 즉, **빈도분석**, **기술통계**, **데이터 탐색** 메뉴에서 얻을 수 있는 기술통계량 값을 요약한 것이다. **빈도분석** 메뉴는 빈도분석 결과를 제공해주며, 막대도표, 원도표, 히스토그램 등도 함께 작성할 수 있다. 그리고 **데이터 탐색** 메뉴는 **파일분할** 메뉴를 이용하지 않고, 《**데이터 탐색**》 대화상자의 **요인**을 이용하여 분리된 케이스 집단별 결과를 산출할 수 있는 장점이 있다. 또한, 정규성 검정, 상자도표, 줄기-잎 그림을 작성하기 위해서도 **데이터 탐색** 메뉴가 사용되며, 이를 이용하면 사분위범위와 평균에 대한 신뢰구간을 구할 수 있다.

정규성검정

주어진 통계자료(모집단으로부터 추출된 표본)가 정규분포(normal distribution)를 따르는 모집단으로부터 추출된 자료인지를 분석해야 하는 경우가 있다. 통계학에서 고려되는 대부분의 통계 이론은 모집단이 정규분포라는 가정 하에서 이루어지므로 추출된 표본이 정규모집단으로부터의 표본인지를 검정하는 정규성 검정은 다른 여러 가지 통계분석에 선행하여 반드시 먼저 이루어져야 한다. 이러한 경우 검정통계량 값과 이에 대한 유의확률 값(p-value)을 사용해서

H_0 : 모집단의 분포가 정규분포이다.

와 같은 귀무가설(null hypothesis)을 검정할 수 있다. 정규성 검정에 사용되는 각 통계량에 대한 유의확률 값과 분석자에 의해 지정되는 유의수준(significance level) α를 비교하여 유의확률 값이 설정된 유의수준보다 작으면 귀무가설을 기각하게 된다. 즉, 모집단의 분포가 정규분포라고 할 수 없다.

일반적으로 표본의 크기가 크지 않은 경우(보통 2000 이하인 경우)에는 Shapiro-Wilk 통계량을 사용하며, 그렇지 않은 경우 Kolmogorov-Smirnov 통계량을 사용한다. 이러한 검정통계량을 이용한 검정 방법 외에 그래프를 이용하여 간단히 정규성 검정을 할 수 있다. 이를 위해서 정규 Q-Q도표가 사용되며, 이 그림에서 직선이 정규분포를 나타내며, °°° 기호는 검정하고자 하는 표본자료의 위치를 나타낸다. 이 방법은 실제 표본자료의 분포가 정규분포와 얼마나 일치하는가를 판단하여 정규성 검정을 시행하는 방법이다. ■■■■■

표 4.2 기술통계량 산출을 위한 메뉴 비교

분석방법 / 통계량	빈도분석	기술통계	데이터탐색
평균	○	○	○
중위수	○	-	○
최빈값	○	-	-
합계	○	○	-
5% 절삭평균	-	-	○
사분위수	○	-	○
백분위수	○	-	○
왜도	○	○	○
첨도	○	○	○
표준편차	○	○	○
분산	○	○	○
범위	○	○	○
최솟값	○	○	○
최댓값	○	○	○
평균의 표준오차	○	○	-
사분위범위	-	-	○
이상값	-	-	○
평균의 신뢰구간	-	-	○

실 습 문 제

- 수리영역 점수에 대하여 데이터탐색 메뉴를 사용하여 기술통계량을 산출하시오.
- 수리영역 점수에 대하여 데이터탐색 메뉴를 사용하여 줄기-잎 그림과 상자도표를 작성하시오.
- 수리영역 점수가 정규분포를 따르는지 살펴보시오.

CHAPTER 5
모평균에 대한 검정

이 장에서는 모평균의 검정과 관련된 내용을 다룬다. 1절에서는 단일모집단의 모평균에 대한 검정을 설명하고, 2절과 3절에서는 각각 독립표본과 대응표본에 의한 두 모집단을 비교하는 방법에 대하여 살펴본다. SPSS를 이용하여 검정 결과를 얻는 방법과 그 결과를 해석하는 방법에 대하여 설명하고, 이와 함께 통계적 가설검정을 수행하기 위한 기본적인 이론도 소개한다.

SECTION 5.1 단일 모집단의 모평균에 대한 검정

모집단의 특성을 나타내는 모수에 대하여 가설을 세우고 표본에 근거하여 그 가설을 기각할 것인지 채택할 것인지를 결정하는 통계적 방법을 가설검정(hypothesis testing)이라고 한다. 통계적 가설검정은 모집단에 대한 가설을 설정한 후 표본에 근거하여 그 가설을 기각(reject) 또는 채택(accept)할 것인지를 결정하기 위한 일련의 과정이다.
가설은 귀무가설과 대립가설로 구분되며 이 두 가설 중 어느 하나를 선택하는데 사용되는 통계량을 검정통계량(test statistic)이라고 한다. 가설의 기각 또는 채택은 유의수준(significance level)을 어떻게 설정하느냐에 따라서 달라지게 된다.

가설과 유의수준

분석자가 반증적인 방법으로 자신의 주장을 증명하기 위하여 기각할 것을 바라고 가설을 세우게 되는데 이러한 가설을 귀무가설(null hypothesis)이라 하고 H_0로 표시하며, 귀무가설과 대립되거나 부정하는 가설을 대립가설(alternative hypothesis)이라고 하며 H_1으로 표시한다. 대립가설은 분석자가 주장하고자 하는 내용이 포함되도록 설정된다.
귀무가설이 참임에도 불구하고 귀무가설을 기각함으로 발생되는 오류를 범할 확률의 최대허용한계를 유의수준이라고 하며 α로 표기한다. ■■■■■

t-검정은 모집단이 정규분포를 따른다는 가정 하에서 모평균 μ에 대하여 그림 5.1에서 설명되는 형태의 검정을 할 때 사용된다.

그림 5.1 **t-검정**

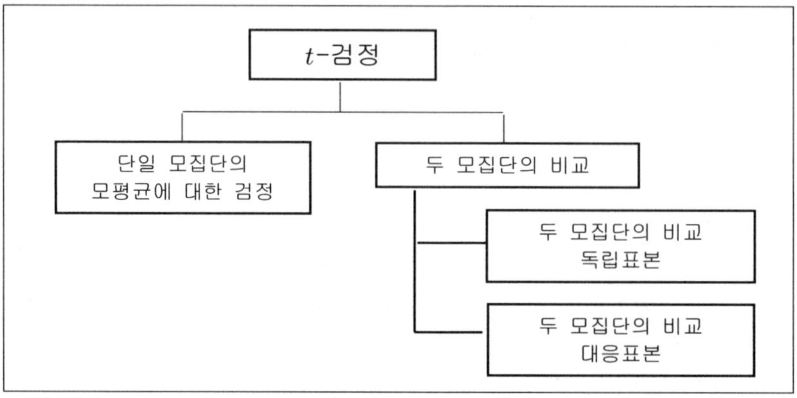

단일 모집단의 모평균에 대한 검정 즉, 귀무가설 $H_0 : \mu = \mu_0$를 검정하기 위해서 모평균이 μ이고 모분산이 σ^2인 정규분포를 따르는 모집단으로부터 추출된 n개의 표본을 $x_1, x_2, \cdots, x_n$이라고 하자(그림 5.2 참조). 여기서, 모분산 σ^2은 알려지지 않았다고 가정하자.

그림 5.2 **모집단과 표본**

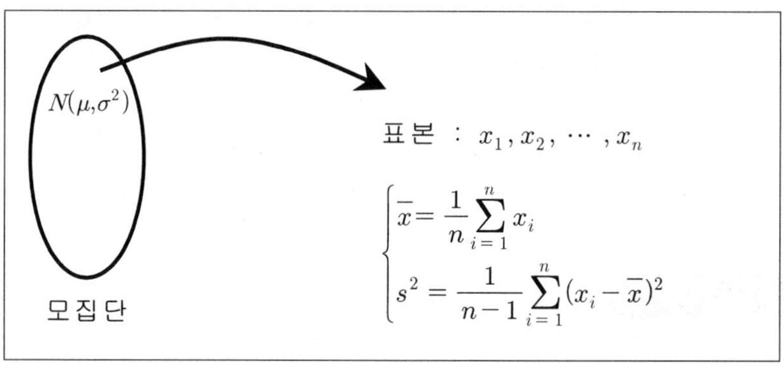

이 때, 귀무가설 $H_0 : \mu = \mu_0$를 검정하기 위한 검정통계량은

$$T = \frac{\bar{x} - \mu_0}{\frac{s}{\sqrt{n}}} \sim t_{n-1}$$

와 같이 정의되고, 이 검정통계량의 값은 표본평균 $\bar{x}$와 표본 표준편차 s를 이용하여 구할 수 있다. 검정통계량 T는 귀무가설이 참이라는 가정 하에서 자유도가 $(n-1)$인 t분포를 따르므로 이를 이용하면 단일 모집단의 모평균에 대한 검정을 할 수 있다.

가설검정 절차

일반적으로 가설검정은 다음과 같은 절차에 의해서 수행한다.

Step 1. 가설설정
Step 2. 검정통계량 값 또는 유의확률의 계산
Step 3. 유의수준 결정
Step 4. 가설의 기각 여부 결정 ■■■■■

SPSS에서 단일 모집단의 모평균에 대한 검정은 **일표본 T검정** 메뉴를 이용할 수 있다. SPSS에서 **일표본 T검정** 방법을 이용하기 위해서는 SPSS 초기화면에서 다음과 같은 메뉴를 선택한다.

분석 ➠ **평균비교** ➠ **일표본 T검정** *SPSSMENU*

단일 모집단의 모평균에 대한 검정의 예를 들어보자. 수리과학부에서는 현재 학생들의 언어영역의 평균이 3년 전의 평균값인 78점보다 높을 것이라고 주장하고 있다. 이러한 주장에 대해 전체 학생 중 임의로 추출된 64명에 대한 언어영역의 자료를 이용하여 학생들의 언어영역 평균이 78점이 넘는다는 수리과학부의 주장을 일표본 T검정을 사용하여 검정해보자. 이 예에서, 귀무가설과 대립가설은 다음과 같다. 여기서, μ는 언어영역의 모평균이다.

$$\begin{cases} H_0 : \mu \le 78 \\ H_1 : \mu > 78 \end{cases}$$

《일표본 T검정》 대화상자에서 검정하고자 하는 변수 즉, 언어영역을 **검정 변수**로 선택하고, 귀무가설이 $H_0 : \mu \le 78$ 이므로 **《일표본 T검정》** 대화상자의 **검정값**에 78을 입력한 후 [확인]을 클릭하면 결과 5.1을 얻을 수 있다.

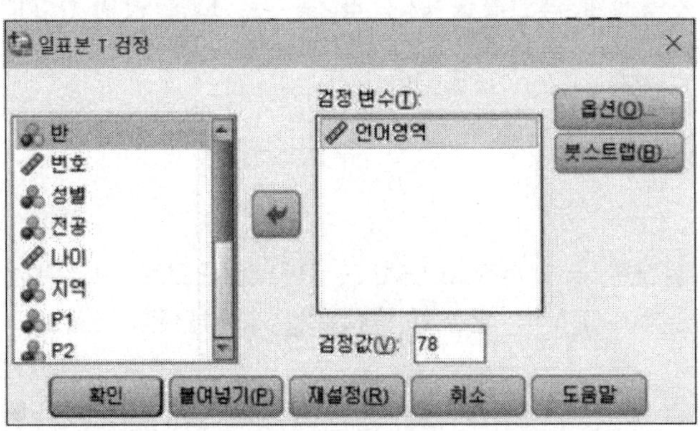

결과 5.1 일표본 T검정

일표본 통계량

	N	평균	표준화 편차	표준오차 평균
언어영역	64	78.91	8.585	1.073

일표본 검정

	검정값 = 78					
					차이의 95% 신뢰구간	
	t	자유도	유의확률 (양측)	평균차이	하한	상한
언어영역	.844	63	.402	.906	-1.24	3.05

결과분석

단일 모집단의 모평균에 대한 검정을 수행하면 결과 5.1과 같이 **일표본 통계량**과 **일표본 검정** 부분으로 결과가 구분되어 얻어진다. **일표본 통계량** 결과를 살펴보면, 언어영역의 평균은 78.91점이고, 표준편차는 8.585임을 알 수 있다. **일표본 검정** 결과에서 검정통계량 값은 0.844이고, **유의확률(양측)**은 0.402이다. 이 값을 이용하여 다음과 같이 가설검정을 수행할 수 있다.

Step 1 가설설정

μ를 언어영역의 모평균이라 할 때 가설은 다음과 같다.

$$\begin{cases} H_0 : \mu \le 78 \\ H_1 : \mu > 78 \end{cases}$$

Step 2 검정통계량 T값 또는 유의확률의 계산

결과 5.1로부터 검정통계량 T값은 0.844임을 알 수 있고, **유의확률**은 0.402인데 이 값은 양측검정에 대한 유의확률 값이라는데 유의하여야 한다. 여기서는 단측검정이므로 양측검정의 유의확률 값 0.402을 2로 나눈 값인 0.201이 이 검정에서의 유의확률 값이 된다.

Step 3 유의수준 α 결정

유의수준 α를 0.05로 하자.

Step 4 가설의 기각 여부 결정

유의확률 값이 0.201로 설정한 유의수준 0.05보다 작지 않으므로 귀무가설을 기각할 수 없다. 즉, 수리과학부 학생의 언어영역의 평균은 78점보다 높다고 할 수 없다.

가설검정

가설검정은 대립가설의 형태에 따라 양측검정(two-side test)과 단측검정(one-side test)으로 구분된다. 다음은 모평균 검정에서의 양측검정과 단측검정에 대한 일반적인 가설의 형태를 나타낸다.

- 양측검정 : $\begin{cases} H_0 & : \ \mu = \mu_0 \\ H_1 & : \ \mu \neq \mu_0 \end{cases}$
- 우단측검정 : $\begin{cases} H_0 & : \ \mu = \mu_0 \ (\text{또는 } \mu \leq \mu_0) \\ H_1 & : \ \mu > \mu_0 \end{cases}$
- 좌단측검정 : $\begin{cases} H_0 & : \ \mu = \mu_0 \ (\text{또는 } \mu \geq \mu_0) \\ H_1 & : \ \mu < \mu_0 \end{cases}$

■ ■ ■ ■ ■

실 습 문 제

- 현재 학생들의 수리영역의 평균이 3년 전의 평균값인 77점보다 높다고 할 수 있는지를 가설검정의 4단계 절차에 의해서 검정하시오. 단, 유의수준은 0.05로 하시오.

SECTION 5.2 두 모집단의 비교 : 독립표본

5.1절에서와 같이 수리과학부 학생의 언어영역에 대한 평균점수가 78점보다 높다는 주장에 대한 검정을 할 경우도 있지만 수리과학부 남학생과 여학생의 언어영역의 평균점수에 차이가 있는지에 대한 문제가 관심의 대상이 되는 경우가 있다. 이러한 경우 남학생 집단과 여학생 집단은 서로 독립인 두 모집단으로 볼 수 있으므로 각 모집단으로부터 추출된 표본은 서로 독립이다. 따라서 독립인 두 모집단의 모평균에 차이가 있는지를 검정하기 위해 각 모집단으로부터 추출된 독립표본을 이용할 수 있다. 이 절에서는 독립표본에 대한 모평균 차에 대한 검정방법을 살펴보자.

모평균이 μ_1이고 모분산이 σ_1^2인 정규분포를 따르는 모집단 1으로부터 관측된 n_1개의 표본을 $x_1, x_2, \cdots, x_{n1}$이라 하고, 모평균이 μ_2이고 모분산이 σ_2^2인 정규분포를 따르는 모집단 2로부터 관측된 n_2개의 표본을 $y_1, y_2, \cdots, y_{n2}$라고 하자. 이 때, 각각의 표본으로부터 표본평균$(\overline{x}, \overline{y})$과 표본분산 (s_1^2, s_2^2)을 구할 수 있다. 그림 5.3은 독립인 두 모집단과 표본의 관계를 설명한 것이다.

그림 5.3 독립인 두 모집단과 표본

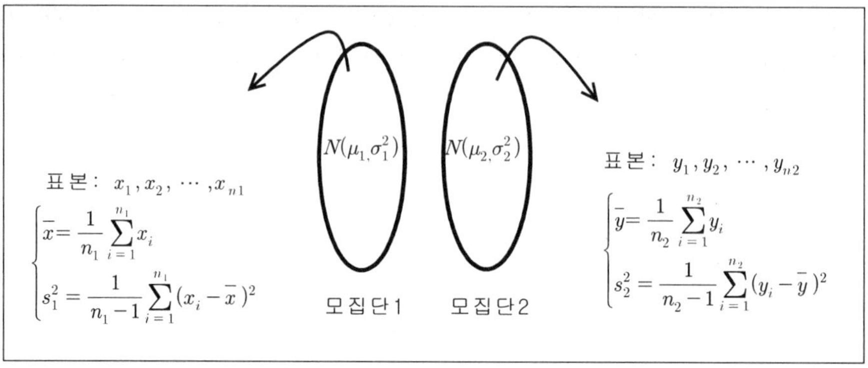

서로 독립인 두 모집단의 모평균이 동일한지의 여부를 검정하기 위한 검정통계량은 두 모집단의 모분산이 동일한지 여부에 따라 달라진다. 즉, 두 집단의 모평균이 동일하다는 귀무가설 $H_0 : \mu_1 = \mu_2$를 검정하기 위한 검정통계량은 두 모집단의 모분산이 같은 경우($\sigma_1^2 = \sigma_2^2$)와 다른 경우($\sigma_1^2 \neq \sigma_2^2$)의 두 가지 형태로 구분된다.

[두 모집단의 모분산이 같은 경우]

두 모집단의 모분산이 같은 경우 검정통계량 T는 자유도가 n_1+n_2-2인 t분포를 따른다.

$$T=\frac{\bar{x}-\bar{y}}{s_p\sqrt{\frac{1}{n_1}+\frac{1}{n_2}}} \sim t_{n_1+n_2-2}$$

단, $s_p^2=\frac{(n_1-1)s_1^2+(n_2-1)s_2^2}{n_1+n_2-2}$ 은 통합분산추정량(pooled variance estimator)

[두 모집단의 분산이 다른 경우]

두 모집단의 모분산이 다른 경우 검정통계량 T는 자유도가 r인 근사적인 t분포를 따른다.

$$T=\frac{\bar{x}-\bar{y}}{\sqrt{\frac{s_1^2}{n_1}+\frac{s_2^2}{n_2}}} \ \dot{\sim}\ t_r$$

단, $r=\frac{(s_1^2/n_1+s_2^2/n_2)^2}{(s_1^2/n_1)^2/(n_1-1)+(s_2^2/n_2)^2/(n_2-1)}$.

두 모분산의 동일성 검정

두 모분산의 동일성검정(test of equality)을 위한 가설

$$\begin{cases} H_0: \ \sigma_1^2 = \sigma_2^2 \\ H_1: \ \sigma_1^2 \neq \sigma_2^2 \end{cases}$$

을 검정하기 위한 검정통계량은 $F = s_1^2/s_2^2$이고, 이 검정통계량은 귀무가설이 사실이라는 가정 하에서 F분포를 따른다. 이를 이용하면 두 모분산의 동일성 여부에 대한 검정을 할 수 있다. SPSS의 독립표본 T검정 메뉴를 이용하면 F검정통계량 값 및 유의확률 값을 제공해 주므로 이를 이용하여 모분산 동일성 검정을 먼저 한 다음 이 결과를 바탕으로 모분산이 동일한 경우와 그렇지 않은 경우의 T 검정 결과를 받아들여야 한다. ■ ■ ■ ■ ■

SPSS에서 독립표본에 대한 모평균 차의 검정은 **독립표본 T검정** 메뉴를 이용하면 된다. **독립표본 T검정**을 이용하면 모분산이 동일한 경우와 동일하지 않은 두 가지 경우에 대해 검정통계량 및 유의확률을 제공해 주므로 두 집단의 모분산의 동일성에 관한 검정을 먼저 수행한 후 이 결과에 따라 모평균 검정에 대해 제시되는 두 검정결과 중에서 모분산에 대한 가정이 만족되는 하나의 결과를 이용하면 된다. **독립표본 T검정** 방법을 이용하기 위해서는 다음과 같은 메뉴를 선택함으로써 시작할 수 있다.

분석 ➡ **평균비교** ➡ **독립표본 T검정** *SPSSMENU*

독립표본인 경우 모평균 차에 대한 검정의 예를 들어보자. 수리과학부 남학생의 평균 언어영역과 여학생의 평균 언어영역 점수에 차이가 없다고 할 수 있는지 검정하기 위해서 수리과학부 남학생 31명과 여학생 33명의 언어영역 점수 자료를 얻었다고 하자. 이 자료를 이용하여 남학생과 여학생의 평균 언어영역에 차이가 있는지를 검정해 보자.

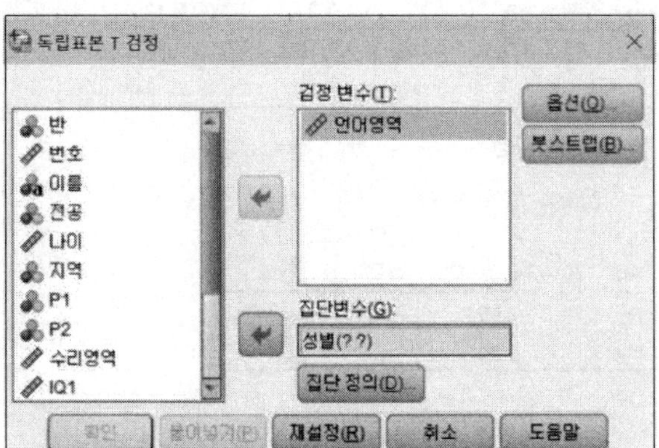

먼저, **《독립표본 T검정》** 대화상자에서 모평균 차에 대한 검정을 하고자 하는 변수를 선택한다. 여기서는 남학생과 여학생의 평균 언어영역이 동일하다고 할 수 있는지에 대한 검정이므로 언어영역을 **검정변수**로 선택하면 된다. 그리고 남학생과 여학생으로 집단을 구분해주는 성별을 **집단변수**로 선택한다. **집단변수**에 성별을 지정하면, **성별(?,?)**와 같이 나타난다. 따라서 성별에 의해 구분되는 집단 값을 정의해 주어야 하므로 [집단 정의]를 클릭한다. 다음과 같은 **《집단 정의》** 대화상자에서 **집단 1**과 **집단 2**에 각각 남학생과 여학생의 자료값 "1"과 "2"를 입력하고 [계속]을 클릭한 후 **《독립표본 T검정》** 대화상자의 [확인]을 클릭하면 결과 5.2를 얻을 수 있다.

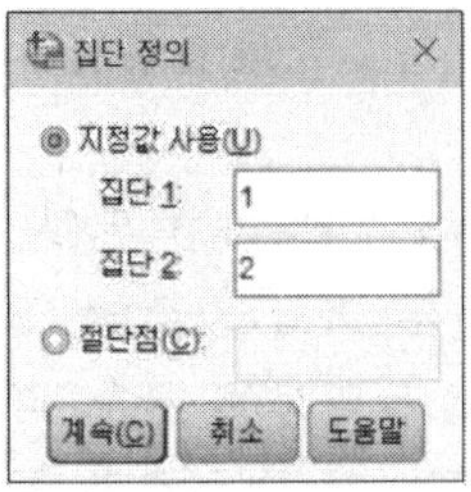

결과 5.2 독립표본 T검정

집단통계량

	성별	N	평균	표준화 편차	표준오차 평균
언어영역	남자	31	81.13	8.143	1.463
	여자	33	76.82	8.582	1.494

독립표본 검정

		Levene의 등분산 검정		평균의 동일성에 대한 T 검정		
		F	유의확률	t	자유도	유의확률 (양측)
언어영역	등분산을 가정함	.092	.763	2.058	62	.044
	등분산을 가정하지 않음			2.062	61.992	.043

독립표본 검정

		평균의 동일성에 대한 T 검정			
				차이의 95% 신뢰구간	
		평균차이	표준오차 차이	하한	상한
언어영역	등분산을 가정함	4.311	2.094	.125	8.497
	등분산을 가정하지 않음	4.311	2.091	.132	8.490

결과분석

독립표본 T검정을 수행한 결과는 **집단통계량** 부분과 **독립표본 검정** 부분으로 구분되어 제시된다. **집단통계량** 부분에서는 남학생의 언어영역과 여학생의 언어영역에 대한 **평균**과 **표준편차**를 제공해 주며, **독립표본 검정** 부분에서는 두 모집단 분산의 동질성 검정을 위한 **Levene의 등분산 검정** 결과와 **등분산을 가정함**과 **등분산을 가정하지 않음**의 경우에 **평균의 동일성에 대한 T 검정** 결과를 각각 제공해 준다.

남학생과 여학생의 언어영역의 평균이 동일하다고 할 수 있는지에 대한 검정을 수행하기 위해서 먼저 고려해야 할 문제는 두 모집단의 분산이 동일한지를 검정하는 것이다. 위 결과에서 **Levene 등분산 검정**을 이용하여 다음과 같이 모분산의 동일성 검정을 먼저 해야 한다.

Step 1 가설설정

다음과 같이 가설을 설정할 수 있다. 여기서 σ_1^2은 남학생 집단의 모분산이고, σ_2^2은 여학생 집단의 모분산이다.

$$\begin{cases} H_0 : \ \sigma_1^2 = \sigma_2^2 \\ H_1 : \ \sigma_1^2 \neq \sigma_2^2 \end{cases}$$

Step 2 검정통계량 값 또는 유의확률의 계산

결과 5.2로부터 모분산의 동일성 검정을 위한 검정통계량 F값이 0.092이고 유의확률이 0.763임을 알 수 있다.

Step 3 유의수준 α 결정

유의수준 α를 0.05로 하자.

Step 4 가설의 기각 여부 결정

유의확률 값이 0.763으로 유의수준 0.05보다 크므로 귀무가설을 기각할 수 없다. 즉, 두 집단의 모분산이 동일하다고 할 수 있다.

위와 같이 분산의 동일성 검정 결과 남학생과 여학생 두 집단의 모분산이 동일하다는 결론을 얻었으므로 이를 근거로 하여 남학생과 여학생의 언어영역 평균에 차이가 없다고 할 수 있는지에 대한 검정을 다음과 같이 수행하면 된다.

Step 1 가설설정

다음과 같이 가설을 설정할 수 있다. 여기서 μ_1은 남학생의 언어영역 평균이고, μ_2는 여학생의 언어영역 평균이다.

$$\begin{cases} H_0 : \ \mu_1 = \mu_2 \\ H_1 : \ \mu_1 \neq \mu_2 \end{cases}$$

Step 2 검정통계량 T값 또는 유의확률의 계산

Levene의 등분산 검정 결과 두 모집단의 분산이 동일하다는 결론을 얻었으므로 결과 5.2의 **평균의 동일성에 대한 T 검정** 결과에서 **등분산을 가정함**의 검정통계량 T값 2.058과 유의확률 값 0.044를 사용하면 된다. 여기서는 검정하려는 가설이 양측가설의 형태이므로 이 유의확률 값을 그대로 사용하면 된다.

Step 3 유의수준 α 결정

유의수준 α를 0.05로 하자.

Step 4 가설의 기각 여부 결정

유의확률 값이 0.044로 유의수준 α보다 작으므로 귀무가설을 기각할 수 있다. 즉, 남학생과 여학생의 언어영역 평균에는 통계적으로 유의한 차이가 있다고 할 수 있다.

실 습 문 제

■ 남학생의 평균 평점과 여학생의 평균 평점에 차이가 있는지를 검정하고자 한다.

① 두 모집단의 분산이 동일한지를 가설검정의 4단계 절차에 의해서 검정하시오.

② 남학생의 평균 평점과 여학생의 평균 평점이 차이가 있는지를 가설검정의 4단계 절차에 의해서 검정하시오. 단, 유의수준은 0.05로 하시오.

SECTION 5.3 두 모집단의 비교 : 대응표본

5.2절에서 서로 독립인 두 모집단의 모평균에 차이가 없는지를 검정하는 방법에 대하여 설명하였다. 그러나 두 모집단을 비교할 때 서로 독립이 아닌 경우에는 이 방법을 사용할 수 없으며 이러한 경우 대응비교 방법이 사용된다. 이 방법은 실험단위를 동질적인 쌍으로 묶은 다음 각 쌍을 임의로 추출하여 두 처리를 적용시키는 것이다. 이러한 대응표본 자료에 대한 검정이 대응비교에 의한 검정(paired test)이다. 대응비교에 의한 검정을 위해서 정규모집단으로부터 n개의 대응표본(paired sample)인 $(x_1,y_1), (x_2,y_2), \cdots, (x_n,y_n)$을 얻었다고 하자. 이로부터

$$d_1 = x_1 - y_1,\ d_2 = x_2 - y_2,\ \cdots,\ d_n = x_n - y_n$$

을 구할 수 있으므로 대응표본에 검정은 귀무가설 $H_0 : \mu_d = 0$를 검정하는 문제가 된다. 여기서, $\mu_d = \frac{1}{N}\sum_{i=1}^{N} d_i$이다. 따라서 이러한 검정의 문제는 5.1절에서 설명된 단일 모집단의 평균에 대한 검정방법으로 고려할 수 있다. 귀무가설 $H_0 : \mu_d = 0$를 검정하기 위한 검정통계량은 다음과 같이 정의된다.

$$T = \frac{\bar{d} - \mu_d}{\frac{s_d}{\sqrt{n}}} \sim t_{n-1}$$

여기서, $\bar{d} = \frac{1}{n}\sum_{i=1}^{n} d_i$, $s_d^2 = \frac{1}{n-1}\sum_{i=1}^{n}(d_i - \bar{d})^2$ 이다.

물론, 검정통계량 T는 귀무가설이 사실이라는 가정하에서 자유도가 $n-1$인 t분포를 하므로 5.1절에서 설명한 것과 동일한 방법에 의해 검정할 수 있다.
SPSS에서 대응표본에 대한 검정을 수행하기 위해서 **대응표본 T검정** 방법을 이용할 수 있다. SPSS에서 **대응표본 T검정** 방법을 이용하기 위해서 다음 메뉴를 선택한다.

분석 ➠ **평균비교** ➠ **대응표본 T검정** *SPSSMENU*

대응표본에 대한 검정의 예를 들어보자. 지능지수를 높일 수 있는 프로그램이 개발되었다고 하자. 이 때, 이 프로그램에 의해서 연수를 받은 학생들의 지능지수가 더 높아졌다고 할 수 있는지를 알아보기 위해 프로그램 연수 전후의 지능지수 사이에 통계적으로 유의한 차이가 있는지를 검정해보고자 한다. 64명의 학생들에 대해서 프로그램 연수 전의 지능지수(IQ1)를 측정하고, 동일한 학생들에 대해 프로그램 연수 후의 지능지수(IQ2)를 측정하여 자료를 얻었다고 하자. 이러한 문제에서 분석자는 "지능지수를 높이는 프로그램이 효과가 있는가? 즉, 프로그램 연수 후 학생들의 지능지수는 프로그램 연수전의 지능지수보다 더 높아졌다고 할 수 있는가?"에 관심을 가지게 된다. 이는 동일한 학생들을 대상으로 프로그램 연수전후의 지능지수를 측정한 것이기 때문에 독립이 아니다. 따라서 이러한 문제를 해결하기 위해서는 대응표본검정을 고려해야 한다.
연수 전후의 지능지수에 차이가 있는지를 검정하기 위한 것이므로 《**대응표본 T검정**》 대화상자에서 **대응 변수**로 IQ1과 IQ2를 선택하고 [확인]을 클릭하면 결과 5.3을 얻을 수 있다.

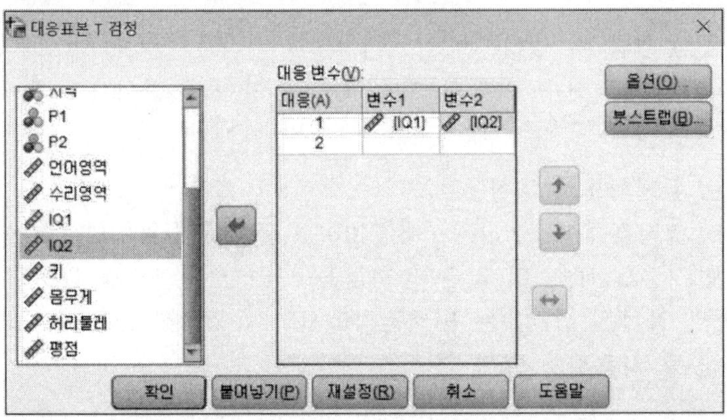

결과 5.3 대응표본 T검정

대응표본 통계량

		평균	N	표준화 편차	표준오차 평균
대응 1	IQ1	123.00	64	11.326	1.416
	IQ2	126.00	64	9.898	1.237

대응표본 상관계수

		N	상관관계	유의확률
대응 1	IQ1 & IQ2	64	.952	.000

대응표본 검정

		대응차					t
					차이의 95% 신뢰구간		
		평균	표준화 편차	표준오차 평균	하한	상한	
대응 1	IQ1 - IQ2	-3.000	3.577	.447	-3.893	-2.107	-6.710

대응표본 검정

		자유도	유의확률 (양측)
대응 1	IQ1 - IQ2	63	.000

결과분석

결과 5.3을 보면 프로그램 연수 전후의 두 지능지수의 차에 대한 **평균**과 **표준편차**는 각각 -3.000과 3.577임을 알 수 있으며, **대응표본 검정** 부분의 결과를 이용하여 다음과 같이 프로그램 연수 전후의 지능지수에 통계적으로 유의한 차이가 있는지를 검정할 수 있다.

Step 1 가설설정

다음과 같이 가설을 설정할 수 있다.

$$\begin{cases} H_0 : \mu_d = 0 \,(\text{프로그램 연수 전후의 지능지수에 차이가 없다.}) \\ H_1 : \mu_d > 0 \,(\text{프로그램 연수 후의 지능지수가 더 높다.}) \end{cases}$$

Step 2 검정통계량 값 또는 유의확률의 계산

결과 5.3으로부터 검정통계량 T값은 -6.710이고, **유의확률(양측)**의 값은 0.000임을 알 수 있다. 그런데, 이 값은 양측검정에 대한 유의확률 값이므로 위와 같이 설정된 가설을 고려하는 단측검정에서의 유의확률 값은 이 값을 2로 나누어 준 값을 사용해야 한다.

Step 3 유의수준 α 결정
유의수준 α를 0.05로 하자.

Step 4 가설의 기각 여부 결정
유의확률 값이 유의수준 α보다 작으므로 귀무가설을 기각한다. 즉, 개발된 프로그램 연수과정이 지능지수를 높이는 효과가 있다고 결론지을 수 있다. 실제로 **대응표본 통계량** 결과에서 연수 이전의 지능지수(IQ1)의 평균은 123이고 연수 이후의 지능지수(IQ2)의 평균은 126으로 연수 이후의 표본 평균 지능지수의 값이 높아졌음을 알 수 있다.

CHAPTER 6
범주형자료 분석

이 장에서는 성별, 직업, 지역, 선호도 등과 같은 범주형 자료를 분석하는 방법을 설명한다. 1절에서는 범주형 자료를 분석하는 기본 단계인 교차표를 작성하는 방법에 대하여 살펴보고 2절에서는 다중응답 문항에 대한 교차표 작성을 다룬다. 3절과 4절에서는 작성된 교차표를 이용하여 독립성 검정, 동질성 검정 등을 수행하고, 결과를 해석하는 방법을 설명한다. 5절에서는 원 자료에 대한 정보가 없이 이미 작성되어 있는 교차표를 사용하여 독립성 검정을 수행하는 방법에 대하여 자세히 다룬다.

SECTION 6.1 교차표 작성

관측 결과가 수치자료가 아닌 범주형(categorical type)자료인 경우에는 연속형 자료에 대한 분석방법을 사용할 수 없다. 범주형 자료는 성별이나 직업, 지역, 선호도 등과 같이 자료 값들이 수치적인 속성을 가지고 있지 않은 자료로서 이러한 범주형 자료를 분석하기 위한 방법으로 적합도검정(goodness-of-fit test)과 독립성 검정(test of independence), 동질성검정(test of homogeneity) 등이 있다.

표 6.1 이차원 교차표

행변수 \ 열변수		B				전 체
		B_1	B_2	$\cdots$	B_l	
A	A_1	n_{11}	n_{12}	$\cdots$	n_{1l}	$n_{1.}$
	A_2	n_{21}	n_{22}	$\cdots$	n_{2l}	$n_{2.}$
	$\vdots$	$\vdots$	$\vdots$	$\cdots$	$\vdots$	$\vdots$
	A_k	n_{k1}	n_{k2}	$\cdots$	n_{kl}	$n_{k.}$
전 체		$n_{.1}$	$n_{.2}$	$\cdots$	$n_{.l}$	n

범주형 자료분석(categorical data analysis)의 대상이 되는 자료는 대부분 설문조사 결과 자료로서 도수분포표(frequency table) 또는 교차표(contingency table)의 형태로 먼저 정리되고, 교차표에서 분류 기준이 되는 변수에 따라 관측값들이 어떻

게 분포하고 있는지를 판단하기 위한 분석방법으로 적합도 검정이나, 독립성 검정, 동질성검정 방법이 사용된다. 이러한 분석방법들은 모두 카이제곱 분포를 따르는 검정통계량을 이용한다.

일반적으로 이차원 교차표는 표 6.1과 같은 형태로 나타낼 수 있다. 이러한 범주형 자료를 분석하기 위해 사용되는 교차표를 얻기 위해서는 SPSS 초기화면에서 다음과 같은 메뉴를 선택함으로써 시작할 수 있다.

분석 ➡ **기술통계량** ➡ **교차분석** *SPSSMENU*

교차분석 메뉴를 선택해서 얻게 되는 《**교차분석**》 대화상자를 이용하면 쉽게 교차표를 작성할 수 있다. 우선, 교차표를 작성하고자 하는 두 변수를 선택하여 각각 **행**과 **열**에 지정한다.

전공별, 성별 학생수의 분포를 나타내는 교차표를 얻기 위해서 《**교차분석**》 대화상자에서 **행**에 전공을 **열**에 성별을 선택한 다음 [확인]을 클릭하면, 결과 6.1과 같은 교차표를 얻을 수 있다.

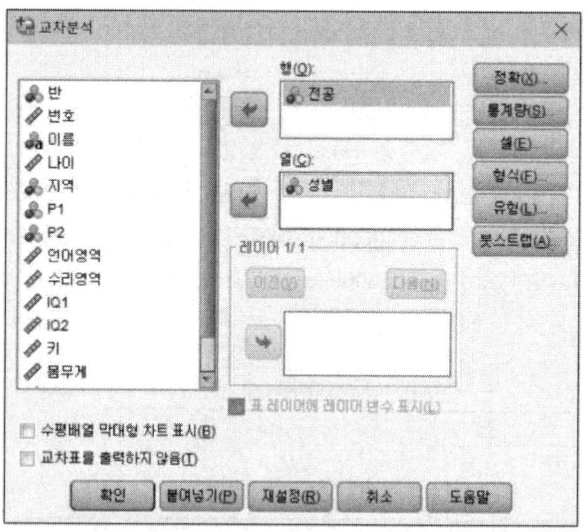

결과분석

결과 6.1은 전공과 성별 변수에 대한 교차분석 결과이다. 교차분석결과는 다음과 같이 **케이스 처리 요약** 부분과 **전공*성별 교차표** 부분으로 나뉘어 출력된다. **전공*성별 교차표**에서 첫 번째 행의 빈도를 살펴보면, 통계학 전공자는 37명이고, 이 중에서 남학생은 23명이고 여학생은 14명임을 알 수 있으며, 수학 전공자는 27명으로 이 중에서 남학생은 8명이고 여학생은 19명임을 알 수 있다.

결과 6.1 교차분석을 이용한 교차표

케이스 처리 요약

	케이스					
	유효		결측		전체	
	N	퍼센트	N	퍼센트	N	퍼센트
전공 * 성별	64	100.0%	0	0.0%	64	100.0%

전공 * 성별 교차표

빈도

		성별		
		남자	여자	전체
전공	통계	23	14	37
	수학	8	19	27
전체		31	33	64

위에서 얻은 교차표에 행, 열, 전체에 대한 퍼센트를 함께 출력하고자 할 때에는 **《교차분석》** 대화상자의 [셀]을 클릭하여 나타나는 다음과 같은 **《교차분석:셀 표시》** 대화상자에서 필요한 값들을 선택한 다음 [계속]을 클릭하면 된다.

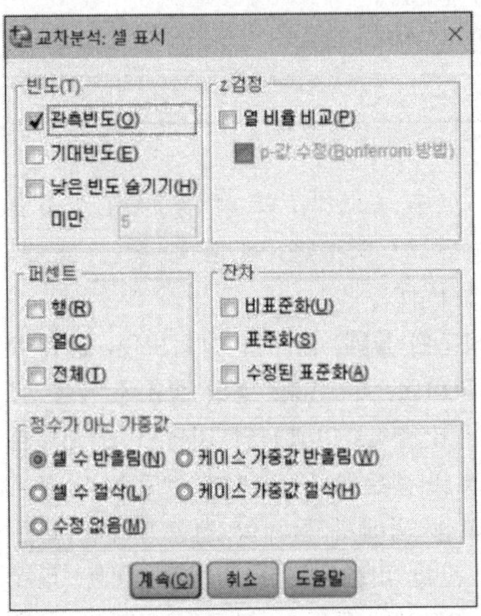

결과 6.1의 **전공*성별 교차표**에서 각 셀에 행 퍼센트, 열 퍼센트, 전체 퍼센트를 모두 출력하기 위해서는 **《교차분석:셀 표시》** 대화상자에서 **퍼센트**의 **행, 열, 전체**를 모두 선택하면 된다. 결과 6.2는 **행, 열, 전체** 퍼센트와 **빈도**에서 **관측빈도**를 선택한 결과이다.

결과 6.2 교차표

케이스 처리 요약

	케이스					
	유효		결측		전체	
	N	퍼센트	N	퍼센트	N	퍼센트
전공 * 성별	64	100.0%	0	0.0%	64	100.0%

전공 * 성별 교차표

			성별		
			남자	여자	전체
전공	통계	빈도	23	14	37
		전공 중 %	62.2%	37.8%	100.0%
		성별 중 %	74.2%	42.4%	57.8%
		전체 중 %	35.9%	21.9%	57.8%
	수학	빈도	8	19	27
		전공 중 %	29.6%	70.4%	100.0%
		성별 중 %	25.8%	57.6%	42.2%
		전체 중 %	12.5%	29.7%	42.2%
전체		빈도	31	33	64
		전공 중 %	48.4%	51.6%	100.0%
		성별 중 %	100.0%	100.0%	100.0%
		전체 중 %	48.4%	51.6%	100.0%

결과분석

결과 6.2는 **전공*성별 교차표**에 **행**, **열**, **전체 퍼센트**를 모두 출력하도록 한 결과이다. 출력된 교차표에서 첫 번째 행은 빈도를 두 번째 행은 행 백분율, 세 번째 행은 열 백분율을 나타내며, 마지막 행은 전체 백분율을 나타낸다.

전공*성별 교차표에서 네모로 표시한 통계 전공 학생들의 성별 분포를 살펴보면, 통계학 전공자 중에서 남학생은 23명이고, 여학생은 14명이며, 두 번째 행의 **전공 중 %**는 행 퍼센트로 통계학 전공자 중에서 남학생의 비율이 62.2%, 여학생의 비율이 37.8%임을 나타낸다. 또한, 세 번째 행의 **성별 중 %**는 열 퍼센트를 나타내는 것으로 남학생 중에서 통계학 전공자의 비율은 74.2%이고, 여학생 중에서 통계학 전공자의 비율은 42.4%임을 나타내며, 네 번째 행의 **전체 중 %**는 전체 퍼센트를 나타낸다. 이는 전체 64명 학생 중에서 통계학 전공 남학생의 비율은 35.9%, 통계학 전공 여학생의 비율은 21.9%임을 나타낸다.

실 습 문 제

- 성별 비만도별 학생수의 분포를 분석할 수 있도록 교차표를 작성하시오.

SECTION 6.2 다중응답 교차표 작성

다중반응 메뉴를 활용하면 4.2절에서 설명한 다중응답 문항에 대한 교차표를 작성할 수 있다. 예를 들면, 성별에 따라 성공적인 취업을 위해서 우선적으로 필요하다고 생각되는 항목을 교차표로 작성하기 위해서는 **다중반응**의 **변수군 정의** 메뉴와 **다중반응**의 **교차분석** 메뉴를 순차적으로 사용하면 된다.

변수군 정의는 4,1절에서 이미 설명했으므로 이를 참조하면 된다. **다중반응**의 **변수군 정의** 메뉴를 사용해서 **다중반응 변수군**에 다중응답변수인 취업스펙($P)이 생성되어 있어야 하며, 다중반응 변수군이 정의되어 있지 않으면 **다중반응** 메뉴가 활성화되지 않는다. 다음과 같은 **교차분석** 메뉴를 사용해서 다중응답변수에 대한 교차표를 작성할 수 있다.

분석 ➠ **다중반응** ➠ **교차분석** *SPSSMENU*

《**다중반응 교차분석**》 대화상자에서 다음과 같이 **행**에 성별을 **열**에 **다중반응 변수군**에 있는 취업스펙($P)을 선택한다.

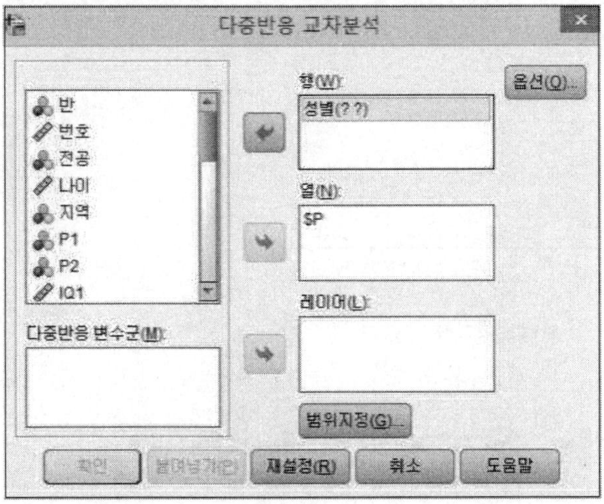

이때, 행의 **성별(? ?)**을 선택한 상태에서 [범위지정]을 클릭하면 다음과 같은 《**다중반응 교차분석**》 대화상자가 나타나는데 여기서 성별 변수가 가지는 **최솟값**과 **최댓값**을 입력한 다음 [계속]를 선택한다.

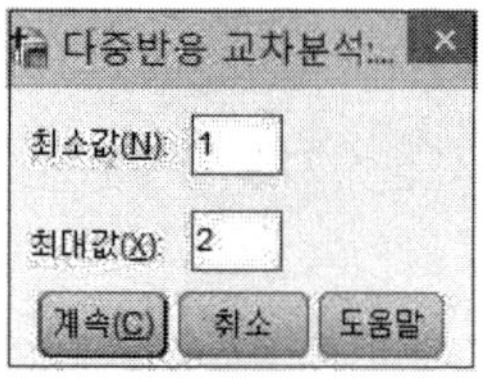

이때, 교차표의 행, 열, 전체에 대한 퍼센트를 함께 출력하고자 할 때에는 **《다중반응 교차분석》** 대화상자의 [옵션]을 클릭하여 나타나는 다음과 같은 **《다중반응 교차분석:옵션》** 대화상자의 **셀 퍼센트**에서 필요한 항목을 선택하면 된다. 여기서는 성별 다중응답 분포를 확인하기 위해서 **행** 퍼센트를 선택하였으며, 결과 6.3은 이와 같이 지정해서 얻어지는 다중분석 결과이다.

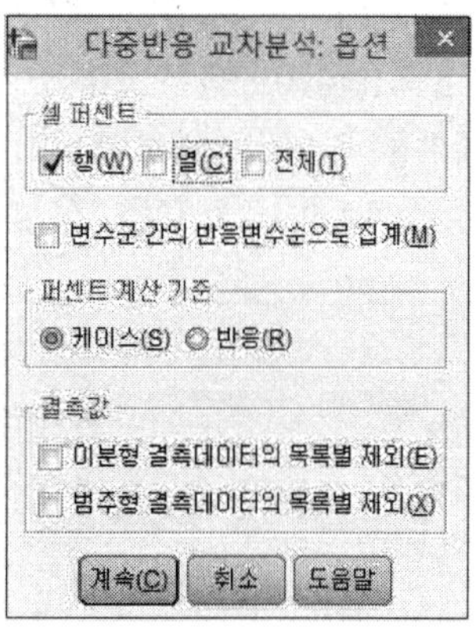

결과 6.3 다중응답 교차분석

케이스 요약

	케이스					
	유효		결측		전체	
	N	퍼센트	N	퍼센트	N	퍼센트
성별*$P	64	100.0%	0	0.0%	64	100.0%

성별*$P 교차표

			취업스펙[a]					
			학점	자격증	외국어 역량	공모전, 인턴쉽	봉사, 대외활동	전체
성별	남자	빈도	16	23	15	6	2	31
		성별 중 %	51.6%	74.2%	48.4%	19.4%	6.5%	
	여자	빈도	18	27	12	6	3	33
		성별 중 %	54.5%	81.8%	36.4%	18.2%	9.1%	
전체		빈도	34	50	27	12	5	64

결과분석

남학생은 가장 많은 74.21%의 비중으로 자격증이 성공적인 취업을 위해서 가장 우선적으로 필요하다고 생각하고 있는 것으로 나타났다. 그리고 여학생도 가장 많은 81.8%의 비중으로 자격증이 성공적인 취업을 위해서 가장 우선적으로 필요하다고 생각하고 있는 것으로 나타났다.

실 습 문 제

- 전공에 따라 성공적인 취업을 위해서 우선적으로 필요하다고 생각되는 항목에 대한 다중응답변수 취업스펙($P)의 교차표를 작성하시오.

SECTION 6.3 독립성 검정

독립성 검정은 자료에 포함된 두 가지 특성 사이에 어떠한 연관관계가 있는지를 검정하는 방법으로 독립성 검정에서의 귀무가설은 "두 가지 특성들이 서로 독립(independent)이다"라는 것으로 두 특성 사이에 연관관계가 없다는 의미이다. 독립성 검정을 위해서 카이제곱 검정이 사용되며, 이를 위한 검정통계량 값과 유의확률 값은 6.1절에서 설명한 **교차분석** 메뉴를 이용하여 얻을 수 있다. 또한, 분석 결과 두 특성이 독립이 아닌 경우 어느 정도의 연관성을 가지고 있는지를 분석하기 위해서는 연관성 측도가 필요하다. 독립성 검정에서 연관성의 정도를 판단하기 위해서 사용될 수 있는 여러 가지 연관성 측도들에 대한 설명을 표 6.2에 제시하였다.

연관성 측도

연관성 측도는 독립성 검정 또는 동질성 검정에서 설정된 귀무가설이 기각되는 경우, 즉, 두 변수들이 서로 독립이 아니고 연관성을 가지고 있다면, 어느 정도의 연관성을 가지고 있는지를 판단하기 위한 측도이다. 이 값이 클수록 두 범주형 변수 사이의 연관성이 크다는 것을 의미하지만, 실제로 연관성의 정도를 판단하기 위해서는 여러 가지 다른 연관성 측도들이 이용될 수 있다. 이러한 연관성 측도는 변수가 순서형(ordinal)인 경우와 명목형(nominal)인 경우에 따라 사용하는 측도가 다르다. 즉, 각 연관성 측도들은 자료의 형태에 따라 사용되는 경우가 다르므로 자료의 특성에 맞는 연관성 측도를 이용하여 두 변수 사이의 관계를 분석해야 한다. ■■■■■

독립성 검정을 위한 카이제곱 검정에서 유의해야 할 점은 분석 결과에 경고 메시지가 나타나는 경우이다. 이러한 경고 메시지는 카이제곱 검정이 교차표에 포함되는 각 칸의 기대도수(expected frequency)가 모두 5이상인 경우에만 의미있게 사용될 수 있으므로 이에 대한 경고 메시지를 알려주는 것이다. 즉, 자료의 수가 너무 작아서 기대도수가 5보다 작은 칸이 많은 경우 카이제곱 검정 결과를 신뢰할 수 없게 된다. 독립성 검정을 위해서는 6.1절에서와 동일하게 다음 메뉴를 선택함으로써 시작할 수 있다.

분석 ➠ **기술통계량** ➠ **교차분석** *SPSSMENU*

교차분석 메뉴를 선택해서 얻게 되는《**교차분석**》대화상자에서 독립성 검정을 하고자 하는 두 변수를 각각 **행**과 **열**에 지정한 후 [통계량]을 클릭하여 나타나는《**교차분석: 통계량**》대화상자에서 필요한 통계량을 지정해야 한다.

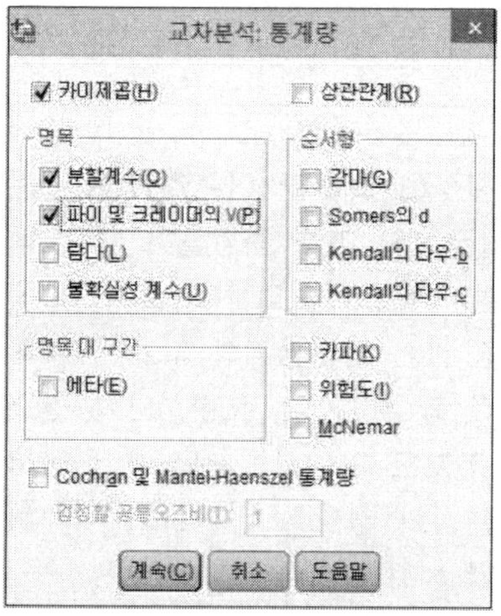

《**교차분석: 통계량**》대화상자에서 독립성 검정을 위한 카이제곱 통계량을 출력하기 위한 **카이제곱**을 선택하고, 명목형 데이터의 경우에는 **명목**에서 제공되는 여러 연관성 측도들 중에서 출력하기를 원하는 측도들을 선택한다. 자료가 순서형 데이터인 경우에는 오른쪽의 **순서형**에서 출력하고자 하는 측도들을 선택한다.

이제 독립성 검정에 대한 예를 고려해보자. 자료에서 출신지역에 따라 전공을 선택하는데 차이가 있는지를 검정하고자 한다. 즉, 지역과 전공 두 특성이 서로 독립인지를 검정하는 것이다. 이 경우 귀무가설은 다음과 같다.

H_0 : 지역과 전공 선택은 상관이 없다(독립이다).

지역에 따라 전공 선택을 하는데 차이가 있는지를 검정하기 위해서 앞에서 설명한 것처럼《**교차분석**》대화상자에서 **행**에 지역을 **열**에 전공을 지정하고, [통계량]을 선택하여 나타나는《**교차분석: 통계량**》대화상자에서 **카이제곱**, **분할계수**, **파이 및 크레이머의 *V***를 선택하면 결과 6.4를 얻을 수 있다.

표 6.2 연관성 측도

변수형태	연관성 측도	특 성	범위 및 의미
순서형	감마(Gamma)	행렬의 수와 무관	-1에서 1사이의 값을 가지며, 절대값이 클수록 연관성이 크다. 즉, 이 값들이 1에 가까울수록 양의 연관성이 크고, -1에 가까울수록 음의 연관성이 크다.
	Kendall의 타우-b	교차표의 행과 열의 수가 같은 경우에 유용	
	Stuart 타우-c	교차표의 행과 열의 수가 다른 경우에 유용	
	Somers D	Kendall의 타우-b를 비대칭관계를 고려하여 수정	
명목형	파이계수 (Phi Coefficient)	교차표가 2×2인 경우에 유용	일반적으로 0과 1사이에 존재하며, 이 값이 클수록 두 변수 사이의 연관성이 크다.
	크래머의 V	교차표가 2×2가 아닌 일반적인 경우에 유용	
	분할계수 (Contingency Coefficient)	교차표의 크기에 따라 달라지므로 같은 크기의 교차표 사이의 연관성을 비교하는데 사용	
	람다(Lambda)	대칭/비대칭 람다 값을 교차표의 변수 사이의 관계에 기초하여 분석	
	불확실계수	엔트로피에 기초한 척도	

결과분석

결과 6.4를 보면 지역별 전공자수의 분포를 나타내는 **지역*전공 교차표**를 제공해 주며, **카이제곱 검정** 부분에서 **Pearson 카이제곱** 검정통계량 값과 **근사 유의확률** 값을 제공해준다. 카이제곱 검정통계량 값은 5.184이고, 이때의 유의확률 값은 0.075로 지역과 전공 선택이 독립이라는 귀무가설은 유의수준 0.05 하에서 기각되지 않는다. 즉, 지역에 따라 전공을 선택하는데 차이가 없다고 결론지을 수 있다.

그리고 **대칭적 측도** 부분에서는 지정된 연관성 측도인 **파이계수**와 **분할계수**, **Cramer의 V**가 출력된다. 이 값이 클수록 연관성이 높은 것으로 분석할 수 있는데, 이 값들이 모두 0.28 정도로 위의 검정결과와 마찬가지로 지역과 전공 선택과의 연관성은 거의 없는 것으로 볼 수 있다. 카이제곱 검정에서 유의할 점은 교차표에 포함되는 각 칸의 기대도수가 모두 5이상인 경우 이 검정통계량이 유용하게 사용될 수 있다는 점이다.

결과 6.4 지역*전공 교차표와 독립성 검정

케이스 처리 요약

	케이스					
	유효		결측		전체	
	N	퍼센트	N	퍼센트	N	퍼센트
지역 * 전공	64	100.0%	0	0.0%	64	100.0%

지역 * 전공 교차표

빈도

		전공		
		통계	수학	전체
지역	서울	14	6	20
	광역시	9	14	23
	지방	14	7	21
전체		37	27	64

카이제곱 검정

	값	자유도	근사 유의확률 (양측검정)
Pearson 카이제곱	5.184[a]	2	.075
우도비	5.197	2	.074
선형 대 선형결합	.033	1	.856
유효 케이스 수	64		

a. 0 셀 (0.0%)은(는) 5보다 작은 기대 빈도를 가지는 셀입니다. 최소 기대빈도는 8.44입니다.

대칭적 측도

		값	근사 유의확률
명목척도 대 명목척도	파이	.285	.075
	Cramer의 V	.285	.075
	분할계수	.274	.075
유효 케이스 수		64	

실습문제

■ 성별에 따라서 비만도에 차이가 있는지를 검정하시오.

SECTION 6.4 동질성 검정

동질성 검정은 어떤 특성에 대한 자료의 분포가 동일한지를 검정하는 것으로 독립성 검정과 거의 유사한 방법이나, 동질성 검정과 독립성 검정의 차이점은 자료를 얻는 방법이 다르다는 것이다. 독립성 검정은 전체 도수의 합 n을 고정시킨 상태에서 두 특성을 나타내는 변수들을 고려하여 이 두 변수 사이의 연관성을 검정하는 방법인 반면에, 동질성 검정은 검정하려는 특성별로 각각 자료를 얻어서 각 범주별로 비율이 다른지를 검정하는 것이다.

동질성 검정을 위해서는 카이제곱 검정이 사용되며, 이를 위한 검정통계량 값과 유의확률 값은 적합도 검정과 마찬가지로 교차분석 메뉴를 이용하여 얻을 수 있다. 동질성 검정에 대한 예를 고려해보자. 성별에 따라 전공을 선택하는데 차이가 있는지를 검정하기 위해서 남녀 각각 31명, 33명에 대해 어떤 전공을 선택하였는지 조사하였다고 하자. 이때, p_{MS}은 남자이고 통계학을 전공할 확률, p_{FS}는 여자이고 통계학을 전공할 확률, p_{MM}은 남자이고 수학을 전공할 확률, p_{FM}은 여자이고 수학을 전공할 확률이라고 하면 성별에 따라 전공을 선택하는 결정에 차이가 있는지를 검정하는 것이므로 이 경우 귀무가설은 다음과 같이 설정될 수 있다.

H_0 : 성별에 따라 전공을 선택하는데 차이가 없다.
$(p_{MS} = p_{FS}\ ,\ p_{MM} = p_{FM})$

위와 같은 귀무가설을 검정하기 위해서는 6.3절에서 설명한 독립성 검정과 동일한 방법으로 분석하면 된다. 이를 위해서 다음의 메뉴를 선택한다.

분석 ➡ **기술통계량** ➡ **교차분석** SPSSMENU

《교차분석》 대화상자에서 **행**에 성별을 **열**에 전공을 지정하고, [통계량]을 선택하여 나타나는《교차분석:통계량》대화상자에서 **카이제곱, 분할계수, 파이 및 크레이머의 V**를 선택한 다음 [계속]을 클릭한다.

결과분석

결과 6.5에는 성별에 따른 전공자 수를 알 수 있는 **성별*전공 교차표**와 동질성 검정을 위한 **카이제곱 검정** 결과가 나타나 있다. Pearson **카이제곱** 검정통계량 값은 6.615이고, 이때의 **근사 유의확률** 값은 0.010으로 귀무가설은 기각된다. 즉, 성별에 따라 전공을 선택하는 결정에 차이가 있다고 결론지을 수 있다.

결과 6.5 전공*성별 교차표와 동질성 검정

케이스 처리 요약

	케이스					
	유효		결측		전체	
	N	퍼센트	N	퍼센트	N	퍼센트
성별 * 전공	64	100.0%	0	0.0%	64	100.0%

성별 * 전공 교차표

빈도

		전공		
		통계	수학	전체
성별	남자	23	8	31
	여자	14	19	33
전체		37	27	64

카이제곱 검정

	값	자유도	근사 유의확률 (양측검정)	정확 유의확률 (양측검정)	정확 유의확률 (단측검정)
Pearson 카이제곱	6.615[a]	1	.010		
연속성 수정[b]	5.376	1	.020		
우도비	6.763	1	.009		
Fisher의 정확검정				.013	.010
선형 대 선형결합	6.511	1	.011		
유효 케이스 수	64				

a. 0 셀 (0.0%)은(는) 5보다 작은 기대 빈도를 가지는 셀입니다. 최소 기대빈도는 13.08입니다.

b. 2x2 표에 대해서만 계산됨

대칭적 측도

		값	근사 유의확률
명목척도 대 명목척도	파이	.321	.010
	Cramer의 V	.321	.010
	분할계수	.306	.010
유효 케이스 수		64	

SECTION 6.5 교차표를 사용한 독립성 검정

6.3절에서 원 자료로부터 교차표를 생성하고 독립성 검정을 수행하는 방법에 대하여 설명하였는데, 때로는 원 자료에 대한 정보가 없어서 이미 작성되어 있는

교차표를 사용하여 독립성 검정을 수행하여야 하는 경우가 있다. 예를 들어 앞의 결과 6.4에서 이미 지역별 전공자 수에 대한 교차표를 다음과 같이 얻었는데, 이때 원 자료에 대한 정보는 갖고 있지 않다고 하자. 이러한 경우에는 교차표의 정보만을 사용하여 SPSS를 통해서 독립성 검정을 수행하여야 한다.

구분		전공	
		통계	수학
지역	광역시	9	14
	서울	14	6
	지방	14	7

먼저, 이 자료를 [데이터 보기]에서 결과 6.6과 같이 입력한다.

결과 6.6 교차표 형태의 자료 입력

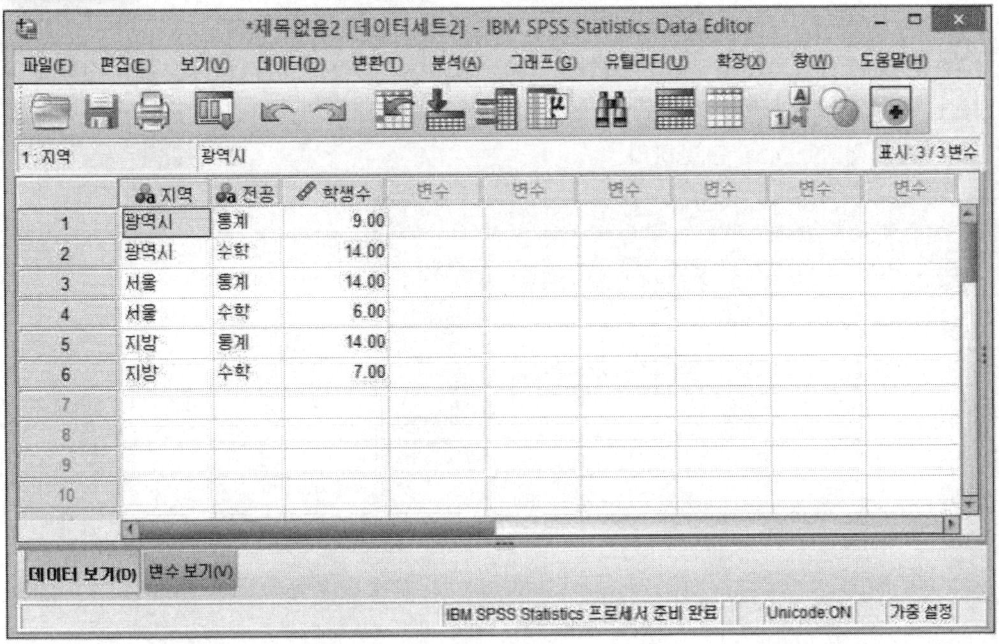

이제, 독립성 검정을 하기 위한 **교차분석** 메뉴를 사용하기 전에 다음과 같이 **가중케이스** 메뉴를 이용하여 변수 학생수를 가중 케이스로 지정해야 한다.

데이터 ➡ 가중 케이스 *SPSSMENU*

《가중케이스》 대화상자에서 **가중 케이스 지정**을 선택한 후 학생수를 **빈도 변수**에 지정하면 된다. [확인]을 클릭하면 가중케이스 지정이 완료되고, 결과 6.6의 [데이터 보기] 상태에서 오른쪽 아랫부분을 보면 **가중 설정**이라는 내용이 표시된다.

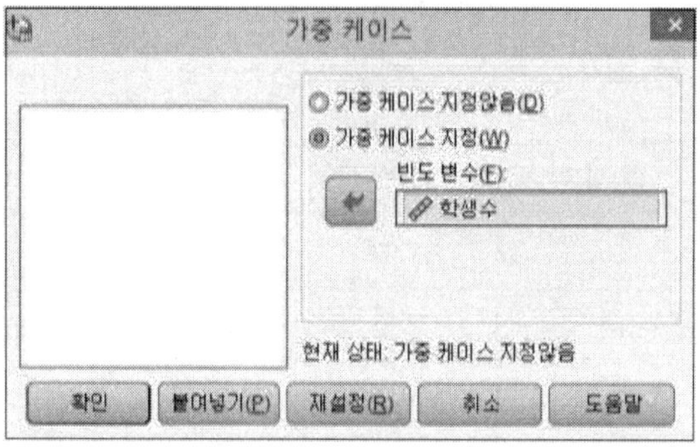

다음으로 6.3절에서 설명한 것처럼 독립성 검정을 위해 다음 메뉴를 선택한다.

분석 ➠ 기술통계량 ➠ 교차분석

SPSSMENU

《교차분석》 대화상자에서 **행**에 지역을 **열**에 전공을 지정하고, [통계량]을 선택하여 나타나는 《교차분석:통계량》 대화상자에서 **카이제곱**을 선택하면, 결과 6.7을 얻을 수 있으며 이는 결과 6.4와 동일하다.

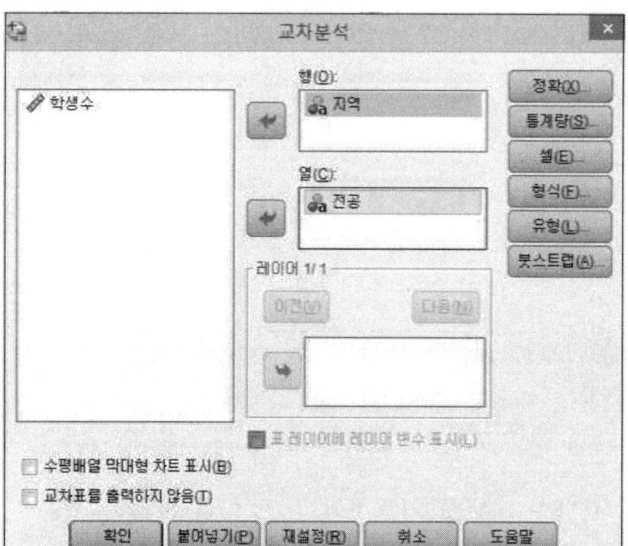

결과 6.7 지역*전공 교차표와 독립성 검정

케이스 처리 요약

	케이스					
	유효		결측		전체	
	N	퍼센트	N	퍼센트	N	퍼센트
지역 * 전공	64	100.0%	0	0.0%	64	100.0%

지역 * 전공 교차표

빈도

		전공		
		수학	통계	전체
지역	광역시	14	9	23
	서울	6	14	20
	지방	7	14	21
전체		27	37	64

카이제곱 검정

	값	자유도	근사 유의확률 (양측검정)
Pearson 카이제곱	5.184[a]	2	.075
우도비	5.197	2	.074
유효 케이스 수	64		

a. 0 셀 (0.0%)은(는) 5보다 작은 기대 빈도를 가지는 셀입니다. 최소 기대빈도는 8.44입니다.

실습문제

■ 지역별 비만도를 나타내는 교차표가 다음과 같이 주어져있다. 이 자료를 직접 입력하고, 이를 이용하여 지역별로 비만도에 차이가 있는지 검정하시오.

구 분		비만도		
		저체중 또는 정상	과체중	비만
지역	광역시	14	4	2
	서울	15	6	2
	지방	9	7	3

CHAPTER 7
상관분석

이 장에서는 두 변수 사이에 선형적인 관계가 존재하는지를 분석하기 위한 방법에 대해서 설명한다. 1절에서는 두 변수 사이의 대략적인 관계를 파악하기 위해 산점도를 작성하는 방법을 설명하고, 도표편집기를 이용하여 이를 수정하는 방법을 설명한다. 2절에서는 피어슨의 상관계수를 소개하고, 상관계수의 검정 방법에 대해서 살펴본다. 또한 SPSS 메뉴를 사용하여 이러한 상관분석을 어떻게 수행할 수 있는지를 자세히 설명한다.

SECTION 7.1 산점도

두 변수 간에 선형적인 관계가 존재하는지, 또한 존재한다면 어느 정도 강한 선형관계가 존재하는지를 파악하기 위한 통계적 분석방법을 상관분석(correlation analysis)이라고 한다. 두 변수 사이에 상관관계가 있는가를 알아보기 위해서 우선적으로 고려해야 하는 문제는 두 변수의 산점도(scatter plot)를 작성하는 것이다. 즉, 두 변수의 대응되는 자료들을 좌표평면에 점으로 표시하여 두 변수간의 관계를 대략적으로 파악하는 것이다. 그러나 산점도는 두 변수 간에 존재하는 상관관계를 대략적으로만 분석할 수 있는 시각적인 방법이므로 이를 하나의 값으로 표현한 상관계수(correlation coefficient)에 의해서 상관관계를 분석한다.

그림 7.1 **산점도의 형태**

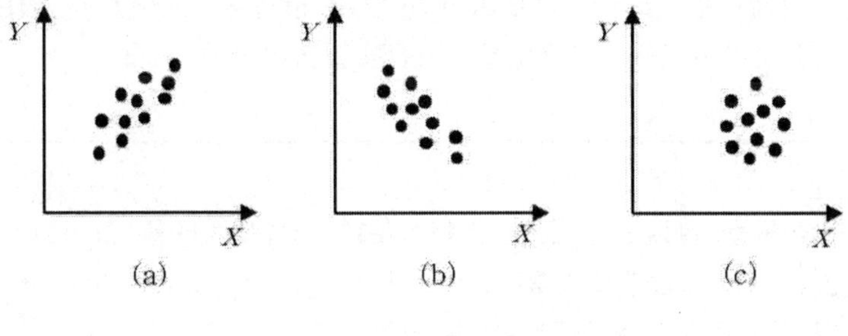

산점도는 두 변수의 대응되는 자료들을 좌표평면에 점으로 표시하여 작성하는데, 이를 이용하면 두 변수간의 선형적인 관계를 대략적으로 파악할 수 있다. 두 변수

X와 Y의 산점도는 그림 7.1과 같은 형태로 나타나게 된다. 산점도가 그림 7.1의 (a)와 같은 형태로 나타나는 경우는 한 변수의 값이 증가하면 다른 변수의 값도 증가하는 경향 즉, 양의 상관(positive correlated)이 있는 것으로 판단할 수 있으며, (b)와 같은 형태를 보인다면 한 변수의 값이 증가하면 다른 변수의 값은 감소하는 경향 즉, 음의 상관(negative correlated)이 있는 것이다. 그리고 (c)와 같은 형태의 산점도가 작성되는 경우에는 두 변수 사이에 선형관계를 찾아볼 수 없다는 것을 의미한다. 이러한 것을 무상관(uncorrelated)이라고 한다.

두 변수의 산점도를 작성하기 위해서는 SPSS 초기화면에서 다음의 메뉴를 선택함으로써 시작할 수 있다.

그래프 ➡ **레거시 대화 상자** ➡ **산점도/점도표** *SPSSMENU*

산점도/점도표 메뉴를 선택하면 다음과 같은 《**산점도/점도표**》 대화상자가 나타난다. **단순 산점도**, **행렬 산점도**, **단순 점도표**, **겹쳐그리기 산점도**, **3차원 산점도**의 5가지 형태의 산점도 중에서 작성하고자 하는 형태를 선택한 다음 [정의]를 클릭하면, 작성하고자 하는 산점도의 세부사항을 정의할 수 있는 대화상자가 나타난다.

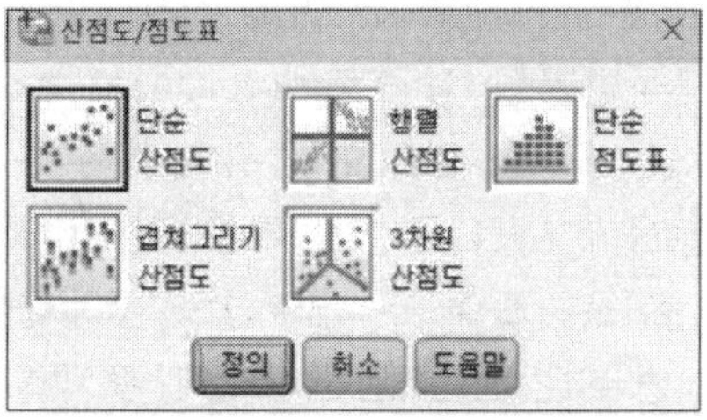

예를 들어 키와 몸무게 사이에 선형관계가 존재하는지를 알아보기 위한 산점도를 작성해보자. 《**산점도/점도표**》 대화상자에서 **단순 산점도**를 선택한 다음 [정의]를 클릭하면 《**단순 산점도**》 대화상자가 나타나는데, **Y-축**에 몸무게를 선택하고, **X-축**에 키를 선택한 다음 [확인]을 클릭한다. [제목]을 클릭하면, 산점도의 제목을 설정할 수 있고, [옵션]에서는 결측값을 제어하기 위한 방법을 지정할 수 있다. 결과 7.1은 키와 몸무게 사이의 단순 산점도를 작성한 결과이다.

결과분석

결과 7.1의 산점도를 살펴보면 그림 7.1의 (a)와 같은 형태를 보이고 있음을 알 수 있다. 즉, 키가 크면 몸무게가 증가하는 경향을 볼 수 있다. 따라서 키와 몸무게 사이에는 양의 상관관계가 있다고 할 수 있다.

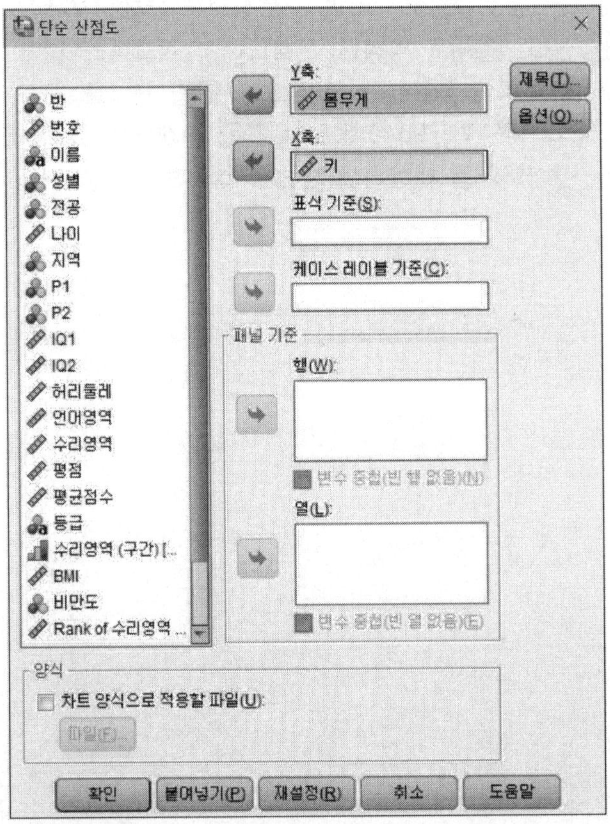

결과 7.1 키와 몸무게의 단순 산점도

그래프

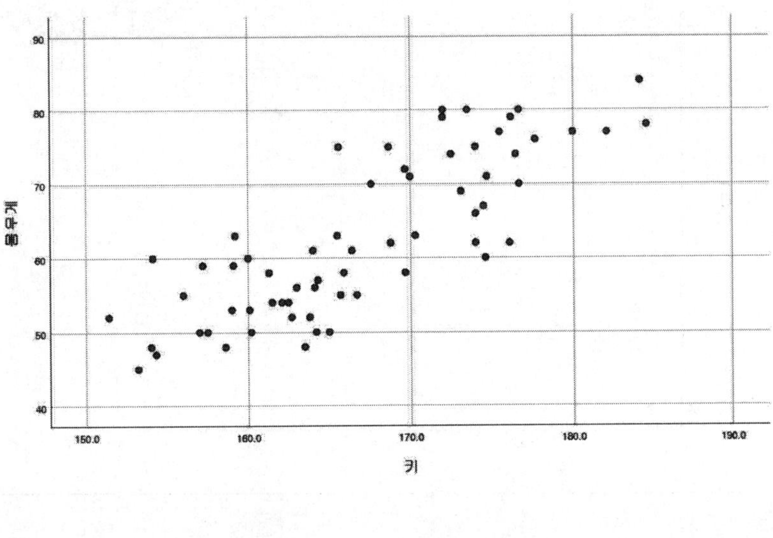

만약 위에서 얻은 산점도에서 표시되는 점을 성별에 따라 구분하려면 **《단순 산점도》** 대화상자에서 **표식 기준**에 성별을 지정한다. 성별로 작성된 산점도에서 점표시는 디폴트로 색상만 다르게 나타난다. 따라서 흑백인 경우에는 산점도의 성별 표시를 구분하여 나타낼 수 없다. 이러한 경우 **SPSS-도표 편집기**를 이용하여 성별 산점도의 점표시를 다른 형태로 바꿀 수 있다. **SPSS-도표 편집기**를 이용하는 방법을 살펴보자.

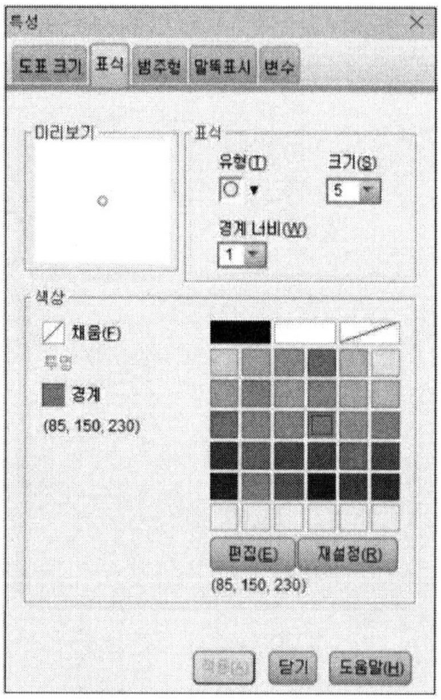

결과 7.2 키와 몸무게의 성별 산점도

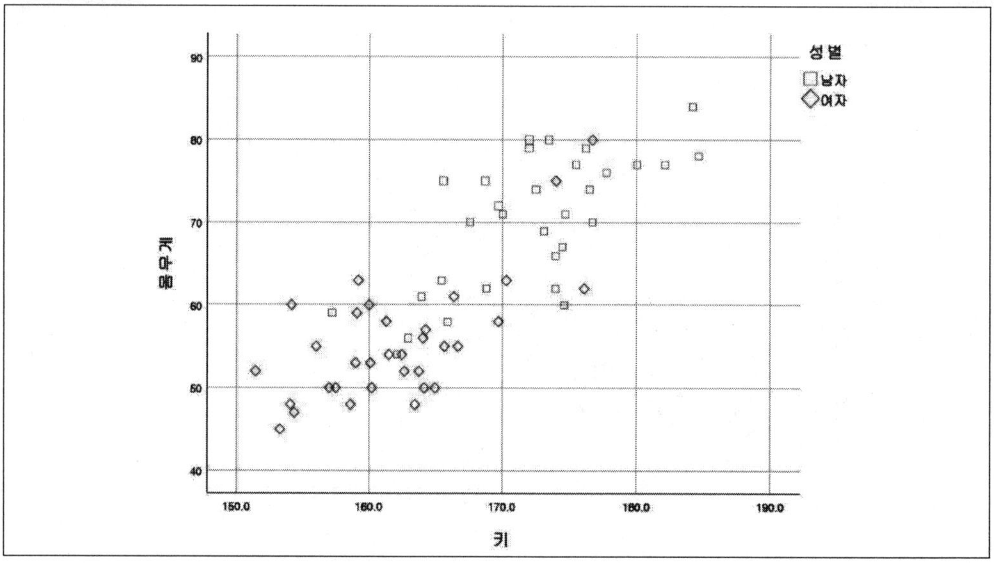

출력결과 창에서 산점도를 두 번 클릭하면, **도표 편집기** 창에서 나타나는데, 여기서, 점표시를 변경하고자 하는 계열 즉, ○남자 또는 ○여자 를 두 번 클릭한다. 그러면 다음과 같이 점표시를 변경할 수 있는《**특성**》대화상자가 나타난다. 대화상자의 **표식**에서 변경하고자 하는 **유형**을 선택하고, **크기**를 지정한 다음 [적용]을 클릭한다. 결과 7.2는 성별로 키와 몸무게의 선형관계를 파악해볼 수 있는 산점도로 남자는 "□"로 여자는 "◇"로 표시한 결과이다.

실 습 문 제

- 전체 학생들에 대해서 몸무게와 허리둘레 사이의 산점도를 작성하시오.
- 성별로 구분하여 몸무게와 허리둘레의 산점도를 작성하시오.

SECTION 7.2 상관계수

두 변수의 산점도를 작성해보면 두 변수 사이에 선형관계가 존재하는지를 알 수 있으며, 선형관계가 존재하는 경우 어떠한 관계인지를 판단할 수 있다. 그러나 이러한 선형관계는 그래프로 표현되기 때문에 대략적으로만 분석할 수 있는 단점이 있다. 따라서 두 변수 사이에 존재하는 선형관계의 정도를 좀 더 정확하게 분석하기 위한 측도가 필요한데, 이를 위해서 상관계수가 사용된다. 즉, 상관계수는 두 변수 사이에 존재하는 선형관계를 측정하기 위한 측도이다. 일반적으로 피어슨의 상관계수(Pearson correlation coefficient)와 스피어만의 순위상관계수(Spearman rank-order correlation coefficient) 두 가지 유형의 상관계수가 사용되는데 이 두 상관계수는 자료의 분포 및 형태에 따라 다르게 사용되므로 다음과 같은 차이점에 유의하여 분석에 적합한 상관계수를 사용해야 한다.

피어슨의 상관계수	스피어만의 순위상관계수
• 정규분포를 가정한 모수적인 방법 • 연속형 자료	• 분포를 가정하지 않은 비모수적 방법 • 순위형 자료

상관계수의 성질

두 변수 사이의 선형적인 관계를 나타내는 측도인 상관계수 r은 다음과 같은 성질을 가진다.

① 상관계수의 값은 항상 $-1 \le r \le 1$이다.

② $0 < r < 1$일 때 두 변수는 양의 상관관계(한 변수가 증가하면 다른 변수도 증가하는 경향)를 가진다.

③ $-1 < r < 0$일 때 두 변수는 음의 상관관계(한 변수가 증가하면 다른 변수는 감소하는 경향)를 가진다.

④ $r = \pm 1$일 때 두 변수는 양의(또는 음의) 완전상관관계를 가진다.

⑤ $r = 0$일 때, 두 변수는 무상관이다. 이는 두 변수 사이에서 선형적인 관계를 찾아볼 수 없다는 것을 의미한다. ■ ■ ■ ■ ■

1) 피어슨의 상관계수

두 변수 사이에 어떠한 선형관계가 있는지를 파악하기 위해서 공분산(covariance)을 고려할 수 있다. 그런데, 공분산은 측정단위에 영향을 받고, 이 값의 범위를 알 수 없다는 단점이 있다. 이러한 공분산을 각 변수의 표준편차로 나누어 정의되는 피어슨의 상관계수는 측정단위에 영향을 받지 않으며, 이 값은 항상 -1과 1사이에 존재하게 된다. 일반적으로 피어슨의 상관계수를 간단히 상관계수라고 하며, r로 나타낸다. 두 변수 X와 Y 사이의 상관계수 r은 다음과 같이 구해진다. 여기서, s_{xy}는 두 변수 X와 Y의 공분산이고, s_x와 s_y는 각각 두 변수 X와 Y의 표본표준편차이다.

$$r = \frac{s_{xy}}{s_x s_y}$$

$$= \frac{\frac{1}{n-1}\sum_{i=1}^{n}(x_i - \overline{x})(y_i - \overline{y})}{\sqrt{\frac{1}{n-1}\sum_{i=1}^{n}(x_i - \overline{x})^2}\sqrt{\frac{1}{n-1}\sum_{i=1}^{n}(y_i - \overline{y})^2}}$$

2) 스피어만의 순위상관계수

스피어만의 순위상관계수는 모집단의 분포를 가정하지 않는 비모수적 방법의 측도로 순위형 자료에 대해 선형관계의 정도를 파악하고자 할 때 사용되는데, 이에 대한 설명은 10장의 비모수 검정에서 자세히 다루었으니 이를 참조하면 된다.

3) 상관계수의 검정

표본자료를 이용하여 계산되는 피어슨의 상관계수 r의 값은 표본상관계수로 이 값을 이용하면, 모집단 상관계수에 대한 검정을 할 수 있다. 모집단 상관계수를 ρ라고 할 때 귀무가설 $H_0 : \rho = 0$를 검정하기 위한 검정통계량은 다음과 같다.

$$T = \frac{r-\rho}{\sqrt{(1-r^2)/(n-2)}} \sim t_{n-2}$$

이 검정통계량 T는 귀무가설이 참이라는 가정 하에서 자유도가 $(n-2)$인 t-분포를 따르므로 이를 이용하여 모집단 상관계수에 대한 검정을 할 수 있다. 모집단 상관계수에 대한 가설검정 절차가 다음에 설명되어 있다.

가설검정 절차

모집단 상관계수 ρ에 대한 가설검정은 다음과 같은 단계로 수행한다.

Step 1. 가설설정 : $\begin{cases} H_0 : \rho = 0 \\ H_1 : \rho \neq 0 \end{cases}$

Step 2. 검정통계량 값 또는 유의확률 값의 계산

Step 3. 유의수준 α 결정

Step 4. 가설의 기각 여부 결정 ■■■■■

SPSS에서 상관분석을 하기 위해서 다음 메뉴를 선택한다.

분석 ➠ **상관분석** ➠ **이변량 상관** SPSSMENU

피어슨의 상관계수를 얻기 위해서는 《**이변량 상관계수**》 대화상자의 **상관계수**에서 **Pearson**을 선택한다. 예를 들어, 학생들의 몸무게와 키 사이의 상관계수를 구하고, 이 상관계수의 통계적 유의성을 검정해보자.

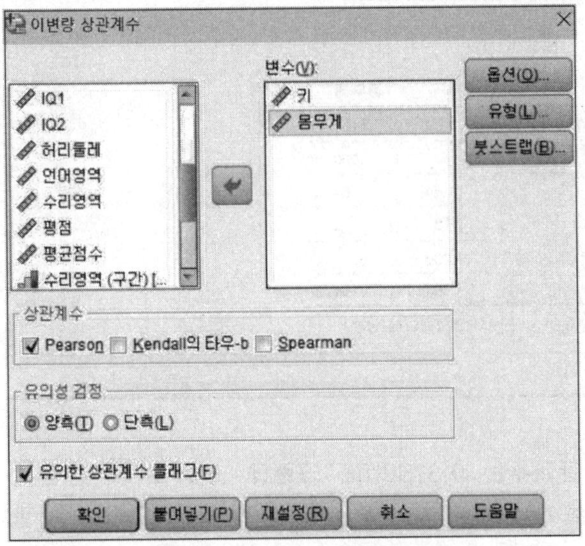

《이변량 상관계수》 대화상자에서 상관계수를 구하고자 하는 변수인 키와 몸무게를 **변수**에 지정하고 **Pearson**을 선택한다. **유의성 검정**에서는 검정하고자 하는 가설의 형태에 따라 **양측**검정인지 **단측**검정인지를 선택한다. **유의한 상관계수 플래그**를 지정하면 상관계수 검정 결과를 반영하여 통계적으로 유의한 상관관계가 있다고 판단되는 상관계수 값에 *표시가 나타나도록 한다. [옵션]을 클릭하면 선택된 변수에 대한 몇 가지 **통계량**과 **결측값** 처리 방법을 지정할 수 있다. **《이변량 상관계수:옵션》** 대화상자에서 **통계량**의 **평균과 표준편차**를 선택하고 [계속]을 클릭한 후 **《이변량 상관계수》** 대화상자의 [확인]을 클릭한다. 결과 7.3은 키와 몸무게 사이의 이변량 상관계수를 구한 결과이다.

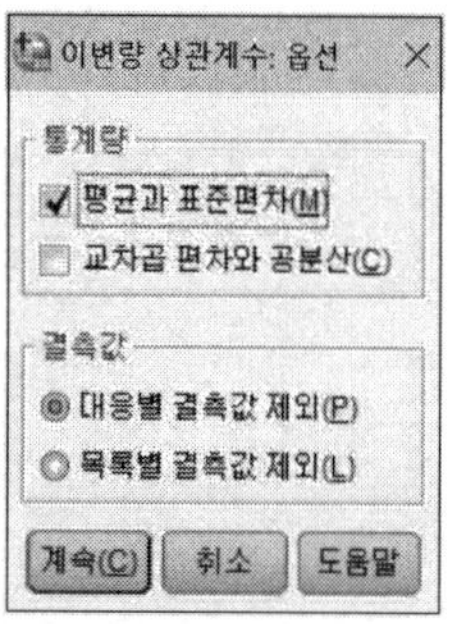

결과 7.3 이변량 상관계수

기술통계량

	평균	표준화 편차	N
키	167.011	8.0699	64
몸무게	62.64	10.700	64

상관관계

		키	몸무게
키	Pearson 상관	1	.815**
	유의확률 (양측)		.000
	N	64	64
몸무게	Pearson 상관	.815**	1
	유의확률 (양측)	.000	
	N	64	64

**. 상관관계가 0.01 수준에서 유의합니다(양측).

결과분석

결과 7.3을 보면 키와 몸무게의 상관계수는 0.815이다. 그런데, 실제로 이 상관계수 값이 통계적으로 유의한 값인지를 판단하기 위해서는 다음과 같이 모집단 상관계수에 대한 가설검정을 먼저 수행하여야 한다.

Step 1 가설설정

다음과 같이 가설을 설정할 수 있다.

$$\begin{cases} H_0 : \rho = 0(\text{키와 몸무게는 무상관이다.}) \\ H_1 : \rho \neq 0(\text{키와 몸무게의 상관계수는 0이 아니다.}) \end{cases}$$

Step 2 유의확률의 계산

결과 7.3으로부터 유의확률 값이 0.000임을 알 수 있다.

Step 3 유의수준 α 결정

유의수준 α를 0.05로 하자.

Step 4 가설의 기각 여부 결정

유의확률 값이 유의수준 α보다 작으므로 귀무가설을 기각한다. 따라서 키와 몸무게 사이에는 상관관계가 존재한다고 할 수 있으며, 이 값은 0.815로 강한 양의 상관관계가 존재한다고 할 수 있다.

실 습 문 제

- 학생들의 몸무게와 허리둘레 사이의 상관계수를 구하고, 이 상관계수의 통계적 유의성을 검정하시오.

CHAPTER 8
회귀분석

이 장에서는 종속변수와 독립변수들 사이의 관계를 통계적인 모형을 이용하여 설정하고, 그 모형을 이용하여 독립변수들의 변화에 따른 종속변수의 변화를 예측하는 회귀분석에 대해서 다룬다. 1절에서는 단순회귀분석의 모형을 설명하고, SPSS를 이용하여 단순회귀분석을 수행하는 과정을 설명한다. 2절에서는 회귀모형의 기본가정 및 회귀모형의 선형성을 검토하는 회귀진단에 대해 설명하고, 3절에서는 2개 이상의 독립변수들과 종속변수의 관계를 설명하는 중회귀분석에 대해 살펴본다. 마지막으로 4절에서는 질적변수가 독립변수인 경우 이를 가변수로 변환하여 회귀분석을 실시하는 방법에 대해 자세히 설명한다.

SECTION 8.1 단순회귀분석

회귀분석(regression analysis)이란 독립변수(independent variable)와 종속변수(dependent variable) 사이의 관련성을 수학적 모형을 이용하여 측정된 변수들의 자료로부터 추정하고 분석하는 통계적 분석방법이다. 특히, 선형방정식에 의해서 독립변수와 종속변수 사이의 관계를 분석할 경우에 선형회귀분석(linear regression analysis)이라고 하며, 선형회귀분석은 하나의 독립변수가 있는 단순선형회귀분석(simple linear regression analysis)과 두 개 이상의 독립변수를 포함하는 다중선형회귀분석(multiple linear regression analysis)으로 구분할 수 있다.
일반적으로 회귀분석은 선형모형인 경우에 주로 사용되므로 단순선형회귀분석을 간단히 단순회귀분석, 다중선형회귀분석을 중회귀분석이라고 하며, 선형이 아닌 경우의 회귀분석을 비선형회귀(nonlinear regression)라고 한다.

독립변수와 종속변수

다른 변수에 영향을 미치는 변수를 독립변수라고 하며, 독립변수에 의해 영향을 받는 변수로 실제 분석에서 관심 대상이 되는 변수를 종속변수라고 한다. 사회과학분야에서는 독립변수를 설명변수(explanatory variable)로, 종속변수를 반응변수(response variable)로 설명하기도 한다. ■■■■■

종속변수에 영향을 미치는 독립변수가 하나인 단순선형회귀모형은 선형회귀분석의 가장 간단한 형태로 다음과 같은 모형을 가정한다.

$$y = \beta_0 + \beta_1 x + \epsilon .$$

여기서, β_0와 β_1은 각각 회귀직선(regression line)의 상수항과 기울기를 나타내는 값으로 자료로부터 추정해야 할 모집단 회귀계수(regression coefficient)이다. ϵ은 오차항(error term)으로 독립변수에 의해 설명될 수 없는 종속변수의 변동과 선형모형을 가정하는데서 기인하는 오류 등을 설명하는 부분이다. 일반적으로 오차항 ϵ은 평균이 0이고, 분산이 σ^2이며, 서로 독립인 정규분포를 한다고 가정한다. 이와 같은 단순선형회귀모형의 예를 고려해보자.

몸무게에 영향을 미치는 변수로 키를 고려해볼 수 있다. 즉, 키가 몸무게에 어떠한 영향을 주는지를 분석하고자 하는 것이다. 이러한 관계를 선형회귀모형으로 표현하면 다음과 같다.

$$(\text{몸무게}) = \beta_0 + \beta_1 \times (\text{키}) + \epsilon$$

위 모형에서 몸무게는 종속변수이고, 키는 몸무게에 영향을 미치는 독립변수가 된다.

1) 회귀계수의 추정

회귀분석에서 가장 먼저 고려되는 문제는 모집단 회귀계수 β_0와 β_1의 값을 추정하는 문제이다. 모집단 회귀계수를 추정하기 위한 방법에는 최소제곱법(least square method)과 최대우도법(maximum likelihood method)이 있으나 일반적으로 최소제곱법이 많이 사용된다. 최소제곱법에 의해서 추정된 회귀계수를 각각 b_0와 b_1이라고 하면 추정된 회귀직선은

$$\hat{y} = b_0 + b_1 x$$

이 되고, 추정된 회귀직선으로부터 종속변수 y가 독립변수 x에 의해서 어떻게 설명 또는 예측되는지를 분석할 수 있다.

최소제곱법

주어진 자료로부터 모집단 회귀계수를 추정하기 위해서 일반적으로 사용하는 방법으로 오차들의 제곱합을 최소가 되도록 하는 b_0와 b_1을 모집단 회귀계수 β_0와 β_1의 추정값으로 사용하는 방법이 있는데 이를 최소제곱법이라 한다. 최소제곱법에 의해 추정되는 b_0와 b_1은 다음과 같다.

$$b_1 = \frac{\sum_{i=1}^{n}(x_i - \overline{x})(y_i - \overline{y})}{\sum_{i=1}^{n}(x_i - \overline{x})^2}, \quad b_0 = \overline{y} - b_1 \overline{x}$$

■■■■■

단순회귀분석에서 모형의 적합성을 검정하고, 모집단 회귀계수를 추정하기 위해서는 SPSS 초기화면에서 다음과 같은 메뉴를 선택함으로써 시작할 수 있다.

분석 ➡ **회귀분석** ➡ **선형** *SPSSMENU*

위와 같이 메뉴를 선택하면 다음과 같은 **《선형 회귀》** 대화상자가 나타나는데, 이를 이용하면 쉽게 회귀분석을 수행할 수 있다.

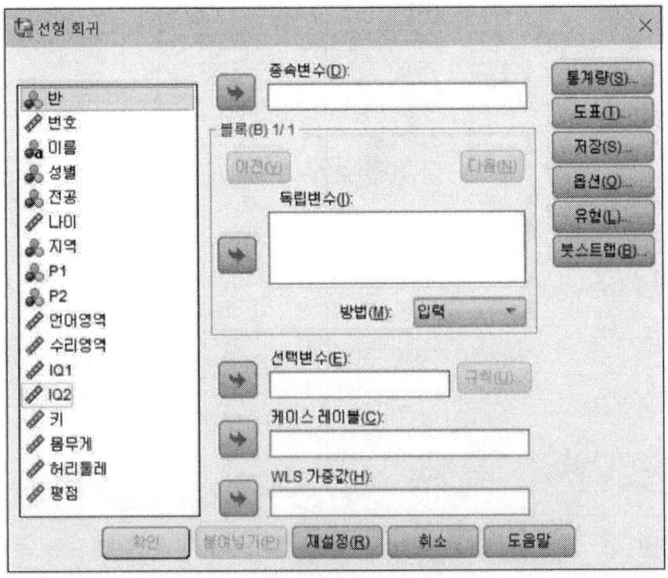

《선형 회귀》 대화상자에서 분석하고자 하는 변수를 각각 **종속변수**와 **독립변수**에 지정한다. **방법**은 회귀모형에 어떤 독립변수들을 포함시킬 것인지를 결정하는 방법을 선택하는 것으로 **입력**, **단계선택**, **제거**, **후진**, **전진** 중에서 하나의 방법을 선택한다. **《선형 회귀》** 대화상자에서 사용할 수 있는 [통계량], [도표], [저장], [옵션] 등을 이용하면 분석시 필요한 여러 정보를 얻을 수 있다. [통계량]을 클릭해서 나타나는 **《선형 회귀:통계량》** 대화상자에서는 **회귀계수 추정값** 및 **신뢰구간**과 **공분산행렬**, **잔차** 분석에 필요한 **Durbin-Watson** 통계량 및 모형과 관련된 결과 등을 제공해 준다. [도표]를 클릭하여 나타나는 **《선형 회귀:도표》** 대화상자에서는 회귀분석에서 필요한 여러 가지 측도들 사이의 **산점도**와 **표준화 잔차도표**의 작성을 지정할 수 있다. 그리고 [저장]을 클릭해서 나타나는 **《선형 회귀:저장》** 대화상자에서는 **예측값**, **잔차** 등 회귀분석 결과에서 얻어지는 값들을 변수로 지정하여 데이터 파일로 구성할 수 있다. [옵션]에서는 회귀모형에서 변수 **선택법 기준**을 지정할 수 있고, 적합된 회귀방정식에 **상수항 포함** 여부 및 **결측값** 처리방법 등을 설정할 수 있다. 이에 대한 세부적인 내용은 예제를 통하여 앞으로 자세하게 설명하기로 한다.

몸무게와 키에 대한 단순회귀모형에서 회귀계수를 추정하고, 이를 이용하여 회귀직선을 추정하는 문제를 고려해보자. 키가 독립변수, 몸무게가 종속변수인 단순회귀모형에 대한 회귀분석을 수행하기 위해서는 다음과 같이 《**선형 회귀**》 대화상자에서 몸무게를 **종속변수**에 키를 **독립변수**에 선택하고 [확인]을 클릭한다.

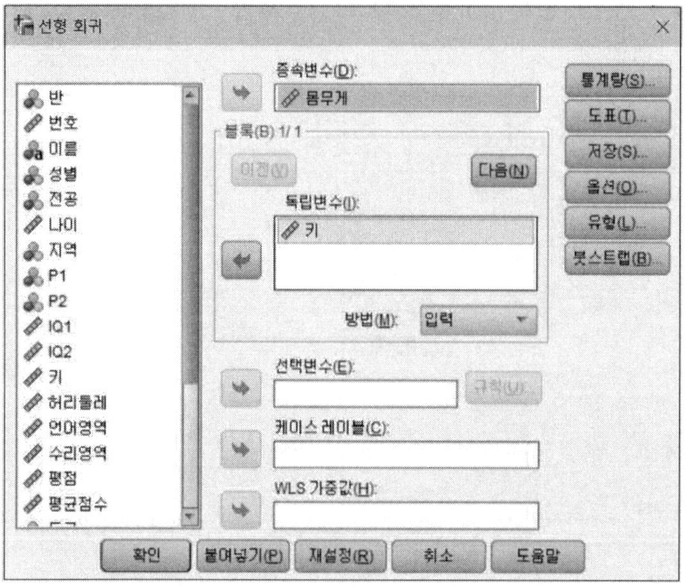

결과 8.1은 키가 몸무게에 어떠한 영향을 미치는지를 알아보기 위해 단순회귀분석을 수행한 결과이다.

결과분석

회귀분석 결과 가장 먼저 고려해야 하는 부분은 설정된 회귀모형의 유의성에 대한 문제로 이에 대한 검정을 위해 분산분석표(Analysis of Variance; ANOVA)가 제공된다. ***ANOVA*** 부분을 살펴보면 검정통계량 F값이 123.091이고, 이때의 **유의확률** 값이 0.000으로 적합된 선형회귀모형이 통계적으로 유의하다고 할 수 있다. 이 모형에서 몸무게가 종속변수이고, 키가 독립변수이다.

다음으로 모집단 회귀계수 β_0와 β_1의 추정값 b_0와 b_1을 구해야 한다. 모집단 회귀계수 β_0와 β_1의 추정된 회귀계수는 결과 8.1의 네 번째 **계수**부분에 나타나 있으며, 이 값을 살펴보면 상수항 $b_0 = -117.943$이고, 독립변수 키에 대한 회귀계수는 $b_1 = 1.081$임을 알 수 있다. 따라서 추정된 회귀직선은 다음과 같다.

$$(\widehat{\text{몸무게}}) = -117.943 + 1.081 \times (\text{키})$$

이렇게 추정된 회귀직선을 이용하면 임의의 학생에 대한 키 자료가 주어질 경우 이 학생의 몸무게를 추정할 수 있게 된다. 추정된 회귀직선에서 β_1에 대한 추정된 회귀계수인 $b_1 = 1.081$은 중요한 의미를 갖게 되는데, 이는 독립변수인 키가 한 단위 증가할 때 종속변수인 몸무게가 얼마나 변화하게 되는지를 나타낸다. 즉, 키가 1단위 증가하면 몸무게가 1.081단위만큼 증가하게 된다는 의미를 갖는다.

결과 8.1 단순회귀분석

입력/제거된 변수[a]

모형	입력된 변수	제거된 변수	방법
1	키[b]	.	입력

a. 종속변수: 몸무게
b. 요청된 모든 변수가 입력되었습니다.

모형 요약

모형	R	R 제곱	수정된 R 제곱	추정값의 표준오차
1	.815[a]	.665	.660	6.242

a. 예측자: (상수), 키

ANOVA[a]

모형		제곱합	자유도	평균제곱	F	유의확률
1	회귀	4796.679	1	4796.679	123.091	.000[b]
	잔차	2416.056	62	38.969		
	전체	7212.734	63			

a. 종속변수: 몸무게
b. 예측자: (상수), 키

계수[a]

모형		비표준화 계수 B	비표준화 계수 표준화 오류	표준화 계수 베타	t	유의확률
1	(상수)	-117.943	16.295		-7.238	.000
	키	1.081	.097	.815	11.095	.000

a. 종속변수: 몸무게

실 습 문 제

- 허리둘레가 몸무게에 어떠한 영향을 미치는지를 알아보기 위해 단순회귀분석을 수행하시오.

이제 추정된 회귀직선을 몸무게와 키 사이의 산점도 위에 표시하는 방법을 고려해 보자. 이를 위해서는 먼저, 7장에서 살펴본 **산점도/점도표** 메뉴를 이용한다.

그래프 ➠ 레거시 대화 상자 ➠ 산점도/점도표 *SPSSMENU*

위와 같은 메뉴를 선택하여 얻게 되는 《**단순산점도**》 대화상자에서 **Y-축**에 몸무게를 선택하고 **X-축**에 키를 선택하면 단순산점도를 작성할 수 있다. 이렇게 해서 얻어진 산점도 위에 회귀직선을 표시하기 위해서는 작성된 산점도를 더블클릭 하여 얻게 되는 **도표편집기** 창에서 다음 메뉴를 선택하면 된다.

요소 ➠ 전체 회귀선 적합 *SPSSMENU*

결과 8.2는 독립변수인 키와 종속변수인 몸무게 사이의 산점도에 추정된 회귀직선을 적합한 것이다.

결과 8.2 산점도와 추정된 회귀직선

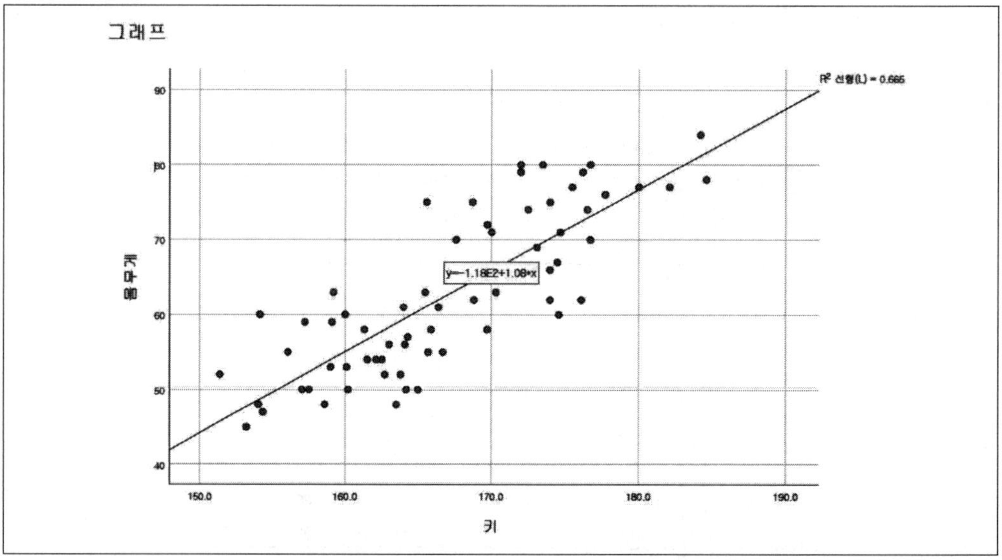

2) 회귀모형의 유의성 검정

단순회귀분석에서 적합된 회귀모형이 통계적으로 유의하고, 모집단 회귀계수를 추정한 후에 관심을 갖게 되는 문제는 이와 같이 추정된 회귀계수의 통계적 유의성에 대한 문제이다. 단순회귀모형에서 관심이 되는 두 모집단 회귀계수 β_0와 β_1의 검정문제를 고려해 보자.

■ β_0의 검정

단순선형회귀모형에서 상수항을 나타내는 모집단 회귀계수 β_0의 검정문제를 고려해 보자. 자료에 의해 회귀직선이 추정되면 실제로 추정된 회귀계수 값이 통계적으로 유의한 의미를 가지는지를 검정해야 하는데, 이를 위해서 $H_0 : \beta_0 = 0$와 같은 귀무가설을 검정하는 문제를 고려할 수 있다. β_0의 유의성을 검정하기 위해 다음과 같이 정의되는 검정통계량 T를 사용한다. 검정통계량 T는 귀무가설이 사실이라는 가정 하에서 자유도가 $(n-2)$인 t분포를 하므로 회귀계수 β_0에 대한 유의성 검정을 할 수 있다.

$$T = \frac{b_0 - \beta_0}{s\sqrt{\dfrac{1}{n} + \dfrac{\overline{x}^2}{\sum (x_i - \overline{x})^2}}} \sim t_{n-2}$$

만약, 회귀계수의 상수항을 나타내는 β_0의 검정 결과 유의하지 않다는 결론을 얻으면, 상수항을 포함하지 않는 회귀모형을 다시 적합시켜야 한다.

■ β_1의 검정

앞에서 설명된 회귀모형의 상수항에 대한 검정과 마찬가지로 기울기를 나타내는 모집단 회귀계수 β_1이 통계적으로 유의한 값을 가지는지에 대한 문제를 고려하기 위해서 가설 $H_0 : \beta_1 = 0$를 검정하는 문제를 살펴보자. β_1을 검정하기 위한 검정통계량 T는 다음과 같이 정의되며, 검정통계량 T는 귀무가설이 사실이라는 가정 하에서 자유도가 $(n-2)$인 t분포를 한다. 이로부터 회귀계수 β_1에 대한 유의성 검정을 할 수 있다.

$$T = \frac{b_1 - \beta_1}{\dfrac{s}{\sqrt{\sum (x_i - \overline{x})^2}}} \sim t_{n-2}\,.$$

앞에서 얻은 결과 8.1의 **계수** 부분을 살펴보면 상수항과 **키**에 대한 회귀계수의 유의성 검정을 위한 검정통계량 t값과 **유의확률** 값이 나타나 있다. 이를 이용하여 β_0와 β_1에 대한 유의성검정을 할 수 있다.

결과분석

결과 8.1을 이용하여 모집단 회귀계수 β_0와 β_1의 유의성 검정을 할 수 있다. 먼저 β_0에 대한 검정을 고려해 보자.

Step 1 가설설정

다음과 같이 가설을 설정할 수 있다.

$$\begin{cases} H_0 : \beta_0 = 0 \\ H_1 : \beta_0 \neq 0 \end{cases}$$

Step 2 검정통계량 T값 또는 유의확률의 계산

결과 8.1로부터 검정통계량 값은 -7.238이고, 이때의 유의확률 값은 0.000임을 알 수 있다.

Step 3 유의수준 α 결정

유의수준 α를 0.05로 설정하자.

Step 4 가설의 기각 여부 결정

유의확률 값이 0.000으로 유의수준 α보다 작으므로 귀무가설을 기각한다. 즉, 회귀계수 β_0는 통계적으로 유의함을 알 수 있다.

마찬가지 방법에 의해서 β_1에 대한 검정을 할 수 있다. 결과를 보면 β_1의 유의성 검정을 위한 검정통계량 값은 11.095이고 이때의 유의확률이 매우 작음(=0.000)을 알 수 있다. 따라서 유의수준 α가 0.05인 경우 귀무가설 $H_0 : \beta_1 = 0$는 기각된다. 즉, 회귀계수 β_1은 통계적으로 유의한 값이라고 할 수 있다. 이러한 결과를 바탕으로 추정된 회귀직선은 다음과 같다.

$$(\widehat{\text{몸무게}}) = -117.943 + 1.081 \times (\text{키})$$

실 습 문 제

- 다음과 같은 단순회귀모형에 대하여 개별 회귀계수에 대한 유의성 검정을 수행하시오.

$$(\text{몸무게}) = \beta_0 + \beta_1 \times (\text{허리둘레}) + \epsilon$$

3) 회귀모형의 설명력

자료로부터 추정된 회귀직선이 실제로 전체 자료를 얼마나 잘 설명하고 있는지를 나타내는 측도로 결정계수(coefficient of determination)를 사용하며, 이는 다음과 같이 정의된다.

$$R^2 = \frac{SSR}{SST}$$

여기서, SST(total sum of squares)는 종속변수 y의 전체변동을 나타내는 값으로

$SST=\sum_{i=1}^{n}(y_i-\bar{y})^2$이고, SSR(residual sum of squares)은 y의 변동 중에서 회귀모형에 의해 설명되는 회귀변동을 나타내는 값으로 $SSR=\sum_{i=1}^{n}(\hat{y_i}-\bar{y})^2$와 같이 정의된다.

결정계수

결정계수 값은 다음과 같은 의미를 갖는다.

① $R^2=1$이면 모든 자료가 추정된 회귀직선 위에 존재한다는 것이다.

② $R^2=0$이면 독립변수 x와 종속변수 y사이에 가정된 회귀모형이 유의하지 않다는 것을 의미한다. 즉, 두 변수 사이에는 어떠한 선형관계도 존재하지 않는다.

③ R^2의 값이 1에 가까울수록 더욱 유용한 회귀직선이 되며, 0에 가까워지면 추정된 회귀직선이 의미가 없다는 것이다.

④ 단순회귀모형에서 결정계수 값은 상관계수의 제곱과 같다. ■■■■■

결정계수는 y의 전체 변동 중에서 추정된 회귀직선에 의해 설명되는 변동의 비율을 나타내는 척도로 항상 $0 \le R^2 \le 1$을 만족하며, 적합된 회귀모형의 설명력을 나타내주는 척도이다. 앞에서 얻은 결과 8.1를 이용하여 다음과 같이 회귀모형의 설명력을 해석할 수 있다.

결과분석

몸무게와 키 사이의 관계를 설명하기 위해서 자료로부터 추정된 회귀직선이 전체 자료를 어느 정도 설명하고 있는지를 판단하기 위한 척도로 결정계수 값이 사용된다. 결과 8.1의 **모형요약**에서 **R제곱** 값은 0.665이고, **수정된 R제곱** 값은 0.660이다.

일반적으로 결정계수(**R제곱**) 값은 종속변수를 설명하는데 영향을 미치지 않는 독립변수가 추가되어도 독립변수의 수가 증가되면 항상 커지는 경향이 있는데, 이러한 문제를 해결하여 제공되는 값이 수정된 결정계수(**수정된 R제곱**) 값이다. 따라서 실제 분석에서는 수정된 결정계수 값을 사용하여 회귀직선의 설명력을 분석해야 한다. 수정된 결정계수는 8.3절에서 설명되는 모형선택기준에 설명되어 있으므로 참조하기 바란다. 여기서 **수정된 R제곱** 값은 0.660으로 추정된 회귀직선이 전체 자료를 약 66% 정도 설명하고 있음을 알 수 있다.

실 습 문 제

- 다음과 같은 단순회귀모형에 대한 설명력을 구하시오.

$$(\text{몸무게})=\beta_0+\beta_1\times(\text{허리둘레})+\epsilon$$

SECTION 8.2 회귀진단

회귀분석은 앞에서 설명한 단순회귀모형에서 기본 가정이 성립하는 경우에만 분석의 결과를 신뢰할 수 있다. 따라서 이러한 회귀모형의 기본 가정이 만족되는지를 분석하는 것은 매우 중요한 문제이며, 이는 잔차분석을 통한 회귀진단에 의해서 판단할 수 있다. 또한, 자료에 이상값이 포함된 경우 회귀선을 추정하는데 큰 영향을 미칠 수도 있으므로 이상값이 존재하는지를 파악하는 것 또한 중요한 문제인데 이를 위해서도 잔차분석이 필요하다.

잔차(residual)는 관측치(y_i)와 회귀직선에 의한 추정치($\hat{y_i}$)의 차로써 ϵ_i로 나타내는데, 종속변수의 측정 단위에 의존하게 되므로 잔차(ϵ_i)를 잔차의 표준오차로 나눈 스튜던트화잔차(studentized residual)를 주로 사용한다.

1) 오차항의 기본가정 검토

단순회귀모형에서 오차항의 기본 가정을 검토하기 위한 방법을 살펴보자. 이를 위해서는 앞에서 설명한 **《선형 회귀》** 대화상자의 [도표]를 선택하여 얻어지는 **《선형 회귀:도표》** 대화상자에서 **산점도**를 작성하거나 스튜던트화잔차의 **정규확률도표**를 작성하면 된다.

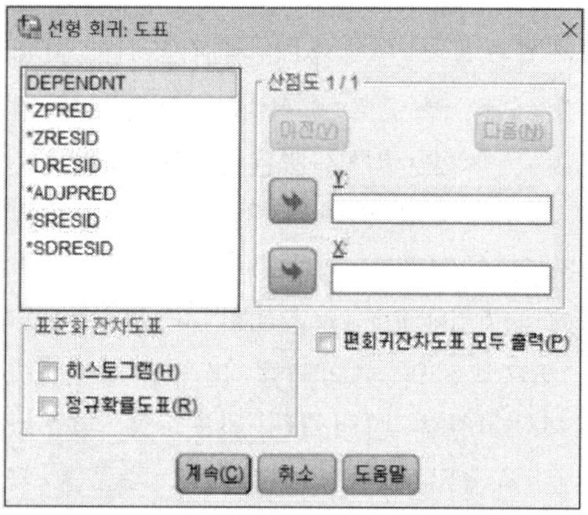

《선형 회귀:도표》 대화상자에서 **산점도**를 작성하기 위해 변수목록에서 필요한 변수(또는 잔차, 예측값)를 선택하여 **Y**축과 **X**축에 지정한 다음 [계속]을 클릭하면, 오차항의 가정을 검토할 수 있는 산점도를 적성할 수 있다. 선택 목록의 각 항목들의 내용은 다음과 같다.

- DEPENDENT : 종속변수
- *ZPRED : 표준화예측값

- *ZRESID : 표준화잔차
- *DRESID : 삭제된 잔차
- *ADJPRED : 수정된 예측값
- *SRESID : 스튜던트화잔차
- *SDRESID : 삭제된 스튜던트화잔차

그림 8.1 예측값과 스튜던트화잔차의 산점도

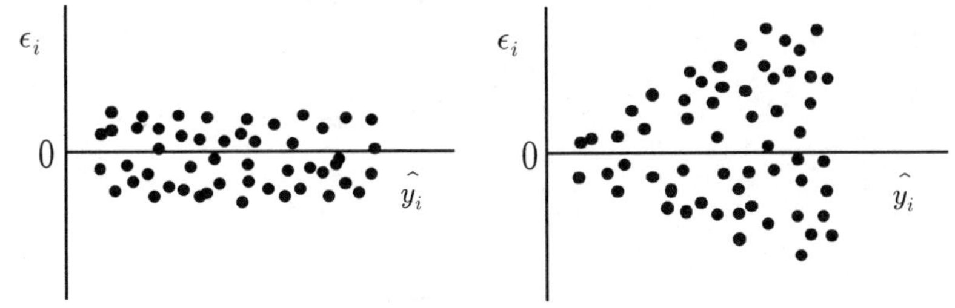

먼저 오차항의 등분산성이 만족되는지를 검토하기 위해서는 독립변수*스튜던트화잔차 또는 표준화 예측값*스튜던트화잔차의 산점도를 작성해본다. 작성된 산점도에서 스튜던트화잔차가 그림 8.1의 (a)와 같이 x축을 중심으로 랜덤하게 퍼져 있으면 등분산의 가정이 만족된다고 할 수 있다. 그러나 (b)와 같은 형태의 산점도는 오차항의 분산이 y의 증가함수라고 할 수 있으므로 오차항에 대한 등분산성의 가정이 만족되지 않는다. 앞에서 고려한 몸무게와 키를 이용한 단순회귀모형에 대하여 등분산성을 검토하여 보자. 이를 위해서는 스튜던트화잔차와 종속변수 몸무게의 표준화 예측값을 이용하여 산점도를 작성해야 한다. 따라서 《**선형 회귀**》 대화상자에서 [도표]를 선택하여 얻어지는 《**선형 회귀:도표**》 대화상자에서 종속변수 몸무게의 표준화 예측값인 *ZPRED를 X에, 스튜던트화잔차 *SRESID를 Y에 선택하면 결과 8.3에 제시된 산점도를 얻을 수 있다.

결과분석

결과 8.3에서도 산점도를 제외한 결과는 앞에서 제시된 것과 동일하므로 생략하였다. 오차항의 등분산성을 검토하기 위해서 작성된 **회귀 표준화 예측값**과 **회귀 스튜던트화 잔차**의 산점도를 살펴보면 0을 중심으로 비교적 랜덤하게 분포하고 있어 오차항의 등분산성을 가정한 모형에 모순이 없다고 할 수 있다.

결과 8.3 표준화 예측값과 스튜던트화잔차의 산점도

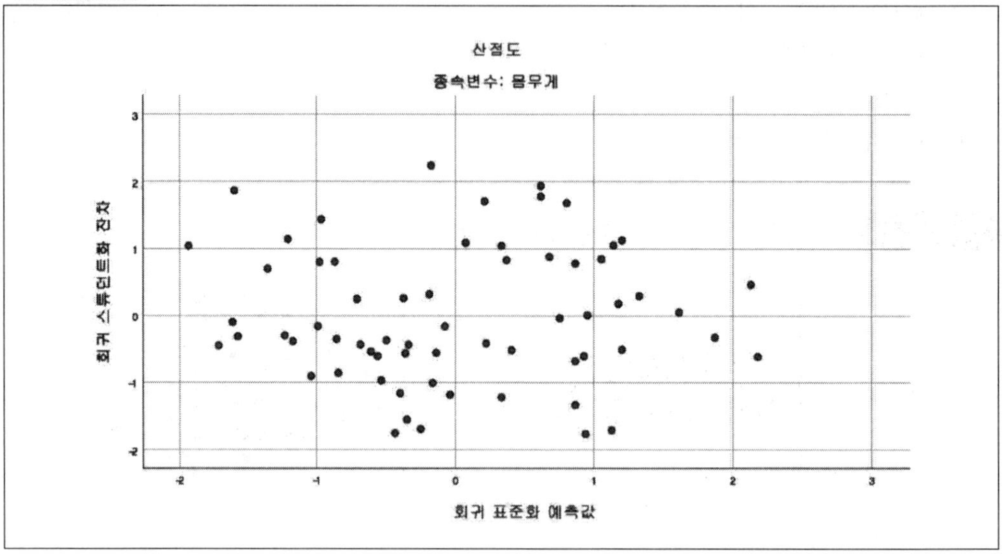

두 번째로 오차항의 독립성을 검토하기 위해서는 Durbin-Watson 검정을 이용한다. 이를 위해서 《**선형 회귀분석**》 대화상자의 [통계량]을 클릭하여 얻어지는 《**선형 회귀:통계량**》 대화상자에서 **잔차**의 **Durbin-Watson**을 선택한 다음 [계속]을 클릭한다.

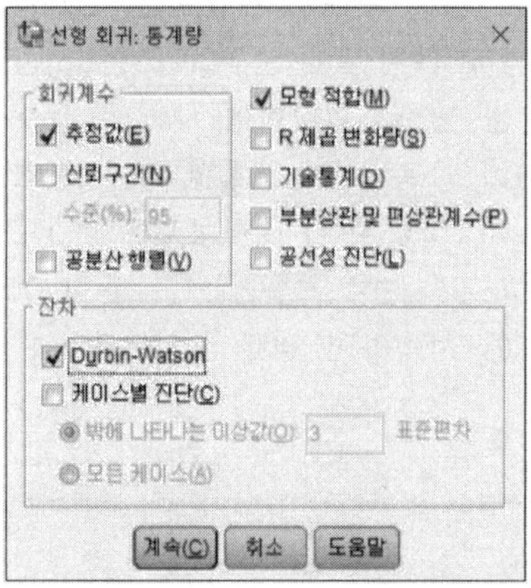

Durbin-Watson 값이 2에 가까우면 오차항 사이에 독립성이 만족된다는 의미이고, 이 값이 0에 가까우면 오차항 사이에 양의 선형관계가 존재한다는 것이다. 그리고 Durbin- Watson 값이 4에 가까우면 오차항 사이에 음의 선형관계가 존재한다는 것이다.

마지막으로 선형회귀모형에서 오차항이 정규분포를 한다는 가정을 만족하지 못하면 의미 있는 회귀분석 결과가 될 수 없으므로 오차항의 정규성을 검토해 보아야 한다. 오차항의 정규성을 검토하기 위해서는 잔차 또는 스튜던트화잔차를 정규확률지에 표시하는 방법과 잔차의 히스토그램을 작성하여 분포의 형태를 관찰하는 방법이 있다.

그림 8.2 정규확률도표

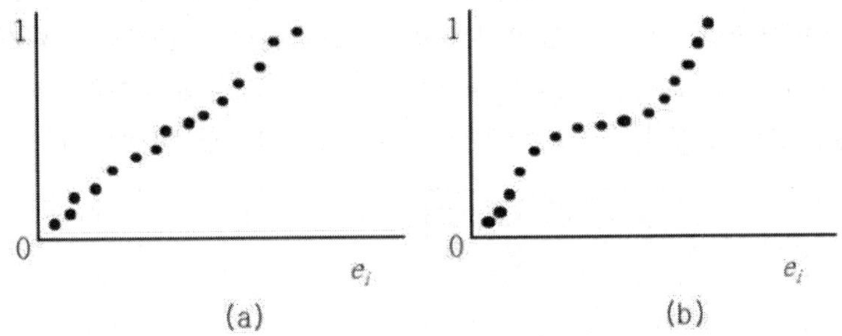

정규확률도표를 작성하기 위해서는 《**선형 회귀:도표**》 대화상자에서 **표준화 잔차도표**의 **정규확률도표**를 선택하면 된다. 이러한 방법으로 작성된 정규확률도표가 그림 8.2의 (a)와 같이 직선에 가까우면 오차항이 정규분포를 한다고 할 수 있으나, (b)와 같이 직선이 아니고 양 끝부분이 급격하게 변하는 경우에는 오차항의 분포가 정규분포보다 꼬리 부분이 두꺼운 분포를 따른다고 할 수 있다. 결과 8.4는 앞에서 고려한 몸무게와 키를 이용한 단순회귀모형에 대하여 정규성을 검토하기 위해서 작성된 정규확률도표이다.

결과 8.4 정규확률도표

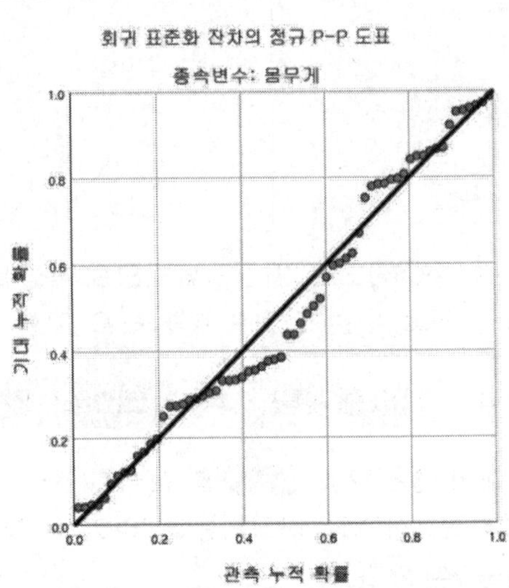

오차항이 정규성을 만족하는지를 검토하기 위한 또 다른 방법으로는 회귀분석 결과 얻어진 스튜던트화잔차의 검정통계량을 이용하여 정규성 검정을 수행하는 것이다. 정규성 검정방법에 대해서는 4.4절 데이터 탐색 부분에서 자세하게 설명되었으므로 이를 참조하기 바란다.

정규성 검정을 수행하기 위해서는 **스튜던트화잔차**를 저장하여야 하는데, 이를 위해서는 《**선형 회귀**》 대화상자의 [저장]을 클릭하여 얻어지는 《**선형 회귀:저장**》 대화상자에서 **잔차**의 **스튜던트화**를 선택한 다음 [계속]을 클릭한다. 그러면, **스튜던트화잔차** 값이 SRE_1 변수로 데이터 파일에 포함됨을 알 수 있다. 결과 8.5.1은 **스튜던트화잔차**를 나타내는 SRE_1 변수가 분석자료.sav 파일에 추가된 결과를 보여준다.

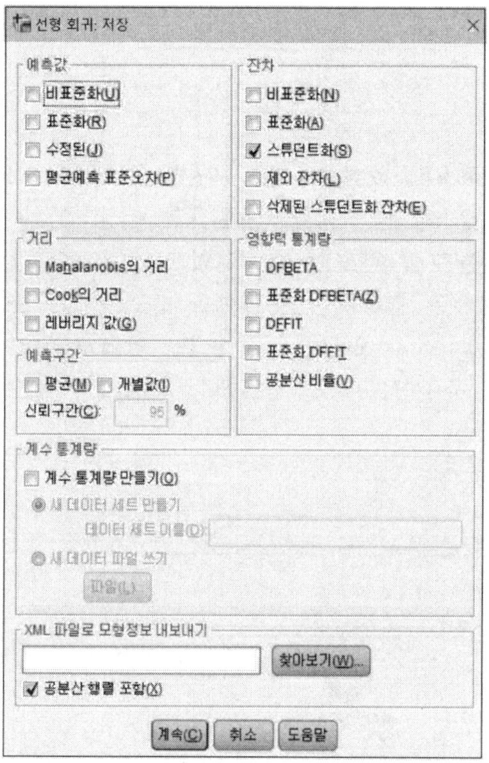

이제, **스튜던트화잔차**가 변수 SRE_1으로 저장되었으므로 4장에서 설명한 **데이터 탐색** 메뉴를 이용하여 정규성 검정을 위한 검정통계량 값을 구할 수 있다.

분석 ➠ 기술통계량 ➠ 데이터 탐색 *SPSSMENU*

《**데이터 탐색**》 대화상자에서 **종속변수**에 SRE_1를 선택한 후 [도표]를 클릭하면 다음과 같은 《**데이터 탐색:도표**》 대화상자가 나타나는데 여기서 **검정과 함께 정규성도표**를 선택하면 결과 8.5.2를 얻을 수 있다.

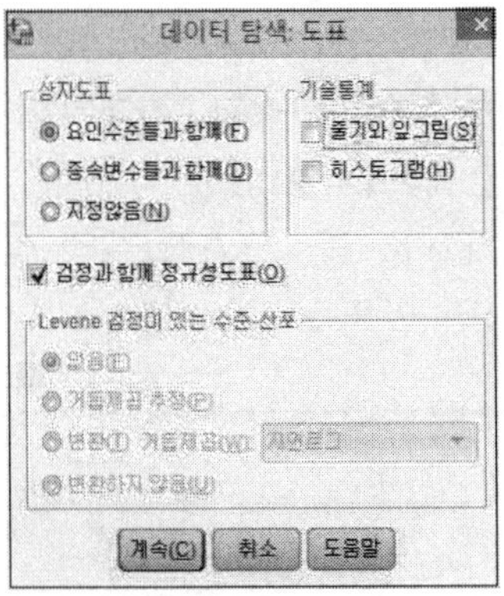

결과 8.5.1 스튜던트화잔차(SRE_1) 생성

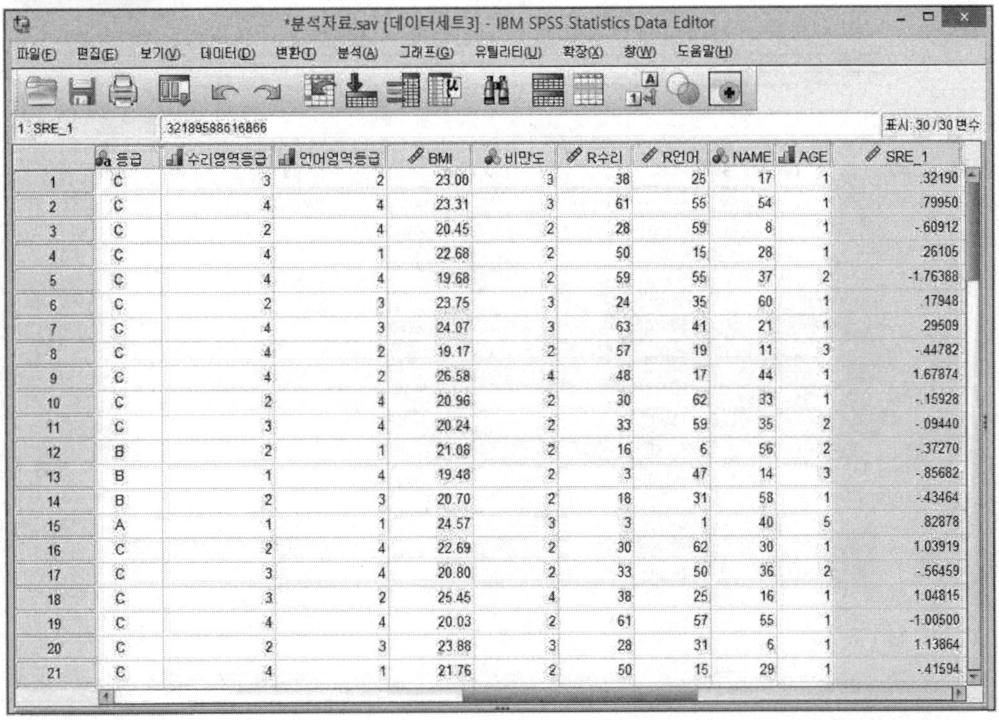

	등급	수리영역등급	언어영역등급	BMI	비만도	R수리	R언어	NAME	AGE	SRE_1
1	C	3	2	23.00	3	38	25	17	1	.32190
2	C	4	4	23.31	3	61	55	54	1	.79950
3	C	2	4	20.45	2	28	59	8	1	-.60912
4	C	4	1	22.68	2	50	15	28	1	.26105
5	C	4	4	19.68	2	59	55	37	2	-1.76388
6	C	2	3	23.75	3	24	35	60	1	.17948
7	C	4	3	24.07	3	63	41	21	1	.29509
8	C	4	2	19.17	2	57	19	11	3	-.44782
9	C	4	2	26.58	4	48	17	44	1	1.67874
10	C	2	4	20.96	2	30	62	33	1	-.15928
11	C	3	4	20.24	2	33	59	35	2	-.09440
12	B	2	1	21.06	2	16	6	56	2	-.37270
13	B	1	4	19.48	2	3	47	14	3	-.85682
14	B	2	3	20.70	2	18	31	58	1	-.43464
15	A	1	1	24.57	3	3	1	40	5	.82878
16	C	2	4	22.69	2	30	62	30	1	1.03919
17	C	3	4	20.80	2	33	50	36	2	-.56459
18	C	3	2	25.45	4	38	25	16	1	1.04815
19	C	4	4	20.03	2	61	57	55	1	-1.00500
20	C	2	3	23.88	3	28	31	6	1	1.13864
21	C	4	1	21.76	2	50	15	29	1	-.41594

결과분석

오차항이 정규성을 만족하는지를 검토하기 위한 방법으로는 표준화잔차를 정규확률지에 그려보는 방법(**정규확률도표**)과 검정통계량을 이용하여 검정을 하는 방법이 있다.

방법 1) 정규확률도

결과 8.4의 **정규확률도표**를 보면 어느 정도 직선에 가깝게 나타나는 것을 볼 수 있다. 따라서 오차항이 정규성을 만족한다고 할 수 있다.

방법 2) 검정통계량에 의한 방법

오차항의 정규성을 검정하기 위하여 결과 8.5.2의 **Shapiro-Wilk** 통계량을 사용할 수 있다. 이 통계량의 유의확률은 0.114로 유의수준이 $\alpha = 0.05$ 인 경우 정규분포를 따른다는 귀무가설을 기각할 수 없다. 즉, 오차항은 정규분포를 따른다고 할 수 있으므로 오차항의 정규성이 만족된다.

결과 8.5.2 스튜던트화잔차의 정규성 검정

케이스 처리 요약(O)

	케이스(S)					
	유효		결측값		총계	
	N(C)	퍼센트(C)	N(C)	퍼센트(C)	N(C)	퍼센트(C)
Studentized Residual	64	100.0%	0	0.0%	64	100.0%

기술통계

			통계	표준화 오차
Studentized Residual	평균 순위		.0009248	.12571409
	평균의 95% 신뢰구간	하한	-.2502948	
		상한	.2521444	
	5% 절사평균		-.0135311	
	중위수(D)		-.2281063	
	분산(V)		1.011	
	표준화 편차		1.00571274	
	최소값(U)		-1.76388	
	최대값(X)		2.24241	
	범위(R)		4.00629	
	사분위수 범위		1.43101	
	왜도(W)		.275	.299
	첨도(K)		-.617	.590

정규성 검정

	Kolmogorov-Smirnov[a]			Shapiro-Wilk		
	통계	자유도	CTT 유의확률	통계	자유도	CTT 유의확률
Studentized Residual	.116	64	.031	.970	64	.114

a. Lilliefors 유의확률 수정

실 습 문 제

■ 다음과 같은 단순회귀모형에 대하여 정규성을 만족하는지를 검토하시오.

$$(\text{몸무게}) = \beta_0 + \beta_1 \times (\text{허리둘레}) + \epsilon$$

2) 이상값 식별

관찰값들 중에는 다른 관찰값들에 비해서 상당히 크거나 작은 값을 갖는 관찰값들이 있을 수 있는데 이러한 값을 이상값(outlier)이라고 한다. 이러한 이상값을 찾기 위해서 일반적으로 표준화잔차를 이용한다. 표준화잔차를 구해서 이 값의 절대값이 2이상이면 이상값일 가능성이 있다.

결과 8.6 표준화잔차를 이용한 이상점 식별

케이스별 진단[a]

케이스 번호	표준화 잔차	몸무게	예측값	잔차
1	.319	63	61.01	1.993
2	.787	59	54.09	4.913
3	-.603	54	57.76	-3.763
4	.259	61	59.38	1.615
5	-1.738	60	70.85	-10.846
6	.176	74	72.90	1.099
7	.289	76	74.20	1.802
8	-.434	45	47.71	-2.707
9	1.657	80	69.66	10.343
10	-.157	53	53.98	-.979
11	-.092	48	48.57	-.572
12	-.369	56	58.30	-2.304
13	-.845	50	55.28	-5.276
14	-.430	54	56.68	-2.682
15	.821	71	65.87	5.127
⋮				
49	-1.148	52	59.17	-7.169
50	-1.313	62	70.20	-8.198
51	-.291	50	51.82	-1.816
52	.830	77	71.82	5.180
53	.791	60	55.06	4.940
54	.869	74	68.58	5.424
55	-.304	47	48.90	-1.897
56	-.347	53	55.17	-2.168
57	1.813	60	48.68	11.320
58	-.512	63	66.20	-3.197
59	2.224	75	61.12	13.885
60	1.103	80	73.12	6.883
61	-1.677	62	72.47	-10.468
62	-.499	70	73.12	-3.117
63	-.672	66	70.20	-4.198
64	.683	55	50.73	4.265

a. 종속변수: 몸무게

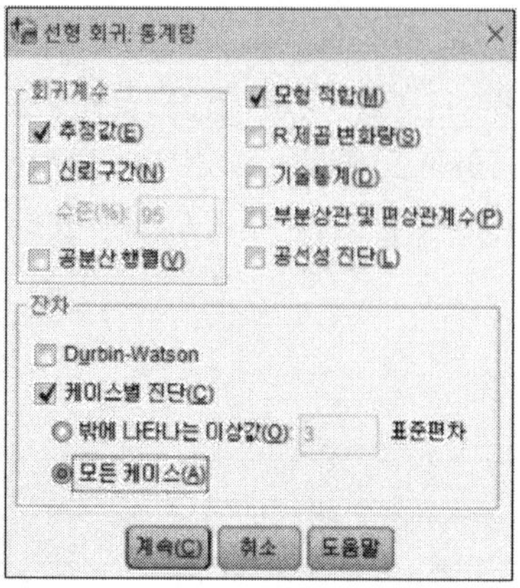

각 케이스별 표준화잔차를 구하기 위해서는 **《선형 회귀》** 대화상자의 [통계량]을 선택하여 나타나는 **《선형 회귀:통계량》** 대화상자에서 **잔차**의 **케이스별 진단**의 **모든 케이스**를 선택한다. [계속]을 클릭하면, 결과 8.6과 같이 각 케이스별 표준화잔차를 얻을 수 있다.

결과분석

결과 8.6은 단순회귀분석 결과 중에서 전체 케이스에 대한 표준화잔차를 포함한 **케이스별 진단** 부분만 제시하였다. 여기서 **표준화잔차 값**을 살펴보면 59번째 관측값의 표준화잔차 값이 2.224로 절대값이 2보다 크다는 것을 알 수 있다. 따라서 59번째 관측값이 이상값일 가능성이 있다.

3) 회귀모형의 선형성

선형회귀분석은 기본적으로 독립변수 X와 종속변수 Y사이에 선형관계가 존재한다는 가정 하에 고려되는 분석방법이다. 따라서 회귀모형의 선형성을 검토할 필요가 있다. 이를 검토하기 위한 방법으로 잔차 또는 스튜던트화잔차와 표준화 예측값의 산점도를 작성한다. 이러한 산점도의 전체적인 형태를 파악하여 선형성의 가정에 대한 타당성을 검토하게 된다.

잔차의 산점도가 그림 8.3의 (a)와 같이 0을 중심으로 완전히 랜덤하게 나타나면 선형성을 만족한다고 할 수 있다. 그러나 단순회귀모형을 적합시킨 결과 잔차의 산점도가 (b)와 같이 나타나는 경우에는 선형보다는 2차 곡선 형태의 비선형 회귀모형을 적합시키는 것이 더 타당하다고 할 수 있다.

그림 8.3 **스튜던트화잔차의 산점도**

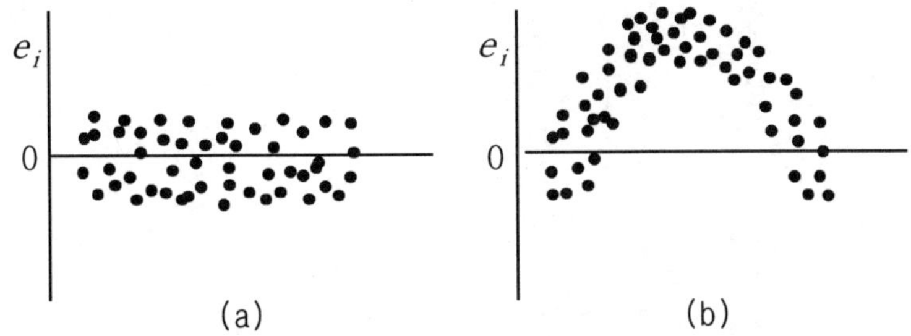

앞에서 고려한 몸무게와 키를 이용한 단순회귀모형에 대한 선형성을 검토하기 위해 스튜던트화잔차와 종속변수인 몸무게의 산점도를 작성해 보자. 이를 위해 《**선형 회귀: 도표**》 대화상자에서 Y에 *SRESID(스튜던트화잔차)를 선택하고 X에 *ZPRED(표준화예측값)를 선택한 다음 [계속]을 클릭하면 결과 8.7과 같이 **표준화예측값과 스튜던트화잔차의 산점도**를 작성할 수 있다.

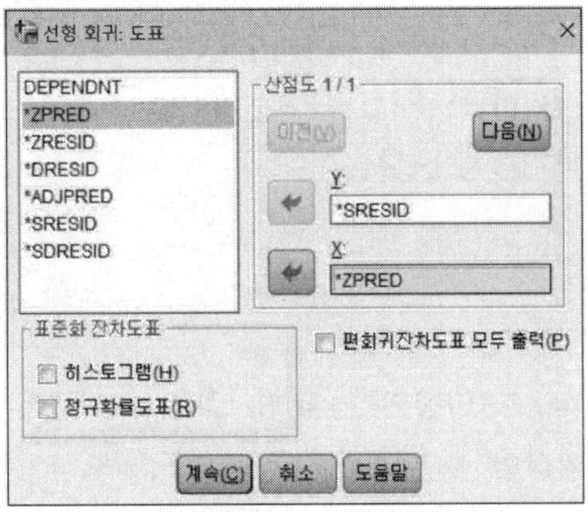

결과분석

결과 8.7에서 일반적인 회귀분석에 대한 결과는 앞에서와 동일하므로 생략하고, 종속변수인 몸무게에 대한 **표준화 예측값**과 **스튜던트화잔차**를 이용한 산점도만을 나타내었다. 이를 살펴보면 0을 중심으로 비교적 랜덤하게 분포하고 있다고 할 수 있으므로 독립변수인 키와 종속변수인 몸무게 사이에 선형관계가 있다고 한 기본적인 가정이 타당하다고 할 수 있다.

결과 8.7 표준화 예측값과 스튜던트화잔차의 산점도

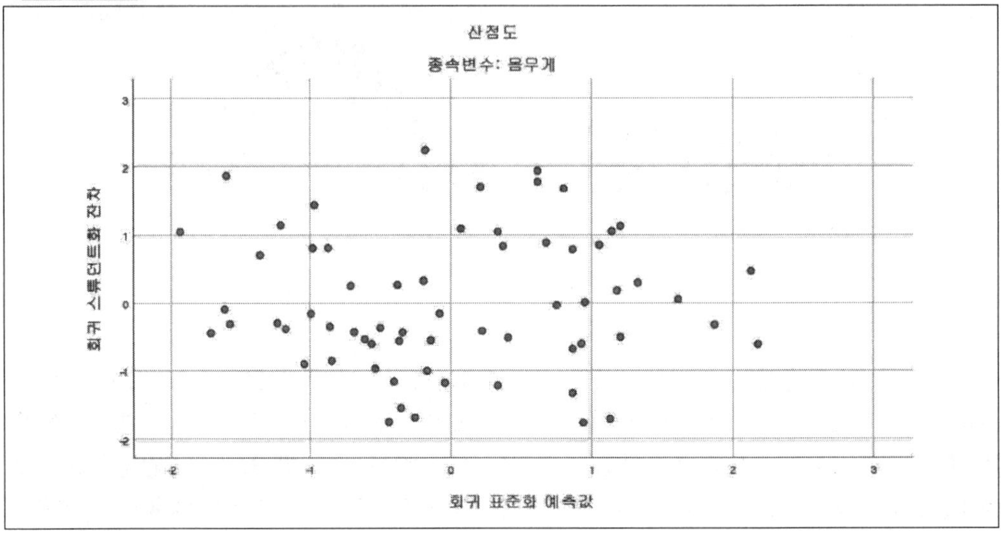

실 습 문 제

■ 다음과 같은 단순회귀모형에 대하여 선형성을 만족하는지를 검토하시오.

$$(\text{몸무게}) = \beta_0 + \beta_1 \times (\text{허리둘레}) + \epsilon$$

SECTION 8.3 중회귀분석

종속변수에 영향을 미치는 독립변수가 두 개 이상인 경우 8.1절에서 설명된 단순회귀모형을 다음과 같은 중회귀모형으로 확장할 수 있다.

$$y = \beta_0 + \beta_1 x_1 + \beta_2 x_2 + \cdots + \beta_p x_p + \epsilon$$

여기서, β_0는 회귀직선의 상수항을 나타내는 회귀계수이고, $\beta_1, \beta_2, \cdots, \beta_p$는 각각 p개 독립변수에 대한 회귀계수이다. 오차항 ϵ에 대한 기본가정은 단순회귀모형과 동일하다. 이러한 중회귀모형의 예를 고려해보자.

앞의 단순회귀모형의 예에서 몸무게에 영향을 미치는 변수로 키 뿐 아니라 다른 변수들을 고려해 볼 수 있다. 즉, 키 외에 허리둘레나 비율과 같은 변수들이 몸무게에 영향을 미치는 변수인지를 알아보기 위해 이 3개의 변수를 독립변수로 하는 중회귀모형을 다음과 같이 설정할 수 있다.

$$(\text{몸무게}) = \beta_0 + \beta_1 \times (\text{키}) + \beta_2 \times (\text{허리둘레}) + \beta_3 \times (\text{비율}) + \epsilon$$

여기서, 종속변수는 단순회귀모형에서와 마찬가지로 몸무게이며, 3개의 독립변수로 키, 허리둘레, 비율을 고려한 것이다. 여기서, 비율 변수는 키를 배꼽높이로 나눈 값을 의미하는데 분석자료.sav 파일에는 배꼽높이 변수가 없으므로 다음에 주어진 배꼽높이 자료를 **변수삽입** 메뉴를 사용해서 분석자료에 추가하도록 한다.

반	번호	배꼽높이	반	번호	배꼽높이
1	1	98.7	1	1	104.4
1	2	97.7	1	2	96.3
1	3	97.6	1	3	105.3
1	4	97.5	1	4	101.5
1	5	108.5	1	5	102.2
1	6	107.0	1	6	95.7
1	7	107.6	1	7	101.4
1	8	93.1	1	8	95.3
1	9	104.4	1	9	102.1
1	10	96.6	1	10	100.8
1	11	92.5	1	11	101.7
1	12	99.7	1	12	98.5
1	13	99.5	1	13	112.2
1	14	99.2	1	14	112
1	15	101.8	1	15	95.2
1	16	89.5	1	16	109.8
1	17	97.1	1	17	96.8
1	18	106.0	1	18	100.9
1	19	100.5	1	19	93.5
1	20	94.5	1	20	107.8
1	21	101.6	1	21	97.0
1	22	99.5	1	22	103.8
1	23	99.5	1	23	96.0
1	24	99.5	1	24	97.1
1	25	100.0	1	25	91.7
1	26	109.8	1	26	102.8
1	27	97.5	1	27	100.6
1	28	98.5	1	28	107.8
1	29	100.9	1	29	105.0
1	30	99.2	1	30	107.4
1	31	97.9	1	31	105.9
1	32	102.8	1	32	93.5

배꼽높이에 대한 원자료는 추가자료.xlsx의 형태로 제공되므로 이를 SPSS 파일로 저장한 다음 분석자료.sav 파일과 **파일합치기-변수추가** 메뉴를 이용하여 새로운 변수가 추가된 파일을 생성할 수 있다. 배꼽높이 변수를 분석자료.sav에 추가하였으면

이제 중회귀분석에서 독립변수로 사용할 비율 변수를 **변수계산** 메뉴를 사용해서 생성하면 된다. 결과 8.8은 배꼽높이 자료를 추가한 다음 비율 변수를 생성하여 분석자료.sav 파일로 저장한 결과이다.

결과 8.8 배꼽높이와 비율 변수 생성

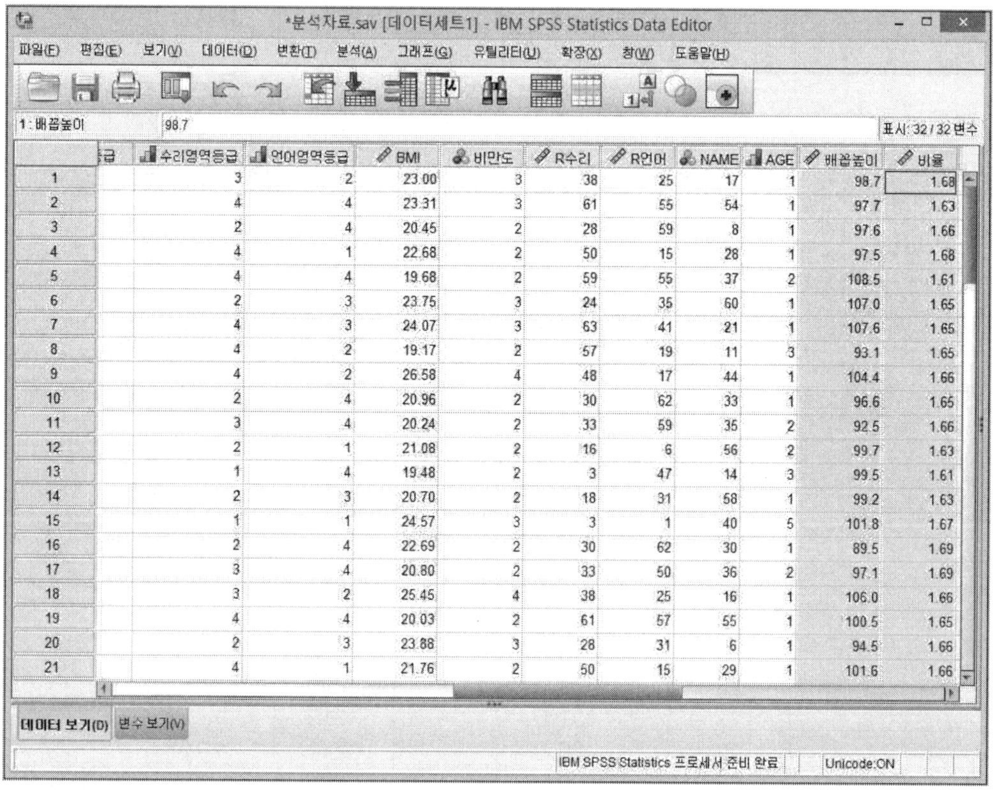

	등급	수리영역등급	언어영역등급	BMI	비만도	R수리	R언어	NAME	AGE	배꼽높이	비율
1		3	2	23.00	3	38	25	17	1	98.7	1.68
2		4	4	23.31	3	61	55	54	1	97.7	1.63
3		2	4	20.45	2	28	59	8	1	97.6	1.66
4		4	1	22.68	2	50	15	28	1	97.5	1.68
5		4	4	19.68	2	59	55	37	2	108.5	1.61
6		2	3	23.75	3	24	35	60	1	107.0	1.65
7		4	3	24.07	3	63	41	21	1	107.6	1.65
8		4	2	19.17	2	57	19	11	3	93.1	1.65
9		4	2	26.58	4	48	17	44	1	104.4	1.66
10		2	4	20.96	2	30	62	33	1	96.6	1.65
11		3	4	20.24	2	33	59	35	2	92.5	1.66
12		2	1	21.08	2	16	6	56	2	99.7	1.63
13		1	4	19.48	2	3	47	14	3	99.5	1.61
14		2	3	20.70	2	18	31	58	1	99.2	1.63
15		1	1	24.57	3	3	1	40	5	101.8	1.67
16		2	4	22.69	2	30	62	30	1	89.5	1.69
17		3	4	20.80	2	33	50	36	2	97.1	1.69
18		3	2	25.45	4	38	25	16	1	106.0	1.66
19		4	4	20.03	2	61	57	55	1	100.5	1.65
20		2	3	23.88	3	28	31	6	1	94.5	1.66
21		4	1	21.76	2	50	15	29	1	101.6	1.66

1) 중회귀모형의 추론

위와 같이 설정된 중회귀모형에 대해서 8.1절의 단순회귀모형에 대한 추론과 마찬가지 방법으로 각 회귀계수 $\beta_0, \beta_1, \beta_2, \beta_3$를 추정하고, 추정된 회귀계수의 통계적 유의성을 검정하여 모형에 유의한 회귀계수만을 포함하도록 회귀직선을 추정한다. 또한, 결정계수를 이용하여 추정된 회귀직선의 설명력을 구할 수 있다.

중회귀분석을 위한 SPSS의 사용방법은 단순회귀분석과 거의 동일하며, **《선형 회귀》** 대화상자의 **독립변수**에 고려되는 모든 독립변수들을 지정하면 된다. 다음과 같은 **《선형 회귀》** 대화상자에서 **독립변수**에 키와 허리둘레, 비율을 지정하고, 몸무게를 **종속변수**로 지정한 다음 [확인]을 클릭한다.

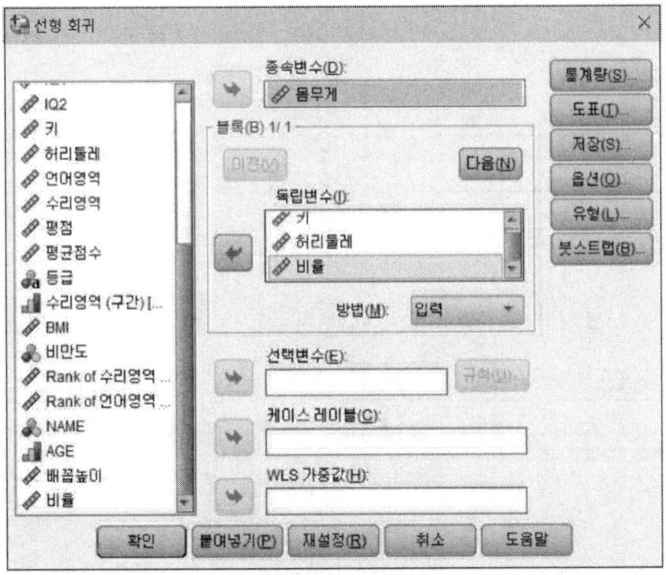

결과분석

결과 8.9로부터 설정된 중회귀모형에 대한 적합성을 검정해보면 검정통계량 F값이 51.467이고, 이에 대한 유의확률 값이 0.000으로 적합된 중회귀모형이 유의하다고 할 수 있다. **계수** 부분을 보면 3개 독립변수에 대한 회귀계수의 추정값이 **비표준화 계수**의 **B**값으로 제시되어 있고, 이에 대한 **유의확률**이 나타나 있다. 먼저 키의 회귀계수에 대한 추정값은 0.763이고, 이때의 유의확률 값은 0.000으로 키가 적합된 회귀모형에 유의한 영향을 미치는 변수임을 알 수 있다. 두 번째로 허리둘레의 회귀계수에 대한 결과를 살펴보면, 추정값은 1.196이고, 이때의 유의확률 값은 0.002이다. 따라서 유의수준 5%에서 허리둘레는 몸무게에 유의한 영향을 미치는 변수임을 알 수 있다. 마지막으로 비율에 대한 회귀계수의 추정값은 33.090이고, 이때의 유의확률 값은 0.233이므로 비율은 통계적으로 유의한 변수가 아니라고 할 수 있다. 또한, 추정된 회귀모형에 의한 설명력은 **수정된 R제곱** 값이 0.706이므로 70.6% 자료를 설명하고 있음을 알 수 있다.

한편, 상수항을 포함하지 않는 모형을 적합시켜야 할 필요가 있을 경우에는 《**선형 회귀**》 대화상자에서 [옵션]을 선택하여 **방정식에 상수항 포함**을 선택하지 않도록 하고 [계속]을 클릭한다. 그러면, 상수항을 포함하지 않는 회귀모형을 적합시킨 결과를 얻을 수 있다.

결과 8.9 중회귀분석

입력/제거된 변수[a]

모형	입력된 변수	제거된 변수	방법
1	비율, 허리둘레, 키[b]	.	입력

a. 종속변수: 몸무게

b. 요청된 모든 변수가 입력되었습니다.

모형 요약

모형	R	R 제곱	수정된 R 제곱	추정값의 표준오차
1	.849[a]	.720	.706	5.800

a. 예측자: (상수), 비율, 허리둘레, 키

ANOVA[a]

모형		제곱합	자유도	평균제곱	F	유의확률
1	회귀	5194.259	3	1731.420	51.467	.000[b]
	잔차	2018.476	60	33.641		
	전체	7212.734	63			

a. 종속변수: 몸무게

b. 예측자: (상수), 비율, 허리둘레, 키

계수[a]

모형		비표준화 계수		표준화 계수		
		B	표준화 오류	베타	t	유의확률
1	(상수)	-153.055	47.137		-3.247	.002
	키	.763	.131	.575	5.817	.000
	허리둘레	1.196	.361	.328	3.315	.002
	비율	33.090	27.453	.083	1.205	.233

a. 종속변수: 몸무게

모형 선택기준

회귀모형에서 종속변수를 설명하기 위한 독립변수들 중에서 어떤 독립변수들을 포함시키는 것이 최적의 모형이 되는지를 판단하는 것은 매우 중요한 문제이다. 최적의 모형을 선택하기 위한 모형의 선택기준으로 다음과 같은 측도들이 사용된다.

① 결정계수(R-square) : 0과 1사이의 값을 가지며, 1에 가까운 값을 가질수록 모형의 설명력이 높다.

② 수정된 결정계수(adjusted R-square) : 결정계수 값이 모형에 중요하지 않은 독립변수가 추가되는 경우에도 증가하는 문제를 해결하기 위해 보정한 값으로 결정계수와 동일

한 기준을 가진다.

③ 잔차제곱평균(residual mean square) : 가장 작은 값을 가지는 모형을 최적 모형으로 선택한다.

④ C_p통계량 : 구해진 통계량 값이 독립변수의 수 p와 가장 가까운 값을 가지는 모형을 최적 모형으로 판단하는 기준으로 널리 사용되는 방법이다. ■■■■■

2) 변수선택법

종속변수에 영향을 미치는 독립변수가 많은 경우 모든 독립변수들을 포함하여 회귀모형을 적합시키면, 실제로는 영향을 미치지 않는 변수가 포함되어 추정된 회귀모형의 설명력과 예측능력을 떨어뜨리거나 회귀모형을 설정하기 위해서 가정한 부분들을 만족하지 않을 가능성이 높아지고, 더불어 추정해야 할 모수도 너무 많아지게 된다. 따라서 고려할 수 있는 모든 독립변수들의 조합을 모형에 고려해 봄으로써 최적의 모형을 찾는 것이 중요하다. 그러나 모든 독립변수들의 조합을 구하고, 이들에 대해 회귀모형을 적합시킨 후 이들을 비교하는 문제는 쉽지 않으므로 적합된 모형들을 비교하기 위해서 여러 가지 측도들을 고려한다. 일반적으로 중회귀분석에서 최적의 회귀모형을 찾는 방법으로 변수선택법(variable selection method)이 사용된다. 중회귀분석에서 최적의 모형을 선택하기 위한 변수선택법은 설정된 회귀모형에 유의한 영향을 미치는 독립변수들을 모형에 포함시키는 방법에 따라 3가지 방법으로 구분된다.

■ 앞으로부터 선택(forward selection)

독립변수들 중에서 가장 큰 영향을 미치는 변수를 하나씩 추가해 가면서 주어진 유의수준에서 더 이상 중요한 변수가 없다고 판단될 때의 모형을 최적 모형으로 선택한다. 이 방법을 사용하는 경우 앞 단계에서 한번 선택된 변수는 모형에서 제거되지 않는다.

■ 뒤로부터 제거(backward elimination)

모든 독립변수들을 포함하는 모형을 적합시킨 상태에서 모형에 가장 영향력이 적은 변수부터 하나씩 제거해 가면서 주어진 유의수준에서 더 이상 제거할 변수가 없을 때의 모형을 최적 모형으로 선택한다. 이 방법을 사용하는 경우 앞 단계에서 제거된 변수는 다시 모형에 포함될 수 없다.

■ 단계별 회귀(stepwise regression)

앞으로부터 선택하는 방법과 뒤로부터 제거하는 방법은 앞에서 설명한 바와 같이 앞 단계에서 한 번 추가 또는 제거된 변수는 다음 단계에서 다시 고려되지 않는다. 그러므로 변수들 사이에 존재하는 관계에 의해 어느 특정 변수가 같이 포함되면 변수의 영향력이 커지는 경우 또는 특정변수가 포함되면 선택된 변수의 중요성이 현저하게 떨어지는 경우를 고려하지 못하는 문제점이 있다. 단계별 회귀는 이러한 문제점을 해결할 수 있는 방법으로 앞으로부터 선택하는 방법에서 변수를 추가할 때 앞 단계에서 선택된 변수가 새로운 변수가 추가되어도 중요성을 상실하지 않는지를 단계별로 확인하여 최적의 모형을 선택하는 방법이다.

이러한 변수선택 방법을 이용하기 위해서는 다음과 같은 **《선형 회귀》** 대화상자의 **방법**에서 **단계선택**(단계별 회귀), **제거**, **후진**(뒤로부터 제거), **전진**(앞으로부터 선택) 중의 하나를 선택하면 된다. 그리고 **입력**을 선택하면 모든 독립변수들이 모형에 포함된다.

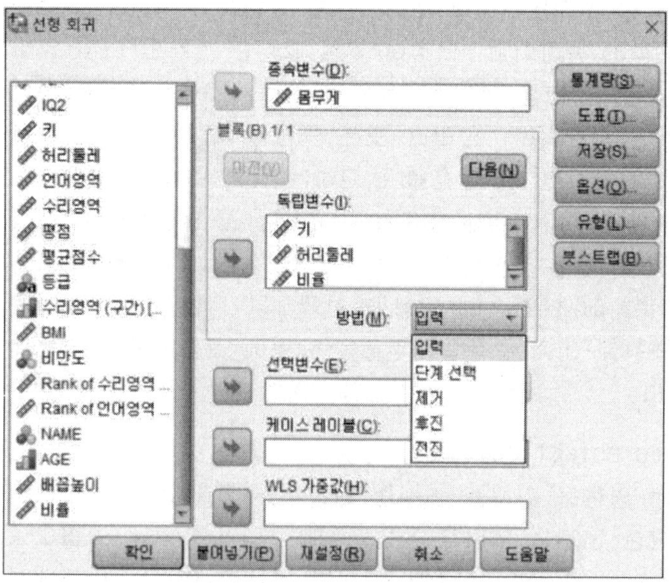

이제 주어진 모든 독립변수(키, 허리둘레, 비율)들을 고려하여 최적의 모형을 찾기 위한 방법으로 변수선택법을 이용하는 예를 살펴보자. 앞에서도 설명된 바와 같이 여러 가지 변수선택법 중에서 일반적으로 널리 사용되는 방법은 **단계선택**(단계별 회귀) 방법이다. 여기서는 이 방법을 이용하여 모형에 어떤 변수들이 포함되는 것이 최적모형이 되는지를 살펴보자.

변수선택법 중 단계별회귀 방법을 이용하여 최적의 변수 집합을 얻기 위해서는 앞에서 설명한 것처럼 **《선형 회귀》** 대화상자의 **방법**에서 **단계선택**을 선택하면 된다.
단계별회귀 방법을 이용한 변수선택시 변수의 추가 또는 제거의 기준이 되는 유의수준을 지정하기 위해서는 다음과 같이 **《선형 회귀》** 대화상자에서 [옵션]을 선택하여 얻어지는 **《선형 회귀:옵션》** 대화상자에서 **선택법 기준**을 지정할 수 있다. **선택법 기준**에서 **F-확률 사용** 또는 **F-값 사용**은 검정기준으로 유의확률 값을 사용할 것인지 검정통계량 F-값을 사용할 것인지를 결정하는 것으로 이 중 하나의 기준을 선택한 다음 각 경우에 대해서 새로운 독립변수를 **진입** 또는 **제거**하기 위한 기준값을 입력한다. 여기서는 **F-확률 사용**을 선택하였고, **진입**과 **제거**시의 기준값을 각각 0.05와 0.1로 지정하였다.

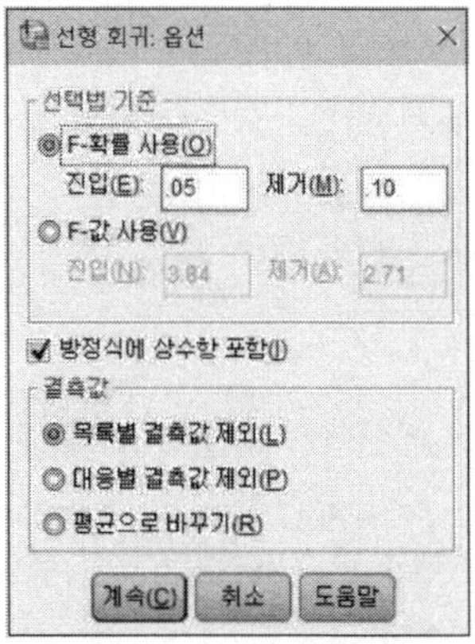

결과 8.10.1 변수선택방법 : 단계별 회귀 - 모형 요약

입력/제거된 변수[a]

모형	입력된 변수	제거된 변수	방법
1	키	.	단계선택 (기준: 입력에 대한 F의 확률 <= .050, 제거에 대한 F의 확률 >= .100).
2	허리둘레	.	단계선택 (기준: 입력에 대한 F의 확률 <= .050, 제거에 대한 F의 확률 >= .100).

a. 종속변수: 몸무게

모형 요약

모형	R	R 제곱	수정된 R 제곱	추정값의 표준오차
1	.815[a]	.665	.660	6.242
2	.845[b]	.713	.704	5.822

a. 예측자: (상수), 키

b. 예측자: (상수), 키, 허리둘레

결과 8.10.2 변수선택방법 단계별 회귀 - 분산분석표

ANOVA[a]

모형		제곱합	자유도	평균제곱	F	유의확률
1	회귀	4796.679	1	4796.679	123.091	.000[b]
	잔차	2416.056	62	38.969		
	전체	7212.734	63			
2	회귀	5145.386	2	2572.693	75.911	.000[c]
	잔차	2067.348	61	33.891		
	전체	7212.734	63			

a. 종속변수: 몸무게
b. 예측자: (상수), 키
c. 예측자: (상수), 키, 허리둘레

계수[a]

모형		비표준화 계수		표준화 계수		
		B	표준화 오류	베타	t	유의확률
1	(상수)	-117.943	16.295		-7.238	.000
	키	1.081	.097	.815	11.095	.000
2	(상수)	-99.688	16.227		-6.143	.000
	키	.779	.131	.587	5.948	.000
	허리둘레	1.157	.361	.317	3.208	.002

a. 종속변수: 몸무게

제외된 변수[a]

모형		베타 입력	t	유의확률	편상관계수	공선성 통계량 공차
1	허리둘레	.317[b]	3.208	.002	.380	.482
	비율	.062[b]	.843	.403	.107	.997
2	비율	.083[c]	1.205	.233	.154	.989

a. 종속변수: 몸무게
b. 모형내의 예측자: (상수), 키
c. 모형내의 예측자: (상수), 키, 허리둘레

결과분석

결과 8.10.1은 **단계선택** 방법에 의한 변수선택법의 각 단계별로 **입력/제거된 변수**에 대한 설명과 최종적으로 적합된 **모형요약** 결과를 제공해준다. 이를 보면 종속변수 몸무게에 가장 큰 영향을 미치는 변수로 키가 선택되었고, 다음으로 허리둘레가 선택되었다. 비율의 경우는 이 변수가 추가되어도 모형의 설명력이 더 높아지지 않으므로 제외되었다. **모형요약** 부분에서 **수정된 R 제곱** 값은 0.660으로 모형 1에 대한 설명력이

66.0%임을 나타낸다. 여기서, 모형 1은 키만 포함된 모형을 나타낸다. 모형 2는 키와 허리둘레를 포함시킨 모형으로 이때의 **수정된 R 제곱** 값은 0.704로 키만 포함시킨 모형 1보다 더 높은 설명력을 가짐을 알 수 있다. 따라서 단계선택 방법을 이용한 최적모형은 키와 허리둘레를 포함하는 회귀모형이 된다.

결과분석

결과 8.10.2는 최적모형으로 선택된 키와 허리둘레를 포함하는 모형 2에 대한 분산분석표와 추정된 **회귀계수** 및 회귀계수의 유의성 검정을 위한 **유의확률** 값이 **계수** 부분에 제공된다. 그리고 **제외된 변수** 부분에서 각 단계별로 제외된 변수에 대한 설명을 보여준다. 이를 보면 최적모형에 포함되는 변수는 키와 허리둘레이며, 이 경우 모형의 설명력은 결과 8.10.1에서 살펴본 바와 같이 약 70.4%임을 알 수 있다. 모형에 포함된 독립변수에 대한 회귀계수의 추정값은 각각 0.779와 1.157이며, 모두 유의수준 5%에서 통계적으로 유의하다. 단계선택 방법을 이용한 변수선택 결과 최종적으로 추정된 회귀식은 다음과 같다.

$$\widehat{(\text{몸무게})} = -99.688 + 0.779 \times (\text{키}) + 1.157 \times (\text{허리둘레})$$

실 습 문 제

- 종속변수 평점에 영향을 미치는 독립변수로 IQ1과 언어영역, 수리영역 점수를 고려하여 중회귀모형을 적합시키시오.
- 단계선택 변수선택법을 이용하여 최적모형을 찾으시오.

SECTION 8.4 가변수를 포함한 회귀분석

앞에서 살펴본 단순회귀모형과 중회귀모형에 대한 분석에서는 모두 독립변수가 키, 허리둘레와 같은 양적변수(quantitative variable)인 경우만을 고려하였다. 그런데, 경제 및 사회 문제 등에서 관심의 대상이 되는 변수들은 이러한 양적인 형태만 가지는 것이 아니라 성별과 같이 질적변수(qualitative variable)들을 포함하는 경우가 많이 있다. 이러한 질적인 변수들도 양적인 변수들과 마찬가지로 단순회귀모형의 독립변수로 고려될 수 있으므로 이 절에서는 독립변수에 질적인 변수가 포함된 경우에 대해 살펴보자.

예를 들어 8.1절에서 살펴 본 **몸무게**와 **키**를 이용한 단순회귀모형에 독립변수로 질적변수인 **성별**을 추가하여 분석해 보자. 여기서, **성별**은 남자인 경우에 “1”로 여자인 경우에 “2”로 입력되어 있으므로 이를 다음과 같이 가변수(dummy variable)를 이용하여 다시 정의할 수 있다. 이러한 가변수를 지시변수라고도 한다.

$$\text{성별\_1} = \begin{cases} 0, & \text{성별} = 1 \\ 1, & \text{성별} = 2 \end{cases}$$

일반적으로 독립변수로 사용할 질적변수의 수준의 개수가 k개 이면 (k-1)개의 가변수가 필요하게 된다. 여기서는 **성별** 변수가 갖는 수준이 2(남자와 여자)이므로 1개의 가변수만 있으면 된다. 따라서 고려하고자 하는 회귀모형을 다음과 같이 설정할 수 있다.

$$(\text{몸무게}) = \beta_0 + \beta_1 \times (\text{키}) + \beta_2 \times (\text{성별\_1}) + \epsilon$$

이제, SPSS를 이용해서 위와 같은 회귀식을 추정하여 보자. 먼저, 가변수인 **성별_1**을 생성해야 하는데, 이는 3장에서 설명되었던 **다른 변수로 코딩변경** 메뉴를 이용한다.

변환 ➠ 다른 변수로 코딩변경

SPSSMENU

성별을 **숫자변수**에 지정하고 **출력변수**에 **성별_1**을 입력한 다음 [변경]을 클릭한다.

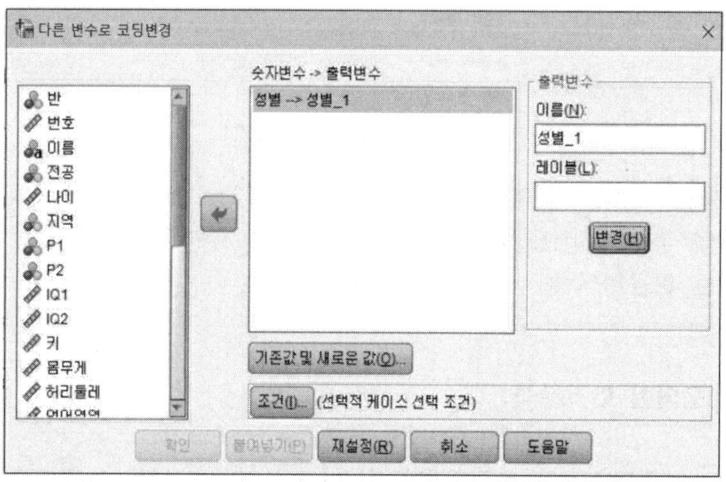

성별_1의 값을 지정하기 위한 [기존값 및 새로운 값]을 클릭하여 나타나는 《**다른 변수로 코딩변경: 기존값 및 새로운 값**》 대화상자에서 다음과 같이 **기존값**과 **새로운 값**을 정의한 후 [계속]을 클릭한다. 결과 8.11은 새로운 변수 **성별_1**이 추가된 분석자료.sav 파일을 보여준다.

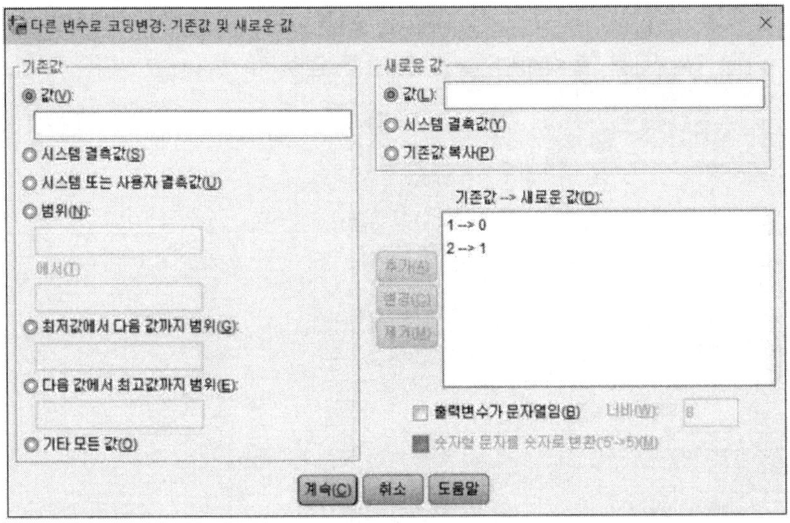

결과 8.11 가변수(성별_1)가 추가된 분석자료.sav 파일

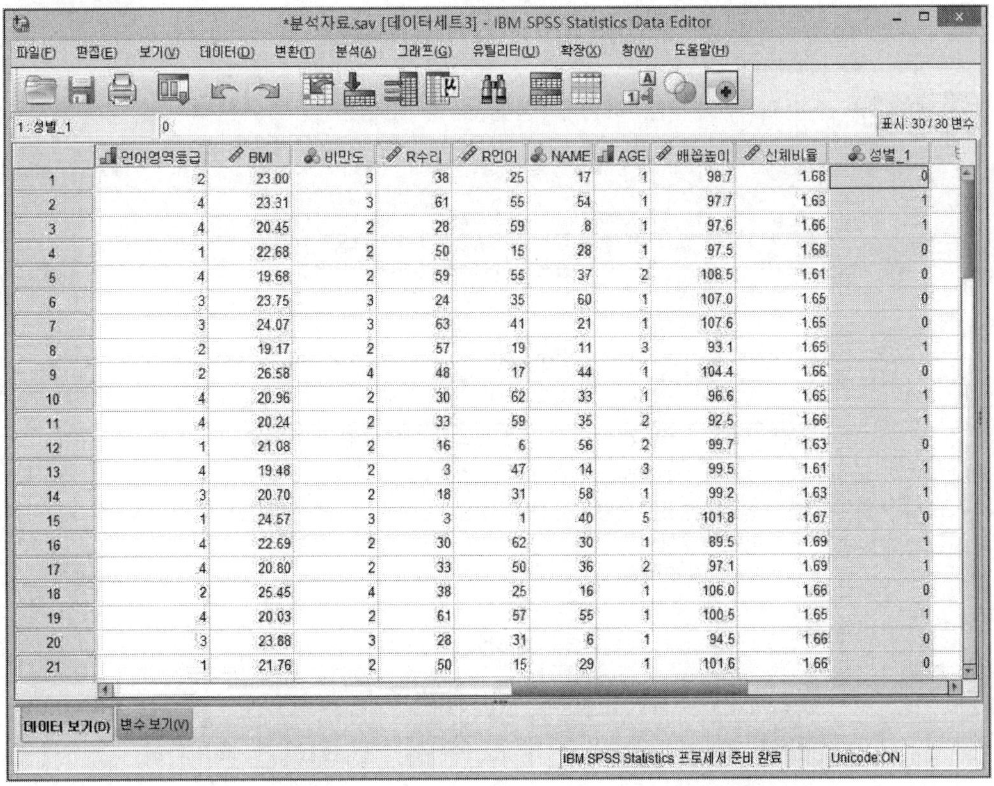

	언어영역등급	BMI	비만도	R수리	R언어	NAME	AGE	배꼽높이	신체비율	성별_1
1	2	23.00	3	38	25	17	1	98.7	1.68	0
2	4	23.31	3	61	55	54	1	97.7	1.63	1
3	4	20.45	2	28	59	8	1	97.6	1.66	1
4	1	22.68	2	50	15	28	1	97.5	1.68	0
5	4	19.68	2	59	55	37	2	108.5	1.61	0
6	3	23.75	3	24	35	60	1	107.0	1.65	0
7	3	24.07	3	63	41	21	1	107.6	1.65	0
8	2	19.17	2	57	19	11	3	93.1	1.65	1
9	2	26.58	4	48	17	44	1	104.4	1.66	0
10	4	20.96	2	30	62	33	1	96.6	1.65	1
11	4	20.24	2	33	59	35	2	92.5	1.66	1
12	1	21.08	2	16	6	56	2	99.7	1.63	0
13	4	19.48	2	3	47	14	3	99.5	1.61	1
14	3	20.70	2	18	31	58	1	99.2	1.63	1
15	1	24.57	3	3	1	40	5	101.8	1.67	0
16	4	22.69	2	30	62	30	1	89.5	1.69	1
17	4	20.80	2	33	50	36	2	97.1	1.69	1
18	2	25.45	4	38	25	16	1	106.0	1.66	0
19	4	20.03	2	61	57	55	1	100.5	1.65	1
20	3	23.88	3	28	31	6	1	94.5	1.66	0
21	1	21.76	2	50	15	29	1	101.6	1.66	0

이제, 앞에서 설명한 회귀분석 메뉴를 이용하여 가변수 **성별_1**을 포함하는 회귀분석

을 수행해보자. 《**선형 회귀**》 대화상자에서 다음과 같이 **종속변수**에 몸무게를 **독립변수**에 키와 성별_1을 선택한 다음 [확인]을 클릭하면 결과 8.12를 얻을 수 있다.

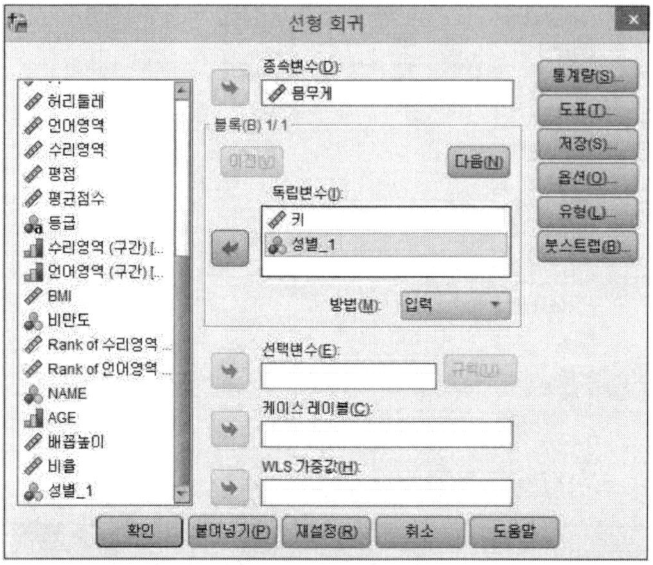

결과 8.12 수준의 수가 2인 가변수(성별_1)를 포함한 중회귀분석

모형 요약

모형	R	R 제곱	수정된 R 제곱	추정값의 표준 오차
1	.848[a]	.719	.710	5.760

a. 예측자: (상수), 성별_1, 키

ANOVA[a]

모형		제곱합	자유도	평균제곱	F	유의확률
1	회귀	5189.093	2	2594.546	78.209	.000[b]
	잔차	2023.642	61	33.174		
	전체	7212.734	63			

a. 종속변수: 몸무게

b. 예측자: (상수), 성별_1, 키

계수[a]

모형		비표준화 계수 B	비표준화 계수 표준화 오류	표준화 계수 베타	t	유의확률
1	(상수)	-73.704	19.787		-3.725	.000
	키	.836	.115	.630	7.282	.000
	성별_1	-6.325	1.839	-.298	-3.439	.001

a. 종속변수: 몸무게

결과분석

결과 8.12에서 **계수** 부분을 보면 가변수인 성별_1에 대한 유의성 검정을 위한 검정 통계량 값은 -3.439이고, 이때의 유의확률은 0.001로 유의수준 5%에서 통계적으로 유의하다. 따라서 성별 변수는 몸무게에 영향을 미치는 변수임을 알 수 있다. 이 결과를 바탕으로 다음과 같이 추정된 회귀식을 구할 수 있다.

$$(\widehat{\text{몸무게}}) = \begin{cases} -73.704 + 0.836 \times (\text{키}), & \text{남학생인 경우} \\ -73.704 + 0.836 \times (\text{키}) - 6.325, & \text{여학생인 경우} \end{cases}$$

이제, 독립변수로 사용할 질적변수가 3개의 수준을 가진 경우에 대해서 생각해보자. 이러한 경우도 앞에서와 유사한 방법으로 분석할 수 있는데 수준의 수가 3이므로 2개의 가변수가 필요하게 된다. 예를 들어 앞에서 살펴 본 몸무게와 키를 이용한 단순회귀모형에 독립변수로 질적변수인 지역을 추가하여 분석해 보자. 여기서, 지역은 3개의 수준(서울, 광역시, 지방)을 가지고 있으므로 2개의 가변수가 필요하며, 지역_1과 지역_2를 다음과 같이 정의할 수 있다.

$$\text{지역\_1} = \begin{cases} 1, & \text{지역} = \text{서울} \\ 0, & \text{그렇지 않으면} \end{cases}, \quad \text{지역\_2} = \begin{cases} 1, & \text{지역} = \text{광역시} \\ 0, & \text{그렇지 않으면} \end{cases}$$

결과 8.13 가변수(지역_1, 지역_2)가 추가된 분석자료.sav 파일

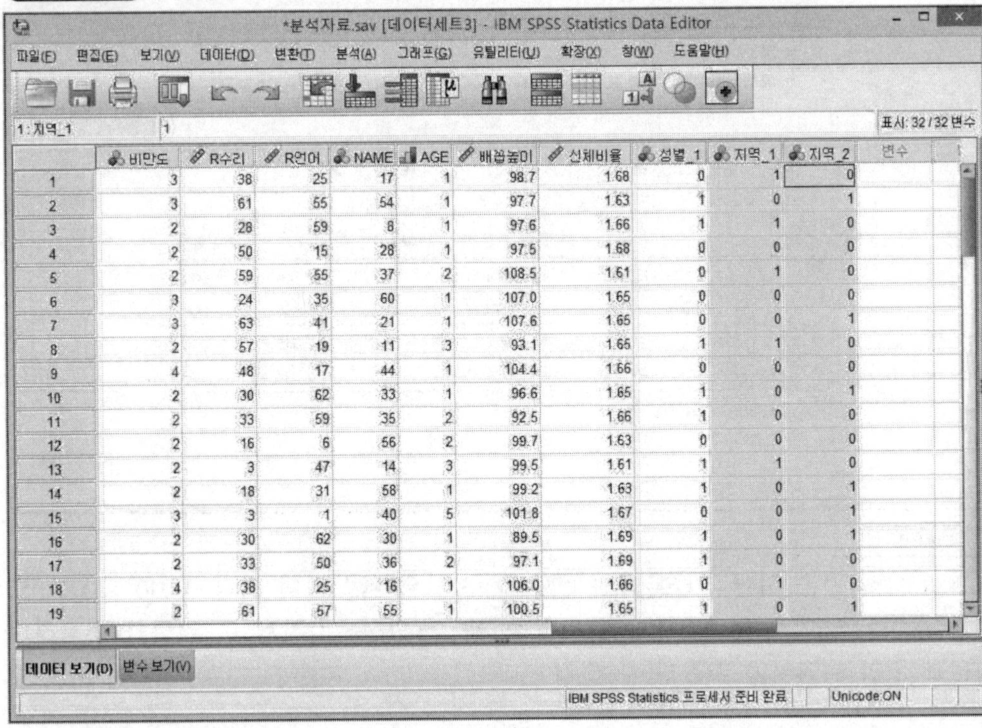

	비만도	R수리	R언어	NAME	AGE	배꼽높이	신체비율	성별_1	지역_1	지역_2	변수
1	3	38	25	17	1	98.7	1.68	0	1	0	
2	3	61	55	54	1	97.7	1.63	1	0	1	
3	2	28	59	8	1	97.6	1.66	1	1	0	
4	2	50	15	28	1	97.5	1.68	0	0	0	
5	2	59	55	37	2	108.5	1.61	0	1	0	
6	3	24	35	60	1	107.0	1.65	0	0	0	
7	3	63	41	21	1	107.6	1.65	0	0	1	
8	2	57	19	11	3	93.1	1.65	1	1	0	
9	4	48	17	44	1	104.4	1.66	0	0	0	
10	2	30	62	33	1	96.6	1.65	1	0	1	
11	2	33	59	35	2	92.5	1.66	1	0	0	
12	2	16	6	56	2	99.7	1.63	0	0	0	
13	2	3	47	14	3	99.5	1.61	1	1	0	
14	2	18	31	58	1	99.2	1.63	1	0	1	
15	3	3	1	40	5	101.8	1.67	0	0	1	
16	2	30	62	30	1	89.5	1.69	1	0	1	
17	2	33	50	36	2	97.1	1.69	1	0	0	
18	4	38	25	16	1	106.0	1.66	0	1	0	
19	2	61	57	55	1	100.5	1.65	1	0	1	

따라서 고려하고자 하는 회귀모형은 다음과 같다.

$$몸무게 = \beta_0 + \beta_1 \times (키) + \beta_2 \times (지역)\_1 + \beta_3 \times (지역)\_2 + \epsilon$$

앞에서와 마찬가지방법으로 **새로운 변수로 코딩변경** 메뉴를 이용하여 결과 8.13과 같이 2개의 가변수 지역_1과 지역_2를 생성할 수 있다.
이제 **회귀분석** 메뉴에서 종속변수로 몸무게를 지정하고, 독립변수에 키와 지역_1, 지역_2를 지정하여 회귀분석을 수행하면 결과 8.14를 얻을 수 있다.

결과 8.14 수준의 수가 3인 가변수(지역_1, 지역_2)를 포함한 중회귀분석

모형 요약

모형	R	R 제곱	수정된 R 제곱	추정값의 표준오차
1	.838[a]	.703	.688	5.975

a. 예측자: (상수), 지역_2, 키, 지역_1

ANOVA[a]

모형		제곱합	자유도	평균제곱	F	유의확률
1	회귀	5070.566	3	1690.189	47.341	.000[b]
	잔차	2142.168	60	35.703		
	전체	7212.734	63			

a. 종속변수: 몸무게
b. 예측자: (상수), 지역_2, 키, 지역_1

계수[a]

모형		비표준화 계수		표준화 계수	t	유의확률
		B	표준화 오류	베타		
1	(상수)	-115.068	15.643		-7.356	.000
	키	1.081	.093	.815	11.588	.000
	지역_1	-4.944	1.867	-.216	-2.648	.010
	지역_2	-3.674	1.804	-.166	-2.037	.046

a. 종속변수: 몸무게

결과분석

결과 8.14를 보면 가변수 지역_1과 지역_2 모두 **유의확률** 값이 각각 0.010과 0.046으로 유의수준 5%에서 통계적으로 유의함을 알 수 있다. 따라서 이 결과를 이용하여 다음과 같이 회귀식을 추정할 수 있다.

$$\widehat{(몸무게)}=\begin{cases}-115.068+1.081\times(키)-4.944, & 서울인\ 경우\\ -115.068+1.081\times(키)-3.674, & 광역시인\ 경우\\ -115.068+1.081\times(키), & 지방인\ 경우\end{cases}$$

실 습 문 제

- 종속변수 평점에 영향을 미치는 독립변수로 언어영역, 수리영역, 전공을 고려하여 중회귀모형을 적합시키시오.

CHAPTER 9
분산분석

이 장에서는 세 개 이상의 정규모집단의 모평균에 차이가 있는지를 검정하기 위한 통계적 분석방법인 분산분석에 대하여 설명한다. 1절에서는 요인의 수가 1개인 일원분산분석에 대해 다루고, 2절에서는 요인의 수가 2개인 이원분산분석에 대해 설명한다. 또한, SPSS를 사용하여 분산분석을 수행하기 위한 결과를 산출하고 이를 해석하는 방법에 대해서 설명한다.

SECTION 9.1 일원분산분석

5장에서는 두 개의 독립적인 정규모집단의 모평균 차이를 검정하기 위해 t-검정을 이용한 분석방법을 다루었다. 이 장에서 설명하고자 하는 분산분석(Analysis of Variance : ANOVA)은 세 개 이상의 정규모집단의 모평균에 차이가 있는지를 검정하는 방법이다. 분산분석은 요인(factor)별 모평균에 차이가 있는지를 검정하는 방법으로 요인의 수가 1개인 일원분산분석(one-way ANOVA)과 요인의 수가 2개인 이원분산분석(two-way ANOVA)으로 구분된다.
일원분산분석은 요인의 수가 1개인 경우, 3개 이상의 수준으로 구분되는 정규모집단의 모평균에 차이가 있는지를 검정하기 위해 사용되는 방법으로 검정하고자 하는 종속변수와 요인을 나타내는 변수(범주형 변수)를 이용하여 요인별 평균을 구한 다음 이들 평균 사이에 통계적으로 유의한 차이가 있는지를 검정하는 방법이다. 분산분석에서 귀무가설은 다음과 같이 설정된다.

$H_0 : p$개 모집단의 모평균이 모두 동일하다.

$$(\mu_1 = \mu_2 = \cdots = \mu_p)$$

분산분석 결과 귀무가설이 기각된다는 것은 p개 모집단의 모평균 중에서 어느 하나라도 같지 않다는 것을 의미하는 것이므로 p개 모집단의 모평균 중 어느 모집단의 모평균 사이에 통계적으로 유의한 차이가 있는지를 분석해야 한다. 따라서 2단계 분석방법으로 다중비교(multiple comparison) 분석방법을 사용한다. 물론, 설정된 귀무가설이 통계적으로 유의하지 않는 경우, 즉 귀무가설이 기각되지 않는 경우 다중비교는 할 필요가 없다.

그림 9.1 **모평균 차이 검정**

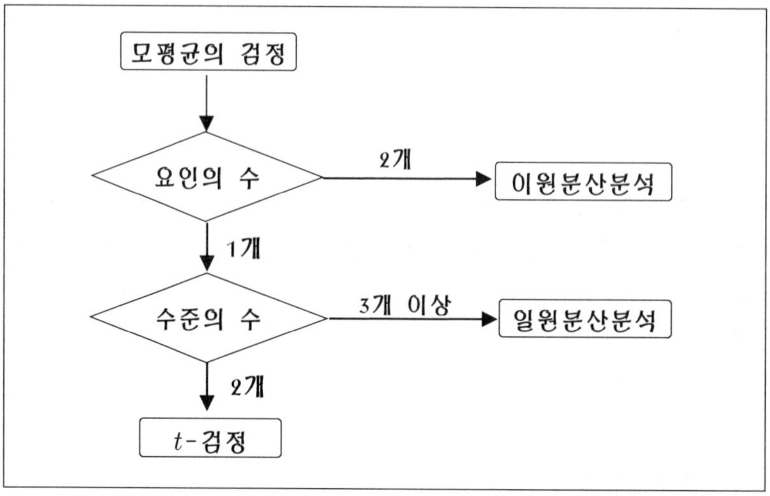

다중비교

세 개 이상의 독립적인 정규모집단의 모평균에 차이가 있는지를 검정하기 위해서 분산분석 방법을 사용한다. 세 개의 모집단을 고려하는 경우 귀무가설은 세 모집단의 모평균이 모두 같다는 것이다. 분석 결과 귀무가설이 기각되는 경우, 즉 세 모집단의 모평균이 모두 같지 않다고 판단되는 경우 어느 모집단의 모평균 사이에 차이가 있는지를 분석하는 것이 중요하다. 이러한 분석을 다중비교(multiple comparison)라고 하며, 분산분석에서 설정된 모형이 통계적으로 유의한 경우, 즉 귀무가설이 기각되는 경우에는 다중비교를 통하여 실제 어느 모집단 사이에 어떠한 모평균의 차이가 존재하는지를 분석하게 된다.
분산분석에서 고려되는 다중비교 방법에는 여러 가지가 있다. 최소유의차를 이용하여 분석하는 LSD 검정법, Tukey의 표준화 검정법, Duncan과 Scheffe, Dunnet의 방법 등이 있다. 이러한 다중비교방법의 결과가 모두 동일하게 나타나지 않으므로 이들 각 방법의 결과를 종합하여 결론을 내리는 것이 좋으며, 일반적으로 LSD와 Duncan의 방법은 민감하고, Scheffe의 방법은 이보다 둔감하다고 알려져 있다. ■■■■■

일원분산분석을 수행하기 위해서는 SPSS 초기화면에서 다음의 메뉴를 선택함으로써 시작할 수 있다.

분석 ➡ **평균비교** ➡ **일원배치분산분석** *SPSSMENU*

《**일원배치 분산분석**》 대화상자에서 **종속변수**에는 검정하고자 하는 변수를 지정하고 **요인**에는 수준변수를 지정하는데 주어진 요인의 각 수준에 따라 구분된 집단의 모평균에 차이가 있는지를 검정하게 된다. 여기서 지정되는 수준변수는 반드시 범주형 변수이어야 한다.

예를 들어 언어영역등급에 따라 평균 평점에 차이가 있는지를 알아보자. 이러한 문제에서 $\mu_1, \mu_2, \mu_3, \mu_4$를 각각 언어영역 1, 2, 3, 4등급의 평균 평점이라 할 때 분산분석을 위한 귀무가설은 "언어영역등급에 따라서 평균 평점에는 차이가 없다"는 것이다.

$$H_0 : \mu_1 = \mu_2 = \mu_3 = \mu_4$$

여기서, 요인을 나타내는 변수는 언어영역등급으로 4개의 수준을 가지는 범주형 변수이고, 실제로 모평균의 차이를 검정하고자 하는 변수는 평점이다. 따라서 **《일원배치 분산분석》** 대화상자에서 **종속변수**에는 평점을 선택하고 **요인**에는 언어영역등급을 선택한 후 [확인]을 클릭하면 된다.

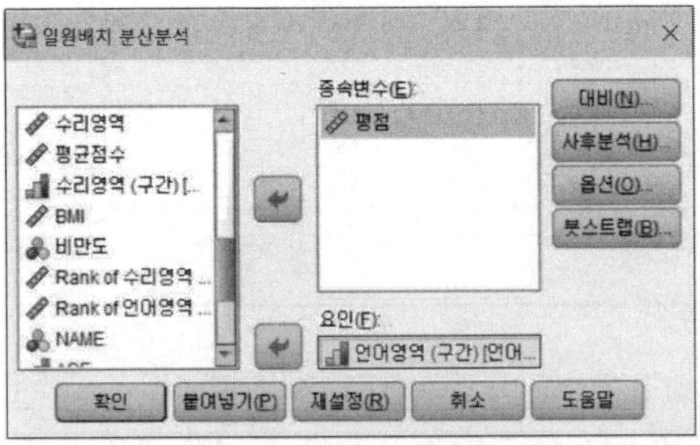

분산분석표와 함께 수준별 기술통계량을 산출하려면 **《일원배치 분산분석》** 대화상자의 [옵션]을 클릭하여 나타나는 **《일원배치 분산분석:옵션》** 대화상자에서 **통계량**의 **기술통계**를 선택하고 [계속]을 클릭한 다음 **《일원배치 분산분석》** 대화상자의 [확인]을 클릭하면, 결과 9.1과 같은 일원배치 분산분석 결과를 얻을 수 있다.

결과 9.1 일원배치 분산분석

ANOVA

평점

	제곱합	자유도	평균제곱	F	유의확률
집단-간	.309	3	.103	.804	.496
집단-내	7.681	60	.128		
전체	7.990	63			

기술통계

평점

	N	평균	표준화 편차	표준화 오류	평균에 대한 95% 신뢰구간		최소값	최대값
					하한	상한		
1	16	3.656	.3864	.0966	3.450	3.862	3.0	4.2
2	14	3.686	.3394	.0907	3.490	3.882	2.8	4.2
3	16	3.556	.3386	.0846	3.376	3.737	2.9	4.1
4	18	3.517	.3618	.0853	3.337	3.697	2.7	4.1
전체	64	3.598	.3561	.0445	3.509	3.687	2.7	4.2

결과분석

결과 9.1의 ***ANOVA*** 결과를 보면, 요인을 나타내는 언어영역등급 변수의 4개 수준인 4개의 등급별로 평점의 평균에 차이가 없다는 귀무가설에 대한 F-검정 결과, 검정통계량 값은 0.804이고, 이때의 **유의확률** 값은 0.496으로 통계적으로 유의한 차이가 없다고 결론지을 수 있다. 여기서 귀무가설은 언어영역 등급별로 평균 평점에 차이가 없다는 것인데, 분석 결과 언어영역등급에 따른 평균 평점의 차이는 통계적으로 유의하지 않다고 결론지을 수 있다. 이와 같이 통계적으로 유의한 차이가 없는 경우에는 다중비교 분석방법이 필요하지 않다.

또 다른 예로 수리영역등급에 따라 평균 평점에 차이가 있는지를 알아보자. 이를 검정하기 위한 모형에서 귀무가설은 다음과 같이 설정될 수 있다.

H_0 : 수리영역등급에 따라 평균 평점에는 차이가 없다.

여기서, 귀무가설이 기각되는 경우 즉, 수리영역등급에 따라 평균 평점에 차이가 있다면 어느 등급 사이에 차이가 있는지를 DUNCAN의 다중비교 방법에 의해 알아볼 수 있다. 요인변수는 수리영역등급으로 명목형 변수이며, 실제로 모평균의 차이를 검정하고자 하는 변수는 평점이다. 따라서 《**일원배치 분산분석**》 대화상자에서 다음과 같이 **종속변수**에 평점을 지정하고 **요인**에 수리영역등급을 지정한다.

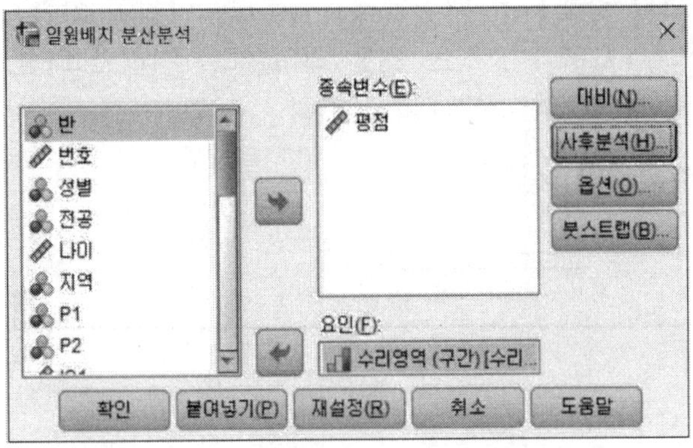

더불어 DUNCAN의 다중비교를 수행하기 위해서 [사후분석]을 클릭하여 나타나는《**일원배치 분산분석:사후분석-다중비교**》대화상자에서 **Duncan**을 선택하고 [계속]을 클릭한다. 물론, 다른 방법에 의해서 다중비교를 수행하고자 하면, 이를 지정하면 된다. 이제 《**일원배치 분산분석**》대화상자의 [확인]을 클릭하면 결과 9.2를 얻을 수 있다.

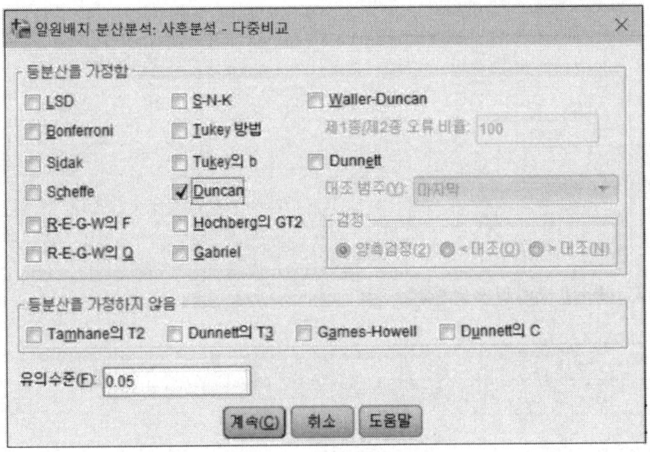

결과분석

결과 9.2를 보면 수리영역등급에 따라 평균 평점에 차이가 없다는 귀무가설에 대한 F-검정 결과 검정통계량 값은 3.429이고, 이때의 **유의확률** 값은 0.023으로 유의수준 5%에서 귀무가설은 기각된다. 즉, 수리영역등급에 따라 평균 평점에 통계적으로 유의한 차이가 있다고 결론지을 수 있다. 이러한 경우 어떠한 등급 사이에 실제로 평점의 모평균에 차이가 있는지를 검정하기 위해 Duncan의 다중비교를 수행하였다. 이 결과를 보면, 수리영역등급이 (1등급, 3등급, 2등급)과 (2등급, 4등급)인 경우에는 Duncan Grouping에서 각각 동일한 집단으로 나타나 있다. 이는 수리영역등급이 1등급, 3등급, 2등급인 경우와 2등급, 4등급인 경우에 평균 평점에 차이가 없다는 것을 의미한다. 따라서 이 결과를 종합해볼 때 1등급과 4등급, 그리고 3등급과 4등급 사이에는 평균 평점에 유의한 차이가 있다는 것을 의미한다. 이러한 다중비교 결과는 다음과 같은 표현방법을 사용하여 나타내기도 한다.

수리영역 등급

1 3 2 4

결과 9.2 일원배치 분산분석 : 사후분석

ANOVA

평점

	제곱합	자유도	평균제곱	F	유의확률
집단-간	1.169	3	.390	3.429	.023
집단-내	6.820	60	.114		
전체	7.990	63			

사후검정

동질적 부분집합

평점

Duncan[a,b]

수리영역 (구간)	N	유의수준 = 0.05에 대한 부분집합 1	2
4	17	3.418	
2	17	3.553	3.553
3	15		3.673
1	15		3.780
유의확률		.262	.077

동질적 부분집합에 있는 집단에 대한 평균이 표시됩니다.

a. 조화평균 표본크기 15.938을(를) 사용합니다.

b. 집단 크기가 동일하지 않습니다. 집단 크기의 조화평균이 사용됩니다. I 유형 오차 수준은 보장되지 않습니다.

실 습 문 제

■ 출신 고등학교 지역에 따라서 평균평점에 차이가 있는지를 분석하시오.

SECTION 9.2 이원분산분석

이원분산분석은 종속변수에 영향을 미치는 요인(처리)이 2개인 경우로, 두 요인(처리)에 대한 영향의 정도를 파악하기 위해 사용되는 방법이다. 이원분산분석은 실험의 형태에 따라 반복이 있는 경우와 반복이 없는 경우로 구분할 수 있으며, 각 수준별로 실험에 의해 관측된 관측치가 1개인 경우는 반복이 없는 경우이고, 관측치가 2개 이상인 경우는 반복이 있는 경우이다.

■ 반복이 없는 경우

반복이 없는 경우의 귀무가설은 다음과 같다.

H_0 : 처리 A와 처리 B의 효과가 없다.

$$\begin{pmatrix} H_0 \ : \alpha_1 = \alpha_2 = \ \cdots \ = \alpha_p \\ H_0 \ : \beta_1 = \beta_2 = \ \cdots \ = \beta_q \end{pmatrix}$$

여기서, 처리 A의 효과를 α라 할 때 p는 α의 수준의 수이며, 처리 B의 효과를 β라 할 때 q는 β의 수준의 수이다.

■ 반복이 있는 경우

반복이 있는 경우의 귀무가설은 다음과 같다.

H_0 : 처리 A의 효과와 처리 B의 효과, 교호작용의 효과가 없다.

$$\begin{pmatrix} H_0 : \alpha_1 = \alpha_2 = \ \cdots \ = \alpha_p \\ H_0 : \beta_1 = \beta_2 = \ \cdots \ = \beta_q \\ H_0 : \gamma_{ij} = 0 \end{pmatrix}$$

여기서, α, p, β, q는 반복이 없는 경우에서와 같이 정의되며, $\gamma_{ij}\,(i=1,2,\cdots,p\,,\ j=1,2,\cdots,q\,)$는 처리 A의 i번째 처리와 처리 B의 j번째 처리 사이의 교호작용(interaction)의 효과를 나타낸다.

교호작용

반복이 있는 이원분산분석에서 각각의 처리수준의 조합에서 생기는 교호작용(interaction)의 효과를 분리하여 종속변수에 영향을 미치는지를 검정하는 것을 교호작용 효과의 검정이라고 한다. 분산분석 결과 두 처리 수준 사이에 교호작용이 존재한다는 것은 처리 A의 수준 변화에 따라 처리 B의 효과가 변하고 있다는 것을 의미한다. 교호작용의 효과를 시각적으로 파악하기 위한 방법으로 평균프로파일 플롯(means profile plot)이 사용된다. 평균프로파일 플롯은 각 수준별 평균을 구한 다음 이들 값을 연결하여 시각적으로 교호작용의 효과를 판단하기 위한 방법이다. 평균프로파일 플롯의 형태가 일정한 간격을 두고 평행하게 나타나는 경우는 교호작용이 없는 경우이며, 교호작용이 존재하는 경우에는 서로 교차하는 부분이 존재하게 된다.

본 교재에서는 반복이 있는 이원분산분석의 예를 설명하며, 반복이 없는 경우의 이원분산분석에 대한 분석방법은 반복이 있는 경우와 동일하게 수행하면 된다. 이원분산분석을 수행하기 위해서는 SPSS 초기화면에서 다음의 메뉴를 선택함으로써 시작할 수 있다.

분석 ➠ **일반선형모형** ➠ **일변량** *SPSSMENU*

예를 들어 성별과 지역이라는 두 요인이 평점에 영향을 미치는지를 알아보기 위해 이원분산분석을 이용하여 분석해보자. 여기서, 성별과 지역별로 1명 이상의 학생들의 평점이 자료로 이용되므로 반복이 있는 이원분산분석이며, 따라서 평점에 대한 성별, 지역별 교호작용의 효과도 분석해 볼 수 있다. 여기서, 고려되는 귀무가설은 다음과 같다.

H_0 : 성별로 평균평점에 차이가 없다.
H_0 : 지역별로 평균평점에 차이가 없다.
H_0 : 평점에 대한 성별 지역별 교호작용 효과가 없다.

이러한 이원분산분석을 수행하기 위해서는 **일변량** 메뉴를 선택해서 얻게 되는 **《일변량 분석》** 대화상자에서 다음과 같이 **종속변수**에 평점을 지정하고 **고정요인**에 성별과 지역을 지정한 후 [확인]을 클릭하면 된다. 결과 9.3은 이렇게 해서 얻게 되는 이원분산분석 결과이다.

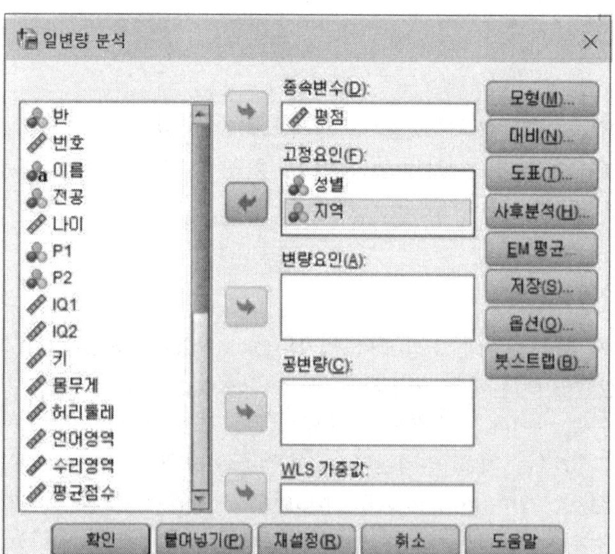

결과 9.3 성별, 지역별 이원분산분석

개체-간 요인

		값 레이블	N
성별	1	남자	31
	2	여자	33
지역	1	서울	20
	2	광역시	23
	3	지방	21

개체-간 효과 검정

종속변수: 평점

소스	제 III 유형 제곱합	자유도	평균제곱	F	유의확률
수정된 모형	1.575[a]	5	.315	2.847	.023
절편	765.484	1	765.484	6920.714	.000
성별	.809	1	.809	7.310	.009
지역	.689	2	.344	3.113	.052
성별 * 지역	.303	2	.152	1.371	.262
오차	6.415	58	.111		
전체	836.710	64			
수정된 합계	7.990	63			

a. R 제곱 = .197 (수정된 R 제곱 = .128)

결과분석

결과 9.3을 살펴보면 성별, 지역별로 평균 평점에 차이가 있다고 설정한 모형이 통계적으로 유의하다는 사실을 알 수 있다. 즉, 모형의 적합성을 검정하기 위한 F-검정의 **유의확률** 값이 0.023으로 유의수준을 $\alpha = 0.05$ 라고 할 때 성별, 지역별로 평점의 평균에 차이가 없다는 귀무가설이 기각된다. 성별 효과에 대한 **유의확률** 값이 0.009로 평점에 성별 효과가 있음을 알 수 있으며, 지역에 따른 효과는 **유의확률** 값이 0.052로 효과가 없다고 판단할 수 있다. 다만, 유의수준을 0.1로 하는 경우에는 지역에 따른 효과도 있다고 할 수 있다.

한편, 성별과 지역에 대한 교호작용 효과를 검정하기 위한 **유의확률** 값은 0.262로 교호작용의 효과가 없다고 결론지을 수 있다. 이를 시각적으로 분석해 보기 위해 작성된 결과 9.4에 있는 평균 프로파일 플롯에서도 성별, 지역별 평균 프로파일 플롯이 서로 교차하지 않는 것을 볼 수 있다. 즉, 이 그림으로 볼 때 평점에 대해서 성별과 지역의 교호작용 효과는 없다고 할 수 있다.

이제 성별, 지역별 평점의 평균을 이용하여 두 요인사이의 교호작용 효과를 시각적으로 분석할 수 있는 평균 프로파일 플롯을 작성해 보자. 이를 위해서 앞에서처럼 **《일변량 분석》** 대화상자에서 **종속변수**에 평점을 지정하고 **고정요인**에 성별과 지역을 지정한다. 그리고 [도표]를 선택해서 얻게 되는 **《일변량: 프로파일 도표》** 대화상자에서 **수평축 변수**에 지역을 선택하고 **선구분 변수**에 성별을 선택한 후 [추가]를 선택하면 다음과 같이 **도표**에 **지역*성별**이 나타난다. [계속]을 클릭한 다음 **《일변량 분석》** 대화상자에서 [확인]을 클릭하면 결과 9.4를 얻을 수 있다.

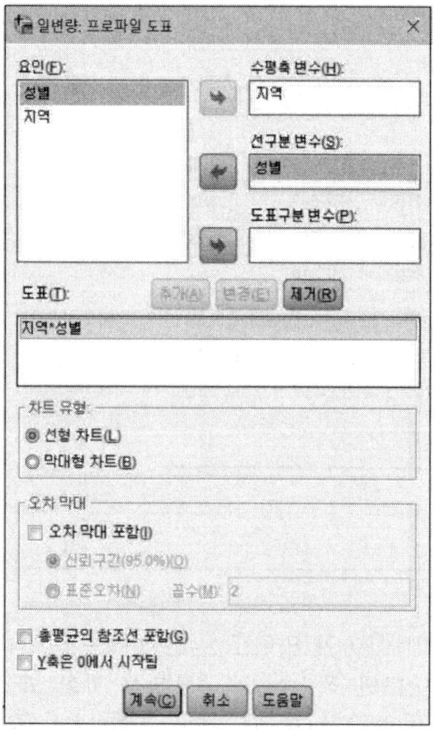

결과분석

결과 9.3에서 성별과 지역에 대한 교호작용 효과를 검정한 결과 교호작용 효과가 통계적으로 유의하지 않다고 나타났다. 실제로 이를 시각적으로 분석해 보기 위해 작성된 결과 9.4에 있는 **프로파일 도표**에서도 성별, 지역별 **프로파일 도표**가 서로 교차하지 않는 것을 볼 수 있다. 교호작용이 있는 경우에는 **프로파일 도표**가 서로 교차하게 된다. 따라서 이 그림으로 볼 때 평점에 대해서 성별과 지역의 교호작용 효과는 없다고 할 수 있다.

결과 9.4 프로파일 도표

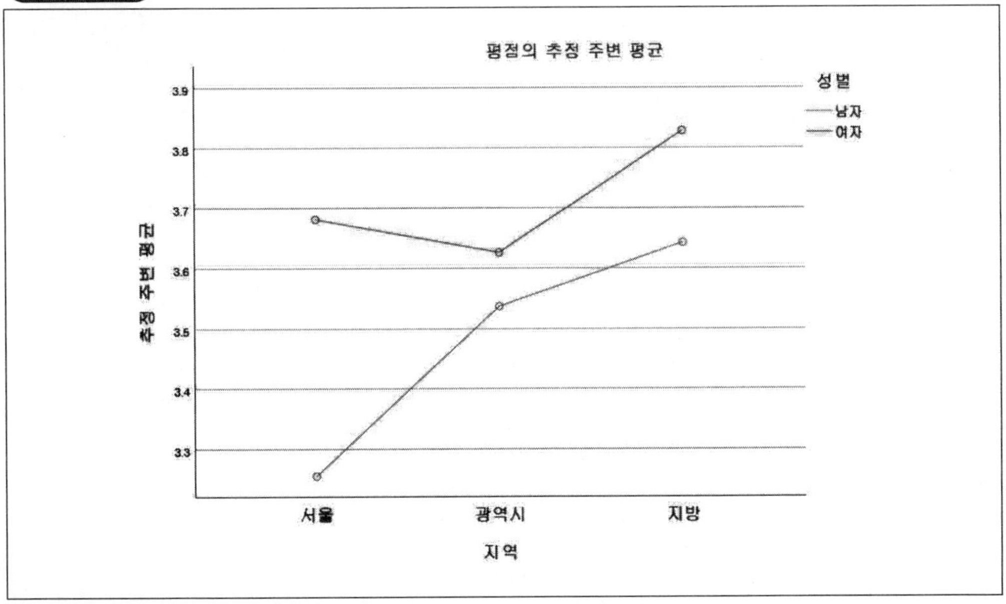

실 습 문 제

- 성별과 전공이라는 두 요인이 평점에 어떠한 영향을 미치는지를 분석하시오. 필요하다면 프로파일도표를 작성하여 두 요인 사이에 교호작용 효과를 시각적으로 나타내시오.

CHAPTER 10
비모수분석

우리가 일반적으로 사용하고 있는 t-검정이나 F-검정 등은 모집단이 정규분포를 따른다는 가정하에 분석이 이루어진다. 그런데, 실제 데이터에서는 이러한 가정이 성립되지 않는 경우가 많지만 그럼에도 불구하고 정규분포를 가정하고 분석할 수 있는 이유는 중심극한정리 때문이다. 모집단의 분포와 관계없이 표본의 크기가 충분히 크다면 표본평균의 분포는 근사적으로 정규분포를 따르게 된다. 반면에 표본의 크기가 충분히 크지 않을 경우 정규분포 가정이 어렵게 되는데 이와 같은 문제점을 해결해 주는 것이 바로 비모수 통계학(nonparametric statistics)이다. 비모수 검정의 많은 통계적 절차들은 데이터의 분포에 관한 가정이 불필요하여 분포-무관 검정(distribution-free tests)이라고도 한다.

SECTION 10.1 2-독립 표본 비모수 검정

2-독립 표본 비모수 검정은 표본의 크기가 작거나, 모집단이 정규분포를 만족하지 못할 때 독립 표본 t-검정을 대신하여 사용할 수 있다. 2-독립 표본 비모수 검정은 순위를 이용하여 검정을 하지만 SPSS에서 내부적으로 순위로 변경하여 분석하기 때문에 사용자가 데이터의 순위를 계산하여 분석할 필요는 없다.

2-독립 표본 비모수 검정 방법으로 널리 사용되는 맨-휘트니(Mann-Whitney)의 U 검정은 서로 다른 두 집단의 차이를 분석하는데 있어서 자료의 수치가 순서척도이거나 집단의 표본 수가 30 미만이면서 정규성(normality)을 만족하지 못하는 경우에 사용하는 방법이다. 이 방법은 두개의 표본이 동일한 확률분포를 갖는 모집단들로부터 추출되었는지의 여부를 검정하는 것으로 두 모집단의 분포의 형태를 가정할 필요는 없으나 각 모집단으로부터 추출된 표본은 무작위로 추출되어야 하고 측정값은 순위를 매길 수 있어야 한다. 우선 측정값을 오름차순으로 배열한 뒤에 각 표본(집단)별로 평균 순위를 구한 후 중위수를 구한다. 만일 중위수가 크다면 순위합도 크게 나타날 것이다. 맨-휘트니의 U 검정은 집단 1의 점수가 집단 2의 점수보다 앞선 횟수와 집단 2의 점수가 집단 1의 점수보다 앞선 횟수를 계산하여 이들 두 수 중 작은 수를 이용하여 검정한다.

1반 학생들에 대해서 평점이 성별에 따라 차이가 있는지를 비모수적 방법으로 분석해보자. 분석자료.sav 파일에서 1반 학생들의 성별 표본수를 살펴보면 남자가 18명, 여자가 14명으로 각 집단의 표본수가 30보다 작다. 만일 모집단의 분포를 정규분포로 가정할 수 없다면 성별에 따라 평점에 차이가 있는지를 분석하기 위해서는 비모수 검정을 사용해야 한다. 전체 자료 중 1반 학생들의 자료만 분석하기 위해서 **데이터** 메뉴에서 **케이스 선택**을 사용하면 다음과 같은 《**케이스 선택**》 대화상자가 나타나는데 여기서 **조건을 만족하는 케이스**를 선택하고 [조건]을 클릭해서 나타나는 대화상자에서 **반=1**을 지정하면 자료파일에서 2반인 학생들의 케이스는 제외된다. 이 상태에서 분석을 수행하면 1반 학생들에 대한 자료만 이용하여 분석할 수 있다.

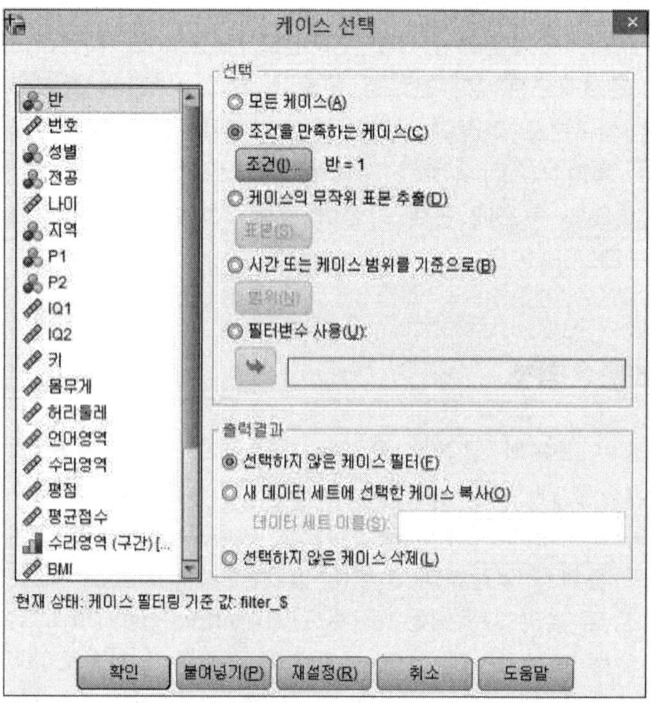

성별에 따라 구분되는 두 집단은 독립표본이므로 2-독립 표본 검정 방법인 맨-휘트니 U 검정을 사용하기 위해서 다음의 메뉴를 선택한다.

분석 ➠ 비모수검정 ➠ 레거시대화상자 ➠ 2-독립 표본 *SPSSMENU*

위와 같이 선택하여 얻게 되는 《**2-독립 표본 비모수검정**》 대화상자에서 **검정변수**에 평점을 지정하고 **집단변수**에 성별을 지정하면 **성별(??)**와 같이 입력된다. 여기서 성별 변수의 집단을 정의해 주기 위해 [집단 정의]를 클릭하여 나타나는 《**2-독립 표본 비모수검정**》 대화상자에서 **집단 1**에 남자인 1을 입력하고, **집단 2**에 2를 입력한 다음 [계속]을 클릭한다.

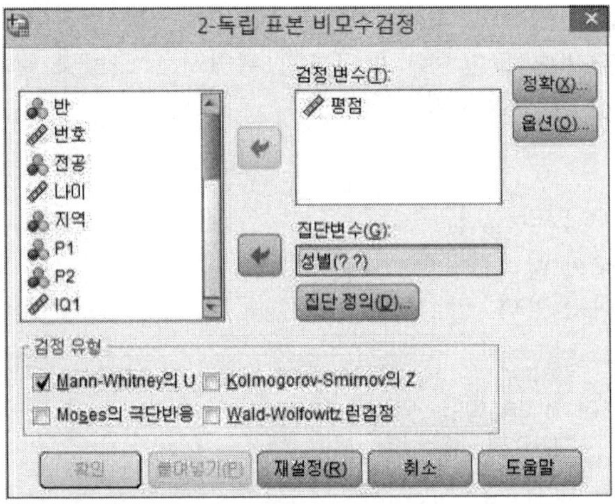

그러면 **집단변수**가 **성별(1 2)**와 같이 변경되며, **검정 유형**에서 ***Mann-Whitney의 U***를 선택하고 [확인]을 클릭하면 된다.

결과 10.1 2-독립 표본 비모수 검정

Mann-Whitney 검정

순위

	성별	N	평균 순위	순위합
평점	남자	18	15.47	278.50
	여자	14	17.82	249.50
	전체	32		

검정 통계량[a]

	평점
Mann-Whitney의 U	107.500
Wilcoxon의 W	278.500
Z	-.707
근사 유의확률 (양측)	.480
정확 유의확률 [2*(단측 유의확률)]	.488[b]

a. 집단변수: 성별

b. 등순위에 대해 수정된 사항이 없습니다.

결과분석

결과 10.1을 보면 1반 학생들의 평점에 순위를 부여한 결과 남자와 여자의 순위합은 각각 15.47과 17.82이며, 이 값을 이용하여 계산된 U 통계량 값은 107.50이다. 그런데, 실제로 이 값이 통계적으로 유의한 값인지를 판단하기 위해서는 다음과 같은 가설검정을 먼저 수행하여야 한다.

Step 1 가설설정

다음과 같이 가설을 설정할 수 있다.

$$\begin{cases} H_0 : \text{성별에 따라 평점에 차이가 없다.} \\ H_1 : \text{성별에 따라 평점에 차이가 있다.} \end{cases}$$

Step 2 유의확률의 계산

결과 10.1로부터 유의확률 값이 0.480임을 알 수 있다.

Step 3 유의수준 α 결정

유의수준 α를 0.05로 하자.

Step 4 가설의 기각 여부 결정

유의확률 값이 유의수준 α보다 크므로 귀무가설을 기각할 수 없다. 따라서 성별에 따라 평점 순위에 차이가 없다.

실 습 문 제

- 2반 학생들에 대해서 성별에 따라 평점에 차이가 있는지 비모수 검정 하시오.

SECTION 10.2 2-대응 표본 비모수 검정

2-대응 표본 비모수 검정은 두 변수의 분포를 비교하는 것으로 일반적으로 어떤 실험의 전후 또는 조사 전후의 측정 결과를 비교하여 효과를 검증하는데 사용되는 방법이다. 2-대응 표본 비모수 검정은 모수통계의 대응표본 t-검정과 유사한 방법으로 윌콕슨 부호순위 검정(Wilcoxon 's signed rank test)이 널리 사용된다. 윌콕슨 부호순위 검정은 데이터가 연속형인 경우 사용할 수 있으며, 모든 케이스에 대해 두 변수 간 차이를 계산하고 그 차이를 양수, 음수 또는 동률인 수 등으로 분류한 후 변수 부호 차이와 대응 간 차이의 크기까지 모두 고려하는 방법이다.

지능지수를 향상시킬 수 있는 프로그램의 효과를 알아보기 위해 프로그램 연수 전에 지능지수를 측정하고 이 연수 프로그램 연수 후 다시 지능지수를 측정한 결과가 분석자료.sav 파일에 IQ1과 IQ2 변수로 입력되어 있다. 1반 학생들에 대해서 이 프로그램이 지능지수를 높이는데 효과가 있는지를 분석해보자.

프로그램 연수 전과 후의 지능지수 차이의 절대값의 순위를 구하는데, 이 때 순위가 높을수록 절대값의 차이가 크게 된다. 차이의 부호값(S_i)은 차이가 양수일 때는 1, 음수일 때는 0으로 처리하며 차이의 절대값 순위(R_i)에서 순위가 같을 때는 평균순위를 사용한다. 차이의 부호값(S_i)은 1 또는 0의 값을 가지는데, 양수인 경우 차이의 절대값의 순위를 다음과 같이 모두 더하여 W^+를 계산한다.

$$W^+ = \sum_{i=1}^{n} S_i R_i$$

여기서, W^+가 클수록 프로그램 연수 후 지능지수가 증가하여 프로그램의 효과가 있다고 할 수 있다. W^+를 윌콕슨 부호순위 검정통계량이라 하며 귀무가설 하에서 W^+의 기댓값과 분산은 다음과 같이 구해진다.

$$E(W^+) = \frac{n(n+1)}{4}, \; Var(W^+) = \frac{n(n+1)(2n+1)}{24}$$

일반적으로 n이 클 때 윌콕슨 부호순위 검정통계량 W^+를 근거로 계산된 Z_{W^+}는 근사적으로 정규분포를 따른다.

$$Z_{W^+} = \frac{W^+ - E(W^+)}{\sqrt{Var(W^+)}} \sim N(0,1)$$

프로그램 연수 전후의 지능지수 값을 나타내는 두 집단은 독립이 아니므로 2-대응표본 비모수 검정 방법을 이용하여 분석해야 한다. 이러한 분석방법으로 널리 사용되는 윌콕슨 부호순위 검정을 하기 위해서 다음의 메뉴를 선택한다. 앞 절에서와 마찬가지로 1반 학생들에 대한 분석을 위해서는 **데이터** 메뉴의 **케이스 선택**을 사용하여 1반 학생들의 자료만을 선택한 다음 분석을 실시하면 된다.

분석 ➠ **비모수검정** ➠ **레거시대화상자** ➠ **2-대응 표본** *SPSSMENU*

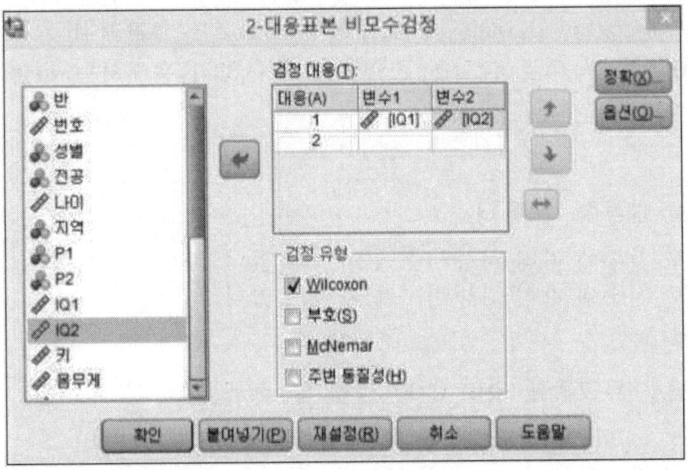

《2-대응표본 비모수검정》 대화상자에서 **검정 대응**에 **변수1**과 **변수2**에 각각 IQ1과 IQ2를 지정하고, **검정유형**에서 ***Wilcoxon***을 선택한 다음 [확인]을 클릭하면 된다.

결과 10.2 2-대응 표본 비모수 검정

Wilcoxon 부호순위 검정

순위

		N	평균 순위	순위합
IQ2 - IQ1	음의 순위	10[a]	8.60	86.00
	양의 순위	22[b]	20.09	442.00
	등순위	0[c]		
	전체	32		

a. IQ2 < IQ1

b. IQ2 > IQ1

c. IQ2 = IQ1

검정 통계량[a]

	IQ2 - IQ1
Z	-3.352[b]
근사 유의확률 (양측)	.001

a. Wilcoxon 부호순위 검정

b. 음의 순위를 기준으로.

결과분석

결과 10.2를 보면 음의 순위가 나타나는 경우가 10, 양의 순위인 경우가 22이며, 등순위인 경우는 없음을 알 수 있다. 이 값을 바탕으로 계산된 Z 검정통계량 값은 -3.352이다. 실제로 이 값이 통계적으로 유의한 값인지를 판단하기 위해서는 다음과 같은 가설검정을 먼저 수행하여야 한다.

Step 1 가설설정

다음과 같이 가설을 설정할 수 있다.

$$\begin{cases} H_0 : \text{프로그램 연수 전후에 따라 지능지수에 차이가 없다.} \\ H_1 : \text{프로그램 연수 전후에 따라 지능지수에 차이가 있다.} \end{cases}$$

Step 2 유의확률의 계산

결과 10.2로부터 근사 유의확률 값이 0.001임을 알 수 있다.

Step 3 유의수준 α 결정

유의수준 α를 0.05로 하자.

Step 4 가설의 기각 여부 결정

유의확률 값이 유의수준 α보다 작으므로 귀무가설을 기각할 수 있다. 따라서 지능지수 프로그램 연수 후 지능지수 점수가 높아졌으며, 따라서 이 프로그램은 지능지수를 높이는데 효과가 있다고 할 수 있다.

실 습 문 제

- 2반 학생들에 대해서 지능지수를 향상시키는 프로그램이 효과가 있다고 할 수 있는지 분석해보시오.

SECTION 10.3 K-독립 표본 비모수 검정

K-독립 표본 비모수 검정은 모수 통계학의 분산분석과 유사한 방법으로 검정하고자 하는 변수에 대해 3개 이상의 집단별로 차이가 있는지 비교할 때 사용된다. 크루스칼-왈리스(Kruskal-Wallis)의 H 검정은 맨-휘트니 U 검정을 확장한 것으로 일원분산분석과 동일하다. 즉, 맨-휘트니 검정이 두 집단에 대한 것이라면 크루스칼-왈리스 검정은 세 집단 이상에 적용되는 방법으로 검정원리는 동일하다. 세 집단의 측정값을 모두 크기 순서로 배열하고 순위를 매겨서 각 집단의 순위의 평균을 비교하여 검정하게 된다. 2반 학생들에 대해 수리영역등급별로 평점에 차이가 있는지 분석해보자. 점수가 높을수록 높은 순위가 부여되도록 전체 자료에 대한 순위를 부여한 다음 각 집단별로 순위합을 구한다. 크루스칼-왈리스 검정을 위한 검정 통계량은 다음과 같이 정의되며, 이 검정통계량은 자유도가 $(k-1)$인 카이제곱 분포를 따른다.

$$V_i = \frac{12}{n(n+1)}\sum_{i=1}^{k}\frac{S_i^2}{n_i} - 3(n+1) \sim \chi^2_{(k-1)}$$

여기서, S_i는 i번째 집단의 순위합을 나타내며, k는 집단의 수, n은 전체 표본수, n_i는 i번째 집단의 표본수를 나타낸다.

수리영역등급 변수는 4개의 집단으로 구분되므로 수리영역등급별로 평점에 차이가 있는지를 분석하기 위해서는 **K-독립 표본 비모수검정**을 이용해야 한다. 이러한 분석방법으로 널리 사용되는 크루스칼-왈리스의 H 검정을 하기 위해서 다음의 메뉴를 선택한다.

분석 ➠ **비모수검정** ➠ **레거시대화상자** ➠ **K-독립 표본** *SPSSMENU*

앞 절에서와 마찬가지로 2반 학생들에 대한 분석을 위해서는 **데이터** 메뉴의 **케이스 선택**을 사용하여 2반 학생들의 자료만을 선택한 다음 분석하면 된다.

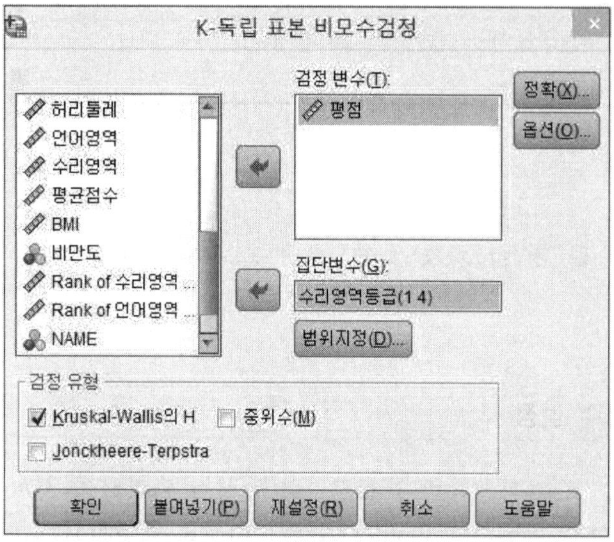

《K-독립 표본 비모수검정》 대화상자에서 **검정 변수**에 평점을 지정하고, **집단변수**에 수리영역등급을 지정한 다음 [범위 지정]에서 **최솟값**을 1, **최댓값**을 4로 입력한 다음 [계속]을 클릭한다. **검정 유형**에서 **Kruskal-Wallis의 H**를 선택한 다음 [확인]을 클릭하면 된다.

결과분석

결과 10.3을 보면 4개 수리영역등급별 평균 순위가 나타나 있고, Kruskal-Wallis의 H 검정통계량 값은 7.930으로 제시되어 있다. 이 값이 통계적으로 유의한 값인지를 판단하기 위해서는 다음과 같은 가설검정을 수행해야 한다.

Step 1 가설설정

다음과 같이 가설을 설정할 수 있다.

$$\begin{cases} H_0 : \text{수리영역등급별로 평점에 차이가 없다.} \\ H_1 : \text{수리영역등급별로 평점에 차이가 있다.} \end{cases}$$

Step 2 유의확률의 계산

결과 10.3으로부터 유의확률 값이 0.047임을 알 수 있다.

Step 3 유의수준 α 결정

유의수준 α를 0.05로 하자.

Step 4 가설의 기각 여부 결정

유의확률 값이 유의수준 α보다 작으므로 귀무가설을 기각할 수 있다. 따라서 수리영역등급별로 평점에 차이가 있다고 할 수 있으며, 평균 순위를 비교해볼 때 수리영역이 1등급인 학생들의 평점 순위가 가장 높으며, 수리영역등급이 4등급인 학생들의 평점 순위가 가장 낮음을 알 수 있다.

결과 10.3 k-독립 표본 비모수 검정

Kruskal-Wallis 검정

순위

	수리영역 (구간)	N	평균 순위
평점	1	11	21.14
	2	6	12.00
	3	10	18.00
	4	5	8.70
	전체	32	

검정 통계량^{a,b}

	평점
Kruskal-Wallis의 H	7.930
자유도	3
근사 유의확률	.047

a. Kruskal Wallis 검정

b. 집단변수: 수리영역 (구간)

실습문제

- 분석자료.sav 파일에서 언어영역 점수를 수리영역 점수와 마찬가지로 4개 등급으로 구분하는 언어영역등급 변수를 생성하시오.
- 1반과 2반 학생들에 대해서 각각 언어영역등급에 따라 평점 순위에 차이가 있다고 할 수 있는지 분석하시오.

SECTION 10.4 비모수 상관분석

7장에서 두 변수 사이에 선형관계가 존재하는지를 분석하기 위해 피어슨의 상관계수(Pearson correlation coefficient)를 이용한 상관분석방법에 대해 설명하였다.

이 절에서는 모집단의 분포를 가정하지 않은 비모수적인 방법으로 두 변수 사이에 선형관계가 존재하는지를 검정하기 위한 비모수 상관분석에 대해 살펴보자. 기본적인 상관계수의 성질과 검정절차는 7장에서 설명된 모수적 방법에 의한 내용과 동일하므로 여기서는 생략하기로 한다.

스피어만의 순위상관계수(Spearman rank correlation coefficient)는 모집단의 분포를 가정하지 않는 비모수 상관분석 방법의 측도로 순위형 자료에 대해 선형관계의 정도를 파악하고자 할 때 사용되며 r_s로 나타낸다. 스피어만의 순위상관계수는 두 변수 X와 Y의 n개 측정자료 (x_i, y_i)에 대해 각 변수별로 순위를 정하여 순위의 짝 (x_i', y_i')을 생성하는데 자료 값이 동일한 경우에는 일반적으로 평균 순위를 부여하며, 다음과 같이 정의된다.

$$r_s = 1 - \frac{6\sum_{i=1}^{n}(x_i' - y_i')^2}{n(n^2-1)}$$

SPSS에서 비모수 상관분석을 하기 위해서 다음 메뉴를 선택한다.

분석 ➠ **상관분석** ➠ **이변량 상관** SPSSMENU

스피어만의 순위상관계수를 얻기 위해서는 《**이변량 상관계수**》 대화상자의 **상관계수**에서 **Spearman**을 선택한다.

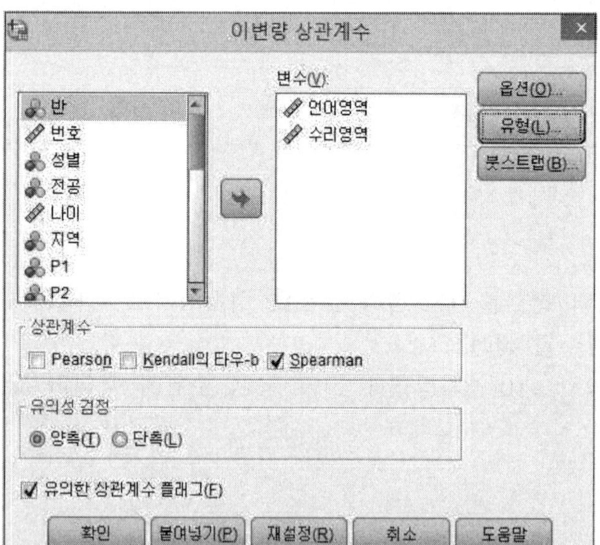

지역이 서울인 학생들에 대해 언어영역과 수리영역 사이에 상관관계가 존재하는지 분석해보자. 여기서도 마찬가지로 **데이터** 메뉴의 **케이스 선택**을 사용하여 지역이 서울

(지역=1)인 학생들만 선택한 상태에서 분석을 실시하면 된다.
《이변량 상관계수》 대화상자에서 상관계수를 구하고자 하는 변수인 언어영역과 수리영역을 **변수**에 지정하고 **Spearman**을 선택한다. **유의성 검정**에서는 검정하고자 하는 가설의 형태에 따라 **양측**검정인지 **단측**검정인지를 선택한다. **유의한 상관계수 플래그**를 선택하면 상관계수 검정 결과를 반영하여 통계적으로 유의한 상관관계가 있다고 판단되는 상관계수 값에 *표시가 나타나도록 한다. 결과 10.4는 언어영역과 수리영역 사이의 순위상관계수를 구한 결과이다.

결과 10.4 순위상관계수

비모수 상관

상관관계

			언어영역	수리영역
Spearman의 rho	언어영역	상관계수	1.000	-.032
		유의확률 (양측)	.	.894
		N	20	20
	수리영역	상관계수	-.032	1.000
		유의확률 (양측)	.894	.
		N	20	20

결과분석

결과 10.4를 보면 언어영역과 수리영역 사이의 **Spearman의 rho** 값은 -0.032로 나타나 있는데 실제로 이 상관계수 값이 통계적으로 유의한 값인지를 판단하기 위해서는 다음과 같이 모집단 순위상관계수에 대한 가설검정을 먼저 수행하여야 한다.

Step 1 가설설정

다음과 같이 가설을 설정할 수 있다.

$$\begin{cases} H_0 : \rho_s = 0(\text{언어영역과 수리영역은 무상관이다.}) \\ H_1 : \rho_s \neq 0(\text{언어영역과 수리영역의 상관계수는 0이 아니다.}) \end{cases}$$

Step 2 유의확률의 계산

결과 10.4로부터 유의확률 값이 0.894을 알 수 있다.

Step 3 유의수준 α 결정

유의수준 α를 0.05로 하자.

Step 4 가설의 기각 여부 결정

유의확률 값이 유의수준 α보다 크기 때문에 귀무가설을 기각할 수 없다. 즉 언어영역과 수리영역 사이의 비모수상관계수 값은 0으로 볼 수 있으며, 언어영역과 수리영역 사이에 상관관계가 존재한다고 할 수 없다.

실 습 문 제

- 지역이 광역시(지역=2)인 학생들과 지방(지역=3)인 학생들에 대해서 각각 언어영역과 수리영역 사이에 순위상관관계가 존재하는지 비모수상관계수를 구해서 분석하시오.

CHAPTER 11

설문조사자료 분석 및 신뢰도 분석

이 장에서는 실제 설문조사를 통하여 얻어진 자료를 이용하여 설문조사자료를 분석하기 위한 방법을 설명한다. 1절에서는 설문지 작성단계와 작성규칙을 설명하고, 설문조사 결과 얻어진 자료를 SPSS를 이용하여 통계적으로 분석하기 위해 데이터파일로 변환하는 과정을 설명한다. 2절에서는 설문조사자료의 문항 신뢰도분석 방법과 기초적인 통계분석 방법을 설명하고, 3절에서는 설문조사자료를 연속형 자료로 변환하여 통계적 기법을 적용하는 방법을 살펴본다.

SECTION 11.1 설문조사자료 분석

일반적으로 통계학은 통계조사 또는 설문조사에 대한 자료분석에서 가장 널리 사용된다. 이러한 통계조사는 분석하고자 하는 집단의 현상을 통계적 방법에 의해 수량화하고, 이를 분석하여 원하는 결론을 이끌어 내거나 조사대상 집단의 객관적이고 구체적인 특징을 파악하기 위해서 사용된다. 통계조사를 실시하는 데에는 많은 비용과 인력, 시간이 필요하므로 조사의 기획단계에서부터 조사 목적에 맞는 설문지를 작성하고, 정확한 조사가 이루어지도록 관리하는 것이 무엇보다도 중요하다.
이 절에서는 이러한 통계조사에서 사용되는 설문지를 작성하는 과정과 설문지를 작성할 때 고려해야 하는 기본원칙을 설명하고, 실제 설문조사에서 얻어진 자료를 이용하여 조사 결과를 요약하는 방법과 작성된 설문지 문항의 신뢰도분석(reliability analysis)에 대한 내용을 설명하고자 한다.

1) 설문지 작성

설문지는 통계조사에서 가장 중요한 부분 중의 하나로 작성된 설문지에 의해 조사를 실시하고, 조사된 결과를 바탕으로 하여 분석자가 원하는 결과들을 이끌어 내기 위해서 사용된다. 실제로 여러 사회현상을 설명하기 위해서 설문지를 이용한 통계조사방법이 사용되며, 여론조사가 이러한 설문조사의 전형적인 예이다. 이 절에서는 설문지를 작성하기 위한 단계와 설문지를 작성할 때 고려되어야 하는 몇 가지 기본 원칙에 대해 설명하고자 한다.

통계조사에서 원하는 정보를 얻기 위해서 사용되는 설문지는 일반적으로 분석자가 필요하다고 판단되는 정보를 얻기 위해 응답자에게 답변을 요구하는 질문 형식으로 구성된다. 이러한 설문지는 조사의 측정도구로 설문지 작성에 오류가 있거나 응답자가 솔직하게 응답할 수 없도록 설문 문항이 작성되면, 응답자의 성향이나 의견을 정확하게 측정할 수 없다. 따라서 설문조사에 의해 얻어진 자료의 결과가 분석자가 얻고자 하는 모든 정보를 얻을 수 있고, 조사지의 신뢰성을 높이기 위해 사전조사(pre survey)의 단계를 거쳐서 최종적으로 설문지를 작성하는 것이 좋다. 일반적으로 설문지는 다음과 같이 단계별로 작성하여 각 단계에서 발생되는 문제점을 수정, 보완해 가면서 작성해야 한다.

설문지 작성 단계

1단계

설문조사를 통해서 얻고자 하는 정보가 무엇인지를 결정한다. 얻고자 하는 정보를 결정하는데 있어서 응답자가 답변하기 곤란한 내용이나 많은 시간 또는 생각을 필요로 하는 내용은 가능한 피하는 것이 조사의 효율성을 높일 수 있는 방법이다.

2단계

설문조사방법을 결정한다. 설문조사방법은 조사원이 직접 응답자를 면접하여 조사하는 면접조사(interview survey), 우편을 이용한 우편조사(mail survey), 전화를 이용한 전화조사(telephone survey), 인터넷을 이용하는 인터넷조사(internet survey)와 이동전화를 이용하는 모바일조사(mobile survey) 등이 있다. 조사내용과 조사비용 및 시간 등을 고려하여 적절한 설문조사방법을 결정한다.

3단계

설문지에 포함될 각 문항의 내용과 질문 형태를 결정한다. 설문 문항의 유형은 응답자가 문항의 보기 중 하나를 선택하도록 하는 폐쇄형(closed question)과 응답자가 직접 자기의 생각이나 특성을 쓰도록 하는 개방형(open question)이 있다. 이러한 유형 중에서 분석자의 의도가 응답자에게 잘 전달될 수 있도록 문항의 구체적인 내용과 질문 형태를 결정하도록 한다.

4단계

설문지에 포함될 문항의 수와 순서를 결정하여 1차적으로 설문지를 구성한다. 이와 같이 작성된 설문지는 사전조사를 통하여 필요한 경우 수정한다.

5단계

사전조사를 통하여 얻어진 정보를 이용하여 설문지의 내용을 수정, 보완한다. 1차적으로 작성된 설문지에 문제점을 찾거나 또는 원하는 정보를 얻을 수 있는지를 검토하여 문제점이 발견되면, 그 단계에서부터 설문지를 수정, 보완하는 작업을 수행한다.

6단계

사전조사와 설문지 검토 작업 결과를 토대로 실제 설문조사에 사용될 최종 설문지를 작성한다.

이제 설문지를 작성할 때 고려되어야 하는 몇 가지 중요한 기본 원칙을 살펴보자.

설문지 작성의 기본 원칙

① 설문지의 각 문항은 간단, 명료하고 구체적이어야 하며, 듣기에 부담이 없는 평이하고 친근한 문장을 사용해야 한다.
② 신상에 대한 자세한 내용이나 응답자가 듣기에 기분이 상할 수 있는 내용은 가능한 포함하지 않도록 하며, 호의적이고 간결한 문장을 사용해야 한다.
③ 분석자가 원하는 응답을 유도하기 위한 표현이나 전문적인 용어를 사용한 질문은 피한다.
④ 수량이나 정도를 파악하기 위해서는 형용사나 부사(가끔, 자주, 항상, 대부분 등)의 사용을 피하고, 정확한 의미를 전달할 수 있는 숫자를 사용하는 것이 좋다.
⑤ 설문조사에서 응답해야 하는 문항의 수가 너무 많으면, 응답자가 지루함을 느끼게 되어 올바른 조사가 이루어지기 어려우므로 전체 문항수가 너무 많지 않도록 하고, 각 문항에서 응답자가 선택해야 하는 보기도 너무 많지 않도록 조정한다.

2) 자료 코딩과 파일 구성

이제 실제 설문지를 이용하여 조사된 자료를 코딩하고, 분석하는 방법을 살펴보자. 여기서, 고려되는 설문조사 결과는 1994년에 플로리다 조사연구센터에서 일부 도시를 대상으로 재활용 여론에 대한 전화조사를 위한 설문지 중의 일부를 발췌하여 설명의 편의를 위해 수정한 것이다. 다음은 재활용 여론에 대한 전화조사를 위한 설문지이다.

재활용 여론에 대한 전화조사 설문지

I. 환경문제에 대한 시각

1) 당신은 쓰레기를 줄이는 수단으로 재활용캔을 사용하는 것이 얼마나 효과가 있다고 생각하십니까?
①절대적 ②매우 효과적 ③꽤 효과적
④약간 효과적 ⑤전혀 효과없음 ⑥모르겠음

2) 경제성장과 환경보호문제에서 정부는 어떠한 태도를 취해야 한다고 생각하십니까?
①경제성장이 최우선 ②경제성장 쪽으로 ③환경보호쪽으로
④환경보호가 최우선 ⑤모르겠음

3) 경제성장과 환경보호문제에서 정부가 어느 쪽을 지지해 왔다고 생각하십니까?
①경제성장이 최우선 ②경제성장 쪽으로 ③환경보호쪽으로
④환경보호가 최우선 ⑤모르겠음

II. 재활용 프로그램에서는 재활용하기 전에 각 품목별로 몇 가지 단계를 거치도록 하고 있습니다. 다음 각 항목의 일에 대해서 당신은 어떻게 느끼고 있는지를 응답해주십시오.

1) 음료캔과 플라스틱 통을 물로 닦는다.
①아주 귀찮다 ②조금 귀찮다 ③전혀 문제없다 ④모르겠다

2) 내용물이 남아 있는 캔이나 통을 닦는다.
①아주 귀찮다 ②조금 귀찮다 ③전혀 문제없다 ④모르겠다

3) 쓰레기로부터 재활용품을 골라낸다.
①아주 귀찮다 ②조금 귀찮다 ③전혀 문제없다 ④모르겠다

4) 재활용품을 지정장소로 운반한다.
①아주 귀찮다 ②조금 귀찮다 ③전혀 문제없다 ④모르겠다

5) 신문이나 잡지 등을 정리해서 묶는다.
①아주 귀찮다 ②조금 귀찮다 ③전혀 문제없다 ④모르겠다

6) 재활용품을 옮기기 전까지 집에 보관한다.
①아주 귀찮다 ②조금 귀찮다 ③전혀 문제없다 ④모르겠다

7) 재활용품을 정리해서 집 앞에 내놓는다.
①아주 귀찮다 ②조금 귀찮다 ③전혀 문제없다 ④모르겠다

*출처 : 김영원 외(1998) “표본조사의 이해와 활용”

III. 다음은 환경문제에 대한 당신의 의견을 듣고자 합니다. 각 항목에 대해 당신의 의견을 답해주십시오.

1) 나 같은 사람은 좋은 환경을 만드는데 기여할 수 있다.
①전적으로 동의 ②다소 동의 ③보통 ④다소 반대 ⑤전적으로 반대

2) 우리의 미래 환경에 대한 주요 결정은 전적으로 권력을 가진 사람들에 의해 이루어진다.
①전적으로 동의 ②다소 동의 ③보통 ④다소 반대 ⑤전적으로 반대

3) 환경문제는 기본적으로 우연히 발생하는 사건이다.
①전적으로 동의 ②다소 동의 ③보통 ④다소 반대 ⑤전적으로 반대

4) 환경문제에 대한 시민들의 적극적인 참여는 생태문제 해결에 많은 도움이 된다.
①전적으로 동의 ②다소 동의 ③보통 ④다소 반대 ⑤전적으로 반대

5) 환경 개선을 위한 시민들의 노력이 종종 권력을 가진 사람들에 의해 약화된다.
①전적으로 동의 ②다소 동의 ③보통 ④다소 반대 ⑤전적으로 반대

6) 행복한지 불행한지가 문제일 뿐 환경문제는 신경 쓸 필요가 없다.
①전적으로 동의 ②다소 동의 ③보통 ④다소 반대 ⑤전적으로 반대

7) 환경이 계속해서 오염되고 있지만 자연의 정화능력에 의해 이들은 곧 정상으로 되돌아올 것이다.
①전적으로 동의 ②다소 동의 ③보통 ④다소 반대 ⑤전적으로 반대

8) 환경보호를 위해서 정부에서 강력한 제재조치를 취해야 한다.
①전적으로 동의 ②다소 동의 ③보통 ④다소 반대 ⑤전적으로 반대

9) 환경오염을 유발하게 되는 기업체에서 오염방지 기술개발에 적극적으로 나서야 한다.
①전적으로 동의 ②다소 동의 ③보통 ④다소 반대 ⑤전적으로 반대

10) 부탁을 받는다면 환경단체에서 자원봉사할 용의가 있다.
①전적으로 동의 ②다소 동의 ③보통 ④다소 반대 ⑤전적으로 반대

IV. 다음 질문은 통계작성을 위해서만 사용됩니다.

1) 당신의 성별은 무엇입니까? (남자, 여자)

2) 당신의 최종학력은 무엇입니까?
①8학년 이하 ②고등학교 중태 ③고등학교 졸업 ④전문대학/직업학교
⑤대학교 중태 ⑥대학교 졸업 ⑦대학원 졸업 ⑧응답 거절

3) 당신의 인종은 무엇입니까?
①흑인 ②백인 ③히스패닉 ④아시안 ⑤기타 ⑥응답거절

*출처 : 김영원 외(1998) "표본조사의 이해와 활용"

앞에서 소개한 설문지는 크게 다음의 4가지 항목에 대하여 의견을 질문하고 있다.

Ⅰ. 환경문제에 대한 시각
Ⅱ. 재활용 프로그램을 실천할 때 느끼는 생각
Ⅲ. 환경문제에 대한 의견
Ⅳ. 통계작성을 위한 기본적인 항목 조사

그림 11.1은 조사된 설문지를 SPSS에서 읽어 들일 수 있도록 물리적인 데이터파일을 작성하기 위한 순서를 그림으로 표현한 것이다.

그림 11.1 자료파일의 작성 순서

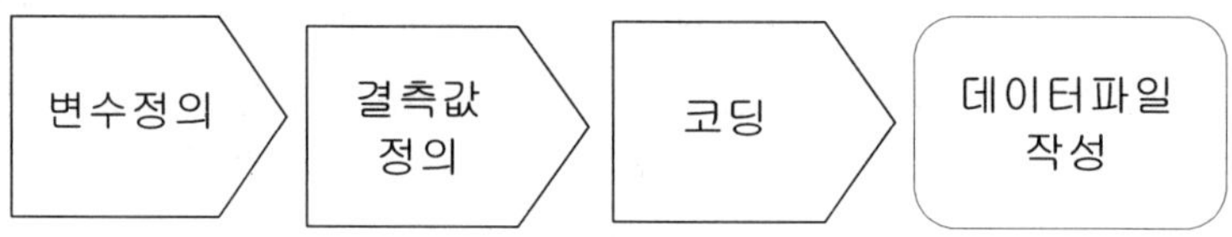

이러한 데이터파일의 작성 순서를 단계적으로 살펴보자.

데이터파일 작성 단계

1단계 : 변수정의

조사된 설문지를 데이터 파일로 작성하기 위해서는 제일 먼저 각 설문 문항에 대하여 변수 이름(variable name)을 정의해야 한다. 예를 들어, 앞의 설문지의 경우 환경문제에 대한 시각을 묻는 3문항, 재활용 프로그램에 대한 시각을 묻는 7문항, 환경문제에 대한 의견을 묻는 10문항, 그리고 응답자의 기본사항을 묻는 3문항으로 구성되어 있으므로, 다음과 같이 각 문항에 대한 변수이름을 정의할 수 있다.

- 환경문제에 대한 시각 : 시각1 - 시각3
- 재활용 프로그램에 대한 시각 : 재활용1 - 재활용7
- 환경문제에 대한 의견 : 의견1 - 의견10
- 기본사항 : 성별, 학력, 인종

SPSS 데이터편집기에서 자료를 입력하였으면, 변수보기 창에서 각 문항에 대한 변수이름을 위와 같이 정의한다. 다음으로 정의된 변수의 유형과 자료의 열 자리수

(형식)를 정의한다. 본 설문지에서는 모든 문항에서 응답자가 응답해야 하는 항목이 10개 미만이므로 열 자리수는 1로 한다. 만약에 문항의 보기가 10개 이상이거나 연령과 같이 두 자리수의 응답이 있을 수 있는 경우에는 열 자리수를 응답을 포함할 수 있는 최대 자리수로 정의하면 된다. 또한, 본 설문지에서는 모든 변수의 유형을 숫자변수로 지정하여도 된다. 만약, 성별을 묻는 문항에서 남자를 "M", 여자를 "F"와 같이 입력하고자 할 경우에는 성별 변수를 문자변수로 지정하면 된다.

2단계 : 결측값 정의

설문조사에서 "해당없음", "응답거부" 등으로 데이터가 누락되었을 경우에 이를 지정하기 위해서 결측값을 사용되는데, 이로부터 데이터가 어떻게 누락되었는지를 알 수 있다.

3단계 : 코딩

조사된 설문지를 자료파일로 작성하기 전에 코딩양식(coding form)을 작성하고, 이에 준하여 조사된 설문지의 내용을 코딩지(coding sheet)에 코딩해야 한다. 만약, 조사된 설문지의 수가 작고, 조사문항도 작을 경우에는 생략할 수도 있지만 대부분의 조사에서 설문지 수와 조사문항 수가 많으므로 먼저 코딩을 하는 것이 좋다. 코딩을 통하여 자료파일을 작성하면 비표본오차를 줄일 수 있을 뿐 아니라 통계패키지에서 자료를 쉽고 정확하게 읽어 들일 수 있도록 해준다. 본 설문지에 대해서 앞의 1, 2단계로부터 표 11.1과 같이 코딩 양식을 작성할 수 있으며, 코딩양식에 따라 조사된 설문지를 코딩할 수 있다.

4단계 : 데이터파일 작성

설문지를 코딩한 다음 이를 이용하여 결과 11.1과 같이 SPSS 데이터편집기에서 자료를 입력하고, 변수보기에서 각각의 변수명과 자료형태, 자리수를 지정한 다음 파일명을 환경자료.sav로 저장한다. 결과 11.2는 설문조사 자료를 입력한 상태에서의 [변수보기] 창을 보여준다.

표 11.1 조사된 설문지의 코딩 양식

입력 컬럼	변수 이름	변수 유형	자리수	변수의 내용	응답범주와 내용
1-2	번호	숫자	2	설문지 번호	
3	시각1	숫자	1	환경문제에 대한 시각 1-3	① ~ ⑥
4	시각2	숫자	1		① ~ ⑤
5	시각3	숫자	1		① ~ ⑤
6	재활용1	숫자	1	재활용 프로그램 1-7	① 아주 귀찮다 ② 조금 귀찮다 ③ 전혀 문제없다 ④ 모르겠다
7	재활용2	숫자	1		
8	재활용3	숫자	1		
9	재활용4	숫자	1		
10	재활용5	숫자	1		
11	재활용6	숫자	1		
12	재활용7	숫자	1		
13	의견1	숫자	1	환경문제에 대한 의견 1-10	① 전적으로 동의 ② 다소 동의 ③ 보통 ④ 다소 반대 ⑤ 전적으로 반대
14	의견2	숫자	1		
15	의견3	숫자	1		
16	의견4	숫자	1		
17	의견5	숫자	1		
18	의견6	숫자	1		
19	의견7	숫자	1		
20	의견8	숫자	1		
21	의견9	숫자	1		
22	의견10	숫자	1		
23	성별	문자	1	성별	M : 남성 F : 여성
24	학력	숫자	1	최종학력	① ~ ⑧
25	인종	숫자	1	인종	① ~ ⑥

결과 11.1 조사된 설문지의 자료입력

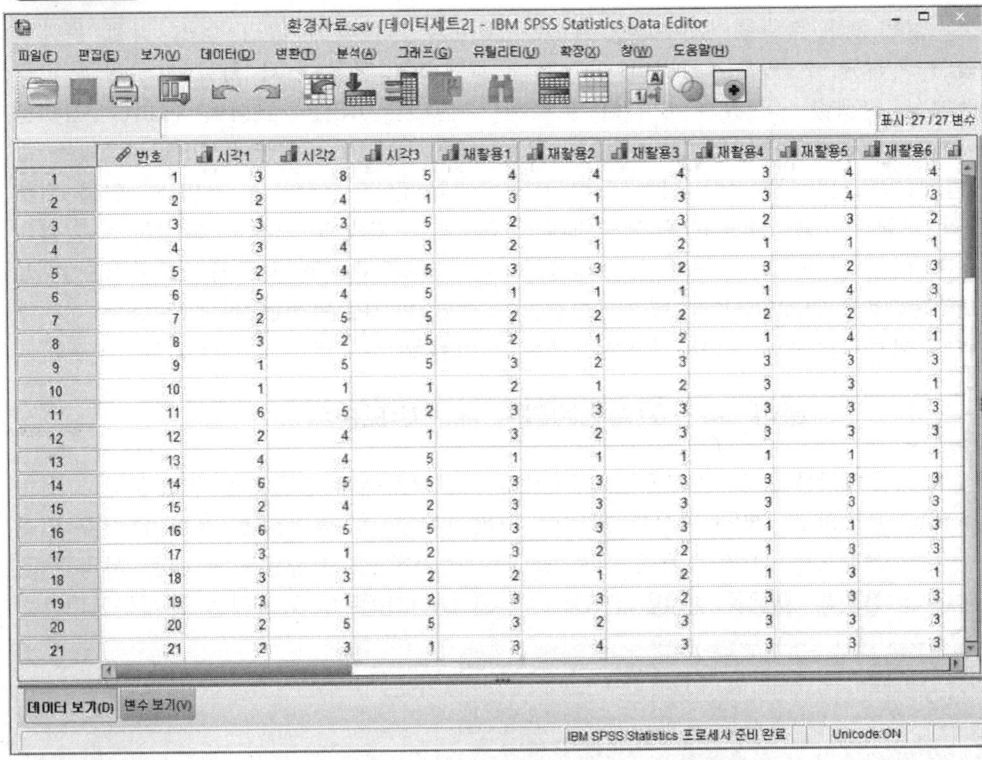

	번호	시각1	시각2	시각3	재활용1	재활용2	재활용3	재활용4	재활용5	재활용6
1	1	3	8	5	4	4	4	3	4	4
2	2	2	4	1	3	1	3	3	4	3
3	3	3	3	5	2	1	3	2	3	2
4	4	3	4	3	2	1	2	1	1	1
5	5	2	4	5	3	3	2	3	2	3
6	6	5	4	5	1	1	1	1	4	3
7	7	2	5	5	2	2	2	2	2	1
8	8	3	2	5	2	1	2	1	4	1
9	9	1	5	5	3	2	3	3	3	3
10	10	1	1	1	2	1	2	3	3	1
11	11	6	5	2	3	3	3	3	3	3
12	12	2	4	1	3	2	3	3	3	3
13	13	4	4	5	1	1	1	1	1	1
14	14	6	5	5	3	3	3	3	3	3
15	15	2	4	2	3	3	3	3	3	3
16	16	6	5	5	3	3	3	1	1	3
17	17	3	1	2	3	2	2	1	3	3
18	18	3	3	2	2	1	2	1	3	1
19	19	3	1	2	3	3	2	3	3	3
20	20	2	5	5	3	2	3	3	3	3
21	21	2	3	1	3	4	3	3	3	3

결과 11.2 변수보기

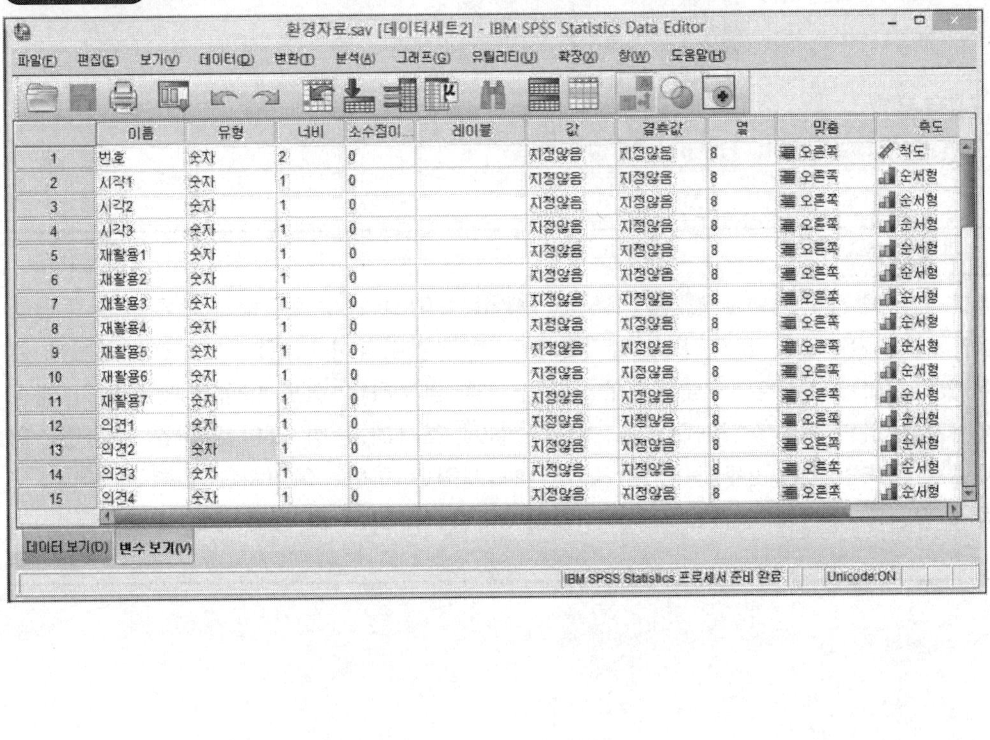

	이름	유형	너비	소수점이...	레이블	값	결측값	열	맞춤	측도
1	번호	숫자	2	0		지정않음	지정않음	8	오른쪽	척도
2	시각1	숫자	1	0		지정않음	지정않음	8	오른쪽	순서형
3	시각2	숫자	1	0		지정않음	지정않음	8	오른쪽	순서형
4	시각3	숫자	1	0		지정않음	지정않음	8	오른쪽	순서형
5	재활용1	숫자	1	0		지정않음	지정않음	8	오른쪽	순서형
6	재활용2	숫자	1	0		지정않음	지정않음	8	오른쪽	순서형
7	재활용3	숫자	1	0		지정않음	지정않음	8	오른쪽	순서형
8	재활용4	숫자	1	0		지정않음	지정않음	8	오른쪽	순서형
9	재활용5	숫자	1	0		지정않음	지정않음	8	오른쪽	순서형
10	재활용6	숫자	1	0		지정않음	지정않음	8	오른쪽	순서형
11	재활용7	숫자	1	0		지정않음	지정않음	8	오른쪽	순서형
12	의견1	숫자	1	0		지정않음	지정않음	8	오른쪽	순서형
13	의견2	숫자	1	0		지정않음	지정않음	8	오른쪽	순서형
14	의견3	숫자	1	0		지정않음	지정않음	8	오른쪽	순서형
15	의견4	숫자	1	0		지정않음	지정않음	8	오른쪽	순서형

3) 데이터 크리닝

설문조사 결과를 분석하는 방법은 조사자의 목적에 따라 여러 가지 통계적 방법이 사용될 수 있다. 그러나 이러한 통계분석에 앞서 먼저 자료의 코딩과 입력 과정에서 발생할 수 있는 오류를 검토해야 한다. 이러한 과정을 데이터 크리닝 (data cleaning) 과정이라고 하는데, 이는 설문지의 각 문항별로 가질 수 있는 값의 범위(응답 범주)를 벗어나는 자료가 없는지를 먼저 검토하는 것이다. 이를 위해서 각 문항에 대한 빈도표를 출력하여 코딩 또는 입력의 오류를 확인하는 방법이 사용된다. 자료에 대한 사전 검토 작업이 끝나면 조사자가 얻고자 하는 정보를 제공해주는 여러 가지 통계적 분석기법들을 사용하여 자료분석을 하게 된다.
이를 위해서 4장에서 설명된 **빈도분석** 메뉴를 이용할 수 있다.

분석 ➠ **기술통계량** ➠ **빈도분석** *SPSSMENU*

빈도분석 메뉴를 선택하여 얻어지는 《**빈도분석**》 대화상자에서 빈도표를 작성하고자 하는 변수들을 지정하고, **빈도표 표시**를 선택한 다음 [확인]을 클릭하면 결과 11.3을 얻을 수 있다. 여기서는 지면 관계로 전체 결과는 생략하고, 환경문제에 대한 시각과 관련된 문항 시각1, 시각2, 시각3의 3개 변수에 대한 빈도표 결과만을 제시하였다.

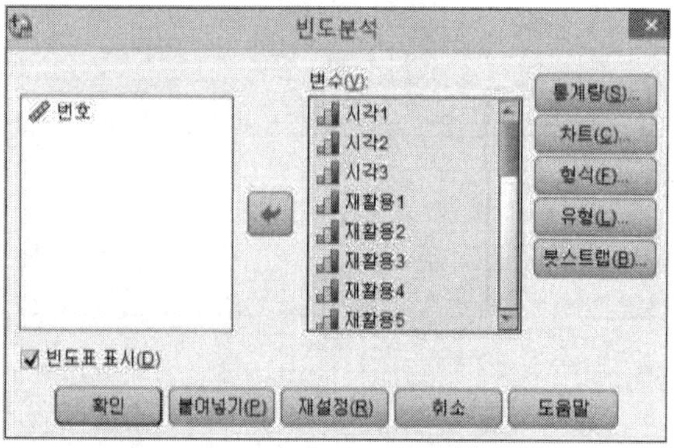

결과분석

결과 11.3을 보면, 변수 시각1(1~6)과 시각3(1~5)의 경우 표 11.1에 주어진 응답범주를 벗어나는 값이 없으나, 변수 시각2는 응답범주가 1~5인데 8의 값이 있음을 알 수 있다. 이는 잘못된 자료이므로 코딩양식을 검토하여 어느 단계에서 오류가 발생했는지를 파악하여 수정해야 한다. 만약 실제 조사에서 이 값이 얻어진 것이면, 이 자료는 결측값으로 간주하여 분석에서 제외시켜야 한다. 여기서는 입력과정에서 오류가 발생한 것으로 실제로 조사된 값은 5이다. 따라서 이 값을 5로 수정한다.

결과 11.3 빈도분석

시각1

		빈도	퍼센트	유효 퍼센트	누적 퍼센트
유효	1	12	21.1	21.1	21.1
	2	20	35.1	35.1	56.1
	3	18	31.6	31.6	87.7
	4	2	3.5	3.5	91.2
	5	2	3.5	3.5	94.7
	6	3	5.3	5.3	100.0
	전체	57	100.0	100.0	

시각2

		빈도	퍼센트	유효 퍼센트	누적 퍼센트
유효	1	11	19.3	19.3	19.3
	2	4	7.0	7.0	26.3
	3	8	14.0	14.0	40.4
	4	24	42.1	42.1	82.5
	5	9	15.8	15.8	98.2
	8	1	1.8	1.8	100.0
	전체	57	100.0	100.0	

시각3

		빈도	퍼센트	유효 퍼센트	누적 퍼센트
유효	1	17	29.8	29.8	29.8
	2	12	21.1	21.1	50.9
	3	3	5.3	5.3	56.1
	4	6	10.5	10.5	66.7
	5	19	33.3	33.3	100.0
	전체	57	100.0	100.0	

4) 자료의 정리 및 요약

일반적으로 설문조사 자료는 이산형 자료이거나 5점(또는 3점) 척도와 같은 리커드 척도 형태로 얻어지게 되므로 이러한 자료를 분석하기 위한 통계적 분석기법이 필요하다.

설문조사 자료를 통계적으로 분석하기 위한 기본적인 방법으로는 첫째, 각 문항별로 자료의 분포상태를 파악하기 위해 빈도표 또는 그래프로 요약하는 방법, 둘째, 카이제곱 검정을 이용한 독립성 검정, 동질성 검정, 적합도 검정방법, 셋째, 설문조사 결과에서 5점(또는 3점) 척도로 얻어진 결과 값을 점수화하여 연속형 자료로 변환한 다음 집단간 유의한 차이가 존재하는지를 분석하기 위한 평균차 검정 또는 분산분석 방법이 있다.
각 문항별 자료는 **빈도분석** 메뉴로부터 얻어지는 빈도표를 이용하여 요약할 수 있으며, 4장에서 설명된 기술통계량을 산출하거나 여러 가지 형태의 그래프를 작성하여 자료의 분포 상태를 파악할 수 있다. 이러한 분석방법들은 이미 4장에서 자세히 살펴보았으므로 여기서는 생략하기로 한다.

SECTION 11.2 문항 신뢰도 분석

일반적으로 어떠한 문제에 대해서 응답자의 의견을 묻는 설문조사 자료는 대부분 5점(또는 3점) 척도의 형태로 얻어지는 경우가 많다. 여기서 고려하는 설문조사에서도 재활용에 대한 생각이나 환경문제에 대한 동의 정도를 알아보기 위해서 각각 3점과 5점 척도를 사용하고 있다. 이러한 자료의 경우 일반적으로 카이제곱 검정을 통한 독립성 검정이나, 동질성 검정방법을 사용하여 자료를 분석하며, 사회과학 분야에서는 이러한 자료들의 값을 점수로 변환하여 이들 점수의 합 또는 평균을 이용하여 응답자의 의견을 양적으로 표현하고 분석하는 방법을 많이 사용하고 있다.

문항의 신뢰도분석

문항의 신뢰도 분석(reliability analysis)이란 설문지를 작성할 때 원하는 정보를 얻기 위해서 작성된 각 설문 문항들이 서로 유기적인 관계를 가지고 있는 문항들인지를 검정하는 방법으로 각 문항과 그 문항을 제외한 나머지 전체 문항에 대한 상관계수를 구하여 이 값을 근거로 각 문항의 타당성을 검정하게 된다.
구해진 값이 음수로 나타나는 것은 부정적인 내용의 항목으로 조사된 점수를 거꾸로 고려한 경우이므로 이를 수정해야 하며, 이 값이 0에 가까운 값을 가진다는 것은 이 문항이 응답자들이 구별하지 못하는 불분명한 문항이거나 모든 응답자들이 당연하게 동의(또는 반대)하는 문항일 가능성이 있으므로 이러한 문항은 제외시키는 것이 좋다.
전체 문항의 일치도를 판단하기 위한 척도로 크론바흐 알파(Cronbach alpha) 계수가 사용된다. 이 값은 각 문항의 동등성에 대한 가정이 만족되지 않으면 신뢰도를 과소추정하게 되어 작은 값을 가지고, 1에 가까운 값을 가질수록 전체 문항의 타당성이 높다고 판단할 수 있다.
■ ■ ■ ■ ■

이러한 통계적 분석방법을 적용하기 위해서는 먼저 문항의 신뢰도 분석이 이루어져야 한다. 문항의 신뢰도분석을 위해서는 다음과 같은 **신뢰도 분석** 메뉴가 사용된다.

분석 ➡ **척도분석** ▪ **신뢰도 분석** SPSSMENU

《신뢰도분석》 대화상자에서 **항목**에는 신뢰도 분석을 수행하고자 하는 변수들을 지정하고, **모형**은 구하고자 하는 신뢰도계수의 종류를 선택한다. 디폴트 값이 **알파(Cronbach)**인데 이는 가장 많이 사용되는 내적일치(internal consistency) 모형으로 평균 항목 간 상관을 기준으로 하며 크론바흐(Cronbach) 알파 계수 값을 계산해 준다.

예를 들어 환경문제에 대한 응답자의 의견을 묻는 문항 Ⅲ의 10개 문항에 대한 신뢰도 분석을 수행해 보자. 이를 위해서 다음과 같이 **《신뢰도 분석》** 대화상자의 변수 목록 중 의견1부터 의견10까지의 10개 변수를 선택하여 **항목**으로 이동시킨다.

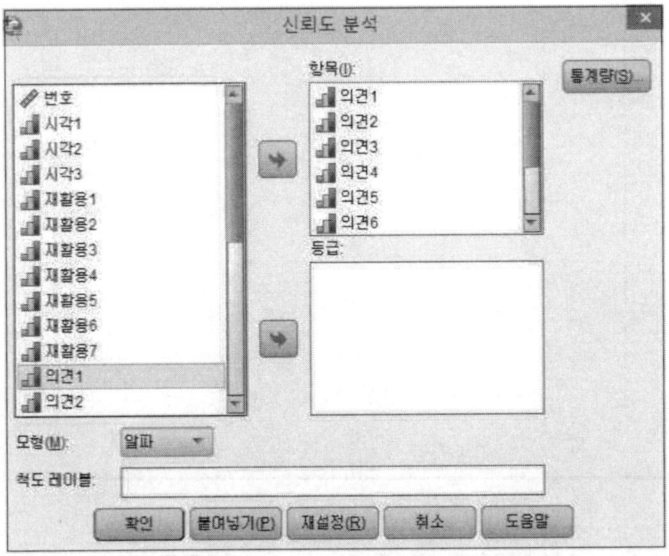

[통계량]을 클릭하면 각 문항에 대한 **기술통계량**과 **요약값**, **분산분석표** 출력 여부를 지정할 수 있다. **《신뢰도 분석: 통계량》** 대화상자에서 옵션을 지정하지 않으면 전체 문항에 대한 크론바흐 알파 계수만을 구할 수 있으므로 자세한 신뢰도 분석을 수행하기 위해서는 [통계량]을 선택하여 나타나는 **《신뢰도 분석: 통계량》** 대화상자에서 구하고자 하는 통계량을 지정한 다음 [계속]을 클릭한다.

모든 변수들이 표준화되었을 때의 신뢰도 계수를 구하고 싶으면 **항목간** 옵션의 **상관계수**를 선택하고, 각 항목을 제거한 후 나머지 문항들만을 이용하여 계산된 Cronbach 알파 계수를 얻고 싶으면 **항목제거시 척도**를 선택하면 된다. 결과 11.4는 **항목제거시 척도**와 **상관계수**를 선택하여 얻은 결과이다.

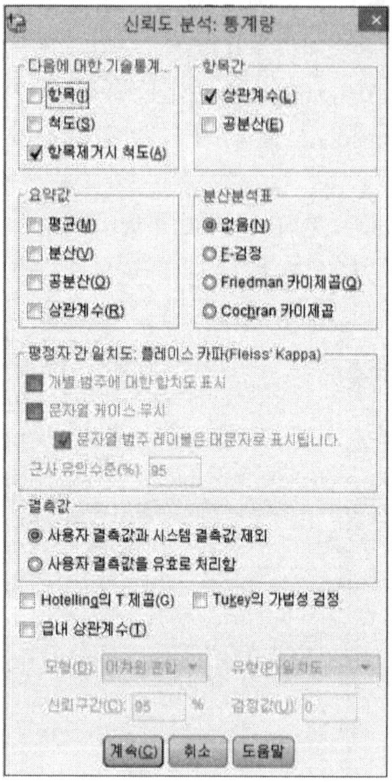

결과분석

결과 11.4에서 **신뢰도 통계량**을 살펴보면 **표준화된 항목의 Cronbach의 알파** 값은 0.354이며, 각 문항에 대한 타당성을 검정하기 위한 측도로 각 변수가 제외되었을 때의 전체변수와 이 변수 사이의 상관계수가 **항목 총계 통계량**의 **수정된 항목-전체 상관관계** 값으로 제공된다. 의견1과 의견4에 대한 상관계수 값이 각각 -0.062와 -0.113으로 음의 값을 가지고 있으므로 이 문항에 대한 항목의 점수를 반대로 고려해야 함을 알 수 있다.

위의 결과로부터 두 변수 의견1과 의견4 문항에 대한 점수를 반대로 변환한 다음 다시 신뢰도분석을 해야 하므로 **변수계산** 메뉴를 이용하여 새로운 변수 의견1_1과 의견4_1을 생성한 후 신뢰도 분석을 다시 수행한다. 새로 생성되는 의견1_1 변수는 의견1 변수의 응답값을 다음과 같이 변환시킨다.

결과 11.4 신뢰도분석

케이스 처리 요약

		N	%
케이스	유효	57	100.0
	제외됨[a]	0	.0
	전체	57	100.0

a. 목록별 삭제는 프로시저의 모든 변수를 기준으로 합니다.

신뢰도 통계량

Cronbach의 알파	표준화된 항목의 Cronbach의 알파	항목 수
.415	.354	10

항목간 상관행렬

	의견1	의견2	의견3	의견4	의견5	의견6	의견7	의견8	의견9	의견10
의견1	1.000	-.169	-.009	.214	-.060	-.294	-.167	.062	-.006	.255
의견2	-.169	1.000	.376	-.071	.185	.072	.000	.285	.163	-.125
의견3	-.009	.376	1.000	-.119	.112	.152	.367	.126	-.039	-.002
의견4	.214	-.071	-.119	1.000	-.085	-.175	-.043	-.013	-.011	-.077
의견5	-.060	.185	.112	-.085	1.000	.319	.189	-.034	-.071	.184
의견6	-.294	.072	.152	-.175	.319	1.000	.220	-.140	-.023	.034
의견7	-.167	.000	.367	-.043	.189	.220	1.000	.152	.193	-.072
의견8	.062	.285	.126	-.013	-.034	-.140	.152	1.000	.297	.069
의견9	-.006	.163	-.039	-.011	-.071	-.023	.193	.297	1.000	.113
의견10	.255	-.125	-.002	-.077	.184	.034	-.072	.069	.113	1.000

항목 총계 통계량

	항목이 삭제된 경우 척도 평균	항목이 삭제된 경우 척도 분산	수정된 항목-전체 상관계수	제곱 다중 상관계수	항목이 삭제된 경우 Cronbach 알파
의견1	23.26	16.305	-.062	.237	.451
의견2	22.96	13.249	.246	.371	.353
의견3	21.75	12.689	.306	.351	.325
의견4	23.37	16.665	-.113	.088	.458
의견5	22.44	13.108	.219	.227	.364
의견6	21.44	15.001	.103	.230	.409
의견7	21.82	13.219	.271	.338	.344
의견8	22.68	13.470	.242	.208	.356
의견9	22.16	13.921	.177	.202	.383
의견10	22.79	14.705	.096	.188	.413

①번 항목(전적으로 동의) ⇒ ⑤번 항목(전적으로 반대)
②번 항목(다소 동의) ⇒ ④번 항목(다소 반대)
③번 항목(보통) ⇒ ③번 항목(보통)
④번 항목(다소 반대) ⇒ ②번 항목(다소 동의)
⑤번 항목(전적으로 반대) ⇒ ①번 항목(전적으로 동의)

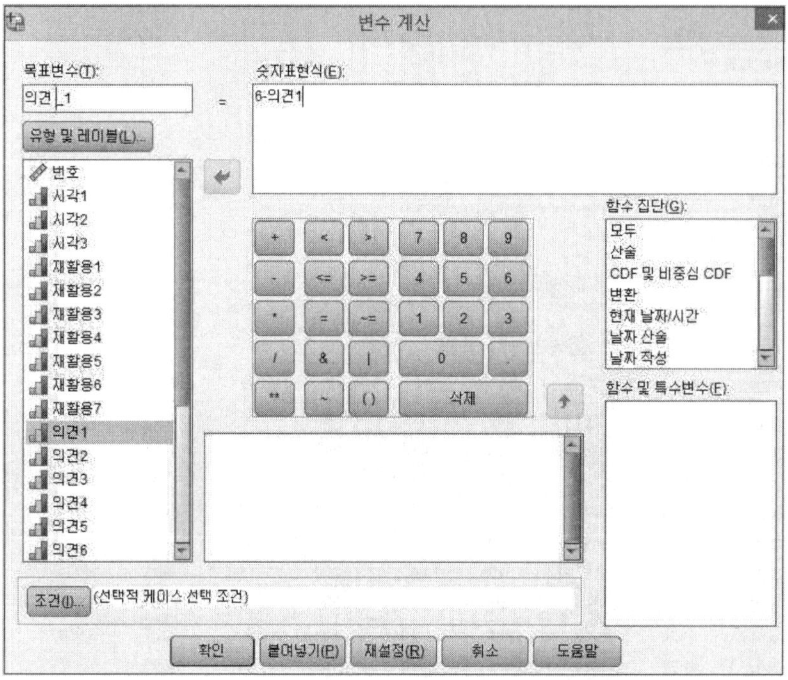

이와 같이 코딩 변경된 2개 변수(의견1_1과 의견4_1)을 포함하는 10개 변수를 이용하여 앞에서 설명한 것과 동일한 방법으로 신뢰도 분석을 다시 수행하면 된다. 결과 11.5는 이들 10개 변수(의견1_1, 의견2, 의견3, 의견4_1, 의견5 ~ 의견10)를 이용하여 신뢰도 분석을 수행한 결과이다.

결과분석

결과 11.5를 보면 **표준화된 항목의 Cronbach 알파** 값이 0.514로 높아졌으며, **수정된 항목-전체 상관계수** 값에서 음의 값을 가지는 문항이 나타나지 않음을 알 수 있다. 그런데, 의견10의 결과를 살펴보면 **수정된 항목-전체 상관계수**값이 0.021로 매우 작으며, 또한 **항목이 삭제된 경우 Cronbach 알파** 값이 0.549로 이 항목을 제외하지 않은 경우의 0.514보다 더 커짐을 알 수 있다. 따라서 이 문항을 제외시키는 문제를 고려해 볼 필요가 있다.

결과 11.5 코딩변경 후 신뢰도 분석

케이스 처리 요약

		N	%
케이스	유효	57	100.0
	제외됨[a]	0	.0
	전체	57	100.0

a. 목록별 삭제는 프로시저의 모든 변수를 기준으로 합니다.

신뢰도 통계량

Cronbach의 알파	표준화된 항목의 Cronbach의 알파	항목 수
.518	.514	10

항목간 상관행렬

	의견1_1	의견2	의견3	의견4_1	의견5	의견6	의견7	의견8	의견9	의견10
의견1_1	1.000	.169	.009	.214	.060	.294	.167	-.062	.006	-.255
의견2	.169	1.000	.376	.071	.185	.072	.000	.285	.163	-.125
의견3	.009	.376	1.000	.119	.112	.152	.367	.126	-.039	-.002
의견4_1	.214	.071	.119	1.000	.085	.175	.043	.013	.011	.077
의견5	.060	.185	.112	.085	1.000	.319	.189	-.034	-.071	.184
의견6	.294	.072	.152	.175	.319	1.000	.220	-.140	-.023	.034
의견7	.167	.000	.367	.043	.189	.220	1.000	.152	.193	-.072
의견8	-.062	.285	.126	.013	-.034	-.140	.152	1.000	.297	.069
의견9	.006	.163	-.039	.011	-.071	-.023	.193	.297	1.000	.113
의견10	-.255	-.125	-.002	.077	.184	.034	-.072	.069	.113	1.000

항목 총계 통계량

	항목이 삭제된 경우 척도 평균	항목이 삭제된 경우 척도 분산	수정된 항목-전체 상관계수	제곱 다중 상관계수	항목이 삭제된 경우 Cronbach 알파
의견1_1	26.07	17.995	.127	.237	.514
의견2	28.37	15.344	.318	.371	.459
의견3	27.16	15.171	.325	.351	.456
의견4_1	25.96	17.856	.186	.088	.502
의견5	27.84	15.492	.254	.227	.481
의견6	26.84	16.671	.265	.230	.480
의견7	27.23	15.429	.330	.338	.456
의견8	28.09	16.510	.201	.208	.498
의견9	27.56	16.751	.167	.202	.508
의견10	28.19	18.159	.021	.188	.549

SECTION 11.3 연속형 자료로의 변환

다음은 문항의 신뢰도 분석에 의해 얻어진 결과를 바탕으로 변수 의견1과 의견4의 항목에 대한 점수를 거꾸로 변환하고, 의견10은 제외시킨 다음 환경문제에 대한 의견을 나타내는 값(즉, 의견10을 제외한 9개 변수에 대한 점수의 합)을 계산하여 다른 통계분석에 사용하는 방법을 설명하고자 한다.

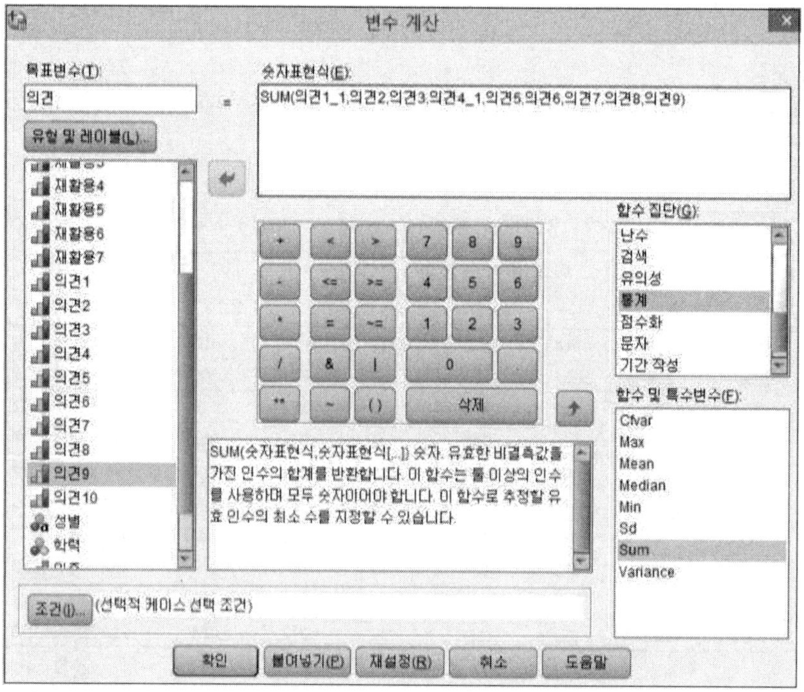

예를 들어 환경문제에 대한 의견이 성별에 따라 다르게 나타나는지를 알아보자. 이를 위해서는 먼저 **변수계산** 메뉴를 선택하여 나타나는 **《변수계산》** 대화상자에서 의견1_1부터 의견2, 의견3, 의견4_1, 의견5 ~ 의견9의 9개 변수의 값을 모두 더하여 환경문제에 대한 견해를 나타내는 의견이라는 새로운 변수를 생성하여야 한다. 의견이라는 새로운 변수를 생성한 다음 이 변수가 성별에 따라 차이가 있는지를 검정하여야 하므로 5장의 모평균에 대한 검정에서 살펴 본 것처럼 **독립표본 T검정** 메뉴를 이용하여 독립표본에 의한 모평균 검정을 수행하면 된다.

《독립표본 T검정》 대화상자에서 모평균 차를 검정하고자 하는 변수 의견을 **검정변수**로 선택하고, 성별을 **집단변수**로 선택한 후 [집단정의]를 클릭하여 **집단1**과 **집단2**에 남자와 여자의 자료 값인 "M"과 "F"를 입력하면 된다. 결과 11.6은 **독립표본 T검정** 결과이다.

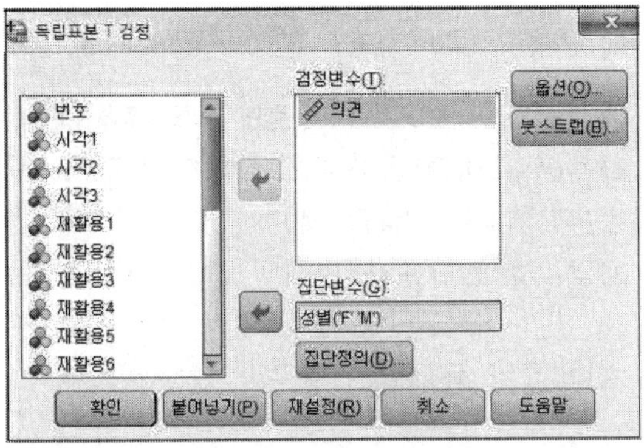

결과 11.6 독립표본 T검정

집단통계량

	성별	N	평균	표준화 편차	표준오차 평균
의견	M	15	27.6000	4.89606	1.26416
	F	42	28.4048	4.05486	.62568

독립표본 검정

		Levene의 등분산 검정		평균의 동일성에 대한 T 검정						
									차이의 95% 신뢰구간	
		F	유의확률	t	자유도	유의확률 (양측)	평균차이	표준오차 차이	하한	상한
의견	등분산을 가정함	1.223	.274	-.624	55	.535	-.80476	1.28880	-3.38758	1.77805
	등분산을 가정하지 않음			-.571	21.263	.574	-.80476	1.41052	-3.73589	2.12637

결과분석

결과 11.6은 성별에 따라 환경문제에 대한 의견에 차이가 없다는 귀무가설을 검정하기 위한 검정통계량 값과 이에 대한 **유의확률** 값을 제공해준다.
먼저 **독립표본 검정** 부분의 ***Levene*의 등분산 검정**을 보면 **유의확률**이 0.274로 유의수준 5%에서 등분산이 가정된다고 할 수 있으므로 **독립표본 검정** 결과에서 **등분산을 가정함**의 결과를 이용해야 한다. 이 때 귀무가설은 다음과 같이 설정된다.

H_0 : 성별에 따라 환경문제에 대한 의견에 차이가 없다.

이 가설에 대한 검정통계량 값은 -0.624이고 이때의 **유의확률** 값은 0.535로 성별에 따른 환경문제에 대한 의견에 차이가 없다는 귀무가설을 기각할 수 없다. 즉, 환경문제에 대한 의견은 성별에 따라 다르지 않다고 결론지을 수 있다. 이러한 독립표본에 대한 모평균 검정은 5장의 5.2절에 자세하게 다루어졌으므로 이를 참조하기 바란다.

실 습 문 제

- 재활용 프로그램을 실천할 때 느끼는 생각을 알아보기 위한 문항 II의 7개 문항의 변수 재활용1 ~ 재활용7에 대해서 다음에 주어진 문제를 고려하여 신뢰도 분석을 수행하시오(응답 중 ④ 모르겠다는 제외하고 분석할 것).
  - Cronbach 알파 값을 고려하였을 때 응답값을 반대로 변환해야 하는 변수가 존재하는가?
  - 특정변수를 제거함으로써 Cronbach 알파 값이 증가되는 경우가 있는가?

- 신뢰도분석을 통해 변환된 변수들을 포함하여 7개 변수의 값을 모두 더해서 재활용 프로그램을 실천할 때 느끼는 생각을 나타내는 새로운 연속형변수 재활용의견을 정의하고, 재활용의견이 성별에 따라 차이가 있는지 분석하시오.

제 Ⅲ 부 사회조사분석사 실기 기출문제 및 풀이

사회조사분석사 기출문제 I

기출문제

다음 자료는 어느 대학교에서 졸업하는 1(문과계열)학과와 2, 3(이과계열)학과의 졸업생 150명에 대한 성적자료이다. 다음 자료의 설명을 보고 물음에 답하시오. (단, 자료화일 "성적.txt"는 첨부된 디스켓에 들어 있음.) (모든 결과는 반올림하여 소수 셋째 자리까지 기록할 것.)

<자료화일 "성적.txt"의 설명>

변수이름	성별	학과	졸업평점	국어	영어	수학	사회	과학	수능
변수유형	숫자	숫자	숫자	숫자	숫자	숫자	숫자	숫자	숫자
변수길이 및 열	1-2	3-4	5-12	13-20	21-28	29-36	37-44	45-52	53-60
변수설명	1:남 2:여	1:문과 2:이과 3:이과	평균평점 (4.3점 만점)	5점 만점	5점 만점	5점 만점	5점 만점	5점 만점	400점 만점

<디스켓에 수록된 자료의 형태>

성별	학과	졸업평점	국어	영어	수학	사회	과학	수능
1	1	3.04	4.60	3.35	4.67	4.59	4.45	315.79
2	1	3.19	4.27	3.83	4.67	3.72	4.05	317.86
1	1	3.09	4.17	3.81	4.23	4.32	3.28	302.68
⋮	⋮	⋮	⋮	⋮	⋮	⋮	⋮	⋮
1	3	2.38	3.40	4.37	4.00	4.12	3.37	322.92
1	3	2.55	3.33	3.23	2.81	3.18	3.84	350.52
1	3	2.48	3.05	3.17	3.08	3.00	3.40	354.43

【문제 1】

고등학교 국어, 영어, 수학, 사회, 과학점수에 가중치를 각각 3, 3, 3, 2, 1(학과 1(문과)인 경우)과 3, 3, 3, 1, 2(학과 2와 3(이과)인 경우)로 하여 "내신" 이란 변수를 만들고 계열(문과, 이과)에 따라 내신이 차이가 있는지를 검정하고자 한다.

1) 내신의 학과별 기술통계를 계산하여 표를 작성하시오.

학과	N(학생수)	평균	표준편차	평균의 표준오차
1 2 3				
합계				

2) 위의 결과로부터 학과별로 내신의 평균에 차이가 있는지를 검정하기 위한 분산분석표(ANOVA)를 작성하시오.

	제곱합	자유도	평균제곱	F값	p값
집단간					
집단내					
합					

3) 유의수준 5%에서 세 학과의 내신점수의 평균이 차이가 있는지를 검정하시오.

4) 문과와 이과에 따라 수능의 평균이 차이가 있는지를 아래 절차를 거쳐 검정하고자 한다.

① 검정하고자 하는 가설을 쓰시오.

② 두 집단에 대한 분산의 동질성검정을 통해 표를 작성하고, 유의수준 5%에서 결과를 설명하시오.

검정통계량의 분포	검정통계량의 값	p값(유의확률)

③ ①의 가설검정을 위해 표를 작성하고, 유의수준 5%에서 결과를 설명하시오.

검정통계량의 분포	검정통계량의 값	p값(유의확률)

【문제 2】

[문제 1]에서 계산된 내신을 X_1, 수능을 X_2, 대학의 졸업평점을 Y라 할 때, X_1, X_2와 Y가 어떤 관계가 있는지를 선형회귀분석을 통하여 조사하고자 한다.

1) 절편이 있는 회귀모형을 쓰고, 오차항에 대한 가정을 기술하시오.

2) 위 1)에서 설정한 회귀모형을 추정하여 얻어진 회귀직선 $\hat{Y}$를 나타내시오.

3) 내신과 수능, 졸업평점에 관한 통계량을 계산하시오(단, 상관계수는 졸업평점과의 상관계수를 의미한다.).

변수	평균	표준편차	상관계수
수능			
내신			
졸업평점			╳

4) 변수를 각각 평균이 0이고, 표준편차가 1이 되도록 표준화하여 새로운 변수 Z_1, Z_2, Z_Y를 만들고, Z_1, Z_2를 독립변수로 하여 회귀분석을 실시하여 추정된 회귀직선 $\hat{Z}_Y$을 나타내시오.

5) 졸업평점을 설명하는데 내신과 수능 중 어느 변수가 상대적으로 더 중요한가? 그 이유를 설명하시오.

6) 내신과 수능점수가 졸업평점의 변동을 몇 % 정도 설명하는가를 보기 위한 통계량은 무엇이고, 그 값은 얼마인지 구하시오.

문제풀이

SPSS를 이용하여 실제 문제를 해결하기 전에 먼저 자료파일을 SPSS로 불러오기 위한 과정이 필요하다.

1 분석할 자료가 "성적.txt"로 텍스트 파일 형식으로 주어졌으므로 이러한 자료를 불러오기 위해서 다음의 메뉴를 선택한다.

파일 ➠ **데이터 가져오기** ➠ **텍스트 데이터**

2 다음과 같은 《**데이터 열기**》 대화상자가 나타나면, 자료가 저장되어 있는 위치를 확인하여 해당 자료인 "성적.txt" 파일을 선택하면 **파일이름**에 성적.txt가 나타난다.

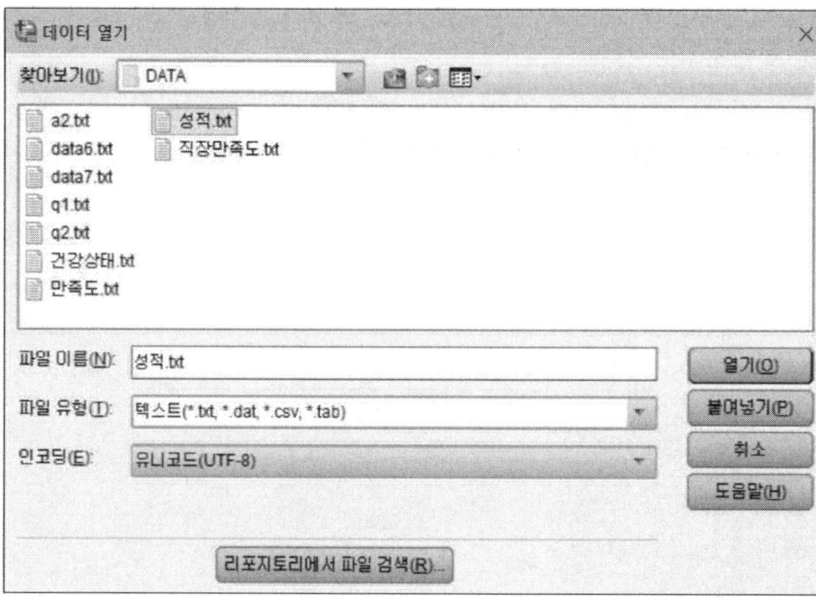

3 [열기]를 클릭하면, 다음과 같이 《**텍스트 가져오기 마법사-6단계 중 1단계**》 대화상자가 나타난다. 이 절차는 총 6단계로 진행된다.

4 1단계는 텍스트 파일이 **사전에 정의된 형식과 일치하는가**를 확인하는 단계로 디폴트로 지정된 **아니오**를 선택하고, [다음]을 클릭한다.

5 2단계에서는 변수가 어떻게 배열되어 있는지를 **구분자에 의한 배열**과 **고정너비로 배열** 중에서 선택한다. 본 자료는 공백으로 구분해서 입력되어 있으므로 **구분자에 의한 배열**을 선택한다. 그리고 "**변수 이름이 파일의 처음에 있습니까**?"라는 물음에 **아니오**를

클릭한 후 [다음]을 클릭한다. 만일, 자료의 첫 번째 행이 변수명으로 입력되어 있는 경우에는 **예**를 선택해야 한다.

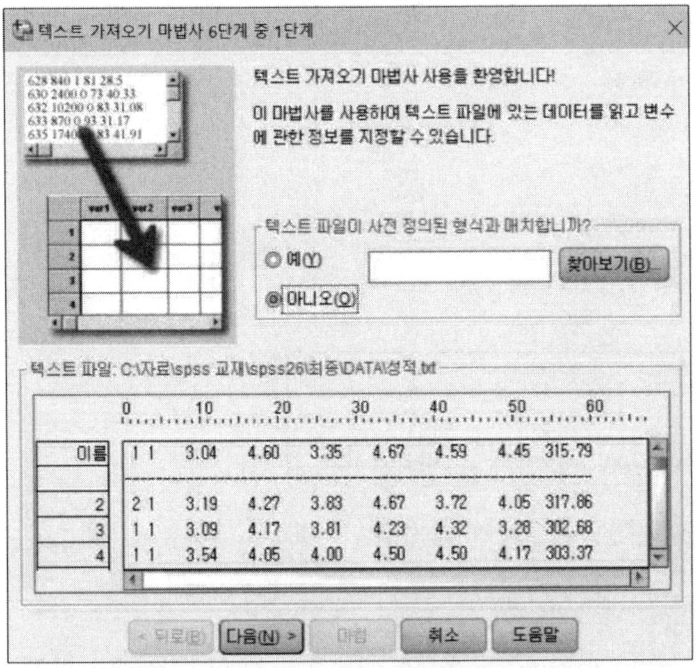

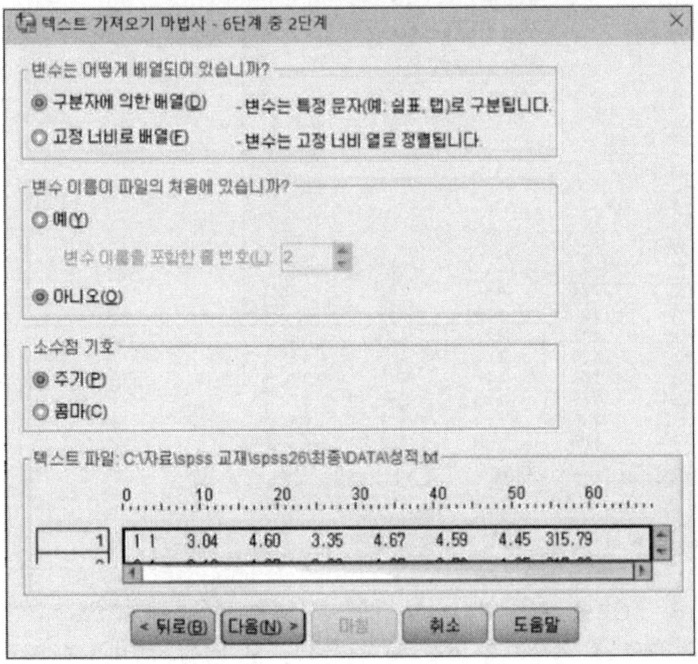

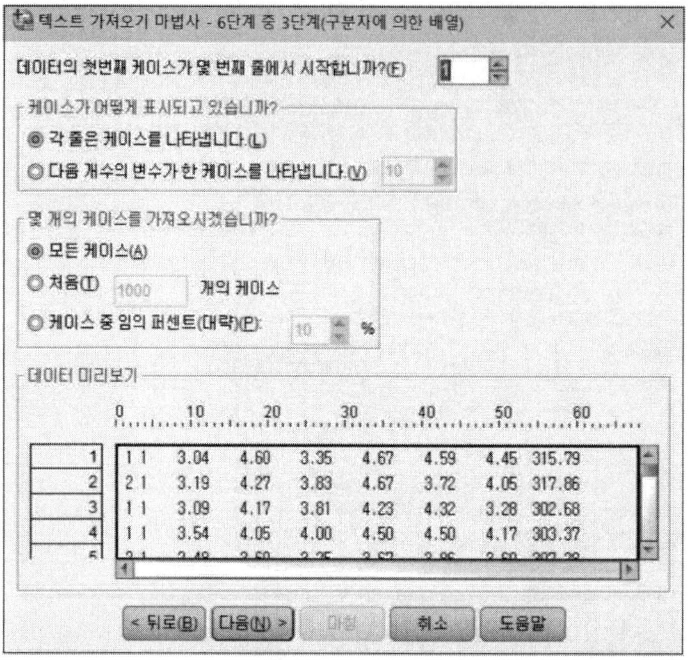

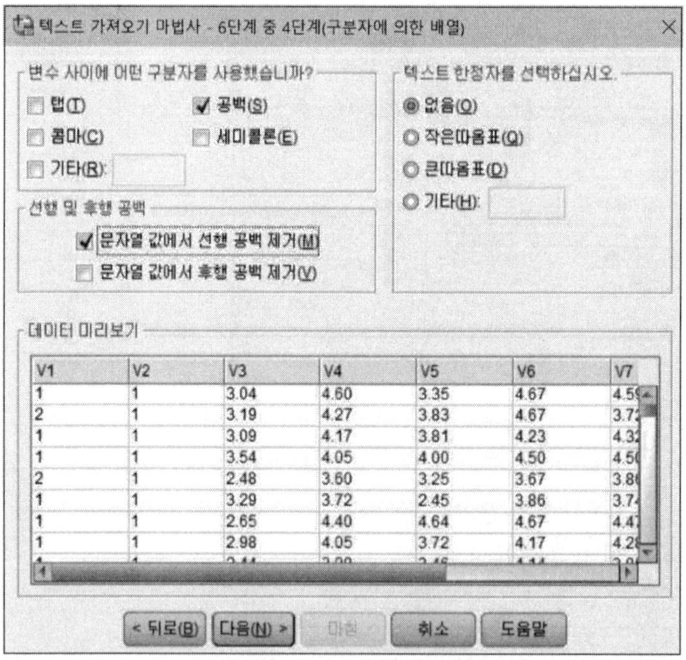

6 3단계에서는 데이터의 정보를 확인하다. **첫 번째 케이스의 시작줄**과 **케이스가 어떻게 표시되고 있는지, 몇 개의 케이스를 가지고 올 것인지**를 묻는다. 첫 번째 케이스의 시작이 첫 줄이므로 1을 선택하고, 각 줄이 한 케이스를 나타내므로 **각 줄은 케이스를 나**

타냅니다를 선택한다. 마지막으로 전체 데이터를 모두 가져와야 하므로 **모든 케이스**를 선택한 후 [다음]을 클릭한다.

7 4단계에서는 변수를 구분하기 위해서 사용된 **구분자**를 지정한다. 변수입력시 공백을 사용해서 구분하였으므로 **공백**을 선택하고, 변수 사이에 한 칸 이상의 공백이 포함되었다면 **선행 및 후행공백**에서 **문자열 값에서 선행 공백 제거**를 선택한 후 [다음]을 클릭한다.

8 5단계에서는 **변수 이름**과 **데이터 형식**을 지정한다. 디폴트로 변수 이름은 V1, V2, … 로 주어진다. **변수 이름**은 이 단계에서 지정할 수도 있고, [변수보기] 상태에서 지정할 수도 있다. 보통 SPSS의 [변수보기] 상태에서 필요한 내용을 한꺼번에 지정할 수 있으므로 이 단계에서는 [다음]을 클릭하여 다음 단계로 넘어간다.

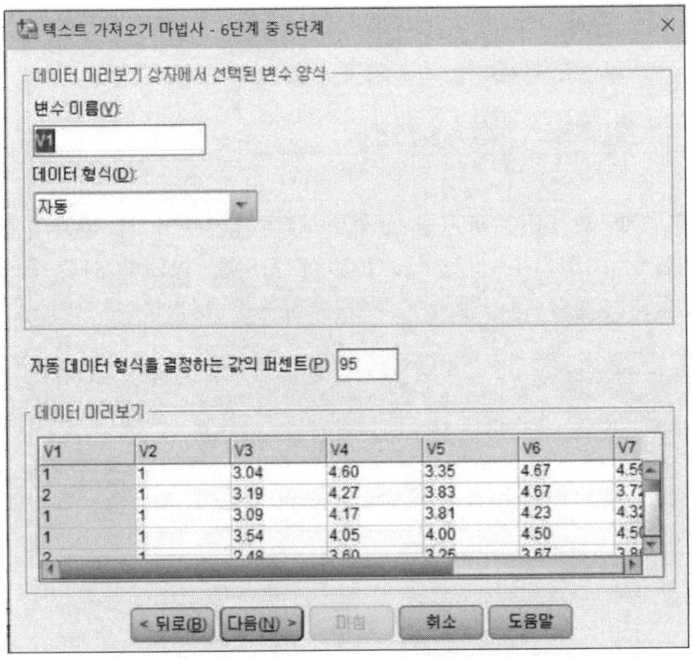

9 6단계에서는 **정의된 텍스트 파일의 형식을 저장**하는 문제와 **명령문**을 생성할 것인지를 결정한다. 정의된 텍스트 파일의 형식을 저장해 두면, 다음에 동일한 형식으로 텍스트 파일을 읽을 때 **《텍스트 가져오기 마법사-6단계 중 1단계》**에서 사전에 정의된 형식을 불러서 이용할 수 있다. **데이터 미리보기**를 통하여 데이터가 정상적으로 읽어들여졌는지 확인하고 [마침]을 클릭하면 **《텍스트 가져오기 마법사》** 대화상자가 종료된다.

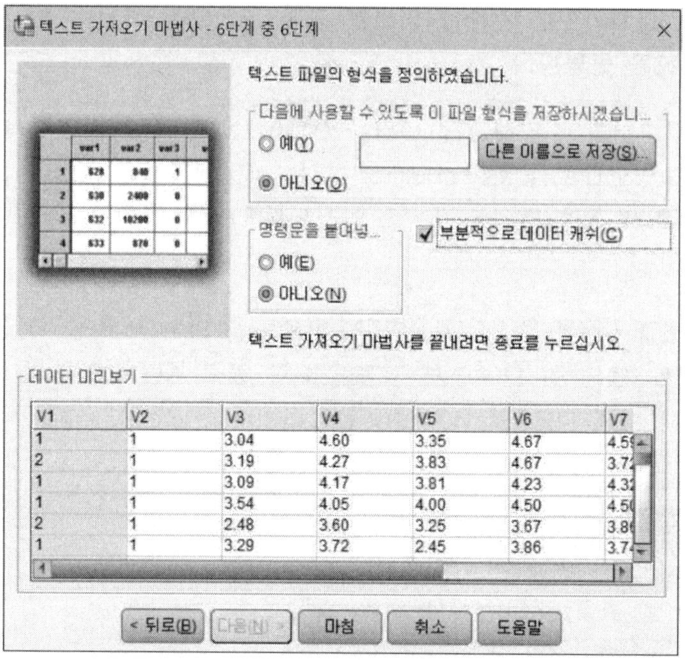

10 다음은 **텍스트 가져오기 마법사**의 6단계까지를 실행한 다음 [변수보기] 창에서 변수 **이름**을 문제에 주어진대로 지정하고 성적.sav 파일로 저장한 상태에서의 [데이터 보기] 창이다. 이 파일은 9개의 변수와 150개의 케이스를 포함하고 있다.

자료를 SPSS로 불러오는 과정이 끝나면, 이 자료를 이용하여 문제 해결에 필요한 새로운 변수를 생성해야 한다.

1 **내신** 변수를 생성하기 위해 문제에서 주어진대로 고등학교 **국어**, **영어**, **수학**, **사회**, **과학**점수에 다음과 같이 가중치를 부여하여 새로운 변수를 생성한다.

- 문과(학과 1)인 경우 : 3, 3, 3, 2, 1
- 이과(학과 2와 3)인 경우 : 3, 3, 3, 1, 2

2 각 변수 가중치를 적용함에 있어서 특정 조건(문과, 이과)을 만족시켜야 한다. 이를 위해서 다음의 메뉴를 선택한다.

변환 ➡ **변수계산**

3 《**변수계산**》 대화상자에서 **목표변수**에 **내신**이라고 입력하고, 오른쪽 **숫자표현식**에 가중치를 포함한 계산식을 입력한다. 계산식을 직접 입력할 수도 있고, 아래 부분에 있는 숫자와 연산자 및 **함수 집단**을 이용하여 입력할 수도 있다. 그런데, 계산식을 입력하기 전에 문과 또는 이과에 따라 다른 가중치를 부여해야 하므로 이를 지정하기 위해 [조건] 클릭하면 《**변수계산:케이스 조건**》 대화상자가 나타난다.

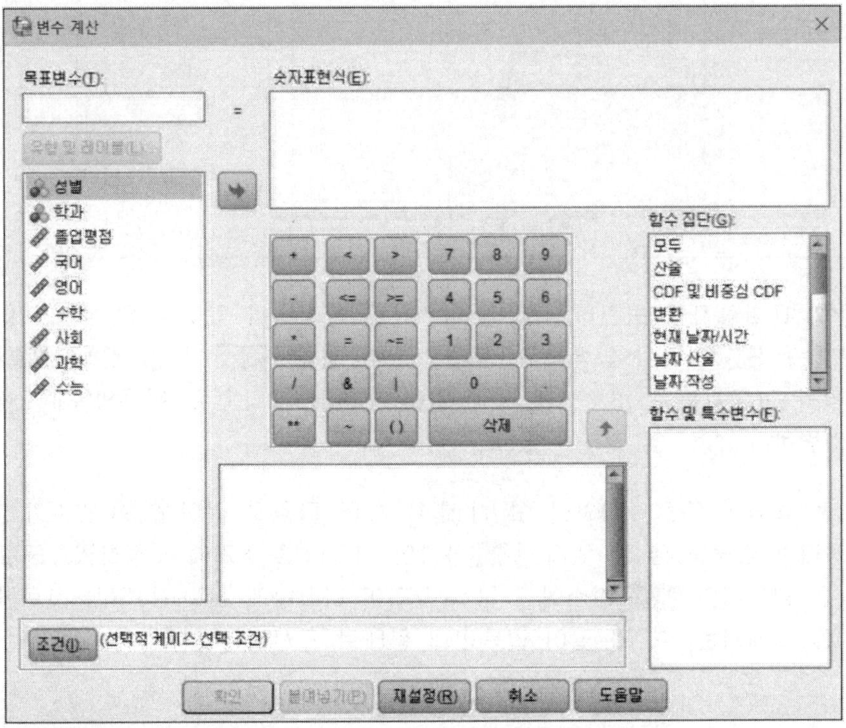

4 《**변수계산:케이스 조건**》 대화상자에서 디폴트 값은 **모든 케이스 포함**으로 지정되어 있다. 여기서는 학과가 문과 또는 이과인지에 따라 가중치를 다르게 부여해야 하므로 **다음 조건을 만족하는 케이스 포함**을 선택한다. 학과가 1인 경우(문과)를 먼저 계산하기 위해서 다음과 같이 "**학과=1**"을 입력하고 [계속]을 클릭한다.

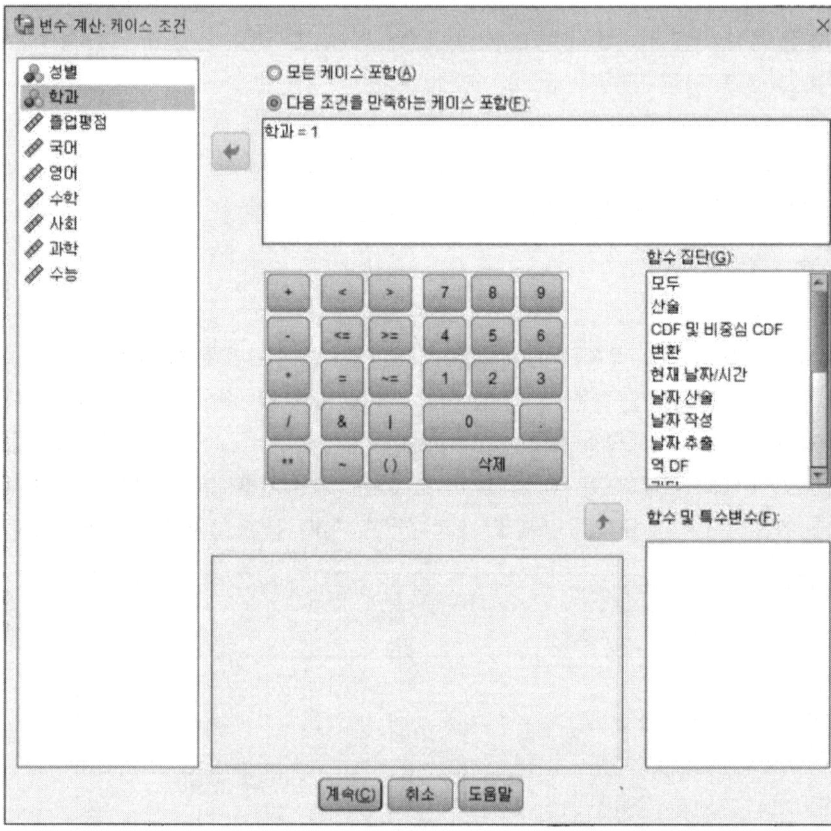

5 《**변수계산**》 대화상자를 보면 [조건]에 **학과=1**로 지정되어 있음을 알 수 있다. 이제 **목표변수**에 내신이라고 입력하고, 문과의 경우 국어, 영어, 수학, 사회, 과학 점수에 각각 가중치를 3, 3, 3, 2, 1과 같이 부여해야 하므로 **숫자표현식**에 다음과 같이 입력한다.

6 [확인]을 클릭한 다음 [데이터 보기] 창을 보면 다음과 같이 내신 변수가 새롭게 생성되어 있음을 알 수 있다. 학과가 1인 경우라고 조건에 지정하였으므로 학과가 1인 경우에만 내신 변수에 값이 계산되어 나타나게 된다. 나머지 자료(학과 2와 3)에 대해서는 "."와 같이 결측값의 형태로 표시되어 있다.

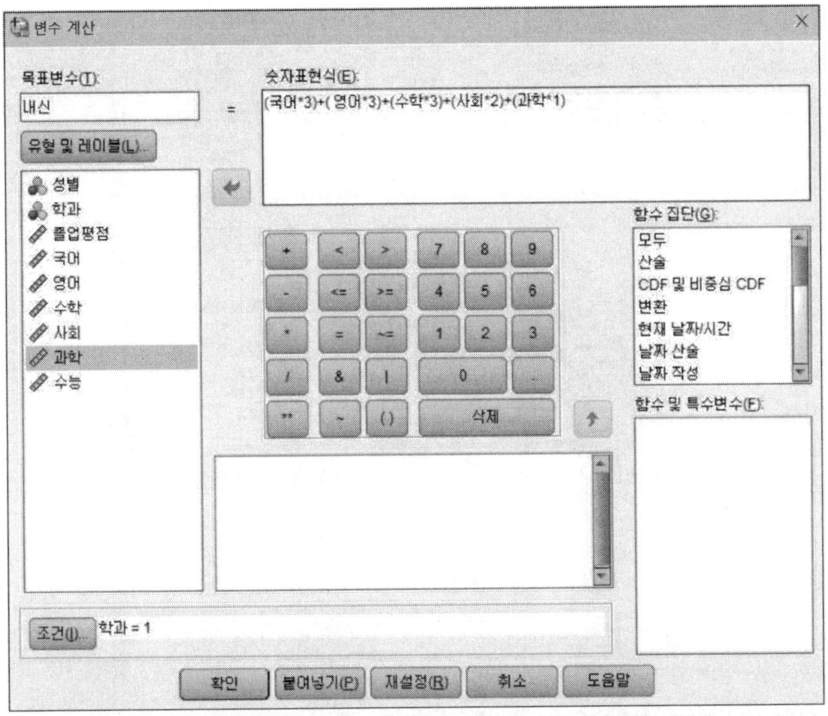

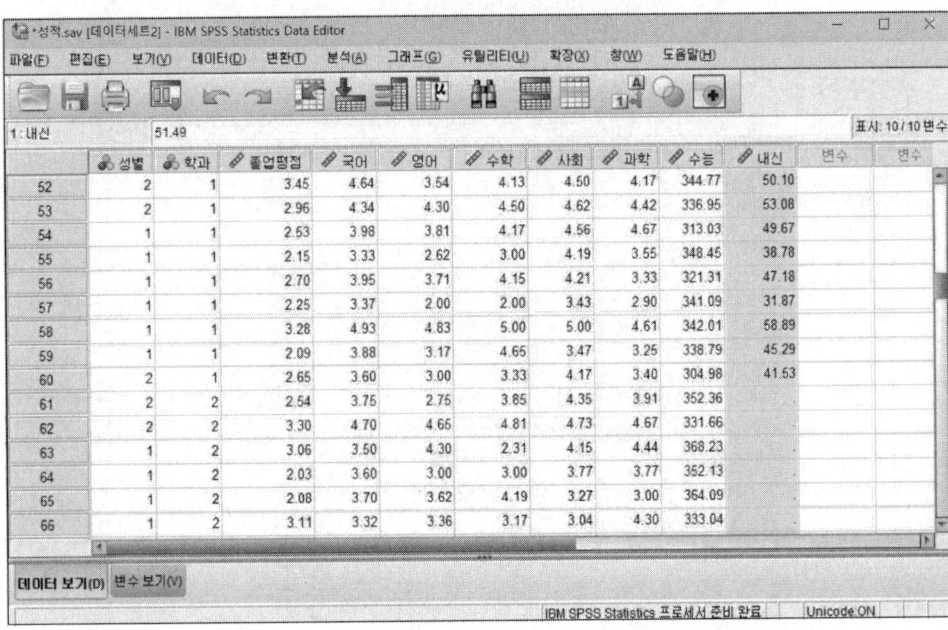

	성별	학과	졸업평점	국어	영어	수학	사회	과학	수능	내신	변수	변수
52	2	1	3.45	4.64	3.54	4.13	4.50	4.17	344.77	50.10		
53	2	1	2.96	4.34	4.30	4.50	4.62	4.42	336.95	53.08		
54	1	1	2.53	3.98	3.81	4.17	4.56	4.67	313.03	49.67		
55	1	1	2.15	3.33	2.62	3.00	4.19	3.55	348.45	38.78		
56	1	1	2.70	3.95	3.71	4.15	4.21	3.33	321.31	47.18		
57	1	1	2.25	3.37	2.00	2.00	3.43	2.90	341.09	31.87		
58	1	1	3.28	4.93	4.83	5.00	5.00	4.61	342.01	58.89		
59	1	1	2.09	3.88	3.17	4.65	3.47	3.25	338.79	45.29		
60	2	1	2.65	3.60	3.00	3.33	4.17	3.40	304.98	41.63		
61	2	2	2.54	3.75	2.75	3.85	4.35	3.91	352.36	.		
62	2	2	3.30	4.70	4.65	4.81	4.73	4.67	331.66	.		
63	1	2	3.06	3.50	4.30	2.31	4.15	4.44	368.23	.		
64	1	2	2.03	3.60	3.00	3.00	3.77	3.77	352.13	.		
65	1	2	2.08	3.70	3.62	4.19	3.27	3.00	364.09	.		
66	1	2	3.11	3.32	3.36	3.17	3.04	4.30	333.04	.		

7 마찬가지 방법으로 이과인 경우(학과=2 또는 3)에 대해서도 내신 변수를 계산한다. 이과인 경우 **《변수계산:케이스 조건》** 대화상자에서 **다음 조건을 만족하는 케이스 포함**

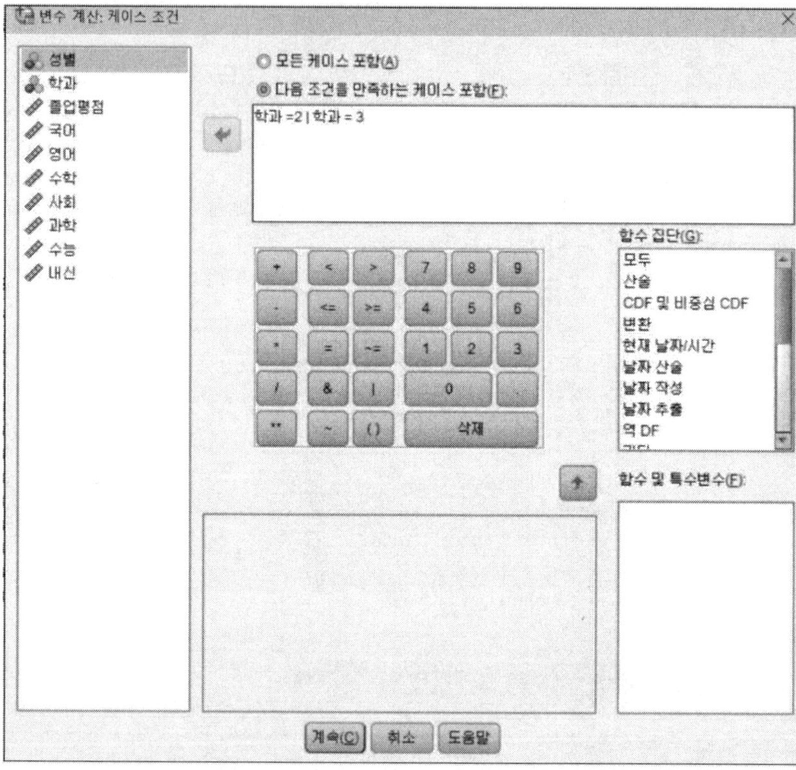
변수 계산: 케이스 조건
성별
학과
졸업평점
국어
영어
수학
사회
과학
수능
내신
모든 케이스 포함(A)
다음 조건을 만족하는 케이스 포함(F):
학과 =2 | 학과 = 3
함수 집단(G):
모두
산술
CDF 및 비중심 CDF
변환
현재 날짜/시간
날짜 산술
날짜 작성
날짜 추출
역 DF
함수 및 특수변수(F):
삭제
계속(C)
취소
도움말

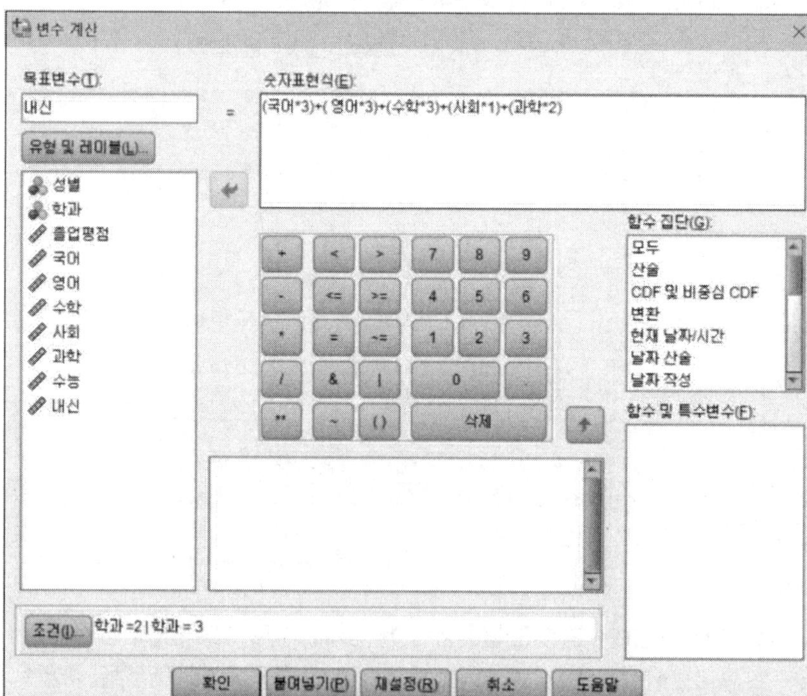
변수 계산
목표변수(T):
내신
숫자표현식(E):
(국어*3)+(영어*3)+(수학*3)+(사회*1)+(과학*2)
유형 및 레이블(L)...
성별
학과
졸업평점
국어
영어
수학
사회
과학
수능
내신
함수 집단(G):
모두
산술
CDF 및 비중심 CDF
변환
현재 날짜/시간
날짜 산술
날짜 작성
함수 및 특수변수(F):
삭제
조건(I)...
학과 =2 | 학과 = 3
확인
붙여넣기(P)
재설정(R)
취소
도움말

을 선택하고, 조건이 **학과=2** 또는 **학과=3**이 되도록 논리연산자 "|"를 사용하여 다음과 같이 입력한 후 [계속]을 클릭한다.

8 《**변수계산**》 대화상자를 보면 [조건]에 "**학과=2|학과=3**"로 지정되어 있음을 알 수 있다. 이제 **숫자표현식**에서 다음과 같이 가중치를 3, 3, 3, 1, 2로 수정하여 준다.

9 [확인]을 클릭하면 다음과 같이 **기존의 변수를 바꾸시겠습니까?** 라는 메시지 창이 나타난다. 이는 이전에 했던 작업과 이번에 한 작업의 변수명이 같기 때문에 자료를 덮어써도 되는지를 묻는 것이므로 [확인]을 클릭한다.

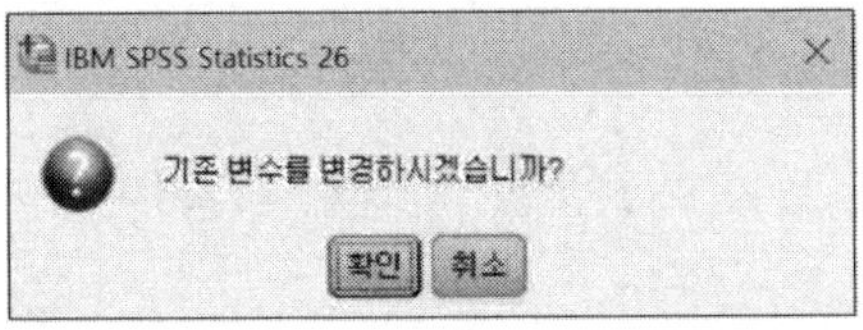

10 다음은 **내신** 변수가 추가된 성적.sav 파일의 [데이터 보기] 창이다.

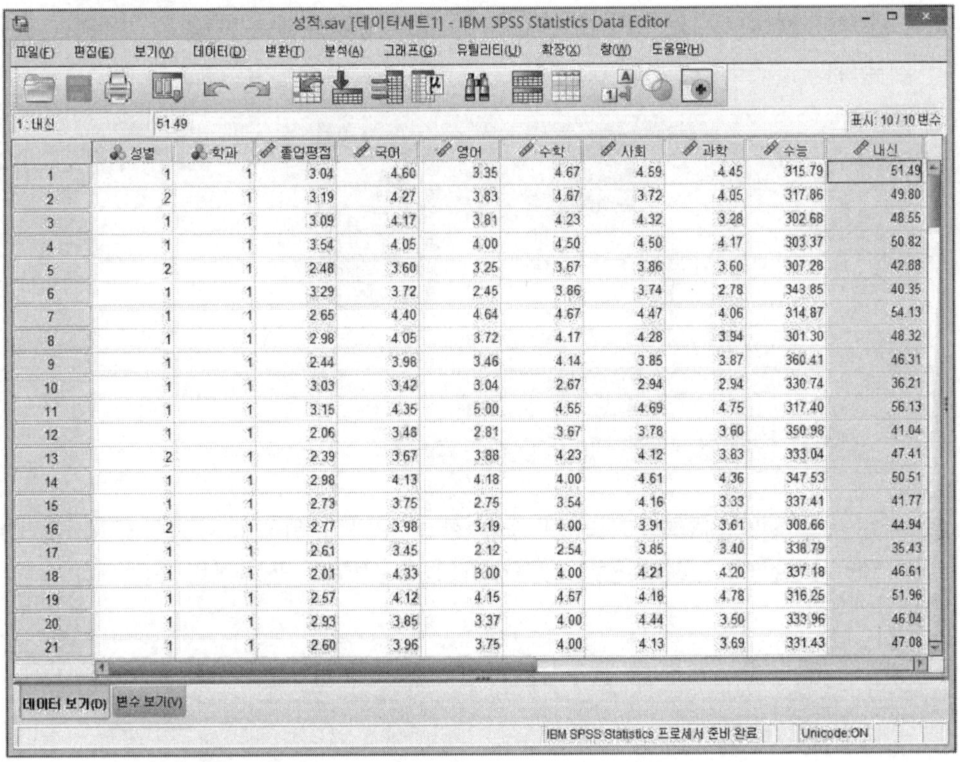

	성별	학과	졸업평점	국어	영어	수학	사회	과학	수능	내신
1	1	1	3.04	4.60	3.35	4.67	4.59	4.45	315.79	51.49
2	2	1	3.19	4.27	3.83	4.67	3.72	4.05	317.86	49.80
3	1	1	3.09	4.17	3.81	4.23	4.32	3.28	302.68	48.55
4	1	1	3.54	4.05	4.00	4.50	4.50	4.17	303.37	50.82
5	2	1	2.48	3.60	3.25	3.67	3.86	3.60	307.28	42.88
6	1	1	3.29	3.72	2.45	3.86	3.74	2.78	343.85	40.35
7	1	1	2.65	4.40	4.64	4.67	4.47	4.06	314.87	54.13
8	1	1	2.98	4.05	3.72	4.17	4.28	3.94	301.30	48.32
9	1	1	2.44	3.98	3.46	4.14	3.85	3.87	360.41	46.31
10	1	1	3.03	3.42	3.04	2.67	2.94	2.94	330.74	36.21
11	1	1	3.15	4.35	5.00	4.65	4.69	4.75	317.40	56.13
12	1	1	2.06	3.48	2.81	3.67	3.78	3.60	350.98	41.04
13	2	1	2.39	3.67	3.88	4.23	4.12	3.83	333.04	47.41
14	1	1	2.98	4.13	4.18	4.00	4.61	4.36	347.53	50.51
15	1	1	2.73	3.75	2.75	3.54	4.16	3.33	337.41	41.77
16	2	1	2.77	3.98	3.19	4.00	3.91	3.61	308.66	44.94
17	1	1	2.61	3.45	2.12	2.54	3.85	3.40	338.79	35.43
18	1	1	2.01	4.33	3.00	4.00	4.21	4.20	337.18	46.61
19	1	1	2.57	4.12	4.15	4.57	4.18	4.78	316.25	51.96
20	1	1	2.93	3.85	3.37	4.00	4.44	3.50	333.96	46.04
21	1	1	2.60	3.96	3.75	4.00	4.13	3.69	331.43	47.08

문제 1-1

고등학교 국어, 영어, 수학, 사회, 과학점수에 가중치를 각각 3,3,3,2,1 (학과1(문과)인 경우)과 3,3,3,1,2(학과 2와 3(이과)인 경우)로 하여 "내신"이란 변수를 만들고 계열(문과, 이과)에 따라 내신이 차이가 있는지를 검정하고자 한다. 내신의 학과별 기술통계를 계산하여 표를 작성하시오.

1 집단의 수가 3개 이상인 경우에 평균차이의 검정은 분산분석(analysis of variance : ANOVA)을 이용할 수 있다. 어떤 관심 있는 특성치에 대하여 하나의 요인만의 영향을 분석하기 위해서는 일원배치분산분석을 사용한다.

2 따라서 학과별 내신의 평균에 차이가 있는지를 검정하기 위해서 다음과 같은 메뉴를 선택한다.

분석 ➠ **평균비교** ➠ **일원배치 분산분석**

3 **《일원배치 분산분석》** 대화상자에서 다음과 같이 **종속변수**에는 내신을, **요인**에는 학과를 선택한다.

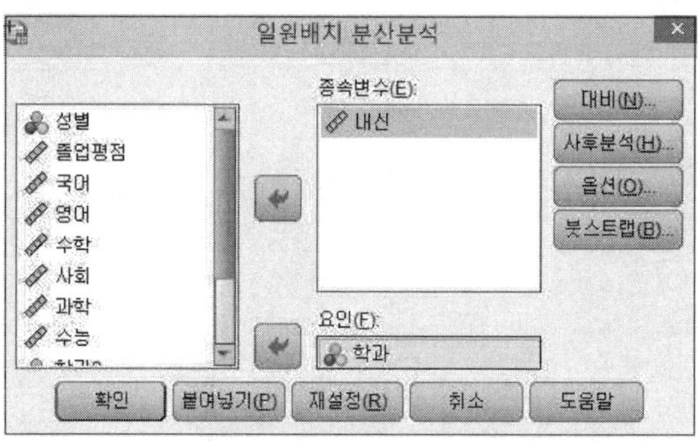

4 여기서, 학과별 내신의 기술통계량을 함께 구하기 위해서 [옵션]을 선택하여 얻어지는 **《일원배치 분산분석:옵션》** 대화상자에서 **통계량**의 **기술통계**를 선택한다.

5 [계속]을 클릭한 다음 **《일원배치 분산분석》** 대화상자에서 [확인]을 클릭하면 다음과 같은 기술통계량값과 분산분석표를 얻을 수 있다.

기술통계

내신

	N	평균	표준화 편차	표준화 오류	평균에 대한 95% 신뢰구간 하한	상한	최소값	최대값
1	60	46.2498	5.35487	.69131	44.8665	47.6331	31.87	58.89
2	60	47.1912	4.80886	.62082	45.9489	48.4334	32.28	56.55
3	30	47.4983	4.56784	.83397	45.7927	49.2040	37.70	57.82
전체	150	46.8761	4.98480	.40701	46.0718	47.6803	31.87	58.89

ANOVA

내신

	제곱합	자유도	평균제곱	F	유의확률
집단-간	41.104	2	20.552	.825	.440
집단-내	3661.280	147	24.907		
전체	3702.384	149			

6 위 결과의 **기술통계** 부분을 이용하면 다음과 같이 내신의 학과별 기술통계를 나타내는 표를 작성할 수 있다. 여기서 **표준화 편차**는 표준편차를 나타내며 **표준화오류**는 평균의 표준편차를 나타낸다.

학과	N(학생수)	평균	표준편차	평균의 표준오차
1	60	46.250	5.355	0.691
2	60	47.191	4.809	0.621
3	30	47.498	4.568	0.834
합계	150	46.876	4.985	0.407

문제 1-2

위의 결과로부터 학과별로 내신의 평균이 차이가 있는지를 검정하기 위한 분산분석표(ANOVA)를 작성하시오.

1 [문제 1-1]에서 일원배치분산분석을 수행한 결과의 **분산분석** 부분을 이용하면 다음과 같이 분산분석표를 작성할 수 있다.

	제곱합	자유도	평균제곱	F값	p값
집단간	41.104	2	20.552	0.825	0.440
집단내	3661.280	147	24.907		
합	3702.384	149			

문제 1-3

유의수준 5%에서 세 학과의 내신의 평균에 차이가 있는지를 검정하시오.

1 학과별로 내신의 평균에 차이가 있는지를 알아보기 위해서 설정한 귀무가설(H_0)과 대립가설(H_1)은 다음과 같다.

- H_0 : 학과별로 내신의 평균에 차이가 없다.
- H_1 : 학과별로 내신의 평균에 차이가 있다.

2 [문제 1-2]에서 얻어진 분산분석표를 이용하면 F값은 0.825이고, 유의확률 값은 0.440으로 나타났다. 유의수준 5%에서 검정할 때 유의확률 값이 0.05보다 크기 때문에 귀무가설을 기각할 수 없다. 따라서 학과별로 내신의 평균에 차이가 없다고 할 수 있다.

문제 1-4

문과와 이과에 따라 수능의 평균이 차이가 있는지를 아래 절차를 거쳐 검정하시오.
① 검정하고자 하는 가설을 쓰시오.
② 두 집단에 대한 분산의 동질성 검정을 통해 표를 작성하고, 유의수준 5%에서 결과를 설명하시오.
③ ①의 가설검정을 위해 표를 작성하고, 유의수준 5%에서 결과를 설명하시오.

1 학과에 따라 수능의 평균에 차이가 있는지를 검정하기 위해서는 두 집단(또는 그룹)간에 평균의 차이가 있는가를 검정하는 방법인 t-검정을 사용한다. t-검정은 독립표본인 경우와 대응표본인 경우로 나누어 다르게 실시해야 한다.

2 학과에 따라 수능의 평균에 차이가 있는지를 검정하는 비교 대상이 되는 두 집단 문과와 이과가 서로 독립인 집단이므로 **독립표본 T 검정**을 사용해야 한다.

3 주어진 자료에서 학과 변수는 모두 3개의 범주(1 : 문과, 2 : 이과, 3 : 이과)로 구성되어 있다. 따라서 학과 변수를 이용하여 두 개의 범주를 가지는 새로운 변수를 만들어야 한다.

4 변수의 코딩을 변경하는 방법에는 동일한 변수로 코딩 변경하는 방법과 새로운 변수로 코딩 변경하는 방법이 있는데, 여기서는 이과를 나타내는 2와 3이 하나의 범주로 묶일 수 있도록 새로운 변수로 코딩을 변경해야 한다. 이를 위해서 다음의 메뉴를 선택한다.

변환 ➠ **다른 변수로 코딩변경**

5 《**다른 변수로 코딩변경**》 대화상자가 나타나면, 왼쪽의 변수목록에서 변경하고자 하는 기존의 변수 즉, 학과를 선택한 다음 ➡를 클릭한다. **출력변수**의 **이름**에는 새롭게 코딩되는 변수의 이름인 학과2를 입력하고, [변경]을 클릭한 다음 [기존값 및 새로운 값]을 클릭한다. **출력변수**의 **레이블**에는 학과2 변수에 대한 변수 설명을 입력한다.

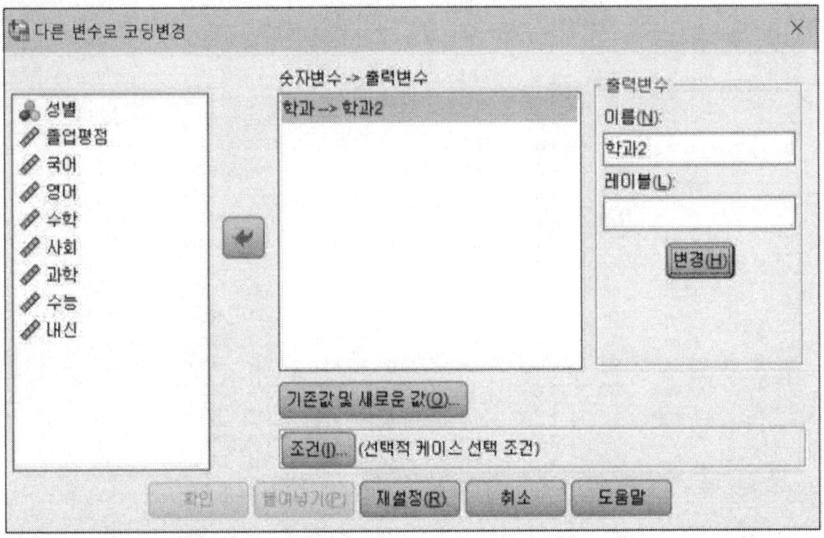

6 《다른 변수로 코딩변경:기존값 및 새로운 값》 대화상자에서 **기존값**의 형식을 먼저 선택한다. 여기서는 직접 값을 입력해야 하므로 **값**을 선택한 다음 학과 변수에서 1은 그대로 1의 값을 주어야 하므로 **기존값-값**과 **새로운 값-값**에 모두 1을 입력한 다음 [추가]를 누른다. 마찬가지 방법으로 학과 변수의 2와 3 값을 모두 2의 값을 가지도록 코딩 변경한 다음 [계속]을 클릭하고, 《**새로운 변수로 코딩변경**》 대화상자에서 [확인]을 클릭하면 된다.

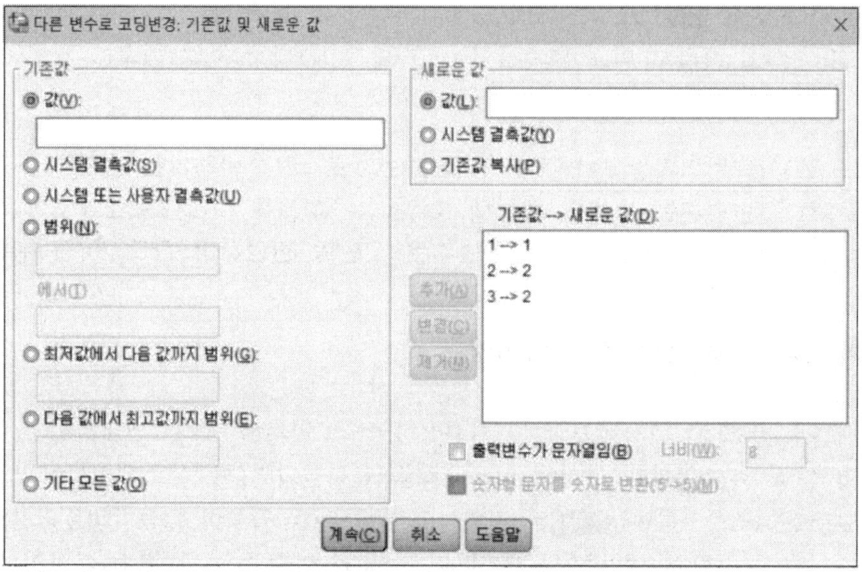

	성별	학과	졸업평점	국어	영어	수학	사회	과학	수능	내신	학과2	변수
1	1	1	3.04	4.60	3.35	4.67	4.59	4.45	315.79	51.49	1	
2	2	1	3.19	4.27	3.83	4.67	3.72	4.05	317.86	49.80	1	
3	1	1	3.09	4.17	3.81	4.23	4.32	3.28	302.68	48.55	1	
4	1	1	3.54	4.05	4.00	4.50	4.50	4.17	303.37	50.82	1	
5	2	1	2.48	3.60	3.25	3.67	3.86	3.60	307.28	42.88	1	
6	1	1	3.29	3.72	2.45	3.86	3.74	2.78	343.85	40.35	1	
7	1	1	2.65	4.40	4.64	4.67	4.47	4.06	314.87	54.13	1	
8	1	1	2.98	4.05	3.72	4.17	4.28	3.94	301.30	48.32	1	
9	1	1	2.44	3.98	3.46	4.14	3.85	3.87	360.41	46.31	1	
10	1	1	3.03	3.42	3.04	2.67	2.94	2.94	330.74	36.21	1	
11	1	1	3.15	4.35	5.00	4.65	4.69	4.75	317.40	56.13	1	
12	1	1	2.06	3.48	2.81	3.67	3.78	3.60	350.98	41.04	1	
13	2	1	2.39	3.67	3.88	4.23	4.12	3.83	333.04	47.41	1	
14	1	1	2.98	4.13	4.18	4.00	4.61	4.36	347.53	50.51	1	
15	1	1	2.73	3.75	2.75	3.54	4.16	3.33	337.41	41.77	1	

7 [데이터 보기] 창을 보면 새로운 변수 학과2가 생성된 것을 확인할 수 있으며, 이 값은 학과가 1인 경우에는 1, 학과가 2 또는 3인 경우에는 2의 값을 가지고 있다.

8 문과와 이과에 따라 수능 평균에 차이가 있는지를 검정하기 위해 다음의 메뉴를 선택한다.

분석 ➠ **평균비교** ➠ **독립표본 T검정**

9 **《독립표본 T검정》** 대화상자에서 **검정변수**에 수능을 선택하고, **집단변수**에 학과2를 선택한다.

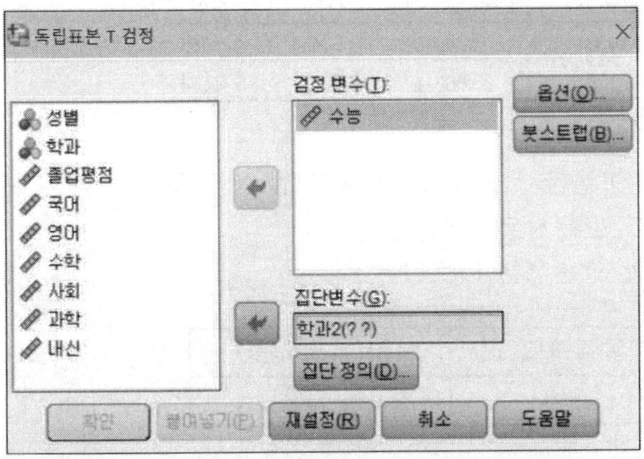

10 [집단정의]를 클릭하면 **《집단정의》** 대화상자가 나타나는데 **지정값 사용**에서 **집단 1**에는 1, **집단 2**에는 2를 입력하고, [계속]을 클릭한다.

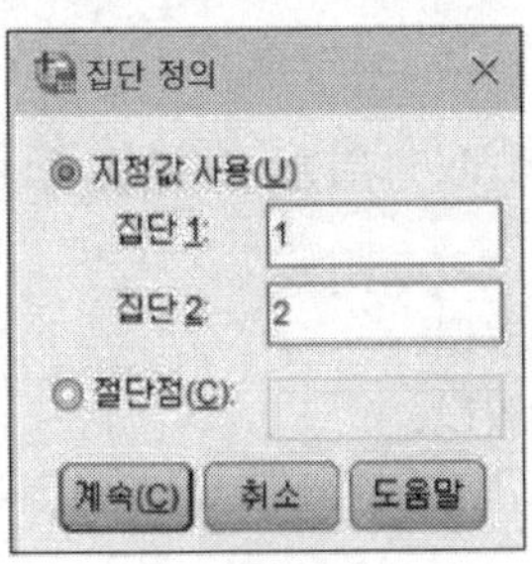

11 이전의 **《독립표본 T검정》** 대화상자에서 **집단변수 학과2(??)**의 **??**부분이 1,2로 변경되어 입력되어 있음을 알 수 있다. [확인]을 클릭하면 다음은 같은 독립표본 검정 결과를 얻을 수 있다.

독립표본 검정

		Levene의 등분산 검정		평균의 동일성에 대한 T 검정		
		F	유의확률	t	자유도	유의확률 (양측)
수능	등분산을 가정함	.045	.832	-3.077	148	.002
	등분산을 가정하지 않음			-3.386	146.493	.001

독립표본 검정

		평균의 동일성에 대한 T 검정			
				차이의 95% 신뢰구간	
		평균차이	표준오차 차이	하한	상한
수능	등분산을 가정함	-13.13811	4.26919	-21.57454	-4.70168
	등분산을 가정하지 않음	-13.13811	3.88014	-20.80639	-5.46984

12 분산의 동질성 검정을 위한 가설은 다음과 같이 설정할 수 있다.

- 귀무가설(H_0) : 두 집단의 모분산은 같다.
- 대립가설(H_1) : 두 집단의 모분산은 다르다.

검정통계량의 분포	검정통계량의 값	p값(유의확률)
F	0.045	0.832

13 **Levene의 등분산 검정** 결과에서 F값이 0.045이고, 유의확률 값이 0.832로 유의수준 5%에서 귀무가설을 기각할 수 없다. 따라서 두 집단의 모분산이 같다고 할 수 있다.

14 문과와 이과에 따라 수능 평균에 차이가 있는지를 검정하기 위한 가설은 다음과 같다.

- 귀무가설(H_0) : 문과와 이과의 수능 평균은 차이가 없다.
- 대립가설(H_1) : 문과와 이과의 수능 평균은 차이가 있다.

15 분산의 동질성 검정 결과 유의수준 5%에서 두 집단의 모분산이 같다고 할 수 있으므로 **등분산을 가정함** 일 때의 t-검정 결과를 분석한다. 검정통계량 T값은 -3.077이고, 유의확률은 0.002로 유의수준 0.05보다 작기 때문에 귀무가설을 기각한다. 따라서 문과와 이과에 따라 수능 평균은 차이가 있다고 할 수 있다.

검정통계량의 분포	검정통계량의 값	p값(유의확률)
t	-3.077	0.002

문제 2-1

[문제 1]에서 계산된 내신을 X_1, 수능을 X_2, 대학의 졸업평점을 Y라 할 때, X_1, X_2와 Y가 어떤 관계가 있는지를 선형회귀분석을 통하여 조사하고자 한다. 절편이 있는 회귀모형을 쓰고, 오차항에 대한 가정을 기술하시오.

1 절편이 있는 회귀모형은 다음과 같다.

$Y = \beta_0 + \beta_1 X_1 + \beta_2 X_2 + \epsilon$

2 오차항에 대한 가정은 다음과 같다.

① 오차항은 평균이 0이고 분산이 σ^2인 정규분포를 따른다.
② 오차항은 등분산을 갖는다.
③ 오차항은 서로 독립이다.

문제 2-2

위에서 정의된 회귀모형을 추정하여 얻어진 회귀직선 $\hat{Y}$을 나타내시오.

1 회귀모형을 추정하기 위하여 다음 메뉴를 선택한다.

분석 ➡ **회귀분석** ➡ **선형**

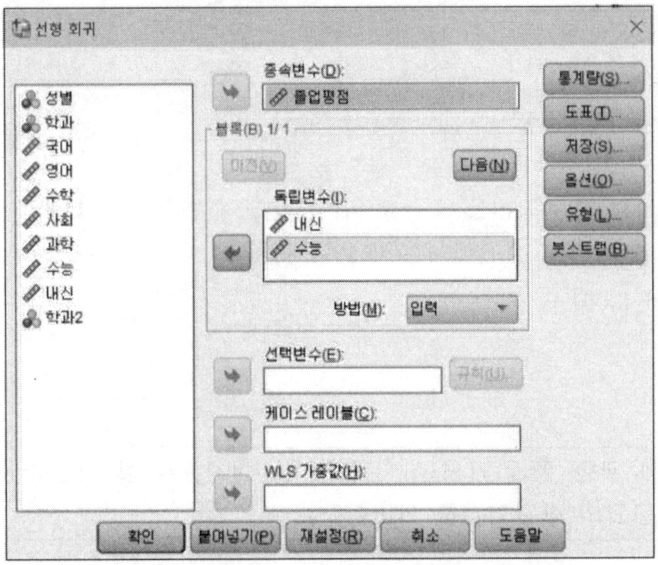

2 《선형 회귀》 대화상자에서 **종속변수**에는 졸업평점을 선택하고, **독립변수**에는 내신과 수능을 각각 선택하여 ➡를 클릭한다. **방법**에서는 변수를 선택하기 위한 방법을 지정해야 하는데, 회귀모형에 독립변수 두 개를 모두 포함시키기 위해서 **입력**을 지정하고 [확인]을 클릭한다.

3 다음은 선형회귀분석을 수행해서 얻어진 출력 결과이다.

모형 요약

모형	R	R 제곱	수정된 R 제곱	추정값의 표준오차
1	.378[a]	.143	.131	.42532

a. 예측자: (상수), 수능, 내신

ANOVA[a]

모형		제곱합	자유도	평균제곱	F	유의확률
1	회귀	4.423	2	2.212	12.226	.000[b]
	잔차	26.592	147	.181		
	전체	31.015	149			

a. 종속변수: 졸업평점

b. 예측자: (상수), 수능, 내신

계수[a]

모형		비표준화 계수		표준화 계수		
		B	표준화 오류	베타	t	유의확률
1	(상수)	.875	.517		1.694	.092
	내신	.033	.007	.363	4.699	.000
	수능	.001	.001	.060	.778	.438

a. 종속변수: 졸업평점

4 회귀계수들을 기초로 하여 회귀직선을 추정할 수 있는데 일반적으로 회귀계수는 **비표준화 계수**를 사용한다. 추정된 회귀직선은 다음과 같다.

$\hat{Y} = 0.875 + 0.033X_1 + 0.001X_2$

문제 2-3

내신과 수능, 졸업평점에 관한 통계량(평균, 표준편차, 상관계수)을 계산하시오(단, 상관계수는 졸업평점과의 상관계수를 의미한다).

1 내신, 수능, 졸업평점에 대한 평균과 표준편차를 구하고, 졸업평점과 수능, 졸업평점과 내신과의 상관계수를 구해보자. 평균과 표준편차를 구하기 위해서는 다음 메뉴를 이용할 수 있다. 그러나 이 메뉴를 이용하는 경우 상관계수의 값은 구할 수 없다.

분석 ➠ **기술통계량** ➠ **기술통계**

2 따라서, 다음과 같이 상관계수를 구할 수 있는 메뉴를 사용하고, 옵션에서 평균과 표준편차를 선택하면 한 번에 얻고자 하는 모든 결과를 얻을 수 있다.

분석 ➠ **상관분석** ➠ **이변량 상관**

3 《**이변량 상관계수**》 대화상자의 변수목록에서 기술통계량을 구하고자 하는 수능, 내신, 졸업평점 변수를 선택하여 ➡를 클릭한다. **상관계수**는 변수값들이 연속형 자료인 경우 피어슨의 상관계수를 사용해야 하므로 **Pearson**을 선택하고, **유의성 검정**은 디폴트로 **양쪽**을 클릭한다.

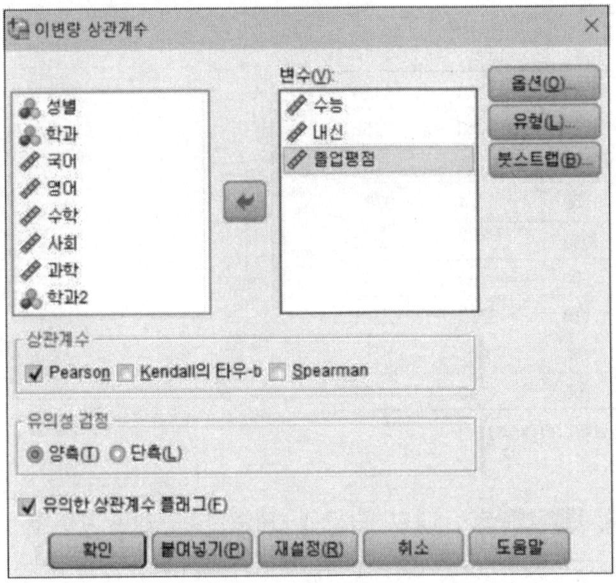

4 선택된 변수들의 평균과 표준편차를 구하기 위해서 [옵션]을 클릭하면, 《**이변량 상관계수:옵션**》 대화상자가 나타나며, **통계량**의 **평균과 표준편차**를 선택하고, [계속]을 클릭한 후 《**이변량 상관계수**》 대화상자에서 [확인]을 클릭한다.

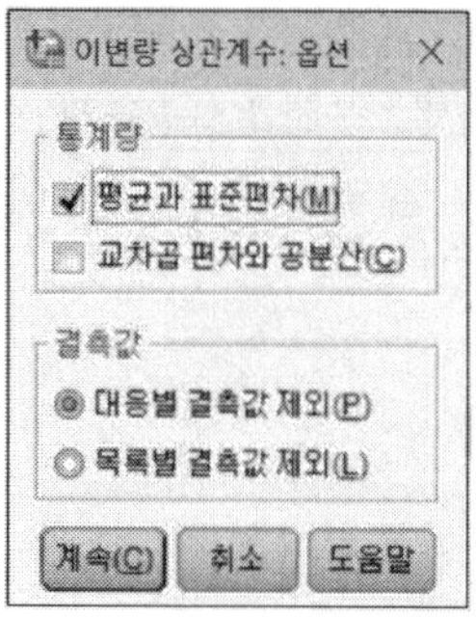

5 다음은 수행된 결과로써 세 변수에 대한 기술통계량 값과 상관계수 값이 나타나 있다.

기술통계량

	평균	표준화 편차	N
수능	336.2385	26.33315	150
내신	46.8761	4.98480	150
졸업평점	2.7851	.45624	150

상관관계

		수능	내신	졸업평점
수능	Pearson 상관	1	.158	.118
	유의확률 (양측)		.053	.152
	N	150	150	150
내신	Pearson 상관	.158	1	.373**
	유의확률 (양측)	.053		.000
	N	150	150	150
졸업평점	Pearson 상관	.118	.373**	1
	유의확률 (양측)	.152	.000	
	N	150	150	150

**. 상관관계가 0.01 수준에서 유의합니다(양측).

6 위 결과로부터 수능, 내신, 졸업평점에 대한 평균과 표준편차, 상관계수를 다음과 같이 얻을 수 있다.

변수	평균	표준편차	상관계수
수능	336.239	26.333	0.118
내신	46.876	4.985	0.373
졸업평점	2.785	0.456	

문제 2-4

내신과 수능, 졸업평점 변수를 각각 평균이 0이고, 표준편차가 1이 되도록 표준화하여 새로운 변수 Z_1, Z_2, Z_Y를 만들고, Z_1, Z_2를 독립변수로 하여 회귀분석을 실시할 경우 추정된 회귀직선 $\hat{Z}_Y$을 나타내시오.

1 표준화된 새로운 변수를 생성하기 위해서는 변수계산 메뉴를 사용하거나 기술통계 메뉴를 사용하면 되는데, 여기서는 다음과 같이 선택되는 **기술통계** 메뉴를 사용하고자 한다.

분석 ➡ **기술통계량** ➡ **기술통계**

2 《**기술통계**》 대화상자에서 **변수**를 지정하고, 이 변수들에 대하여 표준화된 새로운 변수를 생성하기 위해서 **표준화 값을 변수로 저장**을 선택한다.

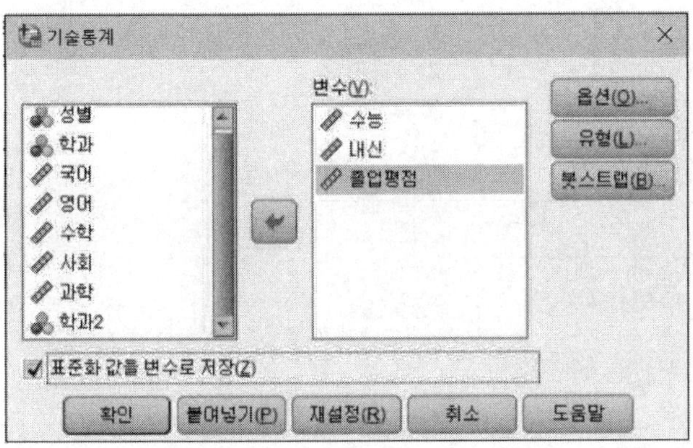

3 다음에 [변수보기] 상태에서 변수의 **이름**을 Z_1, Z_2, Z_Y로 지정한 결과가 나타나 있다.

4 표준화된 변수 Z_1, Z_2, Z_Y를 이용하여 회귀분석을 실시하기 위해서 다음 메뉴를 선택한다.

분석 ➡ **회귀분석** ➡ **선형**

5 《**선형 회귀**》 대화상자에서 **종속변수**에는 Z_Y을 선택하고, **독립변수**에는 Z_1과 Z_2를 각각 선택하여 ➡를 클릭한다. **방법**에 **입력**을 지정하고 [확인]을 클릭한다.

	영어	수학	사회	과학	수능	내신	학과2	Z2	Z1	Zy	변수
1	3.35	4.67	4.59	4.45	315.79	51.49	1	-.77653	.92560	.55877	
2	3.83	4.67	3.72	4.05	317.86	49.80	1	-.69792	.58667	.88754	
3	3.81	4.23	4.32	3.28	302.68	48.55	1	-1.27438	.33581	.66836	
4	4.00	4.50	4.50	4.17	303.37	50.82	1	-1.24818	.79119	1.65468	
5	3.25	3.67	3.86	3.60	307.28	42.88	1	-1.09970	-.80165	-.66865	
6	2.45	3.86	3.74	2.78	343.85	40.35	1	.28905	-1.30919	1.10672	
7	4.64	4.67	4.47	4.06	314.87	54.13	1	-.81147	1.45521	-.29604	
8	3.72	4.17	4.28	3.94	301.30	48.32	1	-1.32679	.28967	.42726	
9	3.46	4.14	3.85	3.87	360.41	46.31	1	.91791	-.11356	-.75632	
10	3.04	2.67	2.94	2.94	330.74	36.21	1	-.20881	-2.13972	.53685	
11	5.00	4.65	4.69	4.75	317.40	56.13	1	-.71539	1.85643	.79987	
12	2.81	3.67	3.78	3.60	350.98	41.04	1	.55981	-1.17077	-1.58922	
13	3.88	4.23	4.12	3.83	333.04	47.41	1	-.12146	.10711	-.86591	
14	4.18	4.00	4.61	4.36	347.53	50.51	1	.42879	.72900	.42726	
15	2.75	3.54	4.16	3.33	337.41	41.77	1	.04449	-1.02433	-.12070	

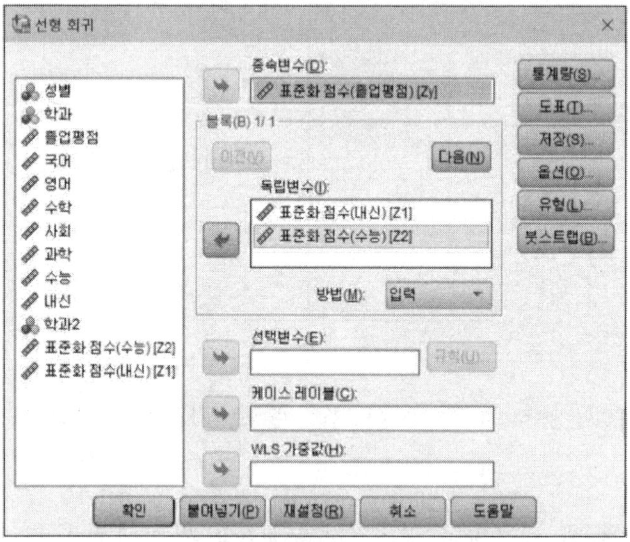

6 표준화된 변수 Z_1, Z_2, Z_Y를 이용하여 회귀분석을 실시한 결과 다음을 얻을 수 있다. 따라서 이 결과를 이용하여 추정된 회귀직선은 다음과 같다.

$$\hat{Z}_Y = 0.363Z_1 + 0.060Z_2$$

모형 요약

모형	R	R 제곱	수정된 R 제곱	추정값의 표준 오차
1	.378[a]	.143	.131	.93222799

a. 예측자: (상수), 표준화 점수(수능), 표준화 점수(내신)

ANOVA[a]

모형		제곱합	자유도	평균제곱	F	유의확률
1	회귀	21.250	2	10.625	12.226	.000[b]
	잔차	127.750	147	.869		
	전체	149.000	149			

a. 종속변수: 표준화 점수(졸업평점)

b. 예측자: (상수), 표준화 점수(수능), 표준화 점수(내신)

계수[a]

모형		비표준화 계수 B	비표준화 계수 표준화 오류	표준화 계수 베타	t	유의확률
1	(상수)	1.182E-15	.076		.000	1.000
	표준화 점수(내신)	.363	.077	.363	4.699	.000
	표준화 점수(수능)	.060	.077	.060	.778	.438

a. 종속변수: 표준화 점수(졸업평점)

7 [문제 2-2]에서 얻어진 결과의 **계수** 부분의 **표준화계수**를 이용하여도 동일한 결과를 얻을 수 있다. **표준화 계수**는 각 변수들을 표준화하여 회귀분석을 실시했을 때 추정된 회귀계수이므로 표준화회귀계수를 사용하여 회귀직선을 추정하면 동일한 회귀직선을 추정할 수 있다.

문제 2-5

졸업평점을 설명하는데 내신과 수능 중 어느 변수가 상대적으로 더 중요한가? 그 이유를 설명하시오.

1 종속변수에 영향을 미치는 독립변수들의 상대적 중요도는 표준화 계수값으로 설명할 수 있다. 내신의 표준화 계수는 0.363, 수능의 표준화계수는 0.060으로 **내신**이 **수능**보다 **졸업평점**을 설명하는데 더 중요한 변수라고 할 수 있다.

문제 2-6

내신과 수능이 졸업평점의 변동을 몇 % 정도 설명하는가를 보기 위한 통계량은 무엇이고, 그 값은 얼마인지 구하시오.

1 독립변수(내신과 수능)가 종속변수(졸업평점)의 변동을 어느 정도 설명하고 있는지를 나타내는 통계량은 수정된 결정계수(**수정된 R 제곱**)이다. 수정된 결정계수는 [문제 2-2]의 결과에서 **모형요약**을 이용하여 설명할 수 있다.

모형 요약

모형	R	R 제곱	수정된 R 제곱	추정값의 표준오차
1	.378[a]	.143	.131	.42532

a. 예측자: (상수), 수능, 내신

2 위 결과를 보면 **수정된 R 제곱**의 값이 0.131로 내신과 수능은 졸업평점의 변동을 13.1%정도 설명하고 있음을 알 수 있다. 즉, 졸업평점의 변동을 설명하기 위한 통계량은 수정된 결정계수(**수정된 R 제곱**)이고, 이 값은 0.131이다.

사회조사분석사 기출문제 Ⅱ

기출문제

[요구사항] 다음 질문에 대한 답안을 통계 Package를 이용하여 수행한 결과(화면 이용)를 바탕으로 하여 답안지에 직접 작성하시기 바랍니다.

【문제 1】

다음 자료는 어느 직장의 종업원에 대한 가상적인 자료로 다음과 같은 구조를 갖는다.(관련자료 : q1.dat)

<자료 q1의 설명>

첫월급	성	근무개월	현재월급	교육년수
현직장에서 받은 첫월급 (원)	0=남자 1=여자	현직장에서 근무한 기간 (월)	현재 받고 있는 월급 (원)	종업원의 교육 받은 기간 (년)

<디스켓에 수록된 자료의 형태>

첫월급	성	근무개월	현재월급	교육년수
840000	0	81	1768800	16
2400000	0	73	4554000	16
1020000	0	83	2415600	15
⋮	⋮	⋮	⋮	⋮
444000	1	83	844800	12
408000	1	85	811800	12
522000	1	70	917400	12

1) 남자와 여자 두 집단 사이의 월급상승 비율에 차이가 있는지를 유의수준 1%에서 검정하시오. (단, 월급상승 = (현재월급 - 첫월급) / 근무개월)

2) 현재월급 = a + b×(교육년수) + e라는 회귀식을 구하고 그 결과에서, 표준화된 잔차(standardized residual)를 이용하여 제일 큰 극단치(outlier)의 사례번호(case number)를 찾아낸 후, 이 극단치를 갖고 있는 사례를 자료에서 삭제하시오. 이후 3), 4), 5)의 분석은 모든 극단치를 제거한 자료를 사용하시오.)

3) 교육년수가 현재월급에 미치는 효과가 남자와 여자 집단에서 각기 다른지 알아보려고 한다. 남자와 여자 집단에 대하여 각기 회귀식을 세우고 교육을 1년 더 받으면 평균적으로 월급을 얼마나 더 받는지를 각 집단에서 구한 회귀식을 이용하여 해석하시오.

4) 남녀 집단을 구분하지 말고, 성을 더미(Dummy) 변수로 처리하여 남자의 교육이 현재 월급에 미치는 효과와 여자의 교육이 현재 월급에 미치는 효과(교육과 성의 상호작용 효과)를 찾아내는 다중회귀식(multiple regression equation)을 구하시오.

5) 남녀 집단에서 각각 회귀식을 구한 3)번 문제의 결과와 집단을 구분하지 않고 하나의 다중회귀식에서 구한 변수를 사용한 4)번 문제의 결과가 동일한지 판정하고, 집단별로 회귀식을 구하는 방식과 더미(Dummy) 변수를 이용하여 하나의 회귀식을 구하는 방식 중 어느 방식이 통계적으로 나은 방법인지를 근거를 대어 판단하시오.

【문제 2】

다음 자료는 어느 직장에서 하루에 영업상 만나는 사람의 수에 관한 자료로 다음과 같은 구조를 갖고 있다. (관련자료 : q2.dat)

<자료 q2의 설명>

만남수	경력	직급	부서
하루에 직업상 만나는 사람의 수 (명)	부서에서 근무한 경력 (년)	1=평사원 2=관리직 3=고위관리직	0=영업부 1=인사부

<디스켓에 수록된 자료의 형태>

만남수	경력	직급	부서
17	16	2	0
45	16	2	0
24	15	2	0
⋮	⋮	⋮	⋮
8	12	1	1
8	12	1	1
9	12	1	1

1) 직급에 따라 영업상 만나는 사람의 수가 같은지를
   가) 유의수준 1%에서 검정하고
   나) 각 직급에 속한 사람들이 평균적으로 만나는 사람의 수를 구하시오.

2) 직급이 영업상 만나는 사람의 수에 영향을 미치는지를
   가) 직급을 더미변수화하여 회귀분석으로 검정하고
   나) 영업상 만나는 사람의 수가 직급에 의해 몇 % 정도 설명되는지를 구하고
   다) 직급별로 만나는 사람의 평균수가 위의 1)번 문제에서 수행한 결과와 동일한지를 판정하시오.

3) 직급과 부서에 대한 이차원 분할표를 작성하고, 두 변수간의 독립성 여부에 대한 검정을 유의수준 5%에서 실시하시오.

문제 풀이 1

1 분석할 자료가 "q1.dat"로 텍스트 파일 형식으로 주어졌으므로 이러한 자료를 불러오기 위해서 다음의 메뉴를 선택한다.

파일 ➡ **데이터 가져오기** ➡ **텍스트 데이터**

2 **《데이터열기》** 대화상자가 나타나면, 자료가 저장되어 있는 위치를 확인하여 해당 자료인 "q1.dat" 파일을 선택한 후 [열기]를 클릭하여, 6단계의 **《텍스트 가져오기 마법사》**를 진행한다. "q1.dat" 파일을 살펴보면 변수값 들이 탭으로 구분되어 있으므로 **《텍스트 가져오기 마법사-4단계》**에서 변수 사이에 사용된 구분자로 **탭**을 선택한다. [변수 보기] 상태에서 변수의 **이름**, **유형**, **레이블**, **값**, **결측값** 등을 지정한 다음 파일명을 **기출 2-1.sav**로 저장한다.

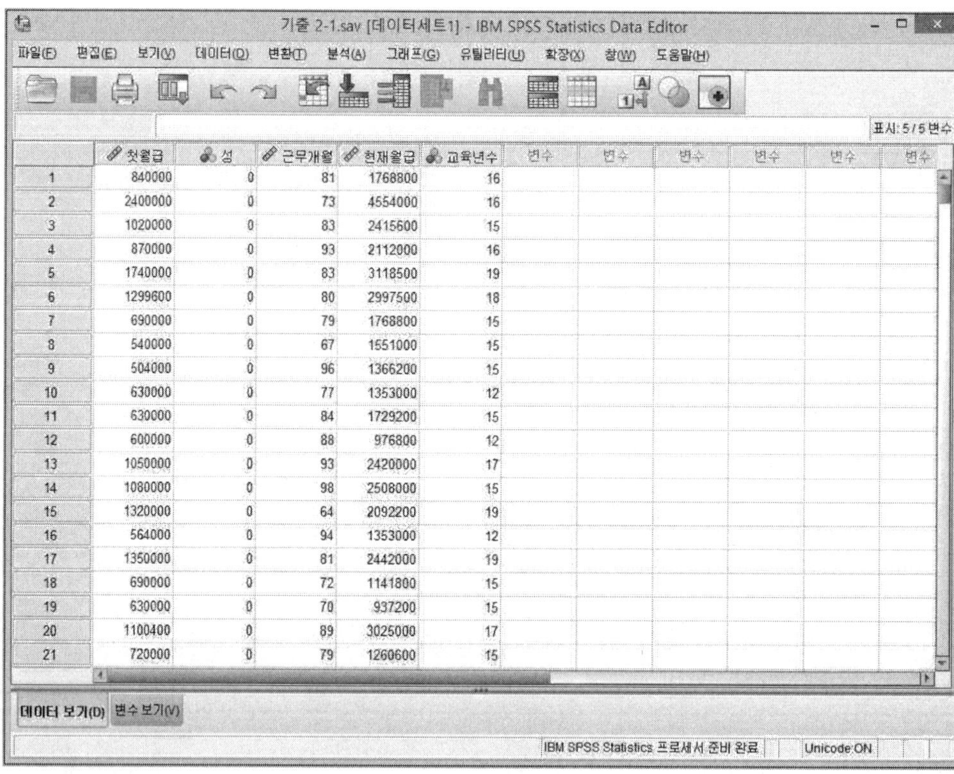

	첫월급	성	근무개월	현재월급	교육년수
1	840000	0	81	1768800	16
2	2400000	0	73	4554000	16
3	1020000	0	83	2415600	15
4	870000	0	93	2112000	16
5	1740000	0	83	3118500	19
6	1299600	0	80	2997500	18
7	690000	0	79	1768800	15
8	540000	0	67	1551000	15
9	504000	0	96	1366200	15
10	630000	0	77	1353000	12
11	630000	0	84	1729200	15
12	600000	0	88	976800	12
13	1050000	0	93	2420000	17
14	1080000	0	98	2508000	15
15	1320000	0	64	2092200	19
16	564000	0	94	1353000	12
17	1350000	0	81	2442000	19
18	690000	0	72	1141800	15
19	630000	0	70	937200	15
20	1100400	0	89	3025000	17
21	720000	0	79	1260600	15

문제 1-1

남자와 여자 두 집단 사이의 월급상승 비율에 차이가 있는지를 유의수준 1%에서 검정하시오. (단, 월급상승 = (현재월급 - 첫월급) / 근무개월)

1 월급상승이라는 변수를 만들기 위하여 다음의 메뉴를 선택한다.

변환 ➡ **변수계산**

2 **《변수계산》** 대화상자에서 **목표변수**에 월급상승이라고 입력하고, 오른쪽 **숫자표현식**에 다음과 같이 "**(현재월급-첫월급)/근무개월**"이라고 입력한 다음 [확인]을 클릭하면, [데이터 보기] 창에서 월급상승이라는 변수가 새롭게 생성이 되어 있음을 알 수 있다.

3 남자와 여자 두 집단 사이에 월급상승 비율에 차이가 있는가를 알아보기 위한 귀무가설(H_0)과 대립가설(H_1)은 다음과 같다.

- H_0 : 남자와 여자 두 집단 사이의 월급상승 비율에 차이가 없다.
- H_1 : 남자와 여자 두 집단 사이의 월급상승 비율에 차이가 있다.

4 성에 따라 월급상승 비율의 차이가 있는지를 검정하기 위해 다음의 메뉴를 선택한다.

분석 ➠ **평균비교** ➠ **독립표본 T검정**

5 《**독립표본 T검정**》 대화상자에서 **검정 변수**에는 월급상승을 선택하고, **집단변수**에는 성을 선택한 다음 **집단변수**의 값을 지정하기 위해 [집단정의]를 누른다.

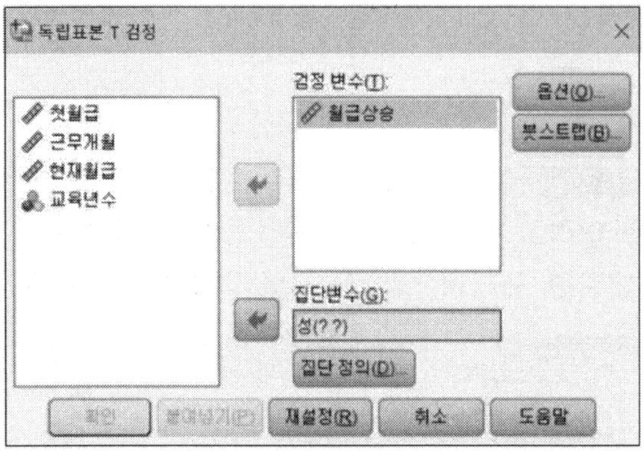

6 《**집단정의**》 대화상자에서 **집단 1**에는 0(남자), **집단 2**에는 1(여자)를 입력한다.

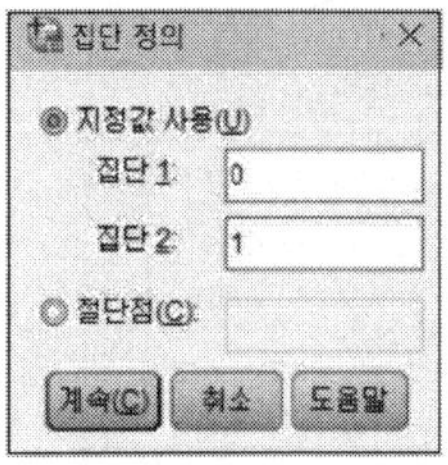

7 《**독립표본 T검정**》 대화상자에서 **집단변수**의 **성(? ?)**이 **성(0 1)**로 입력된다.

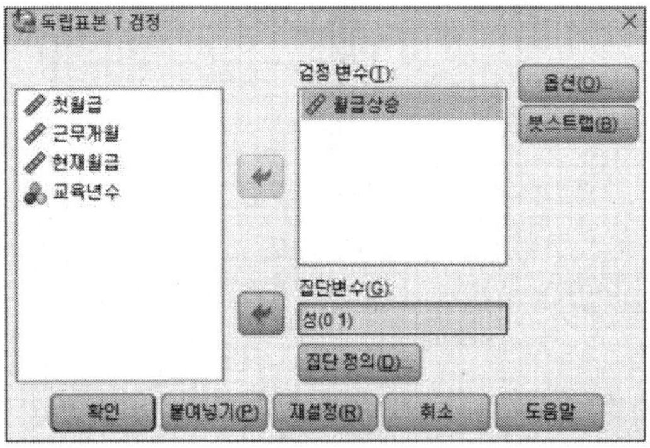

8 유의수준을 1%로 설정하기 위하여 [옵션]을 선택하면, 다음과 같은 《**독립표본 T검정:옵션**》 대화상자가 나타난다. 여기서, **신뢰구간**에 99를 입력한 후 [계속]을 클릭하면 된다.

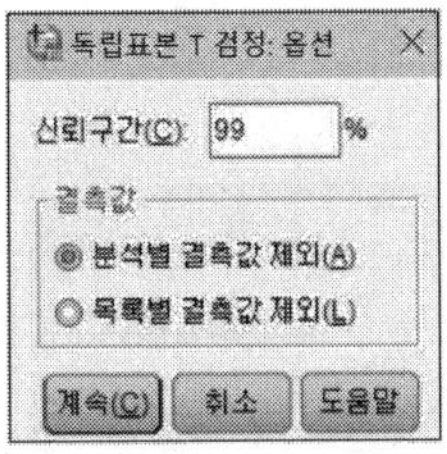

9 **《독립표본 T검정》** 대화상자의 [확인]을 클릭하면 다음과 같은 독립표본 검정 결과를 얻을 수 있다.

독립표본 검정

		Levene의 등분산 검정		평균의 동일성에 대한 T 검정		
		F	유의확률	t	자유도	유의확률 (양측)
월급상승	등분산을 가정함	69.781	.000	8.700	472	.000
	등분산을 가정하지 않음			9.247	362.478	.000

독립표본 검정

		평균의 동일성에 대한 T 검정			
				차이의 99% 신뢰구간	
		평균차이	표준오차 차이	하한	상한
월급상승	등분산을 가정함	4855.76118	558.16486	3412.18751	6299.33485
	등분산을 가정하지 않음	4855.76118	525.12656	3495.96670	6215.55566

10 **Levene의 등분산 검정**에서 F값이 69.781이고, 이때의 유의확률 값이 0.000으로 유의수준 0.01보다 작기 때문에 "두 집단의 모분산이 같다"라는 귀무가설을 기각한다. 따라서 두 집단의 모분산은 같다고 할 수 없으므로 **등분산을 가정하지 않음**의 t-검정 결과를 이용해야 한다. 이때의 검정통계량 T값은 9.247이고 유의확률 값이 0.000으로 유의수준 0.01보다 작기 때문에 귀무가설을 기각한다. 즉, 남자와 여자 두 집단 사이의 월급상승 비율에 차이가 있다고 할 수 있다.

문제 1-2

현재월급 = a + b×(교육년수) + e라는 회귀식을 구하고 그 결과에서, 표준화된 잔차(standardized residual)를 이용하여 제일 큰 극단치(outlier)의 사례번호(case number)를 찾아낸 후, 이 극단치를 갖고 있는 사례를 자료에서 삭제하시오. 이후 [문제 1-3], [문제 1-4], [문제 1-5]의 분석은 모든 극단치를 제거한 자료를 사용하시오.

1 회귀식을 구하기 위하여 다음의 메뉴를 선택한다.

분석 ➠ **회귀분석** ➠ **선형**

2 《**선형 회귀**》 대화상자에서 **종속변수**에는 현재월급을 선택하고, **독립변수**에는 교육년수를 선택하여 ➡를 클릭한다. **방법**에는 회귀모형에 독립변수를 모두 포함시키기 위해 **입력**을 선택하고, [통계량]을 클릭한다.

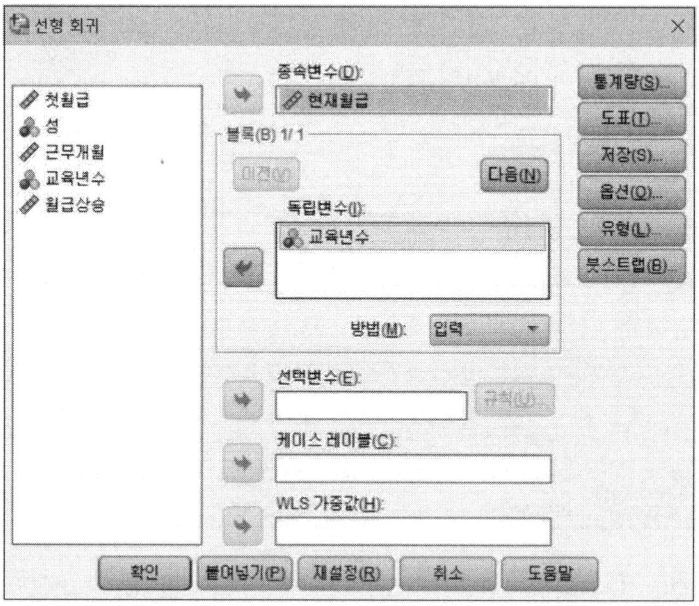

3 《**선형 회귀:통계량**》 대화상자에서 모형적합을 선택하고, **회귀계수**에는 **추정값**을, **잔차**에서는 **케이스별 진단**을 선택한 다음 [계속]을 클릭한다.

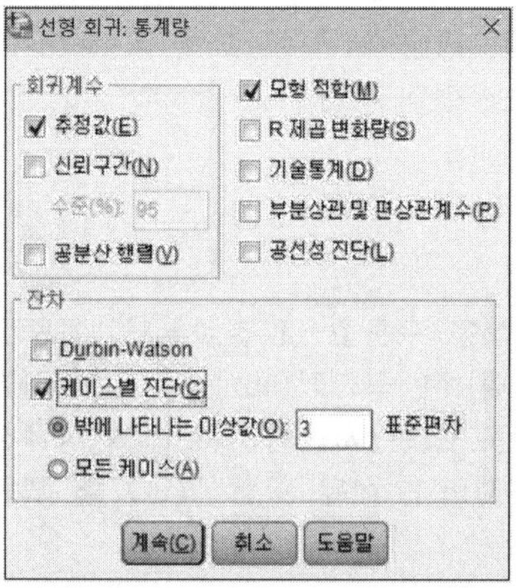

4 **《선형 회귀》** 대화상자의 [확인]을 클릭하면 다음과 같은 회귀분석 결과를 얻을 수 있다.

모형 요약[b]

모형	R	R 제곱	수정된 R 제곱	추정값의 표준오차
1	.639[a]	.408	.407	614693.564

a. 예측자: (상수), 교육년수

b. 종속변수: 현재월급

ANOVA[a]

모형		제곱합	자유도	평균제곱	F	유의확률
1	회귀	1.228E+14	1	1.228E+14	324.979	.000[b]
	잔차	1.783E+14	472	3.778E+11		
	전체	3.011E+14	473			

a. 종속변수: 현재월급

b. 예측자: (상수), 교육년수

계수[a]

모형		비표준화 계수		표준화 계수	t	유의확률
		B	표준화 오류	베타		
1	(상수)	-859940.610	135162.310		-6.362	.000
	교육년수	176617.099	9797.277	.639	18.027	.000

a. 종속변수: 현재월급

케이스별 진단[a]

케이스 번호	표준화 잔차	현재월급	예측값	잔차
2	4.210	4554000	1965932.98	2588067.023
56	8.857	7940000	2495784.27	5444215.726
132	3.858	4867500	2495784.27	2371715.726
149	4.228	4565000	1965932.98	2599067.023
176	5.673	5630000	2142550.08	3487449.924
415	3.960	4400000	1965932.98	2434067.023

a. 종속변수: 현재월급

5 위 결과의 **계수** 부분을 이용하면 다음과 같이 적합된 회귀식을 구할 수 있다.

$$(\widehat{\text{현재월급}}) = -859{,}940.610 + 176{,}617.099 \times (\text{교육년수})$$

6 **케이스별 진단** 결과의 **표준화 잔차**로부터 표준화 잔차가 제일 큰 극단치의 사례번호가 56번 자료임을 알 수 있다. 따라서 56번 자료를 삭제하고, [문제 1-3], [문제 1-4], [문제 1-5]의 분석을 수행하면 된다.

문제 1-3

교육년수가 현재월급에 미치는 효과가 남자와 여자 집단에서 각기 다른지 알아보려고 한다. 남자와 여자 집단에 대하여 각기 회귀식을 세우고 교육을 1년 더 받으면 평균적으로 월급을 얼마나 더 받는지를 각 집단에서 구한 회귀식을 이용하여 해석하시오.

1 남자 집단의 회귀모형을 추정하기 위하여 다음의 메뉴를 선택한다.

분석 ➡ **회귀분석** ➡ **선형**

2 앞에서와 동일한 방법으로 **《선형 회귀》** 대화상자에서 **종속변수**에는 현재월급을 선택하고, **독립변수**에는 교육년수를 선택하여 ➡를 클릭한다. **방법**에는 회귀모형에 독립변수를 모두 포함시키기 위해 **입력**을 선택한다. 다음으로 **선택변수**에 성을 선택하고, [규칙]을 클릭한다.

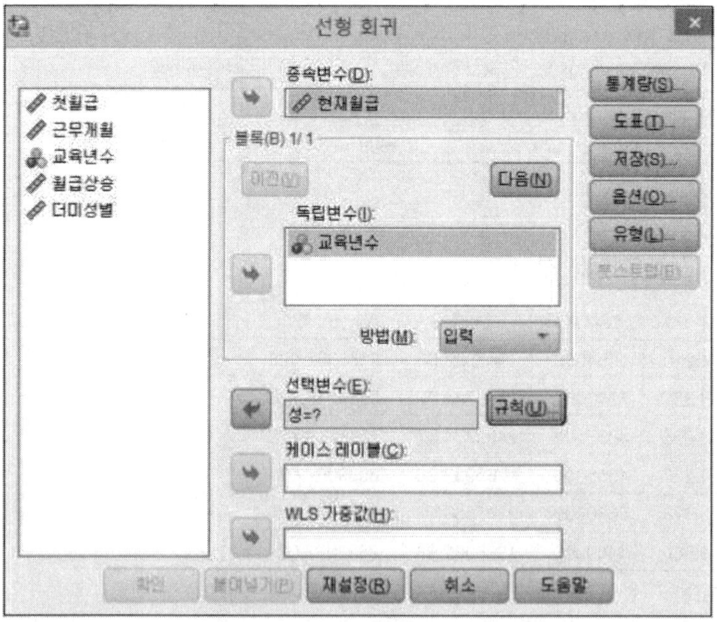

3 **《선형 회귀:규칙설정》** 대화상자에서 남자 집단을 선택하기 위해서 **선택규칙 정의**의 **값**에 "0"을 입력한 후 [계속]을 클릭한다.

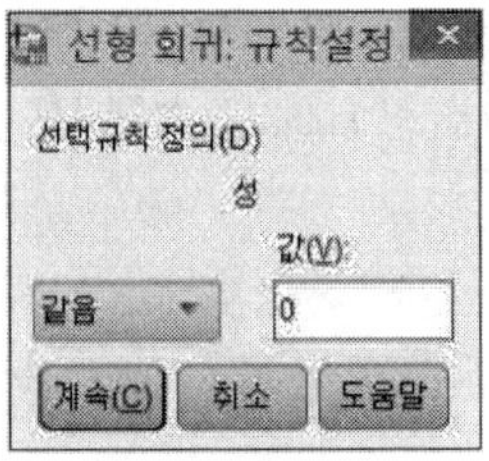

4 《선형 회귀》 대화상자에서 [확인]을 클릭하면 회귀분석 결과를 얻을 수 있다. 이 결과는 성이 0인 경우 즉, 남자집단의 회귀분석 결과이다.

모형 요약

모형	R 성 = 0 (선택됨)	R 제곱	수정된 R 제곱	추정값의 표준오차
1	.637[a]	.406	.404	653486.364

a. 예측자: (상수), 교육년수

ANOVA[a,b]

모형		제곱합	자유도	평균제곱	F	유의확률
1	회귀	7.455E+13	1	7.455E+13	174.561	.000[c]
	잔차	1.089E+14	255	4.270E+11		
	전체	1.834E+14	256			

a. 종속변수: 현재월급

b. 성 = 0에 대한 케이스만 선택

c. 예측자: (상수), 교육년수

계수[a,b]

모형		비표준화 계수 B	비표준화 계수 표준화 오류	표준화 계수 베타	t	유의확률
1	(상수)	-802177.604	202254.411		-3.966	.000
	교육년수	181605.498	13745.337	.637	13.212	.000

a. 종속변수: 현재월급

b. 성 = 0에 대한 케이스만 선택

5 남자집단에 대한 추정된 회귀식은 다음과 같다.

남자집단 : $(\widehat{\text{현재월급}})=-802,177.604+181,605.498\times(\text{교육년수})$

6 마찬가지로 여자 집단의 회귀식을 추정하기 위하여 남자 집단에서와 동일한 절차를 따른다. 차이점은 다음과 같이 《**선형 회귀:규칙설정**》 대화상자에서 **선택규칙 정의**의 **값**을 “0” 대신 “1”로 입력하는 것이다.

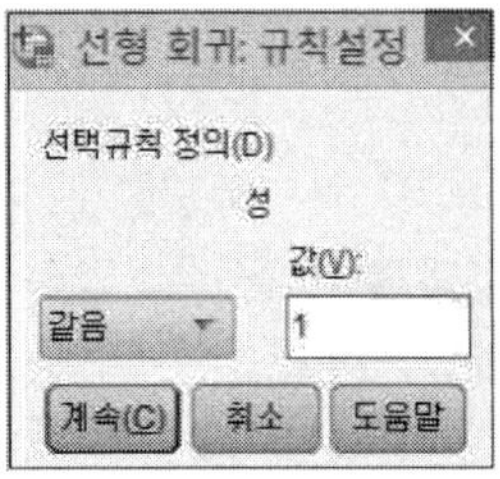

7 [계속]을 클릭하고, 《**선형 회귀**》 대화상자에서 [확인]을 클릭하면 다음과 같이 여자집단에 대한 회귀분석 결과를 얻을 수 있다.

모형 요약

모형	R 성 = 1 (선택됨)	R 제곱	수정된 R 제곱	추정값의 표준오차
1	.536[a]	.287	.284	281476.102

a. 예측자: (상수), 교육년수

ANOVA[a,b]

모형		제곱합	자유도	평균제곱	F	유의확률
1	회귀	6.822E+12	1	6.822E+12	86.108	.000[c]
	잔차	1.695E+13	214	7.923E+10		
	전체	2.378E+13	215			

a. 종속변수: 현재월급

b. 성 = 1에 대한 케이스만 선택

c. 예측자: (상수), 교육년수

계수[a,b]

모형		비표준화 계수		표준화 계수		
		B	표준화 오류	베타	t	유의확률
1	(상수)	195245.066	104170.011		1.874	.062
	교육년수	76809.299	8277.383	.536	9.279	.000

a. 종속변수: 현재월급

b. 성 = 1에 대한 케이스만 선택

8 이러한 결과들로부터 여자집단에 대한 회귀식을 추정해 보면 다음과 같다.

여자집단 : $\widehat{(\text{현재월급})} = 195{,}245.066 + 76{,}809.299 \times (\text{교육년수})$

9 그러므로, 두 집단에 대한 각각의 회귀식을 분석해 보면, 1년 더 교육을 받는 경우 평균적으로 남자는 181,605(원)만큼 월급을 더 받고, 여자는 76,809(원)만큼 월급을 더 받게 된다.

문제 1-4

남녀 집단을 구분하지 말고, 성을 더미(Dummy) 변수로 처리하여 남자의 교육이 현재 월급에 미치는 효과와 여자의 교육이 현재 월급에 미치는 효과(교육과 성의 상호작용 효과)를 찾아내는 다중회귀식(multiple regression equation)을 구하시오.

1 주어진 자료의 **성** 변수는 남자는 0, 여자는 1로 입력되어 있기 때문에 더미변수를 생성할 필요가 없다. 따라서 **성**과 **교육년수**가 **현재월급**에 미치는 효과를 찾아내는 다중회귀모형을 추정하기 위하여 다음의 메뉴를 선택한다.

분석 ➡ **회귀분석** ➡ **선형**

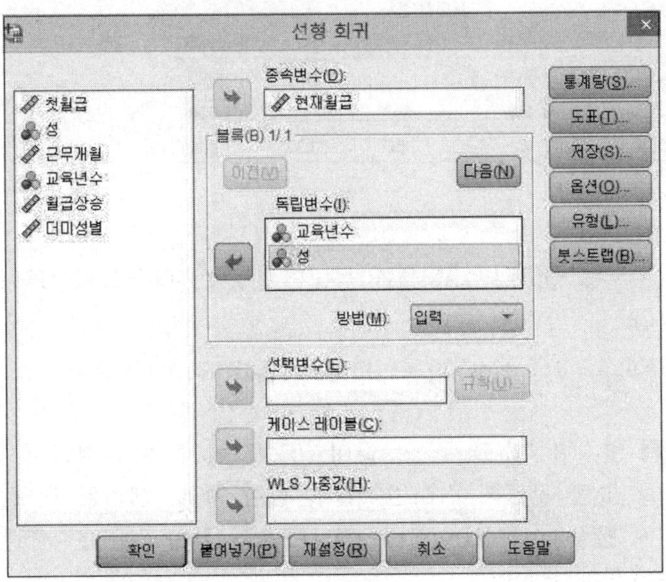

2 《**선형 회귀**》 대화상자에서 **종속변수**에는 **현재월급**을 선택하고, **독립변수**에는 **교육년수**와 **성**을 선택하여 ➡를 클릭한다. **방법**에는 회귀모형에 독립변수를 모두 포

함시키기 위해 **입력**을 선택한다.

3 **《선형 회귀》** 대화상자의 [확인]을 클릭하면 다음과 같은 회귀분석 결과를 얻을 수 있다.

모형 요약

모형	R	R 제곱	수정된 R 제곱	추정값의 표준오차
1	.695[a]	.483	.481	534456.682

a. 예측자: (상수), 성, 교육년수

ANOVA[a]

모형		제곱합	자유도	평균제곱	F	유의확률
1	회귀	1.256E+14	2	6.281E+13	219.886	.000[b]
	잔차	1.343E+14	470	2.856E+11		
	전체	2.599E+14	472			

a. 종속변수: 현재월급

b. 예측자: (상수), 성, 교육년수

계수[a]

모형		비표준화 계수		표준화 계수		
		B	표준화 오류	베타	t	유의확률
1	(상수)	-290990.625	135931.858		-2.141	.033
	교육년수	146137.071	9143.495	.567	15.983	.000
	성	-371374.530	52749.552	-.250	-7.040	.000

a. 종속변수: 현재월급

4 위 결과의 계수부분으로부터 성과 교육년수를 독립변수로 한 다중회귀식을 다음과 같이 추정할 수 있다.

$$(\widehat{\text{현재월급}}) = -290,990.625 - 371,374.530 \times (\text{성}) + 146,137.071 \times (\text{교육년수})$$

※ 만약 주어진 자료의 성 변수가 "M"과 "F"와 같이 "0" 또는 "1"로 입력되어 있지 않은 경우에는 0과 1의 값을 갖도록 더미변수를 생성한 후에, 생성된 더미변수를 사용하여 앞의 **1** ~ **4**를 수행하면 된다. 즉, 다음과 같이 더미변수인 더미성을 생성하여 회귀분석을 수행한다.

1 성 변수를 더미변수로 만들기 위하여 다음의 메뉴를 사용한다.

변환 ➠ 다른 변수로 코딩변경

2 《**다른 변수로 코딩변경**》 대화상자에서 코딩을 변경하려는 변수인 성을 선택하고 **출력변수**에 더미성이라고 입력한다. 그리고 **기존값 및 새로운 값**을 선택한다.

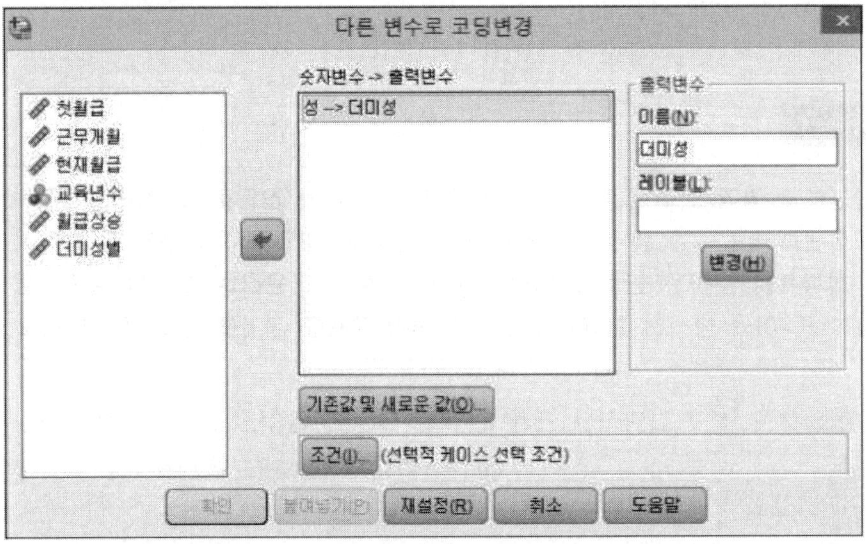

3 《**다른 변수로 코딩변경:기존값 및 새로운 값**》 대화상자가 나타나면, 다음과 같이 입력하여 "M"이면 "0"의 값을 갖고 "F"이면 "1"의 값을 갖도록 한다.

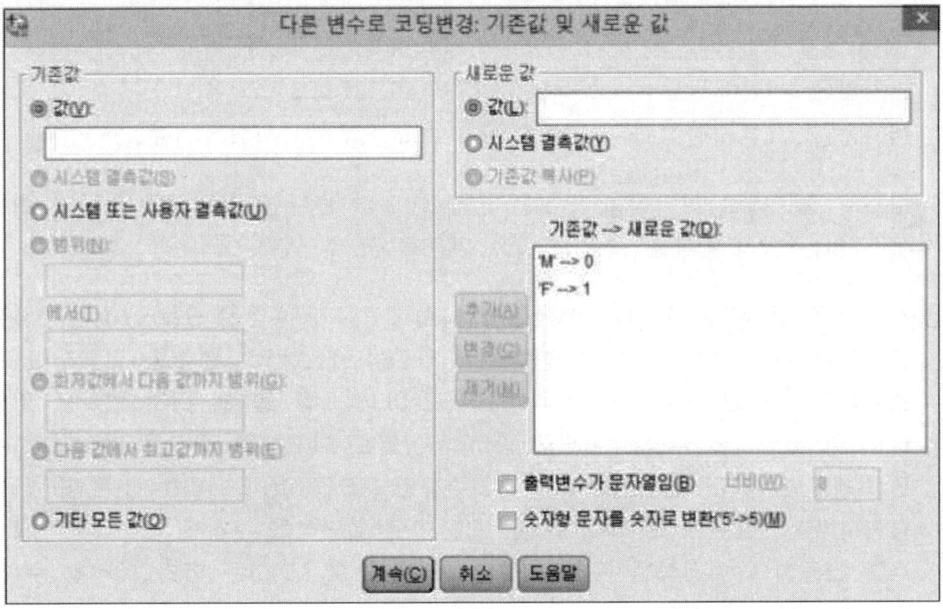

4 《다른 변수로 코딩변경》 대화상자에서 [확인]을 클릭하면 더미변수인 더미성을 생성하는 작업이 끝나게 된다.

5 이제, 생성된 더미변수인 더미성을 독립변수로 지정하여 앞에서와 동일하게 회귀분석을 수행하면 된다.

문제 1-5

남녀 집단에서 각각 회귀식을 구한 3)번 문제의 결과와 집단을 구분하지 않고 하나의 다중회귀식에서 구한 변수를 사용한 4)번 문제의 결과가 동일한지 판정하고, 집단별로 회귀식을 구하는 방식과 더미(Dummy) 변수를 이용하여 하나의 회귀식을 구하는 방식 중 어느 방식이 통계적으로 나은 방법인지를 근거를 대어 판단하시오.

1 남녀 집단에서 각각 회귀식을 구한 결과는 다음과 같다.

남자집단 : $(\widehat{\text{현재월급}}) = -802{,}177.604 + 181{,}605.498 \times (\text{교육년수})$

여자집단 : $(\widehat{\text{현재월급}}) = 195{,}245.066 + 76{,}809.299 \times (\text{교육년수})$

그리고 더미(Dummy) 변수를 이용하여 하나의 회귀식을 구한 결과는 다음과 같다.

$(\widehat{\text{현재월급}}) = -290{,}990.625 - 371{,}374.530 \times (\text{성}) + 146{,}137.071 \times (\text{교육년수})$

남자집단 : $(\widehat{\text{현재월급}}) = -290{,}990.625 + 146{,}137.071 \times (\text{교육년수})$

여자집단 : $(\widehat{\text{현재월급}}) = -662{,}365.155 + 146{,}137.071 \times (\text{교육년수})$

따라서 집단별로 회귀식을 구하는 방식과 더미 변수를 이용하여 하나의 회귀식을 구하는 방식 간에는 서로 차이가 있음을 알 수 있다.

2 집단별로 회귀식을 구하는 방식에서 남자회귀식의 수정된 R제곱 값은 0.404이고, 여자 회귀식의 수정된 R제곱 값은 0.284인데, 더미 변수를 이용하여 구한 회귀식의 수정된 R제곱 값은 0.481이다. 이 결과를 볼 때 더미 변수를 이용하여 구한 회귀식의 수정된 R제곱 값이 집단별로 회귀식을 구하는 방식보다 수정된 R제곱 값이 더 큼을 알 수 있다. 수정된 R제곱 값이 크다는 것은 모형의 설명력이 더 크다는 것을 의미하므로 집단별로 회귀식을 구하는 것보다는 더미 변수를 이용하여 회귀식을 구하는 것이 통계적으로 더 나은 방법이라 할 수 있겠다.

문제 풀이 2

1 분석할 자료가 "q2.dat"로 텍스트 파일 형식으로 주어졌으므로 이러한 자료를 불러오기 위해서 다음의 메뉴를 선택한다.

파일 ➠ **데이터 가져오기** ➠ **텍스트 데이터**

2 《**데이터열기**》 대화상자가 나타나면, 자료가 저장되어 있는 위치를 확인하여 해당 자료인 "q2.dat" 파일을 선택한 후 [열기]를 클릭하여, 6단계의 《**텍스트 가져오기 마법사**》를 진행한다. "q2.dat" 파일을 살펴보면 변수값들이 탭으로 구분되어 있으므로 《**텍스트 가져오기 마법사-4단계**》에서 변수 사이에 사용된 구분자로 **탭**을 선택한다. [변수 보기] 상태에서 변수의 **이름**, **유형**, **레이블**, **값**, **결측값** 등을 지정한 다음 파일명을 **기출 2-2.sav**로 저장한다.

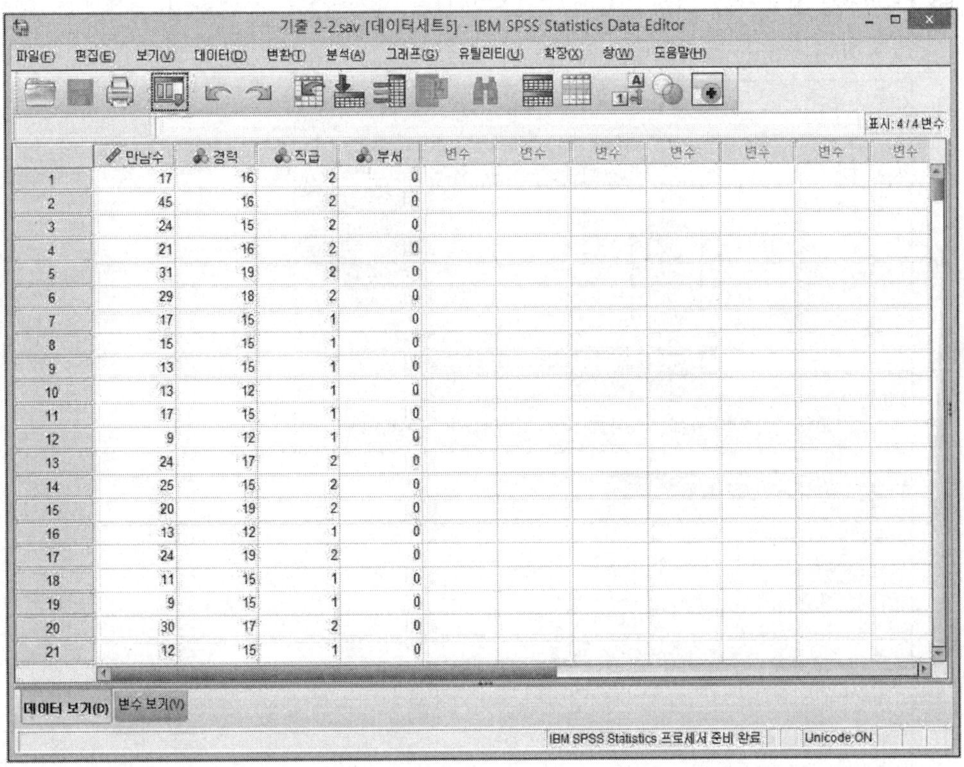

문제 2-1

직급에 따라 영업상 만나는 사람의 수가 같은지를
가) 유의수준 1%에서 검정하고
나) 각 직급에 속한 사람들이 평균적으로 만나는 사람의 수를 구하시오.

가) 유의수준 1%에서 검정

1 직급에 따라 영업상 만나는 사람의 수가 같은지를 검정하기 위해 다음의 메뉴를 선택한다.

분석 ➠ **평균비교** ➠ **일원배치 분산분석**

2 **《일원배치 분산분석》** 대화상자에서 **종속변수**에는 **만남수**를 선택하고, **요인**에는 **직급**을 선택하여 ➡를 클릭한다.

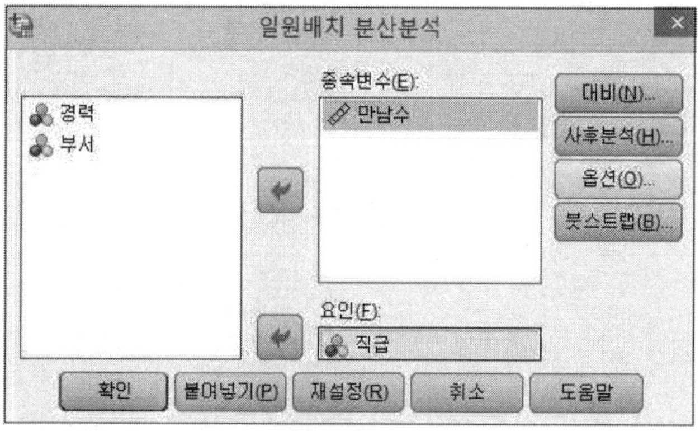

3 문제 나)인 각 직급에 속한 사람들의 평균 만남수를 구하기 위해서 [옵션]을 클릭하여 얻게 되는 《일원배치 분산분석:옵션》 대화상자에서 통계량의 기술통계를 선택한 다음 [계속]을 클릭한다.

4 《일원배치 분산분석》 대화상자의 [확인]을 클릭하면 다음과 같은 결과를 얻을 수 있다.

기술통계

만남수

	N	평균	표준화 편차	표준화 오류	평균에 대한 95% 신뢰구간	
					하한	상한
평사원	310	11.79	3.187	.181	11.44	12.15
관리직	73	26.62	7.121	.833	24.95	28.28
고위관리직	11	38.27	16.584	5.000	27.13	49.41
전체	394	15.28	8.517	.429	14.44	16.12

기술통계

만남수

	최소값	최대값
평사원	6	35
관리직	15	45
고위관리직	25	79
전체	6	79

ANOVA

만남수

	제곱합	자유도	평균제곱	F	유의확률
집단-간	18965.060	2	9482.530	388.635	.000
집단-내	9540.229	391	24.400		
전체	28505.289	393			

5 직급에 따라 영업상 만나는 사람의 수가 같은지를 검정하기 위한 가설은 다음과 같다.

- H_0 : 직급에 따라 만남수가 같다.
- H_1 : 직급에 따라 만남수가 다르다.

6 분산분석 결과의 *ANOVA* 부분에서 F값이 388.635이고, 이때의 유의확률이 0.000으로 유의수준 0.01보다 작기 때문에 귀무가설을 기각한다. 따라서 직급에 따라 영업상 만나는 사람의 수가 같다고 할 수 없다.

나) 각 직급에 속한 사람들이 평균적으로 만나는 사람의 수

1 가)의 결과에 있는 **기술통계** 부분으로부터 평사원은 평균적으로 11.79(명), 관리직의 경우 26.62(명), 고위관리직은 38.27(명)을 만나는 것을 알 수 있다.

문제 2-2

직급이 영업상 만나는 사람의 수에 영향을 미치는지를
가) 직급을 더미변수화하여 회귀분석으로 검정하고
나) 영업상 만나는 사람의 수가 직급에 의해 몇 % 정도 설명되는지를 구하고
다) 직급별로 만나는 사람의 평균수가 [문제 2-1]에서 수행한 결과와 동일한지를 판정하시오.

가) 직급을 더미변수화하여 회귀분석으로 검정

1 직급 변수를 더미변수로 만들기 위해서는 **다른 변수로 코딩변경** 메뉴 또는 **변수계산** 메뉴를 사용할 수 있다. 여기서는 다음과 같이 선택되는 **변수계산** 메뉴를 사용하도록 한다.

변환 ➠ **변수계산**

직급은 3개 수준을 가지고 있으므로 2개의 더미변수가 필요하다. 2개의 더미변수를 각각 더미평사원과 더미관리직으로 하고, 다음과 같은 값을 갖도록 지정한다.

직급	더미평사원	더미관리직
1	1	0
2	0	1
3	0	0

2 《**변수 계산**》 대화상자에서 **목표변수**에 더미평사원이라고 입력하고, 오른쪽 **숫자표현식**에 다음과 같이 "1"을 입력한 후 [조건]을 선택한다.

3 《**변수 계산: 케이스 조건**》 대화상자가 나타나면, **다음 조건을 만족하는 케이스 포함**을 선택한 다음 "**직급=1**"이라고 입력하고, [계속]을 클릭한다.

4 《**변수 계산**》 대화상자에서 [확인]을 클릭한 다음, [데이터 보기] 창을 보면 더미평사원이라는 변수가 새롭게 생성이 되어 있다. 이 때, 직급이 1인 경우(직급=1)에는 1로 나타나지만, 1이 아닌 경우(직급~=1)에는 결측치(.)로 처리되게 된다. 따라서 직급이 1이 아닌 경우 0으로 나타날 수 있도록 동일하게 다시 실행해야 한다.

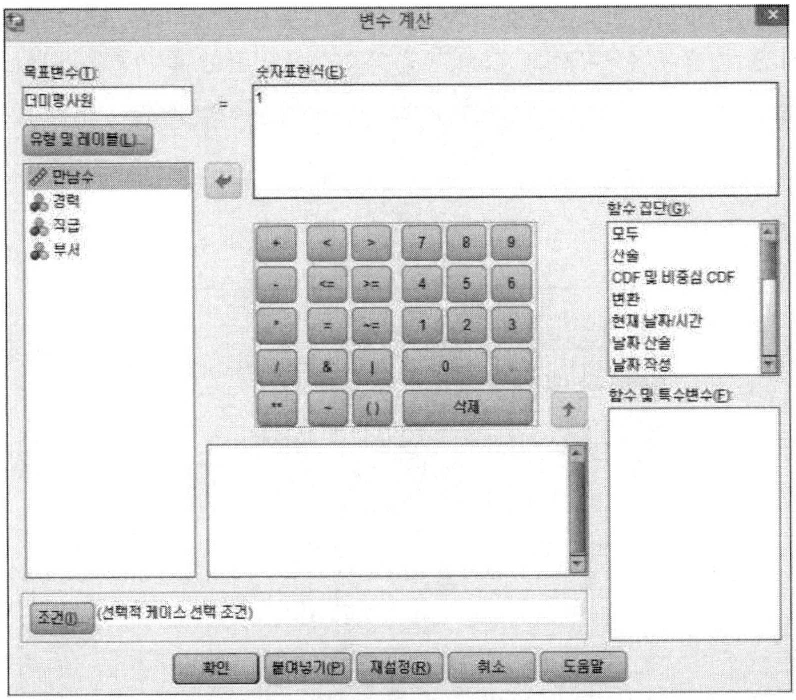
변수 계산
목표변수(T):
더미평사원
=
숫자표현식(E):
1
유형 및 레이블(L)...
만남수
경력
직급
부서
함수 집단(G):
모두
산술
CDF 및 비중심 CDF
변환
현재 날짜/시간
날짜 산술
날짜 작성
함수 및 특수변수(F):
삭제
조건(I)... (선택적 케이스 선택 조건)
확인
붙여넣기(P)
재설정(R)
취소
도움말

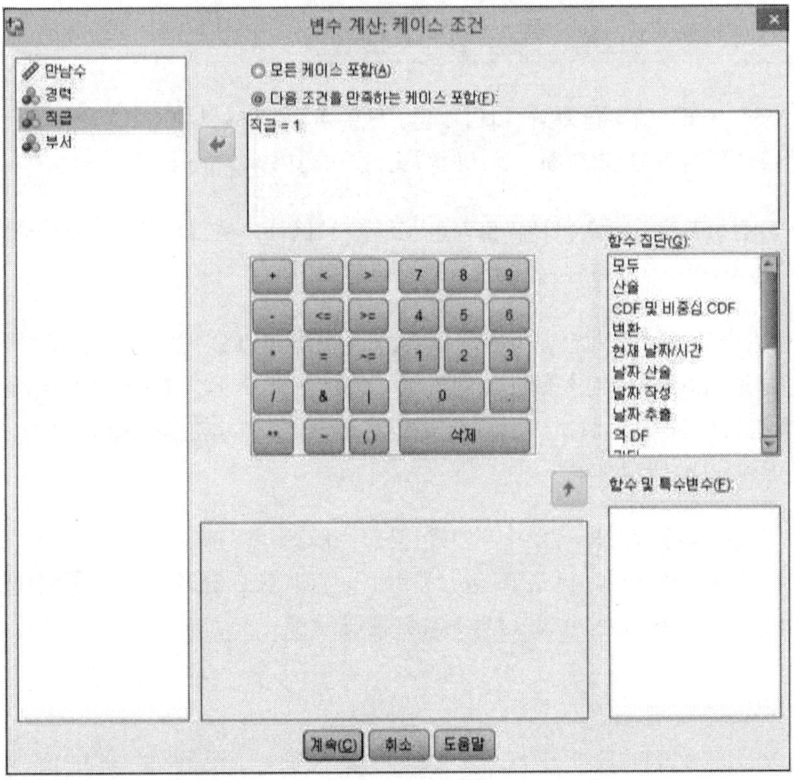
변수 계산: 케이스 조건
만남수
경력
직급
부서
모든 케이스 포함(A)
다음 조건을 만족하는 케이스 포함(E):
직급 = 1
함수 집단(G):
모두
산술
CDF 및 비중심 CDF
변환
현재 날짜/시간
날짜 산술
날짜 작성
날짜 추출
역 DF
함수 및 특수변수(F):
삭제
계속(C)
취소
도움말

5 직급이 1인 경우와 마찬가지로 《**변수 계산**》 대화상자에서 **대상변수**에 더미평사원이라고 입력하고, 오른쪽 **숫자표현식**에 다음과 같이 "0"을 입력한 후 **조건**을 선택한다.

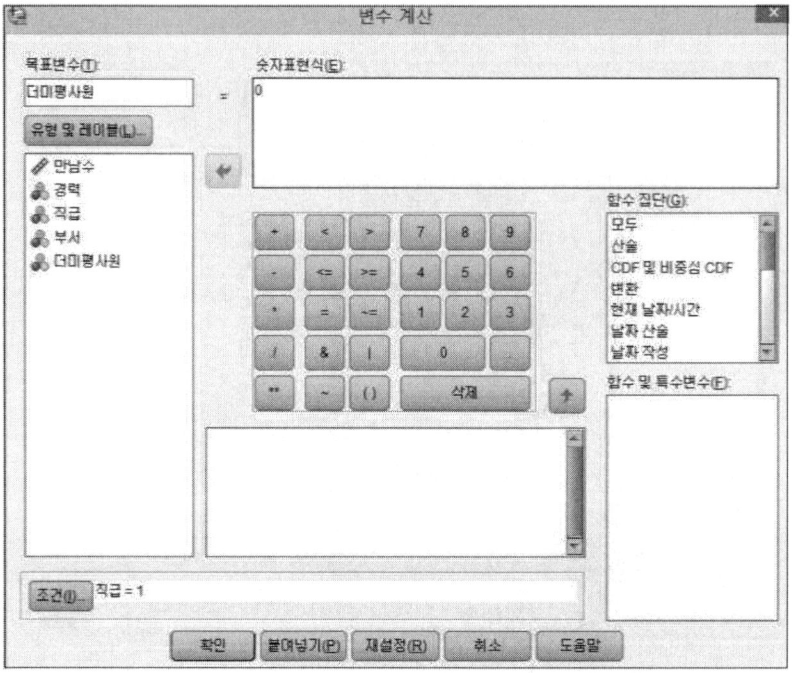

6 《**변수 계산:케이스 조건**》 대화상자가 나타나면, **다음 조건을 만족하는 케이스 포함**을 선택한 다음 "**직급~=1**"이라고 입력하고, [계속]을 클릭한다.

7 《**변수 계산**》 대화상자에서 [확인]을 클릭한 다음, [데이터 보기] 창을 보면 더미평사원이라는 변수에는 0과 1의 값이 나타나게 된다.

8 마찬가지 방법으로 **변수계산**에서 **목표변수**에 더미관리직이라고 입력하고, 오른쪽 **숫자표현식**에 "1"을 입력한 후 **조건**을 선택하여 "**직급=2**"라고 입력한다. [계속]을 클릭한 후 [확인]을 클릭한 다음, [데이터 보기] 창을 보면 더미관리직이라는 변수가 새롭게 생성되어 있다.

9 직급이 2가 아닌 경우(직급=~2)에는 0의 값을 가지도록 위와 같은 절차를 다시 실행한다. 더미변수화 작업이 모두 끝났을 때의 [데이터 보기] 창의 더미관리직 변수는 다음과 같이 0 또는 1의 값을 갖게 된다.

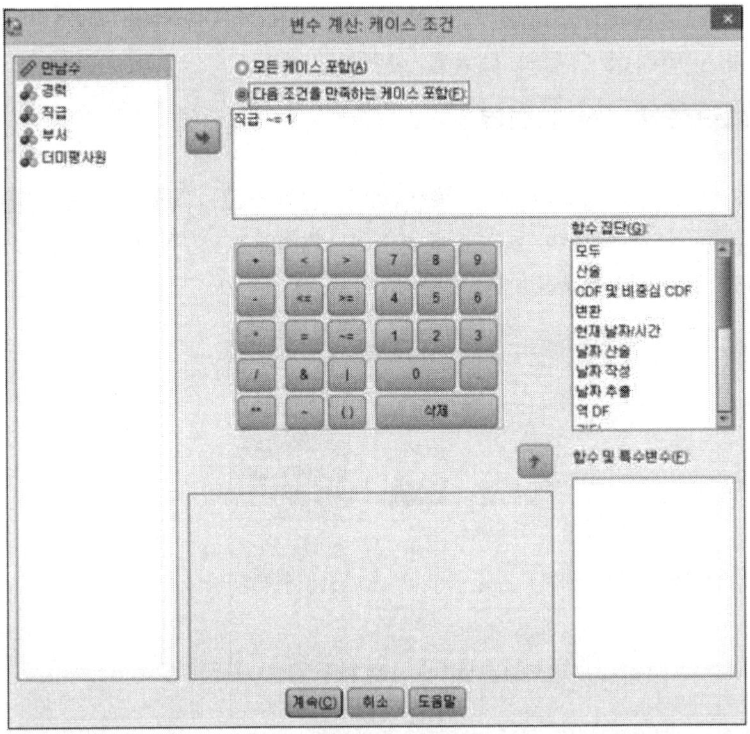

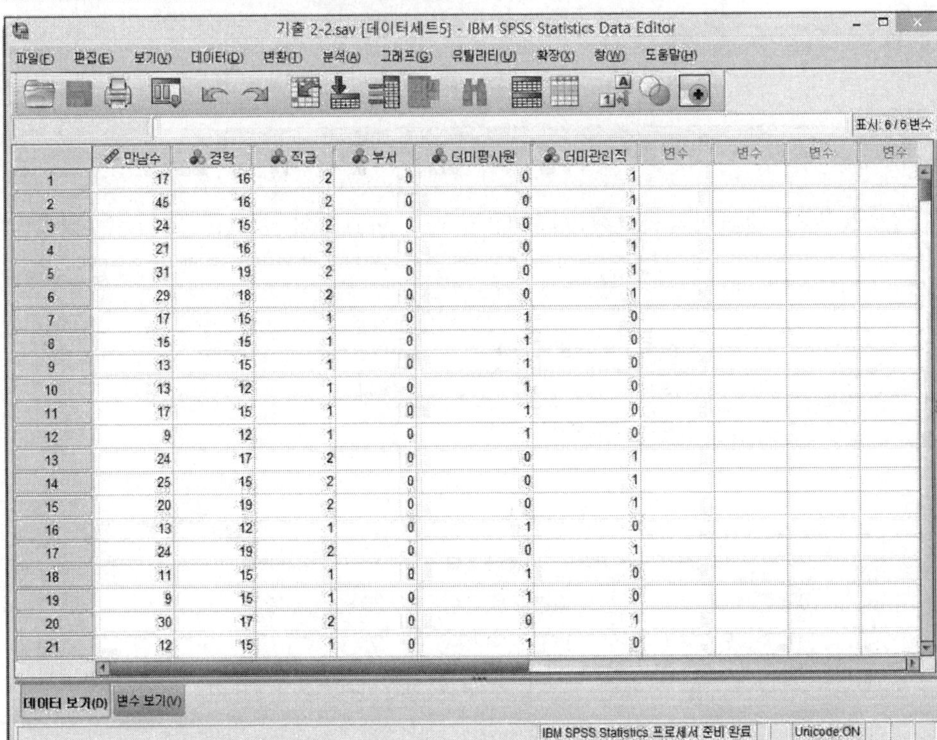

	만남수	경력	직급	부서	더미평사원	더미관리직
1	17	16	2	0	0	1
2	45	16	2	0	0	1
3	24	15	2	0	0	1
4	21	16	2	0	0	1
5	31	19	2	0	0	1
6	29	18	2	0	0	1
7	17	15	1	0	1	0
8	15	15	1	0	1	0
9	13	15	1	0	1	0
10	13	12	1	0	1	0
11	17	15	1	0	1	0
12	9	12	1	0	1	0
13	24	17	2	0	0	1
14	25	15	2	0	0	1
15	20	19	2	0	0	1
16	13	12	1	0	1	0
17	24	19	2	0	0	1
18	11	15	1	0	1	0
19	9	15	1	0	1	0
20	30	17	2	0	0	1
21	12	15	1	0	1	0

10 직급이 영업상 만나는 사람의 수에 영향을 미치는지를 더미변수를 이용한 회귀 분석으로 검정하기 위하여 다음의 메뉴를 선택한다.

분석 ➠ **회귀분석** ➠ **선형**

11 《**선형 회귀**》 대화상자에서 **종속변수**에는 만남수를 선택하고, **독립변수**에는 더미평사원과 더미관리직을 선택하여 ➡를 클릭한다. **방법**에는 회귀모형에 독립변수를 모두 포함시키기 위해 **입력**을 선택한다.

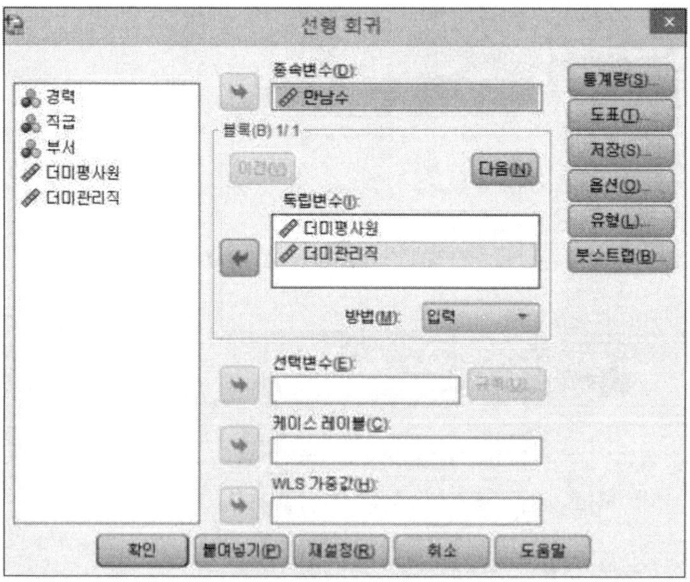

12 《**선형 회귀**》 대화상자의 [확인]을 클릭하면 회귀분석 결과를 얻을 수 있다.

모형 요약

모형	R	R 제곱	수정된 R 제곱	추정값의 표준오차
1	.816[a]	.665	.664	4.940

a. 예측자: (상수), 더미관리직, 더미평사원

ANOVA[a]

모형		제곱합	자유도	평균제곱	F	유의확률
1	회귀	18965.060	2	9482.530	388.635	.000[b]
	잔차	9540.229	391	24.400		
	전체	28505.289	393			

a. 종속변수: 만남수

b. 예측자: (상수), 더미관리직, 더미평사원

계수[a]

모형		비표준화 계수 B	비표준화 계수 표준화 오류	표준화 계수 베타	t	유의확률
1	(상수)	38.273	1.489		25.698	.000
	더미평사원	-26.479	1.516	-1.275	-17.472	.000
	더미관리직	-11.656	1.598	-.532	-7.296	.000

a. 종속변수: 만남수

13 **직급**이 영업상 만나는 사람의 수에 영향을 미치는지를 알아보기 위해서 설정한 귀무가설과 대립가설은 다음과 같다.

- H_0 : 직급이 영업상 만나는 사람의 수에 영향을 미치지 않는다.
- H_1 : 직급이 영업상 만나는 사람의 수에 영향을 미친다.

14 회귀분석 결과의 ***ANOVA*** 부분에서 F값이 388.635이고, 유의확률 값이 0.000으로 유의수준 0.05보다 작기 때문에 귀무가설을 기각한다. 따라서 **직급**이 영업상 만나는 사람의 수에 영향을 미친다고 할 수 있다.

나) 영업상 만나는 사람의 수가 직급에 의해 몇 % 정도 설명되는지?

1 회귀분석 결과의 **모형요약** 부분에서 결정계수 R제곱 값은 0.665이고, 수정된 R제곱 값은 0.664이다. 그러므로 영업상 만나는 사람의 수가 **직급**에 의해 66.4%정도 설명된다고 할 수 있다.

다) 직급별로 만나는 사람의 평균수가 [문제 2-1]에서 수행한 결과와 동일한가?

1 회귀분석 결과의 **계수** 부분을 이용하여 다중회귀식을 추정해 보면 다음과 같다.

$(\widehat{\text{만남수}}) = 38.273 - 26.479 \times (\text{더미평사원}) - 11.656 \times (\text{더미관리직})$

2 이 추정된 다중회귀식을 이용하여 **직급**별로 만나는 사람의 평균수를 추정하면 다음과 같다.

평사원 : 38.273-26.479×1-11.656×0=11.794
관리직 : 38.273-26.479×0-11.656×1=26.617
고위관리직 : 38.273-26.479×0-11.656×0=38.273

3 **직급**별로 만나는 사람의 평균수가 [문제 2-1]의 결과와 동일함을 알 수 있다.

문제 2-3

직급과 부서에 대한 이차원 분할표를 작성하고, 두 변수간의 독립성 여부에 대한 검정을 유의수준 5%에서 실시하시오.

1 직급과 부서간의 독립성 여부를 검정하기 위하여 다음의 메뉴를 선택한다.

분석 ➠ 기술통계량 ➠ 교차분석

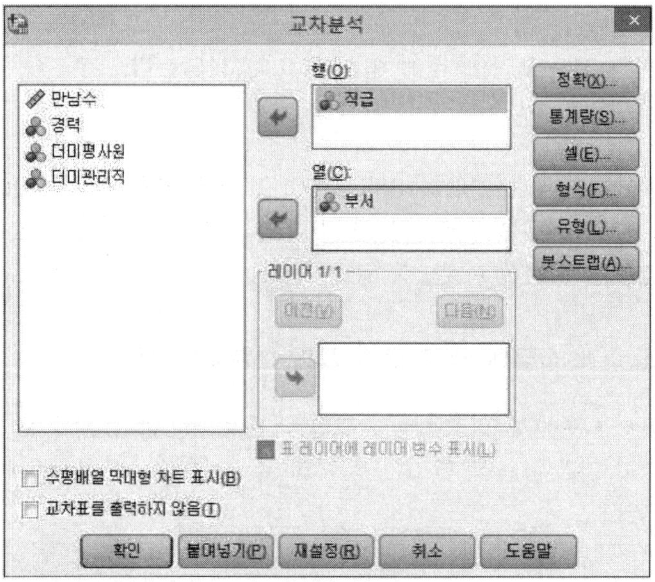

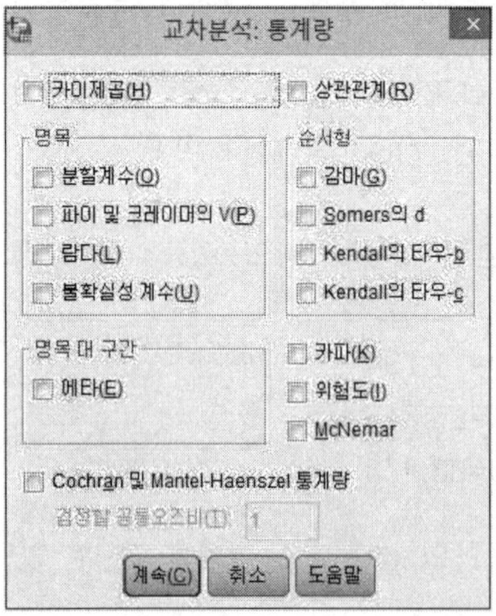

2 《교차분석》 대화상자에서 **행**에는 직급을 선택하고, **열**에는 부서를 선택한다. 독립성 검정을 위한 검정통계량 값을 구하기 위하여 [통계량]을 클릭한다.

3 《교차분석: 통계량》 대화상자가 나타나면, **카이제곱**을 선택하고, [계속]을 클릭한다.

4 《교차분석》 대화상자의 [확인]을 클릭하면 다음과 같은 직급과 부서에 대한 이차원 분할표를 얻을 수 있다.

직급 * 부서 교차표

빈도

		부서		전체
		영업부	인사부	
직급	1	245	65	310
	2	70	3	73
	3	10	1	11
전체		325	69	394

카이제곱 검정

	값	자유도	근사 유의확률 (양측검정)
Pearson 카이제곱	12.180[a]	2	.002
우도비	15.455	2	.000
선형 대 선형결합	9.938	1	.002
유효 케이스 수	394		

a. 1 셀 (16.7%)은(는) 5보다 작은 기대 빈도를 가지는 셀입니다. 최소 기대빈도는 1.93입니다.

5 직급과 부서간의 독립성 여부를 검정하기 위하여 설정한 귀무가설과 대립가설은 다음과 같다.

- H_0 : 직급과 부서는 독립이다.
- H_1 : 직급과 부서는 독립이 아니다.

6 카이제곱 검정 결과 Pearson **카이제곱** 검정통계량 값은 12.180이고, 이때의 유의확률 값이 0.002로 유의수준 0.05보다 작기 때문에 귀무가설을 기각한다. 따라서 직급과 부서는 독립이라고 할 수 없다.

사회조사분석사 기출문제 Ⅲ

기출문제

[요구사항] 다음은 어떤 집단이 평소 건강을 위한 행위를 얼마나 실천하고 있고, 그러한 행위가 실제 건강상태와 어떤 관계가 있는지 알아보고자 조사한 설문내용이다. 건강을 위한 행위는 건강과 관련 있는 습관, 청결상태, 사고예방의 세 가지로 나누어 살펴보았다. 분석을 위한 자료는 변수 22개와, 460개의 개인별 관측값으로 이루어져 있으며, 변수값과 변수값 사이는 Tab으로 나뉘어 있다. 변수는 개인 고유번호(id), 성(sex), 주거형태(type), 건강습관(x3-x8), 청결상태(x9-x14), 사고예방(x15-x20), 건강상태를 나타내는 건강상태점수(y4)이며, 변수에 대한 자세한 내역은 질문지에 있으며, 데이터는 '건강.txt'로 주어져 있다. 이 자료를 이용하여 다음 물음에 답하여라(소숫점 아래 2자리로 표시하라).

【문제 1】

각 문항에 대하여 이상한 값을 찾아 해당 문항의 변수명과 그 값이 위에서 몇 번째 것(행)인지를 기록하고, 그 해당 값을 결측(missing)으로 처리하라. 이후 분석에서는 모두 결측으로 처리한 값을 사용하라.

해당 변수명	해당 id 번호

【문제 2】

항목 1(x3-x8)의 문항 가운데 응답자가 올바로 응답하였는가를 보기 위하여 다른 문항과 반대로 질문을 한 것이 있다. 이것이 어떤 문항인지를 기술하고, 올바른 분석을 위하여 어떻게 이 변수를 변환해야 하는지를 설명한 다음, 변수를 변환하라. 이후 분석에서는 변환된 값을 사용하라.

해당 변수명	변환식

【문제 3】

종속변수인 건강상태(y4)는 응답자의 건강상태를 1점(가장 건강치 못한 상태)에서 4

점(가장 건강한 상태)까지 소숫점 2자리까지 표시한 점수이다. 아래 표의 빈칸을 채우고, 남자와 여자의 건강상태(y4)에 차이가 있는지를 5%의 유의수준에서 판별하라.

평균			
전체	남자	여자	차이
t-통계량			
p값(유의확률)			
판별			

【문제 4】

현재 살고 있는 주거형태(type)에 따라 건강상태(y4)가 차이를 보이는지를 알고자 한다.

1) 분산분석표를 작성하라.

Source	SS	df	MS
집단간			
집단내			
합계			
F(3, 456)			
p값			

2) 아래 표의 빈칸을 채우라.

type	관측치의 갯수(N)	건강상태의 평균
아파트(1)		
단독주택(2)		
다세대(3)		
기타(4)		

3) 현재 살고 있는 주거형태에 따라 건강상태의 차이가 있는지를 기술하라.

【문제 5】

성(sex)에 따라 현재 살고 있는 주거형태(type)의 차이가 있는지를 통계적으로 판별하라.

【문제 6】

건강습관, 청결상태, 사고예방의 항목별 점수와 건강상태의 관계를 알아보고자 한다.

1) 각 문항별 신뢰도를 계산하여 해당란에 기입하라.

항목번호	문항수	해당 변수	신뢰도 계수값 (Cronbach 계수)
1	6	x3 - x8	
2	6	x9 - x14	
3	6	x15 - x20	

2) 항목별로 평균점수를 계산하여 y1, y2, y3로 저장한다. 각각의 산식을 표시하고, 평균과 표준편차 및 관찰수를 기입하라. (y1 = 항목 1의 평균점수, y2 = 항목 2의 평균점수, y3 = 항목 3의 평균점수)

변수	산식	평균	표준편차	관찰수
y1				
y2				
y3				

3) 항목별 평균점수(y1, y2, y3)와 건강상태(y4)간의 상관계수를 계산하여 아래 도표에 기입하라.

변수	상관계수
y1	
y2	
y3	

【문제 7】

건강상태(y4)를 종속변수로, 항목별 평균점수(y1, y2, y3)를 독립변수로 선정하여 단계별로 선형회귀분석을 하고자 한다.

1) 회귀분석결과를 이용하여 모형별 회귀식을 구하여라.
2) 모형 1에서 모형 3까지를 살펴보고, 건강상태에 대한 영향을 바탕으로 건강을 위한 세 가지 행위에 대한 평가를 내려라.

질 문 지

본 질문지는 평소에 건강에 대한 행위를 어느 정도 실천하고 있고, 자신에 대해 어떻게 느끼는지에 대해 알아보기 위한 것이다.

다음을 읽고 해당되는 곳에 ○표 하시오.

1. 성은? ① 남자( ) ② 여자( )
2. 현재 살고 있는 집의 형태는?
   ① 아파트( ) ② 단독주택( ) ③ 다세대주택( ) ④ 기타( )

【항목 1】 건강관련 습관

문항번호	변수명	내 용	매우 그렇다. ①	그런 편이다. ②	그렇지 않은 편이다. ③	거의 그렇지 않다. ④
2-1	x3	음식은 골고루 먹는다.				
2-2	x4	음식은 천천히 먹는다.				
2-3	x5	과식하지 않는다.				
2-4	x6	운동은 규칙적으로 하지 않는 편이다.				
2-5	x7	일찍 자고 일찍 일어난다.				
2-6	x8	매일 규칙적으로 화장실에 간다.				

【항목 2】 청결상태 유지

문항번호	변수명	내 용	매우 그렇다. ①	그런 편이다. ②	그렇지 않은 편이다. ③	거의 그렇지 않다. ④
3-1	x9	식사 전에 비누로 손을 씻는다.				
3-2	x10	손톱과 발톱을 항상 짧게 깎는다.				
3-3	x11	목욕은 규칙적으로 한다.				
3-4	x12	양말이나 속옷은 하루에 한 번씩 갈아입는다.				
3-5	x13	외출해서 돌아오면 손발을 깨끗이 씻는다.				
3-6	x14	식사 후와 잠자기 전에는 반드시 양치질을 한다.				

【항목 3】 사고예방 주의

문항번호	변수명	내 용	매우 그렇다. ①	그런 편이다. ②	그렇지 않은 편이다. ③	거의 그렇지 않다. ④
4-1	x15	길을 건널 때 신호등이 있는 횡단보도를 이용한다.				
4-2	x16	계단을 오르내릴 때는 뛰지 않고, 한 칸씩 오른다.				
4-3	x17	빵이나 우유 등을 살 때는 유효날짜를 확인한다.				
4-4	x18	수영을 할 때는 반드시 준비운동을 한다.				
4-5	x19	전기제품을 만질 때는 안전수칙을 지킨다.				
4-6	x20	안전한 놀이기구를 이용한다.				

문제풀이

1 분석할 자료가 "건강.txt"로 텍스트 파일 형식으로 주어졌으므로 이러한 자료를 불러오기 위해서 다음의 메뉴를 선택한다.

파일 ➡ **데이터 가져오기** ➡ **텍스트 데이터**

2 《데이터열기》 대화상자가 나타나면, 자료가 저장되어 있는 위치를 확인하여 해당 자료인 "건강.txt" 파일을 선택한 후 [열기]를 클릭하여, 6단계의 《텍스트 가져오기 마법사》를 진행한다. "건강.txt" 파일을 살펴보면 데이터 파일의 첫 번째 행에 변수 이름이 입력되어 있으므로 《텍스트 가져오기 마법사-2단계》에서 **변수 이름이 파일의 처음에 있습니까?**에서 **예**를 선택해야 한다. 또한, 변수 값 사이에 탭을 이용하여 구분되어 있다. 따라서 《텍스트 가져오기 마법사-4단계》에서 변수 사이에 사용된 구분자로 **탭**을 선택해야 한다. [변수 보기] 상태에서 **유형**, **레이블**, **값**, **결측값** 등을 지정한 다음 파일명을 **기출 3.sav**로 저장한다. 이와 같이 텍스트 파일에 변수이름을 입력하여 저장할 수 있는데 이 때 변수 이름이 한글인 경우 깨질 수 있으므로 주의해야 한다.

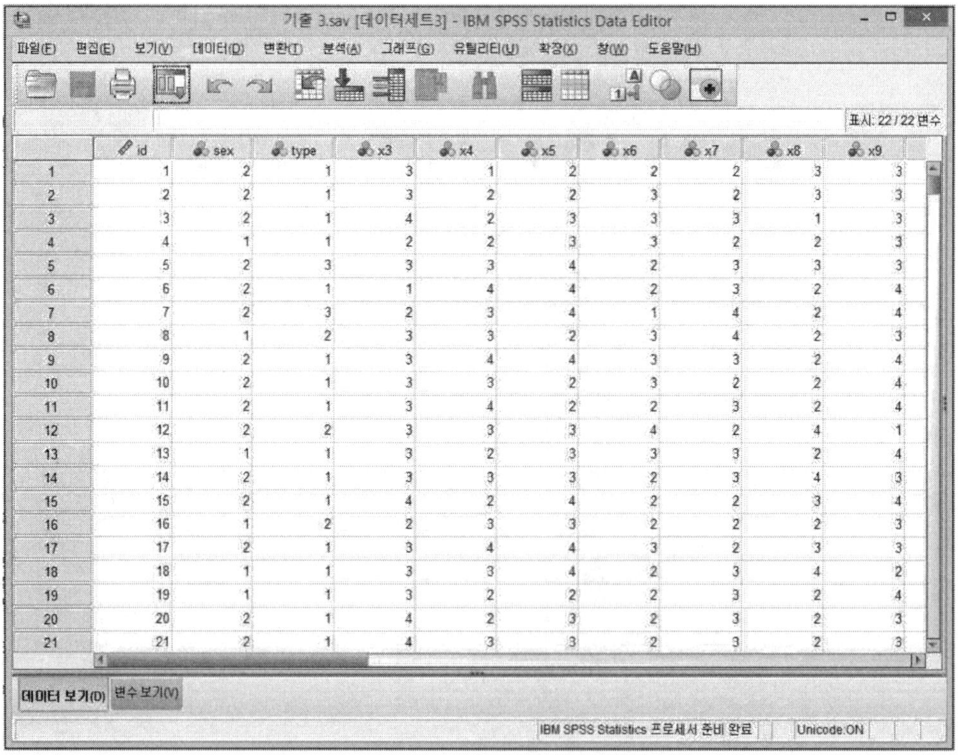

	id	sex	type	x3	x4	x5	x6	x7	x8	x9
1	1	2	1	3	1	2	2	2	3	3
2	2	2	1	3	2	2	3	2	3	3
3	3	2	1	4	2	3	3	3	1	3
4	4	1	1	2	2	3	3	2	2	3
5	5	2	3	3	3	4	2	3	3	3
6	6	2	1	1	4	4	2	3	2	4
7	7	2	3	2	3	4	1	4	2	4
8	8	1	2	3	3	2	3	4	2	3
9	9	2	1	3	4	4	3	3	2	4
10	10	2	1	3	3	2	3	2	2	4
11	11	2	1	3	4	2	2	3	2	4
12	12	2	2	3	3	3	4	2	4	1
13	13	1	1	3	2	3	3	3	2	4
14	14	2	1	3	3	3	2	3	4	3
15	15	2	1	4	2	4	2	2	3	4
16	16	1	2	2	3	3	2	2	2	3
17	17	2	1	3	4	4	3	2	3	3
18	18	1	1	3	3	4	2	3	4	2
19	19	1	1	3	2	2	2	3	2	4
20	20	2	1	4	2	3	2	3	2	3
21	21	2	1	4	3	3	2	3	2	3

문제 1

각 문항에 대하여 이상한 값을 찾아 해당 문항의 변수명과 그 값이 위에서 몇 번째 것(행)인지를 기록하고, 그 해당 값을 결측(missing)으로 처리하라. 이후 분석에서는 모두 결측으로 처리한 값을 사용하라.

해당 변수명	해당 id 번호

1 각 문항에 대하여 이상한 값을 찾기 위하여 다음의 메뉴를 선택한다.

분석 ➠ **기술통계량** ➠ **빈도분석**

2 《**빈도분석**》 대화상자에서 변수 id를 제외한 모든 변수들을 선택하여 **변수**로 이동시킨 다음 **빈도표 표시**를 선택한 후 [확인]을 클릭하여 빈도분석을 실시한다.

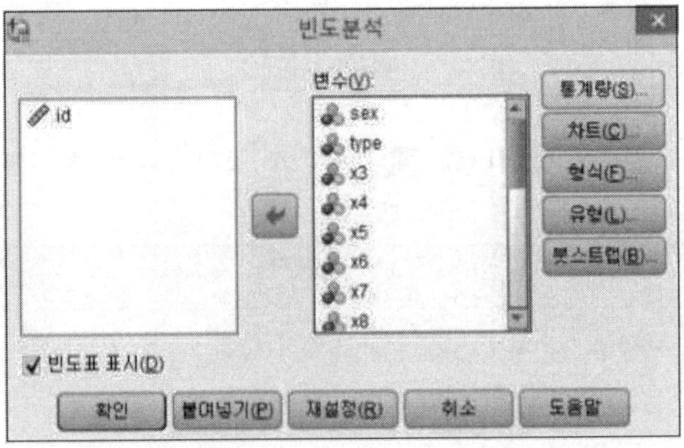

3 다음은 빈도분석 출력결과 중 x13 변수의 빈도분석 표인데, x13에 이상값 7이 존재함을 알 수 있다. x13을 제외한 다른 변수에서는 이상값이 없기 때문에 빈도분석 결과를 생략하였다.

x13

		빈도	퍼센트	유효 퍼센트	누적 퍼센트
유효	1	33	7.2	7.2	7.2
	2	97	21.1	21.1	28.3
	3	182	39.6	39.6	67.8
	4	147	32.0	32.0	99.8
	7	1	.2	.2	100.0
	전체	460	100.0	100.0	

4 해당변수 x13 변수에서 이상값 7을 가지고 있는 케이스를 찾기 위해서 [데이터 보기] 창에서 x13을 선택한 후 다음의 메뉴를 선택한다.

편집 ➡ **찾기**

5 **《찾기 및 바꾸기-데이터 보기》** 대화상자가 나타나면, **찾기**에 “7” 을 입력하고 **다음 찾기**를 클릭하여 7의 값을 갖는 케이스 번호를 확인한다.

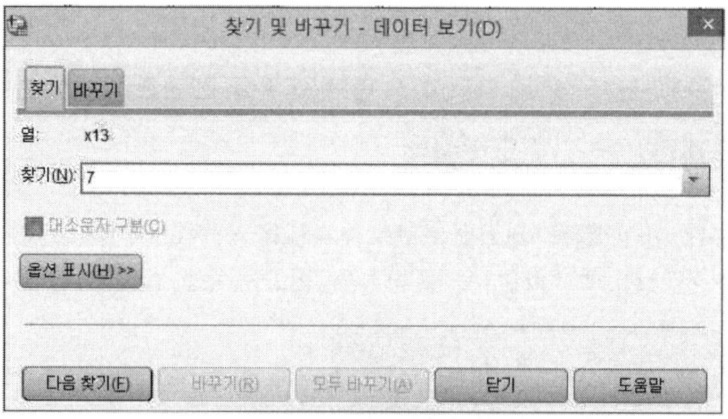

6 **찾기** 메뉴를 이용한 결과 146번째 데이터의 x13 변수의 값이 7임을 확인할 수 있다.

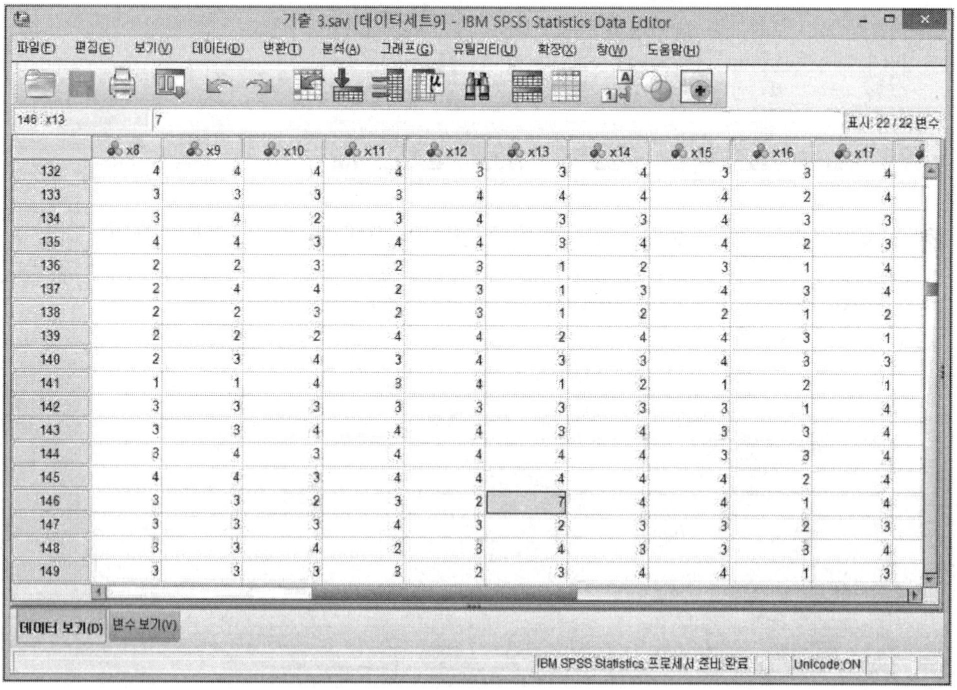

	x8	x9	x10	x11	x12	x13	x14	x15	x16	x17
132	4	4	4	4	3	3	4	3	3	4
133	3	3	3	3	4	4	4	4	2	4
134	3	4	2	3	4	3	3	4	3	3
135	4	4	3	4	4	3	4	4	2	3
136	2	2	3	2	3	1	2	3	1	4
137	2	4	4	2	3	1	3	4	3	4
138	2	2	3	2	3	1	2	2	1	2
139	2	2	2	4	4	2	4	4	3	1
140	2	3	4	3	4	3	3	4	3	3
141	1	1	4	3	4	1	2	1	2	1
142	3	3	3	3	3	3	3	3	1	4
143	3	3	4	4	4	3	4	3	3	4
144	3	4	3	4	4	4	4	3	3	4
145	4	4	3	4	4	4	4	4	2	4
146	3	3	2	3	2	7	4	4	1	4
147	3	3	3	4	3	2	3	3	2	3
148	3	3	4	2	3	4	3	3	3	4
149	3	3	3	3	2	3	4	4	1	3

7 따라서, 이상값이 존재하는 해당변수는 x13이고, 해당 id 번호는 146이다.

해당변수명	해당 id 번호
x13	146

이제, [변수보기]에서 다음과 같이 x13 변수의 결측값으로 '7'을 지정한 후 분석을 수행하면 된다.

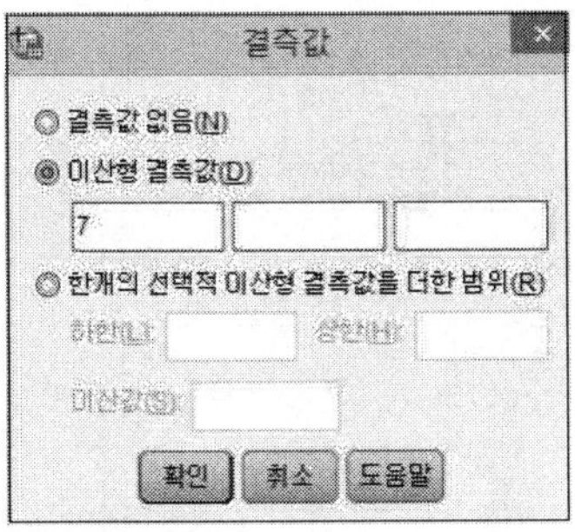

문제 2

항목 1(x3-x8)의 문항 가운데 응답자가 올바로 응답하였는가를 보기 위하여 다른 문항과 반대로 질문을 한 것이 있다. 이것이 어떤 문항인지를 기술하고, 올바른 분석을 위하여 어떻게 이 변수를 변환해야 하는지를 설명한 다음, 변수를 변환하라. 이후 분석에서는 변환된 값을 사용하라.

해당 변수명	변환식

1 항목 1의 6개 문항의 내용을 살펴보면, x6의 내용이 "운동은 규칙적으로 하지 않는 편이다."로 다른 응답과 반대되는 문항이다. 따라서 올바른 분석을 하기 위해서 이 변수의 값을 반대로 변환해야 한다. 변수변환을 위해서 다음의 메뉴를 선택한다.

변환 ➡ **변수계산**

2 다음과 같이 《**변수계산**》 대화상자에서 **목표변수**에 "x6"을 입력하고, **숫자표현식**에 "**5-x6**"을 입력한 다음 [확인]을 클릭하면 다음과 같이 변환된다.

①번 항목(매우 그렇다) ⇒ ④번 항목(거의 그렇지 않다)

②번 항목(그런 편이다) ⇒ ③번 항목(그렇지 않은 편이다)

③번 항목(그렇지 않은 편이다) ⇒ ②번 항목(그런 편이다)

④번 항목(거의 그렇지 않다) ⇒ ①번 항목(매우 그렇다)

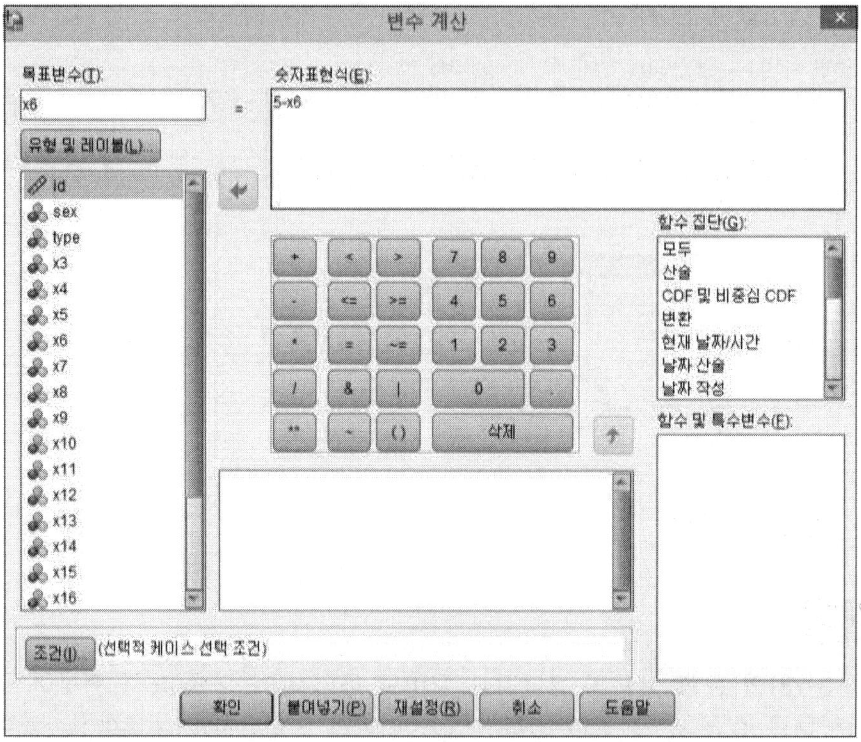

3 다음과 같은 **기존의 변수를 바꾸시겠습니까?**라는 메시지가 나타나는데 이러한 메시지는 새로 계산되는 x6 변수값을 기존의 x6 변수값에 덮어써도 되는지를 묻는 것으로, 여기서는 [확인]을 클릭하여 변수값들을 모두 바꾼다.

4 항목 1의 6개 문항 가운데 응답자가 올바로 응답하였는가를 보기 위하여 다른 문항과 반대로 질문을 한 변수명은 x6이고, 올바른 분석을 위하여 필요한 변환식은 **5-x6**이다.

해당 변수명	변환식
x6	5-x6

문제 3

종속변수인 건강상태(y4)는 응답자의 건강상태를 1점(가장 건강치 못한 상태)에서 4점(가장 건강한 상태)까지 소숫점 2자리까지 표시한 점수이다. 아래 표의 빈칸을 채우고, 남자와 여자의 건강상태(y4)에 차이가 있는지를 5%의 유의수준에서 판별하라.

평균	남자	여자	차이
t-통계량			
p값(유의확률)			
판별			

1 남자와 여자의 건강상태(y4)에 차이가 있는가를 비교하기 위하여 다음의 메뉴를 선택한다.

분석 ➠ **평균비교** ➠ **독립표본 T검정**

2 《**독립표본 T검정**》 대화상자에서 다음과 같이 **검정변수**에는 y4를 선택하고, **집단변수**에는 sex를 선택한 다음 [집단정의]를 클릭한다.

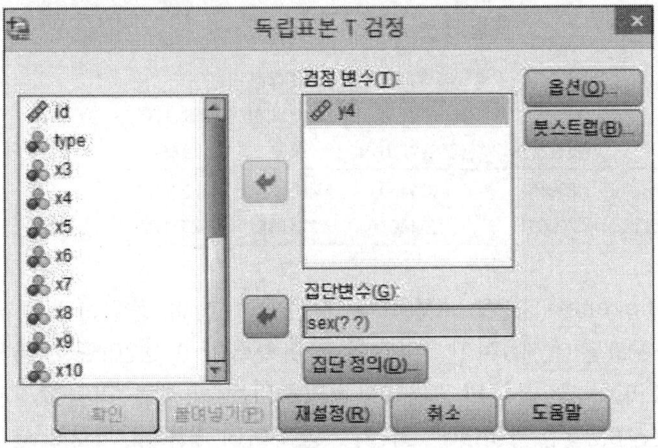

3 《**집단정의**》 대화상자가 나타나면, **지정값 사용**을 선택하고, **집단 1**에 1, **집단 2**에 2를 입력한 다음 [계속]을 클릭하면, 《**독립표본 T검정**》 대화상자의 **집단변수**에 sex(1 2)와 같이 나타난다.

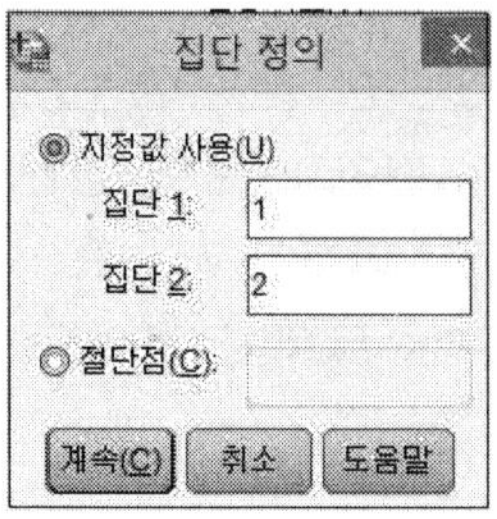

4 **《독립표본 T검정》** 대화상자의 [확인]을 클릭하면 다음 결과를 얻을 수 있다.

집단통계량

	sex	N	평균	표준화 편차	표준오차 평균
y4	1	253	2.94506	.495010	.031121
	2	207	3.15471	.427249	.029696

독립표본 검정

		Levene의 등분산 검정		평균의 동일성에 대한 T 검정		
		F	유의확률	t	자유도	유의확률 (양측)
y4	등분산을 가정함	1.791	.182	-4.803	458	.000
	등분산을 가정하지 않음			-4.874	456.675	.000

독립표본 검정

		평균의 동일성에 대한 T 검정			
				차이의 95% 신뢰구간	
		평균차이	표준오차 차이	하한	상한
y4	등분산을 가정함	-.209651	.043651	-.295431	-.123871
	등분산을 가정하지 않음	-.209651	.043016	-.294184	-.125117

5 **독립표본 검정** 결과에서 **Levene의 등분산 검정**은 두 집단의 분산이 동일한가를 검정하기 위한 것으로서, F값은 1.791이고, 이때의 유의확률이 0.182이므로 유의수준 0.05보다 크다. 따라서 두 집단의 분산이 동일하다는 가정을 기각할 수 없으므로, 두 집단의 분산이 등분산이라는 가설을 받아들여 **등분산을 가정함** 결과를 이용해야 한다.

6 **평균의 동일성에 대한 t-검정**에서 **등분산을 가정함**의 경우 검정통계량 t값은 -4.803이고, 이때의 유의확률이 0.000으로 유의수준 0.05보다 작으므로 두 집단의 평균에 차이가 없다는 귀무가설은 기각된다. 따라서 sex(성)에 따라 y4(건강상태)에

는 매우 유의한 차이가 있다는 사실을 알 수 있다. 이러한 결과들을 토대로 주어진 표를 다음과 같이 작성할 수 있다.

평균	남자	여자	차이
	2.95	3.15	0.20
t-통계량	-4.80		
p값(유의확률)	0.00		
판별	성에 따라 건강상태에 차이가 있다.		

문제 4-1

현재 살고 있는 주거형태(type)에 따라 건강상태(y4)가 차이를 보이는지를 알고자 한다. 분산분석표를 작성하라.

1 주거형태(y4)에 따라 건강상태(type)에 차이가 있는가를 비교하기 위하여 다음의 메뉴를 선택한다.

분석 ➠ **평균비교** ➠ **일원배치 분산분석**

2 **《일원배치 분산분석》** 대화상자에서 다음과 같이 **종속변수**에는 y4를 선택하고, **요인**에는 type를 선택한다.

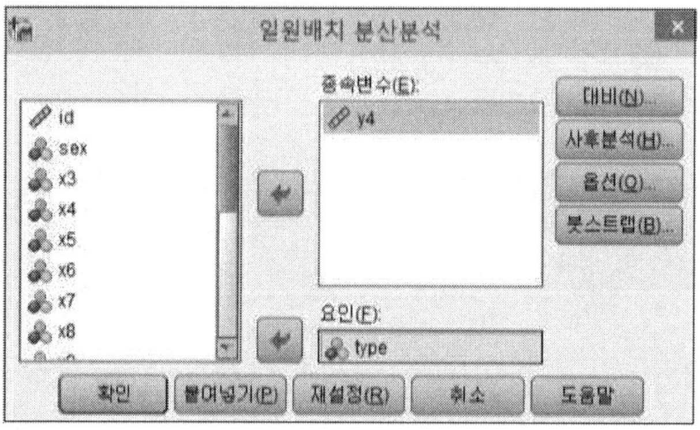

3 [문제 4-2]인 주거형태에 따른 관측값의 갯수와 건강상태의 평균을 구하기 위해서 [옵션]을 클릭하여 얻게 되는 **《일원배치 분산분석:옵션》** 대화상자에서 **통계량**의 **기술통계**를 선택한 다음 [계속]을 클릭한다.

4 《일원배치 분산분석》 대화상자의 [확인]을 클릭하면 다음과 같은 결과를 얻을 수 있다.

기술통계

y4

	N	평균	표준화 편차	표준화 오류	평균에 대한 95% 신뢰구간		최소값
					하한	상한	
1	238	3.07742	.481621	.031219	3.01591	3.13892	1.800
2	142	3.02694	.418617	.035130	2.95749	3.09639	2.000
3	73	2.97432	.508247	.059486	2.85573	3.09290	1.400
4	7	2.67857	.864873	.326891	1.87870	3.47845	1.000
전체	460	3.03940	.476819	.022232	2.99571	3.08309	1.000

ANOVA

y4

	제곱합	자유도	평균제곱	F	유의확률
집단-간	1.587	3	.529	2.347	.072
집단-내	102.770	456	.225		
전체	104.356	459			

5 위 결과의 *ANOVA* 부분을 이용하여 다음과 같이 분산분석표를 작성할 수 있다.

Source	SS	df	MS
집단간	1.59	3	0.53
집단내	102.77	456	0.23
합계	104.36	459	
F(3, 456)	2.35		
p값	0.07		

문제 4-2

아래 표의 빈칸을 채우라.

type	관측치의 갯수(N)	건강상태의 평균
아파트(1)		
단독주택(2)		
다세대(3)		
기타(4)		

1 [문제 4-1]의 결과에서 **기술통계** 부분을 이용하여 주거형태에 따른 관측값의 갯수와 건강상태의 평균을 다음과 같이 요약할 수 있다.

type	관측치의 갯수(N)	건강상태의 평균
아파트(1)	238	3.08
단독주택(2)	142	3.03
다세대(3)	73	2.97
기타(4)	7	2.68

문제 4-3

현재 살고 있는 주거형태에 따라 건강상태의 차이가 있는지를 기술하라.

1 현재 살고 있는 주거형태에 따라 건강상태에 차이가 있는지를 검정하기 위한 가설은 다음과 같다.

- H_0 : 주거형태에 따라 건강상태의 차이가 없다.
- H_1 : 주거형태에 따라 건강상태의 차이가 있다.

2 [문제 4-1]의 분산분석 결과를 이용하면, F값이 2.350이고, 이때의 유의확률 값이 0.07로 유의수준 0.05보다 크므로 귀무가설을 기각할 수 없다. 따라서 주거형태에 따라 건강상태에 차이가 없다는 사실을 알 수 있다.

문제 5

성(sex)에 따라 현재 살고 있는 주거형태(type)의 차이가 있는지를 통계적으로 판별하라.

1 성(sex)과 주거형태(y4)는 범주형 자료이므로 성에 따라 주거형태에 차이가 있는지를 검정하기 위하여 다음의 메뉴를 선택한다.

분석 ➠ **기술통계량** ➠ **교차분석**

2 《교차분석》 대화상자에서 **행**에는 sex를 선택하고 **열**에는 type를 선택한 다음 [통계량]을 클릭한다.

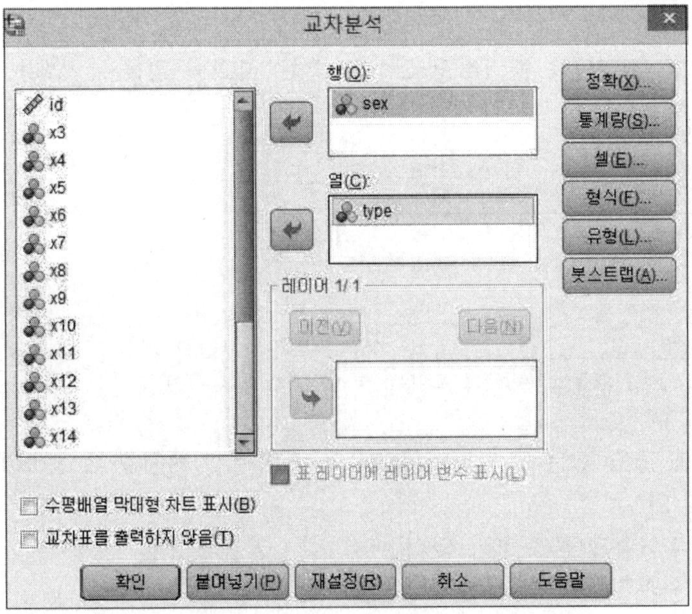

3 《교차분석: 통계량》 대화상자에서 **카이제곱**을 체크한 다음 [계속]을 클릭한다. 이때, 카이제곱은 범주형 변수들간에 독립성을 검정하는데 사용하는 방법으로 실제 도수와 기대도수간의 차이를 통해 검정통계량이 계산된다.

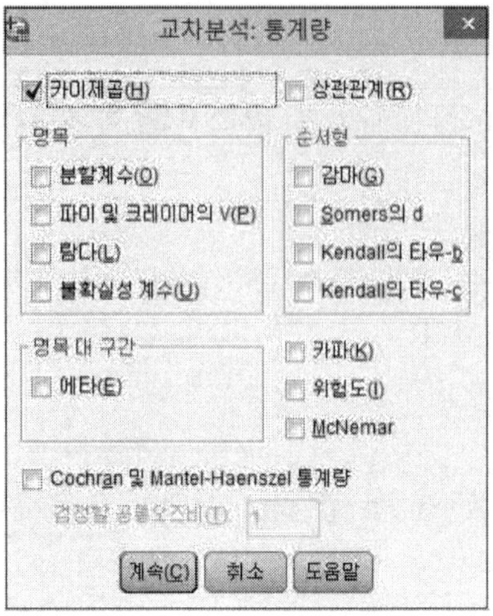

4 《**교차분석**》 대화상자의 [확인]을 클릭하면 다음과 같은 결과를 얻을 수 있다.

카이제곱 검정

	값	자유도	근사 유의확률 (양측검정)
Pearson 카이제곱	1.357[a]	3	.716
우도비	1.388	3	.708
선형 대 선형결합	.015	1	.901
유효 케이스 수	460		

a. 2 셀 (25.0%)은(는) 5보다 작은 기대 빈도를 가지는 셀입니다. 최소 기대빈도는 3.15입니다.

5 성(sex)에 따라 현재 살고 있는 주거형태(type)의 차이가 있는지를 검정하기 위한 가설은 다음과 같다.

- H_0 : 성에 따라 주거형태에 차이가 없다.
- H_1 : 성에 따라 주거형태에 차이가 있다.

6 성에 따라 주거형태에 차이가 있는지를 검정하기 위하여 카이제곱 검정을 수행한 결과 χ^2 값은 1.360이고, 유의확률이 0.72로 유의수준 0.05보다 크므로 귀무가설을 기각할 수 없다. 따라서 성에 따라 주거형태에 차이가 없다는 사실을 알 수 있다.

문제 6-1

건강습관, 청결상태, 사고예방의 항목별 점수와 건강상태의 관계를 알아보고자 한다. 각 문항별 신뢰도를 계산하여 해당란에 기입하라.

항목번호	문항수	해당 변수	신뢰도 계수값 (Cronbach 계수)
1	6	x3 - x8	
2	6	x9 - x14	
3	6	x15 - x20	

1 각 문항별 신뢰도를 계산하기 위하여 다음의 메뉴를 선택한다.

분석 ➠ **척도분석** ➠ **신뢰도 분석**

2 **《신뢰도 분석》** 대화상자에서 분석에 필요한 변수 x3, x4, x5, x6, x7, x8을 선택하여 **항목**으로 이동시킨다.

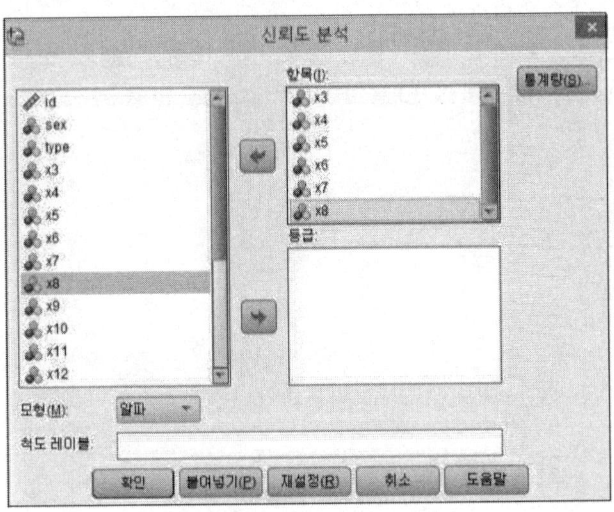

3 **《신뢰도 분석》** 대화상자의 [확인]을 클릭하면 다음과 같은 결과를 얻을 수 있다.

케이스 처리 요약

		N	%
케이스	유효	459	99.8
	제외됨[a]	1	.2
	전체	460	100.0

a. 목록별 삭제는 프로시저의 모든 변수를 기준으로 합니다.

신뢰도 통계량

Cronbach의 알파	항목 수
.472	6

4 동일한 방법으로 《**신뢰도 분석**》 대화상자에서 x9, x10, x11, x12, x13, x14를 선택하여 **항목**으로 이동시킨 후 [확인]을 클릭하면 다음과 같은 결과를 얻을 수 있다.

케이스 처리 요약

		N	%
케이스	유효	458	99.6
	제외됨[a]	2	.4
	전체	460	100.0

a. 목록별 삭제는 프로시저의 모든 변수를 기준으로 합니다.

신뢰도 통계량

Cronbach의 알파	항목 수
.653	6

5 마지막으로 《**신뢰도 분석**》 대화상자에서 x15, x16, x17, x18, x19, x20를 선택하여 **항목**으로 이동시킨 후 [확인]을 클릭하면 다음과 같은 결과를 얻을 수 있다.

케이스 처리 요약

		N	%
케이스	유효	460	100.0
	제외됨[a]	0	.0
	전체	460	100.0

a. 목록별 삭제는 프로시저의 모든 변수를 기준으로 합니다.

신뢰도 통계량

Cronbach의 알파	항목 수
.746	6

6 이러한 신뢰도분석 결과로부터 다음과 같이 결과표를 작성할 수 있다.

항목번호	문항수	해당 변수	신뢰도 계수 값 (Cronbach 계수)
1	6	x3 - x8	0.47
2	6	x9 - x14	0.65
3	6	x15 - x20	0.75

문제 6-2

항목별로 평균점수를 계산하여 y1, y2, y3로 저장한다. 각각의 산식을 표시하고, 평균과 표준편차 및 관찰수를 기입하라.(y1 = 항목 1의 평균점수, y2 = 항목 2의 평균점수, y3 = 항목 3의 평균점수)

1 항목별로 평균점수를 계산하기 위하여 다음의 메뉴를 선택한다.

변환 ➠ **변수계산**

2 **《변수계산》** 대화상자에서 **목표변수**에 y1을 입력하고 **숫자표현식**에 평균점수를 계산하기 위하여 통계함수인 Mean을 사용하여 "**MEAN(x3, x4, x5, x6, x7, x8)**" 이라고 입력한 다음 [확인]을 클릭하면 y1이라는 항목 1의 평균점수 변수가 생성된다. 같은 방법으로 y2와 y3를 생성한다.

3 y1, y2, y3의 평균, 표준편차, 관찰수를 구하기 위해서 다음의 메뉴를 선택한다.

분석 ➠ **기술통계** ➠ **기술통계**

4 《**기술통계**》 대화상자에서 다음과 같이 y1, y2, y3를 선택하여 **변수**로 이동시킨 후 [옵션]을 클릭한다.

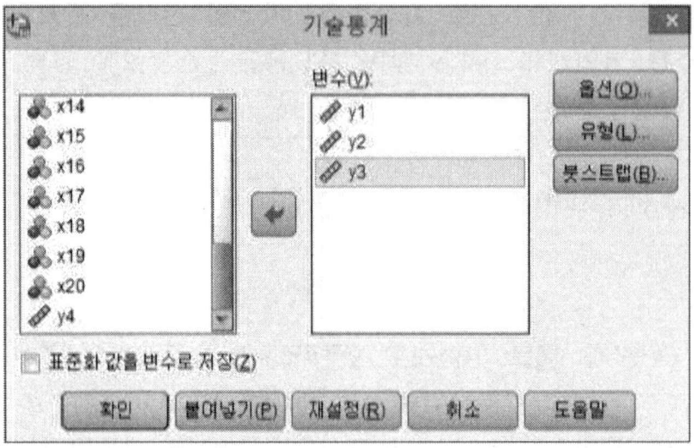

5 《**기술통계:옵션**》 대화상자에서 **평균, 표준화 편차**를 선택한 후 [계속]을 클릭한다.

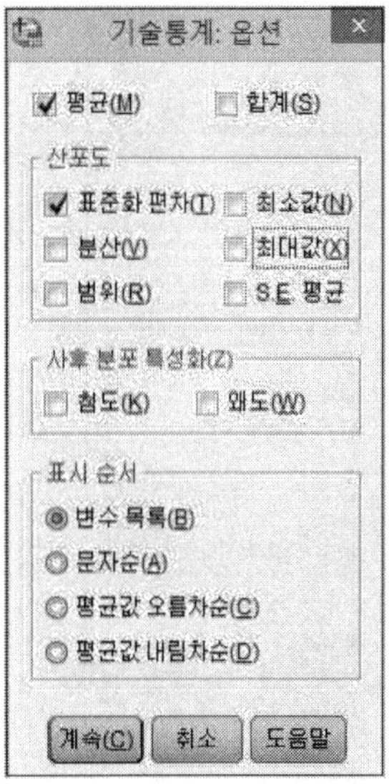

6 [확인]을 클릭하면 다음과 같은 결과를 얻을 수 있다.

기술통계량

	N	평균	표준편차
y1	460	2.5686	.46678
y2	460	3.1414	.48234
y3	460	2.8645	.59865
유효 N(목록별)	460		

7 y1, y2, y3의 산식과 평균, 표준편차 및 관찰수는 다음과 같다.

변수	산식	평균	표준편차	관찰수
y1	MEAN(x3,x4,x5,x6,x7,x8)	2.57	0.47	460
y2	MEAN(x9,x10,x11,x12,x13,x14)	3.14	0.48	460
y3	MEAN(x15,x16,x17,x18,x19,x20)	2.86	0.60	460

문제 6-3

항목별 평균점수(y1, y2, y3)와 건강상태(y4)간의 상관계수를 계산하시오.

1 건강습관, 청결상태, 사고예방의 항목별 점수(y1, y2, y3)와 건강상태(y4) 사이의 상관계수를 계산하기 위해 다음의 메뉴를 선택한다.

분석 ➡ **상관분석** ➡ **이변량 상관**

2 《**이변량 상관계수**》 대화상자의 변수 목록에서 y1, y2, y3, y4를 선택하여 **변수**로 이동시키고, **상관계수**에서 **Pearson**을 선택한다.

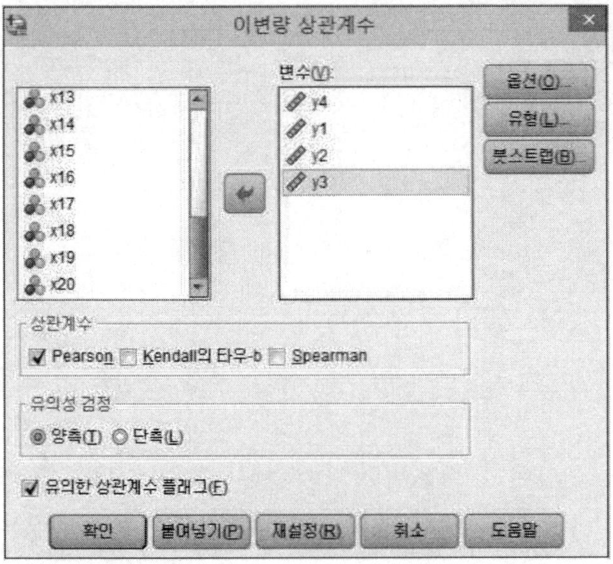

3 《**이변량 상관계수**》 대화상자의 [확인]을 클릭하면 다음과 같은 결과를 얻을 수 있다.

상관관계

		y4	y1	y2	y3
y4	Pearson 상관	1	.456**	.791**	.662**
	유의확률 (양측)		.000	.000	.000
	N	460	460	460	460
y1	Pearson 상관	.456**	1	.310**	.452**
	유의확률 (양측)	.000		.000	.000
	N	460	460	460	460
y2	Pearson 상관	.791**	.310**	1	.344**
	유의확률 (양측)	.000	.000		.000
	N	460	460	460	460
y3	Pearson 상관	.662**	.452**	.344**	1
	유의확률 (양측)	.000	.000	.000	
	N	460	460	460	460

**. 상관관계가 0.01 수준에서 유의합니다(양측).

4 항목별 평균점수(y1, y2, y3)와 건강상태(y4)간의 상관계수는 다음과 같다.

변수명	상관계수
y1	0.46
y2	0.79
y3	0.66

문제 7-1

건강상태(y4)를 종속변수로, 항목별 평균점수(y1, y2, y3)를 독립변수로 선정하여 단계별로 선형회귀분석을 하고자 한다. 회귀분석결과를 이용하여 모형별 회귀식을 구하여라.

1 건강상태(y4)와 항목별 평균점수(y1, y2, y3) 간의 단계별 회귀분석을 실시하기 위하여 다음의 메뉴를 선택한다.

분석 ➠ **회귀분석** ➠ **선형**

2 《**선형 회귀**》 대화상자에서 **종속변수**에는 y4를 선택하고 **독립변수**에 y1, y2, y3을 선택하며, **방법**에서는 **단계 선택**을 선택한다.

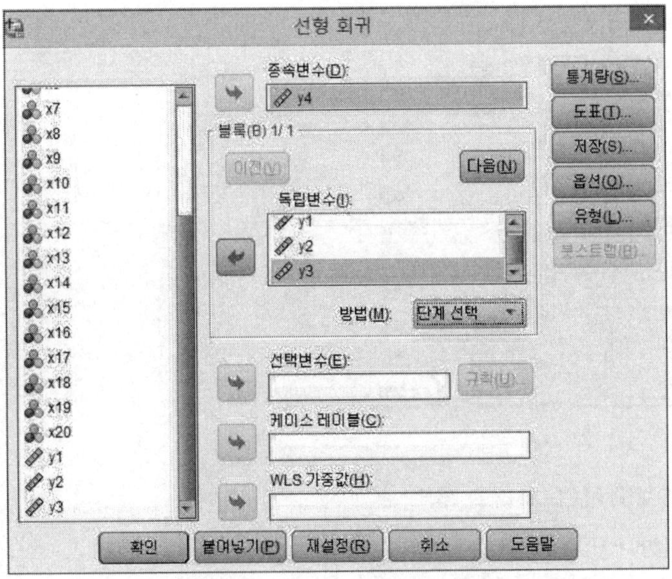

3 《**선형 회귀**》 대화상자의 [확인]을 클릭하면 다음과 같은 결과를 얻을 수 있다.

모형 요약

모형	R	R 제곱	수정된 R 제곱	추정값의 표준오차
1	.791[a]	.626	.625	.291888
2	.894[b]	.799	.798	.214228
3	.896[c]	.803	.802	.212139

a. 예측자: (상수), y2
b. 예측자: (상수), y2, y3
c. 예측자: (상수), y2, y3, y1

ANOVA[a]

모형		제곱합	자유도	평균제곱	F	유의확률
1	회귀	65.336	1	65.336	766.864	.000[b]
	잔차	39.021	458	.085		
	전체	104.356	459			
2	회귀	83.383	2	41.691	908.433	.000[c]
	잔차	20.973	457	.046		
	전체	104.356	459			
3	회귀	83.835	3	27.945	620.963	.000[d]
	잔차	20.521	456	.045		
	전체	104.356	459			

a. 종속변수: y4

b. 예측자: (상수), y2

c. 예측자: (상수), y2, y3

d. 예측자: (상수), y2, y3, y1

계수[a]

모형		비표준화 계수		표준화 계수	t	유의확률
		B	표준화 오류	베타		
1	(상수)	.582	.090		6.486	.000
	y2	.782	.028	.791	27.692	.000
2	(상수)	.044	.071		.624	.533
	y2	.632	.022	.639	28.619	.000
	y3	.353	.018	.443	19.830	.000
3	(상수)	-.045	.076		-.587	.558
	y2	.619	.022	.626	27.824	.000
	y3	.329	.019	.413	17.232	.000
	y1	.077	.024	.075	3.170	.002

a. 종속변수: y4

4 첫 번째 모형에 대한 회귀식은 다음과 같다.

회귀모형 1 : $\hat{y}_4 = 0.58 + 0.78y_2$

그리고 결정계수 값은 0.626이고, 수정된 결정계수는 0.625이며, 검정통계량 F 값이 766.86이고, 이에 대한 유의확률 값이 0.000이다. 따라서 주어진 회귀식이 매우 유의하다는 것을 알 수 있다.

5 두 번째 모형에 대한 회귀식은 다음과 같다.

회귀모형 2 : $\hat{y}_4 = 0.04 + 0.63y_2 + 0.35y_3$

그리고 결정계수 값이 0.799이고, 수정된 결정계수는 0.798이며, 검정통계량 F 값이 908.43이고, 이에 대한 유의확률 값이 0.000이다. 따라서 주어진 회귀식이 매우 유의하다는 것을 알 수 있다.

6 세 번째 모형에 대한 회귀식은 다음과 같다.

회귀모형 3 : $\hat{y}_4 = -0.05 + 0.08y_1 + 0.62y_2 + 0.33y_3$

그리고 결정계수 값이 0.803이고, 수정된 결정계수는 0.802이며, 검정통계량 F 값이 620.96이고, 이에 대한 유의확률 값이 0.000이다. 따라서 주어진 회귀식이 매우 유의하다는 것을 알 수 있다.

문제 7-2

모형 1에서 모형 3까지를 살펴보고, 건강상태에 대한 영향을 바탕으로 건강을 위한 세 가지 행위에 대한 평가를 내려라.

1 건강상태에 대한 [단계 선택] 회귀분석 결과, y2(청결상태)> y3(사고예방)> y1(건강습관) 순으로 건강상태에 더 영향을 주는 것으로 나타났다.

사회조사분석사 기출문제 Ⅳ

기출문제

[요구사항] 아래의 모든 질문에 대한 답안은 통계 Package를 이용하여 수행한 결과(화면이용)를 바탕으로 문제지에 직접 작성하시기 바랍니다.

다음 자료는 어느 회사에서 단순임의추출된 323명의 직원들을 대상으로 직원들의 회사만족도를 평가하기 위해 수집한 자료이다. 데이터 파일은 지급 받은 디스켓에 "만족도.txt"로 저장되어 있으며, 아래의 <표 1>과 <표 2>는 데이터의 코딩 양식과 디스켓에 수록된 자료의 입력형태이다. 자료는 ID, B1, B2, …, GENDER, AGE, N_AGE, YEAR, MONTH의 순서로 입력되어 있다. 응답자가 응답하지 않은 문항의 무응답은 결측값으로 간주하여 9 혹은 99의 값을 부여하여 입력하였다.

<표 1> 데이터 파일의 코딩 양식

문항	변수명	내 용	결측값
일련번호	ID	세 자리 숫자	없음
업무만족 관련 6문항	B1-B6	1:매우 불만족 2:약간 불만족 3:불만족하는 편 4:보통 5:만족하는 편 6:약간만족 7:매우만족	9
복리후생만족 관련 5문항	W1-W5		
인사고과만족 관련 5문항	P1-P5		
회사만족도	SAT		
업무만족도	Q1	업무만족 관련 6문항을 결합한 평균	9
인사고과만족도	Q3	인사고과만족 관련 5문항을 결합한 평균	9
성별	GENDER	1:남자 2:여자	9
연령	AGE	두자리 숫자	99
연령범주	N_AGE	연령범주 자료(1:20대, 2:30대초반, 3:30대후반, 4:40대이상)	9
근무연수	YEAR	두 자리 숫자(년)	없음
근무월수	MONTH	두 자리 숫자(월)	없음

【문제 1】

서로 관련된 개별 문항을 결합하여 새로운 척도를 구성하고자 한다. 이 때, 개별 문항에서 나타난 무응답 자료는 모두 결측값으로 처리한 후, 척도와 관련된 문항 전부를 응답한 자료만 이용하여 개별 문항을 결합한 평균으로 새로운 척도를 구성하기로 한다. 데이터 파일에는 업무만족의 6개 개별문항(B1~B6)을 결합한 평균으로 계산한 "업무만족도(Q1)" 와 인사고과만족의 5개 개별 문항(P1~P5)을 결합한 평균으로 계산한 "인사고과만족도(Q3)" 자료가 이미 입력되어 있다. 따라서 복리후생만족의 5개 개별 문항(W1~W5)에 모두 응답한 자료만을 결합한 평균으로 "복리후생만족도(Q2)" 를 계산한 후, 다음의 문제를 해결하시오.

1) 새로운 척도인 3개의 개별 만족도에 대한 기술통계량을 계산하고자 한다. 개별 만족도마다 기술통계량 계산에 사용되는 유효 사례 수, 그리고 개별 만족도의 평균과 표준편차를 각각 계산하시오.

구 분	유효 사례수	평균	표준편차
업무만족도			
복리후생만족도			
인사고과만족도			

2) 새로 계산한 3개의 개별 만족도에 대한 분포를 살펴보기 위해 상자그림(BOX-PLOT)을 그리고자 한다. 각 만족도마다 최소값, 최대값, 중앙값, 상(제3)사분위수, 하(제1)사분위수 등 해당하는 위치의 값을 계산하시오.

구 분	최소값	하사분위수	중앙값	상사분위수	최대값
업무만족도					
복리후생만족도					
인사고과만족도					

【문제 2】

근무기간은 근무연수와 근무월수로 나누어 입력되어 있다. 이 두 변수를 이용하여 근무기간을 개월수로 계산([문제 6]에서 이용함)한 다음, 근무기간이 0개월인 직원의 응답은 무응답으로 처리하여 답안지에 제시된 범주로 자료를 변환([문제 3]에서 이용함)하여 빈도표를 작성하시오.

근무기간범주	빈도	퍼센트(%)
4년 미만		
4~7년 미만		
7~10년 미만		
10년 이상		
무응답		
전 체		

【문제 3】

연령과 근무기간사이에 관계가 있는지 분할표를 이용하여 살펴보고자 한다. 데이터 파일에는 연령(AGE) 범주자료가 "연령범주(N_AGE)" 로 이미 입력되어 있으며, 근무기간은 [문제 2]에서 계산하여 변환한 범주 자료를 이용하기로 한다. 이 때, 연령범주와 근무기간 범주의 무응답 자료는 결측값으로 처리하여 분석하기로 한다.

1) 연령과 근무기간의 관계를 살펴보기 위한 분할표를 작성하시오.

근무기간범주 / 연령범주	4년 미만	4~7년 미만	7~10년 미만	10년 이상	계
20대					
30대 초반					
30대 후반					
40대 이상					
계					

2) 문제의 가설을 검정하는 검정통계량 값과 분포를 표현하시오.

검정통계량 값	검정통계량의 분포

3) 문제의 가설을 고려하여 유의수준 5%에서 검정한 결과를 설명하시오.

【문제 4】

연령범주에 따라 회사만족도에 차이가 있는지 살펴보고자 한다. 여기서 분석에 사용하는 모든 변수의 무응답 자료를 결측값으로 처리한 후, 회사만족도(SAT)에 차이가 있는지 분석하기로 한다.

1) 문제의 가설을 검정하는 검정통계량 값과 분포를 표현하시오.

검정통계량 값	검정통계량의 분포

2) 문제의 가설을 고려하여 유의수준 5%에서 검정한 결과를 설명하시오.

3) 만일 유의수준 5%에서 귀무가설이 기각되었다면, 구체적으로 어느 연령범주에서 회사만족도에 차이가 있는지 Tukey의 다중비교를 이용하여 분석한 후 나타난 동일집단군을 다음의 표에 (V)로 표시하시오.

연령범주	20대	30대 초반	30대 후반	40대 이상
20대				
30대 초반				
30대 후반				
40대 이상				

【문제 5】

직원들의 회사만족도(SAT)와 새로 계산된 3개의 개별 만족도(Q1~Q3)사이의 관계유무를 상관분석을 실시할 경우 회사만족도와 3개의 개별 만족도와의 상관계수를 계산하시오(단, 분석에 사용되는 모든 변수의 무응답 자료는 결측값으로 처리).

	업무만족도	복리후생만족도	인사고과만족도
회사만족도			

【문제 6】

회사만족도(SAT)에 어떤 요인들이 얼마나 영향을 미치는지를 알아보기 위해 새로 계산된 3개의 개별 만족도와 성별, 수치자료인 연령, 그리고 개월수로 계산한 근무기간(0개월은 무응답 자료로 처리)을 포함하여 분석하고자 한다. 여기서 분석에 사용하는 모든 변수의 무응답 자료는 결측값으로 처리하며, 모든 독립변수와 종속변수사이에는 선형관계가 존재한다고 가정한다(단 여기서 성별을 남자=1,여자=0인 더미변수로 변환할 것).

1) 복리후생만족도가 회사만족도에 영향을 준다는 주장을 단순회귀분석을 통해 유의수준 5%에서 가설을 검정하고자 한다.

가) 문제를 검정하기 위한 귀무가설과 대립가설을 표현하시오.

나) 문제의 가설을 검정하는 검정통계량과 p값을 계산하시오.

검정통계량 값	p값

다) 귀무가설의 기각/채택 여부를 판단하고 검정 결과를 간단히 설명하시오.

2) 회사만족도에 얼마나 영향을 미치는지를 알아보기 위하여 6가지 요인들(새로 계산된 3개의 개별 만족도와 성별, 수치 자료인 연령, 그리고 개월수로 계산한 근무기간)을 독립변수로 하여 다중회귀분석을 실시한다.

가) 다음의 분산분석표를 채우시오.

요인	제곱합	자유도	평균제곱	F-통계량	p값
모형					
오차					
합계					

나) 아래의 변수에 대해 추정된 회귀계수 값과 개별 변수가 종속변수에 미치는 영향력의 존재유무를 검정하는 p값을 계산하고, 유의수준 5%에서 각 변수의 유의성 여부(상수항에 대한 유의성 검정은 제외함)를 판단하시오.

변수	회귀계수	p값	유의성 여부
업무 만족도			
복리후생만족도			
인사고과만족도			
성별			
연령			
근무기간			

3) 2)의 유의성 검정 결과에 근거하여 회사만족도에 유의한 영향을 주는 변수만을 이용하여 추정된 모형식을 표현하시오.

문제풀이

1 분석할 자료가 “만족도.txt”로 텍스트 파일 형식으로 주어졌으므로 이러한 자료를 불러오기 위해서 다음의 메뉴를 선택한다.

파일 ➠ **데이터 가져오기** ➠ **텍스트 데이터**

2 《**데이터열기**》 대화상자가 나타나면, 자료가 저장되어 있는 위치를 확인하여 해당 자료인 “만족도.txt” 파일을 선택한 후 [열기]를 클릭하여, 6단계의 《**텍스트 가져오기 마법사**》를 진행한다. “만족도.txt” 파일을 살펴보면 변수들이 한 칸 이상의 공백으로 구분되어 있다. 따라서 《**텍스트 가져오기 마법사-4단계**》에서 변수 사이에 사용된 구분자로 **공백**을 선택하고, 한 칸 이상의 공백이 포함된 변수들이 있으므로 **선행 및 후행 공백**에서 **문자열 값에서 선행 공백 제거**를 선택해야 한다. 그렇지 않을 경우 공백도 변수로 인식하는 문제점이 발생할 수 있다. [변수 보기] 상태에서 **이름**, **유형**, **레이블**, **값**, **결측값** 등을 지정한 다음 파일명을 **기출 4.sav**로 저장한다.

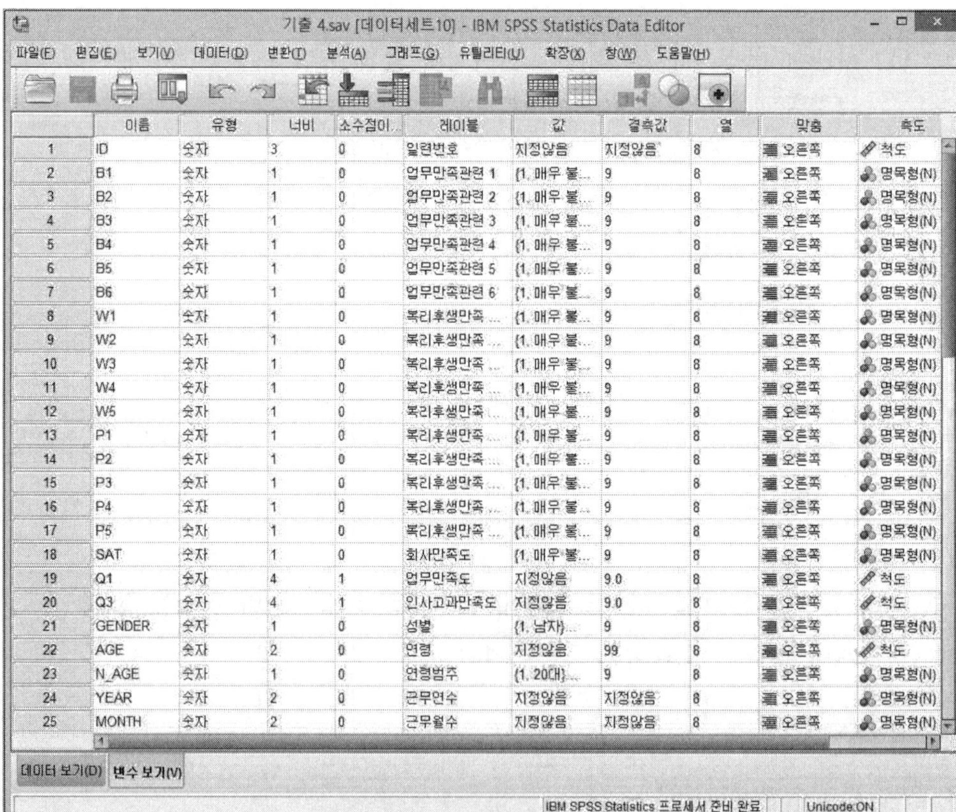

	이름	유형	너비	소수점이...	레이블	값	결측값	열	맞춤	측도
1	ID	숫자	3	0	일련번호	지정않음	지정않음	8	오른쪽	척도
2	B1	숫자	1	0	업무만족관련 1	{1, 매우 불...	9	8	오른쪽	명목형(N)
3	B2	숫자	1	0	업무만족관련 2	{1, 매우 불...	9	8	오른쪽	명목형(N)
4	B3	숫자	1	0	업무만족관련 3	{1, 매우 불...	9	8	오른쪽	명목형(N)
5	B4	숫자	1	0	업무만족관련 4	{1, 매우 불...	9	8	오른쪽	명목형(N)
6	B5	숫자	1	0	업무만족관련 5	{1, 매우 불...	9	8	오른쪽	명목형(N)
7	B6	숫자	1	0	업무만족관련 6	{1, 매우 불...	9	8	오른쪽	명목형(N)
8	W1	숫자	1	0	복리후생만족 ...	{1, 매우 불...	9	8	오른쪽	명목형(N)
9	W2	숫자	1	0	복리후생만족 ...	{1, 매우 불...	9	8	오른쪽	명목형(N)
10	W3	숫자	1	0	복리후생만족 ...	{1, 매우 불...	9	8	오른쪽	명목형(N)
11	W4	숫자	1	0	복리후생만족 ...	{1, 매우 불...	9	8	오른쪽	명목형(N)
12	W5	숫자	1	0	복리후생만족 ...	{1, 매우 불...	9	8	오른쪽	명목형(N)
13	P1	숫자	1	0	복리후생만족 ...	{1, 매우 불...	9	8	오른쪽	명목형(N)
14	P2	숫자	1	0	복리후생만족 ...	{1, 매우 불...	9	8	오른쪽	명목형(N)
15	P3	숫자	1	0	복리후생만족 ...	{1, 매우 불...	9	8	오른쪽	명목형(N)
16	P4	숫자	1	0	복리후생만족 ...	{1, 매우 불...	9	8	오른쪽	명목형(N)
17	P5	숫자	1	0	복리후생만족 ...	{1, 매우 불...	9	8	오른쪽	명목형(N)
18	SAT	숫자	1	0	회사만족도	{1, 매우 불...	9	8	오른쪽	명목형(N)
19	Q1	숫자	4	1	업무만족도	지정않음	9.0	8	오른쪽	척도
20	Q3	숫자	4	1	인사고과만족도	지정않음	9.0	8	오른쪽	척도
21	GENDER	숫자	1	0	성별	{1, 남자}...	9	8	오른쪽	명목형(N)
22	AGE	숫자	2	0	연령	지정않음	99	8	오른쪽	척도
23	N_AGE	숫자	1	0	연령범주	{1, 20대}...	9	8	오른쪽	명목형(N)
24	YEAR	숫자	2	0	근무연수	지정않음	지정않음	8	오른쪽	명목형(N)
25	MONTH	숫자	2	0	근무월수	지정않음	지정않음	8	오른쪽	명목형(N)

문제 1-1

서로 관련된 개별 문항을 결합하여 새로운 척도를 구성하고자 한다. 이 때, 개별 문항에서 나타난 무응답 자료는 모두 결측값으로 처리한 후, 척도와 관련된 문항 전부를 응답한 자료만 이용하여 개별 문항을 결합한 평균으로 새로운 척도를 구성하기로 한다.
데이터 파일에는 업무만족의 6개 개별문항(B1~B6)을 결합한 평균으로 계산한 "업무만족도(Q1)"와 인사고과만족의 5개 개별 문항(P1~P5)을 결합한 평균으로 계산한 "인사고과만족도(Q3)" 자료가 이미 입력되어 있다. 따라서 복리후생만족의 5개 개별 문항(W1~W5)에 모두 응답한 자료만을 결합한 평균으로 "복리후생만족도(Q2)"를 계산한 후, 새로운 척도인 3개의 개별 만족도에 대한 기술통계량을 계산하고자 한다.
개별 만족도마다 기술통계량 계산에 사용되는 유효 사례 수, 그리고 개별 만족도의 평균과 표준편차를 각각 계산하시오.

1 먼저 복리후생만족 관련 5개 문항을 이용하여 Q2(복리후생만족도)라는 새로운 변수를 생성하여야 한다. 이를 위해서 다음의 메뉴를 선택한다.

변환 ➡ **변수계산**

2 **《변수계산》** 대화상자에서 **목표변수**에 Q2라고 입력하고, 5개 개별 문항(W1~W5)의 평균을 구하기 위하여 오른쪽 **숫자표현식**에 ***(W1+W2+W3+W4+W5)/5***와 같이 입력한다.

3 [유형 및 레이블]을 클릭하여 Q2 변수가 복리후생만족 관련 5개 문항에 대한 평균임을 알 수 있도록 **《변수 계산:유형 및 레이블》** 대화상자의 **레이블**에 **복리후생만족도**라고 입력한 후 [계속]을 클릭한다.

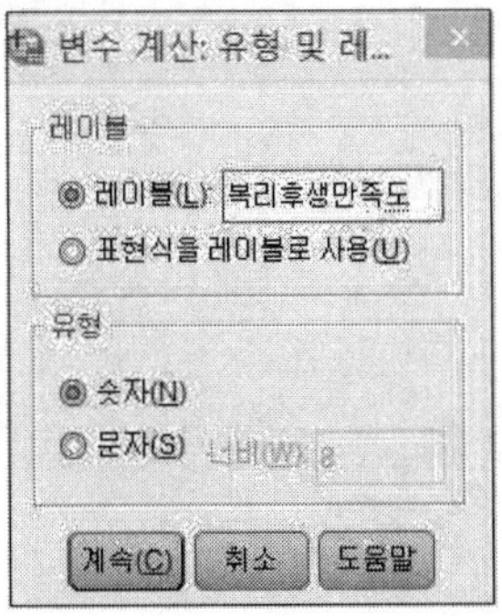

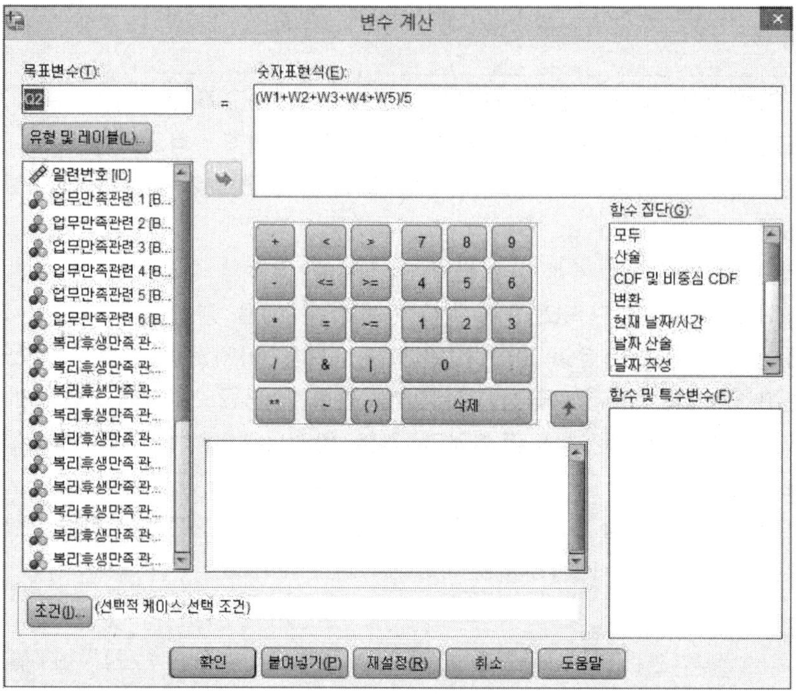

4 《변수계산》 대화상자의 확인을 클릭한 후 [데이터 보기] 상태를 보면 Q2라는 변수가 새롭게 생성되었음을 알 수 있다.

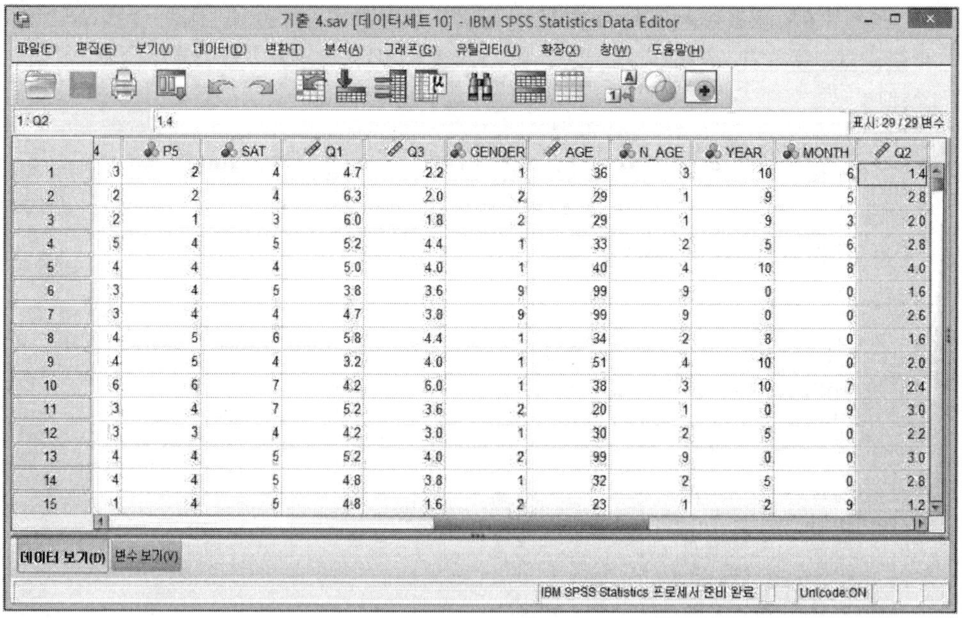

5 이제, 3개의 개별 만족도에 대한 기술통계량을 계산하기 위하여 다음의 메뉴를 선택한다.

분석 ➡ **기술통계량** ➡ **빈도분석**

6 《**빈도분석**》 대화상자에서 **변수**에 Q1, Q2, Q3를 선택하고, [통계량]을 클릭한다. 기술통계량만 필요하므로 **빈도표 표시**를 선택하지 않는다.

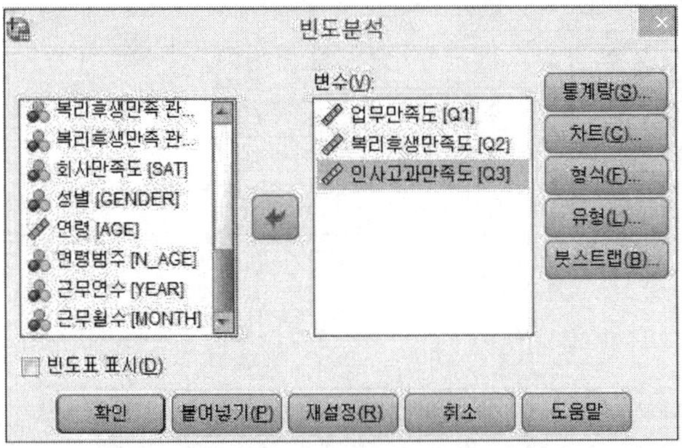

7 《**빈도분석: 통계량**》 대화상자에서 **중심경향**에서 **평균**을 **산포도**에서 **표준화 편차**를 선택한 다음 [계속]을 클릭한다.

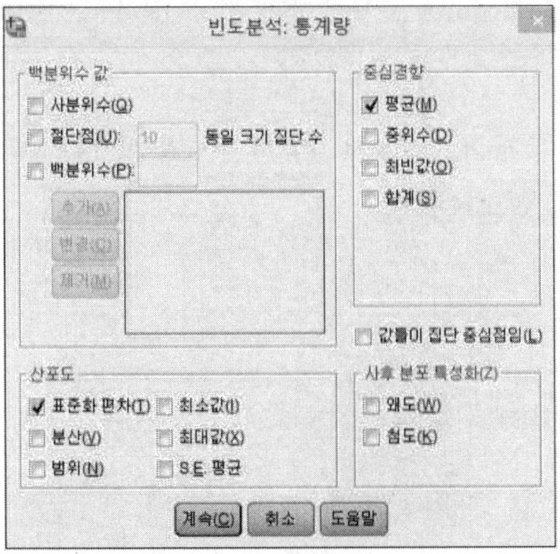

8 《**빈도분석**》 대화상자의 [확인]을 클릭하면 통계량 값들을 얻을 수 있다.

		업무만족도	복리후생만족도	인사고과만족도
N	유효	322	317	319
	결측	1	6	4
평균		4.69	2.66	3.63
표준화 편차		.975	.993	.966

9 위의 결과를 이용하여 다음과 같이 답안을 작성할 수 있다.

구 분	유효 사례수	평균	표준편차
업무만족도	322	4.69	0.975
복리후생만족도	317	2.66	0.993
인사고과만족도	319	3.63	0.966

문제 1-2

새로 계산한 3개의 개별 만족도에 대한 분포를 살펴보기 위해 상자그림(BOX-PLOT)을 그리고자 한다. 각 만족도마다 최소값, 최대값, 중앙값, 상(제3)사분위수, 하(제1)사분위수 등 해당하는 위치의 값을 계산하시오.

1 **빈도분석** 메뉴나 **데이터 탐색** 메뉴를 이용하여 문제를 해결할 수 있다. 먼저, **빈도분석** 메뉴를 이용하여 문제를 해결하는 방법을 살펴보자.

2 최소값, 최대값, 중위수, 사분위수를 구하기 위해서 다음의 메뉴를 선택한다.

분석 ➡ **기술통계량** ➡ **빈도분석**

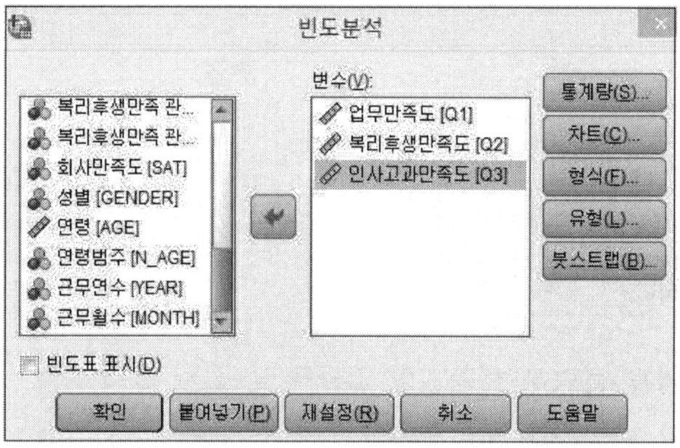

3 《**빈도분석**》 대화상자에서 **변수**에 Q1, Q2, Q3를 선택한 다음 [통계량]을 클릭한다.

4 《빈도분석:통계량》 대화상자에서 **최소값, 최대값, 중위수, 사분위수**를 선택하고 [계속]을 클릭한다.

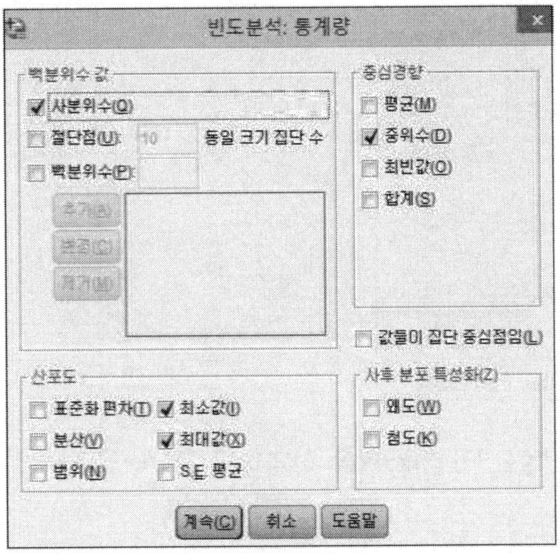

5 **《빈도분석》** 대화상자의 [확인]을 클릭하면 다음과 같은 통계량 값들을 얻을 수 있다.

		업무만족도	복리후생만족도	인사고과만족도
N	유효	322	317	319
	결측	1	6	4
중위수		4.750	2.600	3.800
최소값		1.5	1.0	1.0
최대값		7.0	6.0	6.6
백분위수	25	4.170	1.800	3.000
	50	4.750	2.600	3.800
	75	5.330	3.400	4.200

6 다음으로 **데이터 탐색** 메뉴를 이용하여 문제를 해결하는 방법을 살펴보자. 이 방법을 이용하기 위해서 다음의 메뉴를 선택한다.

분석 ➠ **기술통계량** ➠ **데이터 탐색**

7 **《데이터 탐색》** 대화상자에서 **종속변수**에 Q1, Q2, Q3을 선택하고 [통계량]을 클릭한다.

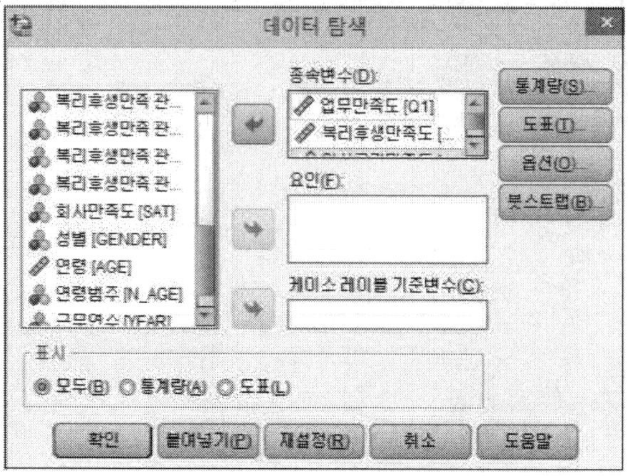

8 《데이터 탐색:통계량》 대화상자에서 **기술통계**와 **백분위수**를 선택하고 [계속]을 클릭한다.

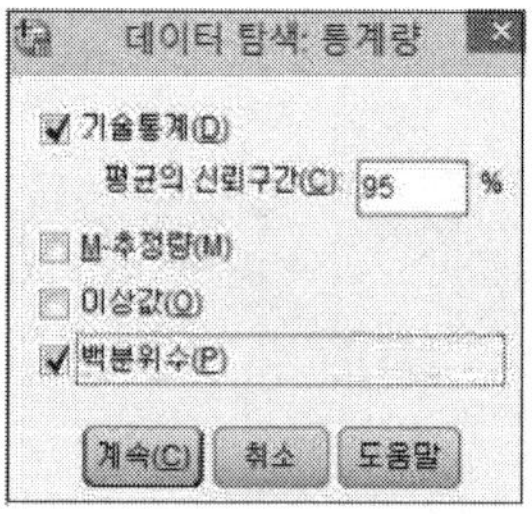

9 《데이터 탐색》 대화상자에서 [옵션]을 클릭해서 **결측값**의 **대응별 결측값 제외**를 선택하고 [계속]을 클릭한다. 만약, 이를 선택하지 않고 **목록별 결측값 제외**를 선택할 경우에는 분석 시 사용되는 변수에 대하여 결측값이 있는 케이스를 모두 제외시키게 되므로 유의하여야 한다.

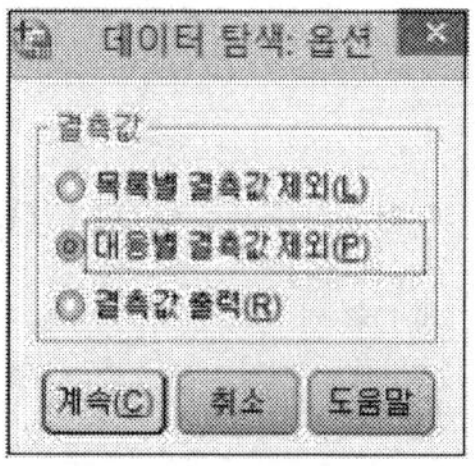

10 《데이터 탐색》 대화상자의 [확인]을 클릭하면 기술통계량 값과 백분위수 값을 얻을 수 있다.

기술통계

			통계	표준화 오차
업무만족도	평균 순위		4.691	.0543
	평균의 95% 신뢰구간	하한	4.584	
		상한	4.798	
	5% 절사평균		4.723	
	중위수(D)		4.750	
	분산(V)		.951	
	표준화 편차		.9752	
	최소값(U)		1.5	
	최대값(X)		7.0	
	범위(R)		5.5	
	사분위수 범위		1.2	
	왜도(W)		-.437	.136
	첨도(K)		.233	.271
복리후생만족도	평균 순위		2.656	.0558
	평균의 95% 신뢰구간	하한	2.546	
		상한	2.765	
	5% 절사평균		2.623	
	중위수(D)		2.600	
	분산(V)		.987	
	표준화 편차		.9932	
	최소값(U)		1.0	
	최대값(X)		6.0	
	범위(R)		5.0	
	사분위수 범위		1.6	
	왜도(W)		.403	.137
	첨도(K)		-.345	.273
인사고과만족도	평균 순위		3.625	.0541
	평균의 95% 신뢰구간	하한	3.519	
		상한	3.731	
	5% 절사평균		3.642	
	중위수(D)		3.800	
	분산(V)		.932	
	표준화 편차		.9655	
	최소값(U)		1.0	
	최대값(X)		6.6	
	범위(R)		5.6	
	사분위수 범위		1.2	

백분위수(P)

		백분위수(P)						
		5	10	25	50	75	90	95
가중평균(정의 1)	업무만족도	3.000	3.381	4.170	4.750	5.330	6.000	6.170
	복리후생만족도	1.200	1.400	1.800	2.600	3.400	4.000	4.400
	인사고과만족도	1.800	2.200	3.000	3.800	4.200	4.600	5.000
Tukey의 Hinges	업무만족도			4.170	4.750	5.330		
	복리후생만족도			1.800	2.600	3.400		
	인사고과만족도			3.000	3.800	4.200		

11 **5**와 **10**의 결과를 이용하여 다음과 같이 3개의 개별 만족도에 최소값, 최대값, 중앙값, 상(제3)사분위수, 하(제1)사분위수 등 해당하는 위치의 값을 얻을 수 있다.

구 분	최소값	하사분위수	중앙값	상사분위수	최대값
업무만족도	1.50	4.17	4.75	5.33	7.00
복리후생만족도	1.00	1.80	2.60	3.40	6.00
인사고과만족도	1.00	3.00	3.80	4.20	6.60

문제 2

근무기간은 근무연수와 근무월수로 나누어 입력되어 있다. 이 두 변수를 이용하여 근무기간을 개월수로 계산([문제 6]에서 이용함)한 다음, 근무기간이 0개월인 직원의 응답은 무응답으로 처리하여 답안지에 제시된 범주로 자료를 변환([문제 3]에서 이용함)하여 빈도표를 작성하시오.

1 먼저, 총근무개월수 변수를 생성하자. YEAR(근무연수)와 MONTH(근무월수) 두 변수를 이용하여 근무기간을 개월수로 계산하기 위하여 다음의 메뉴를 선택한다.

변환 ➡ 변수계산

2 **《변수계산》** 대화상자에서 **목표변수**에 TMONTH라고 입력하고, **숫자표현식**에 **(YEAR*12)+MONTH**와 같이 계산식을 입력한다.

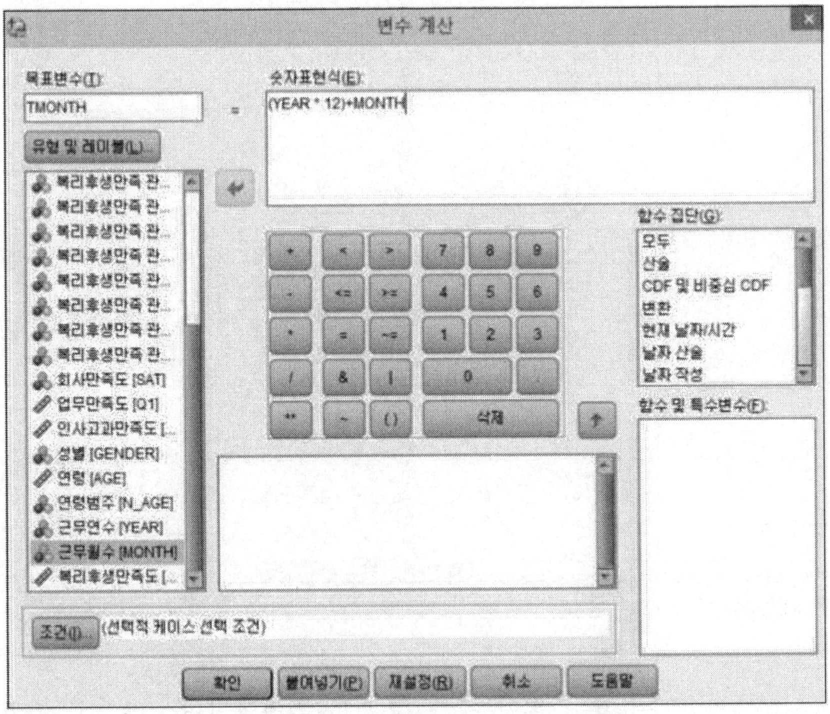

3 [유형 및 레이블]을 클릭하여 **《변수계산:유형 및 레이블》** 대화상자에서 **레이블**에 "총근무개월수"라고 입력한 후 [계속]을 클릭한다.

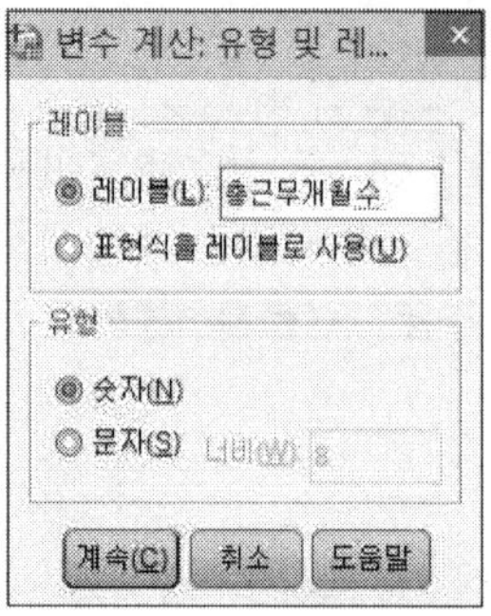

4 **《변수계산》** 대화상자의 [확인]을 클릭하고 [데이터 보기] 창을 보면 TMONTH 변수가 생성되었음을 볼 수 있다.

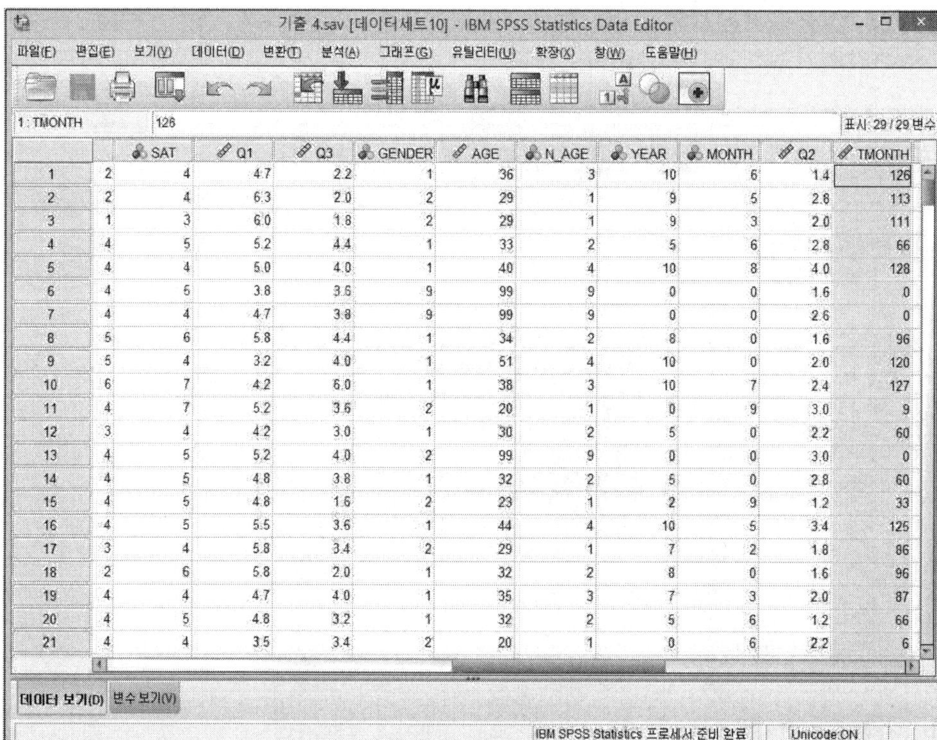

		SAT	Q1	Q3	GENDER	AGE	N_AGE	YEAR	MONTH	Q2	TMONTH
1	2	4	4.7	2.2	1	36	3	10	6	1.4	126
2	2	4	6.3	2.0	2	29	1	9	5	2.8	113
3	1	3	6.0	1.8	2	29	1	9	3	2.0	111
4	4	5	5.2	4.4	1	33	2	5	6	2.8	66
5	4	4	5.0	4.0	1	40	4	10	8	4.0	128
6	4	5	3.8	3.6	9	99	9	0	0	1.6	0
7	4	4	4.7	3.8	9	99	9	0	0	2.6	0
8	5	6	5.8	4.4	1	34	2	8	0	1.6	96
9	5	4	3.2	4.0	1	51	4	10	0	2.0	120
10	6	7	4.2	6.0	1	38	3	10	7	2.4	127
11	4	7	5.2	3.6	2	20	1	0	9	3.0	9
12	3	4	4.2	3.0	1	30	2	5	0	2.2	60
13	4	5	5.2	4.0	2	99	9	0	0	3.0	0
14	4	5	4.8	3.8	1	32	2	5	0	2.8	60
15	4	5	4.8	1.6	2	23	1	2	9	1.2	33
16	4	5	5.5	3.6	1	44	4	10	5	3.4	125
17	3	4	5.8	3.4	2	29	1	7	2	1.8	86
18	2	6	5.8	2.0	1	32	2	8	0	1.6	96
19	4	4	4.7	4.0	1	35	3	7	3	2.0	87
20	4	5	4.8	3.2	1	32	2	5	6	1.2	66
21	4	4	3.5	3.4	2	20	1	0	6	2.2	6

5 근무기간이 0개월인 경우를 무응답으로 처리하기 위하여 [변수 보기] 상태에서 TMONTH(총근무개월수) 변수의 "0"의 값을 결측값으로 다음과 같이 지정한다.

	이름	유형	너비	소수점이...	레이블	값	결측값	열	맞춤	측도
9	W2	숫자	1	0	복리후생만족 ...	{1, 매우 불...	9	8	오른쪽	명목형(N)
10	W3	숫자	1	0	복리후생만족 ...	{1, 매우 불...	9	8	오른쪽	명목형(N)
11	W4	숫자	1	0	복리후생만족 ...	{1, 매우 불...	9	8	오른쪽	명목형(N)
12	W5	숫자	1	0	복리후생만족 ...	{1, 매우 불...	9	8	오른쪽	명목형(N)
13	P1	숫자	1	0	복리후생만족 ...	{1, 매우 불...	9	8	오른쪽	명목형(N)
14	P2	숫자	1	0	복리후생만족 ...	{1, 매우 불...	9	8	오른쪽	명목형(N)
15	P3	숫자	1	0	복리후생만족 ...	{1, 매우 불...	9	8	오른쪽	명목형(N)
16	P4	숫자	1	0	복리후생만족 ...	{1, 매우 불...	9	8	오른쪽	명목형(N)
17	P5	숫자	1	0	복리후생만족 ...	{1, 매우 불...	9	8	오른쪽	명목형(N)
18	SAT	숫자	1	0	회사만족도	{1, 매우 불...	9	8	오른쪽	명목형(N)
19	Q1	숫자	4	1	업무만족도	지정않음	9.0	8	오른쪽	척도
20	Q3	숫자	4	1	인사고과만족도	지정않음	9.0	8	오른쪽	척도
21	GENDER	숫자	1	0	성별	{1, 남자}...	9	8	오른쪽	명목형(N)
22	AGE	숫자	2	0	연령	지정않음	99	8	오른쪽	척도
23	N_AGE	숫자	1	0	연령범주	{1, 20대}...	9	8	오른쪽	명목형(N)
24	YEAR	숫자	2	0	근무연수	지정않음	지정않음	8	오른쪽	명목형(N)
25	MONTH	숫자	2	0	근무월수	지정않음	지정않음	8	오른쪽	명목형(N)
26	Q2	숫자	8	1	복리후생만족도	지정않음	지정않음	7	오른쪽	척도
27	TMONTH	숫자	8	0	총근무개월수	지정않음	0	8	오른쪽	척도

6 TMONTH(총근무개월수)를 이용하여 CMONTH(근무기간범주) 변수를 생성하기 위하여 다음의 메뉴를 선택한다.

변환 ➡ 다른 변수로 코딩변경

7 **《다른 변수로 코딩변경》** 대화상자에서 TMONTH(총근무개월수)를 선택하여 ➡를 클릭하고 **출력변수**의 **이름**에 새로운 변수명인 CMONTH를 입력하고, **레이블**에 "근무기간범주"라고 입력한 후 [변경]을 클릭한다.

8 [기존값 및 새로운 값]을 클릭하여 **《다른 변수로 코딩변경:기존값 및 새로운 값》** 대화상자에 다음과 같은 순서대로 변경하는 절차를 수행한다.

① **기존값-범위(N)**에 1에서 47을 입력한 후 **새로운 값-값**에 1을 입력하고 [추가] 클릭 : 4년 미만

② **기존값-범위(N)**에 48에서 83을 입력한 후 **새로운 값-값**에 2를 입력하고 [추가] 클릭 : 4~7년 미만

③ **기존값-범위(N)**에 84에서 119를 입력한 후 **새로운 값-값**에 3을 입력하고 [추가] 클릭 : 7~10년 미만

④ **기존값-다음 값에서 최고값까지 범위(E)**에 120을 입력한 후 **새로운 값-값**에 4를 입력하고 [추가] 클릭 : 10년 이상

마지막으로 0개월을 무응답으로 처리하기 위해 **기존값-값(V)**에 0을 입력한 후 **새로운 값-값**에 9를 입력하고 [추가]를 클릭한다.

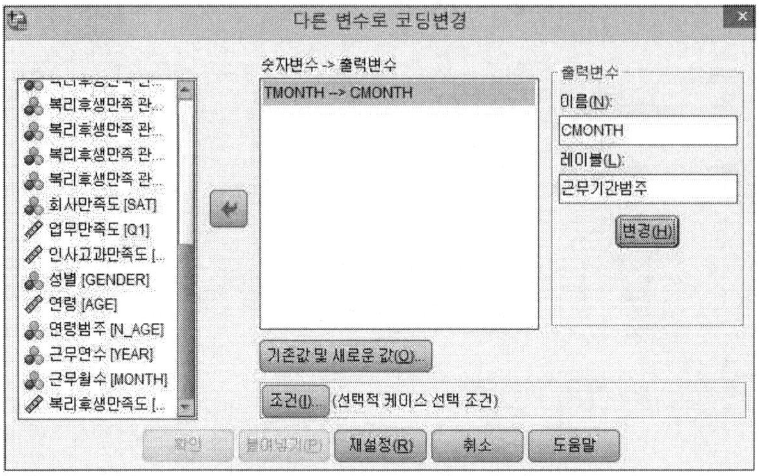

9 다음은 앞에서 설명한 순서대로 모든 값을 지정한 **《다른 변수로 코딩변경:기존값 및 새로운 값》** 대화상자이다.

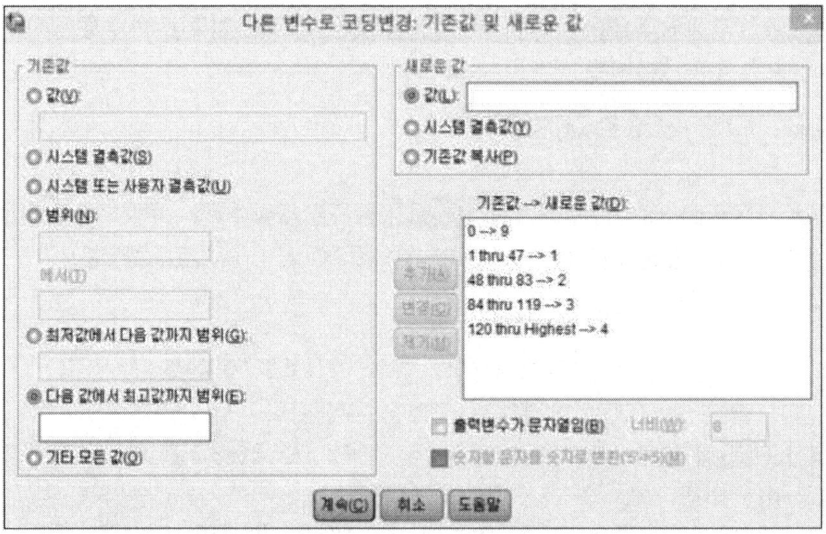

10 [계속]을 클릭한 다음, **《다른 변수로 코딩변경》** 대화상자의 [확인]을 클릭한다. 그리고 [변수보기] 상태에서 CMONTH의 결측값을 9로 지정한 후 [데이터 보기] 창을 보면 CMONTH 변수가 새롭게 생성되게 된다.

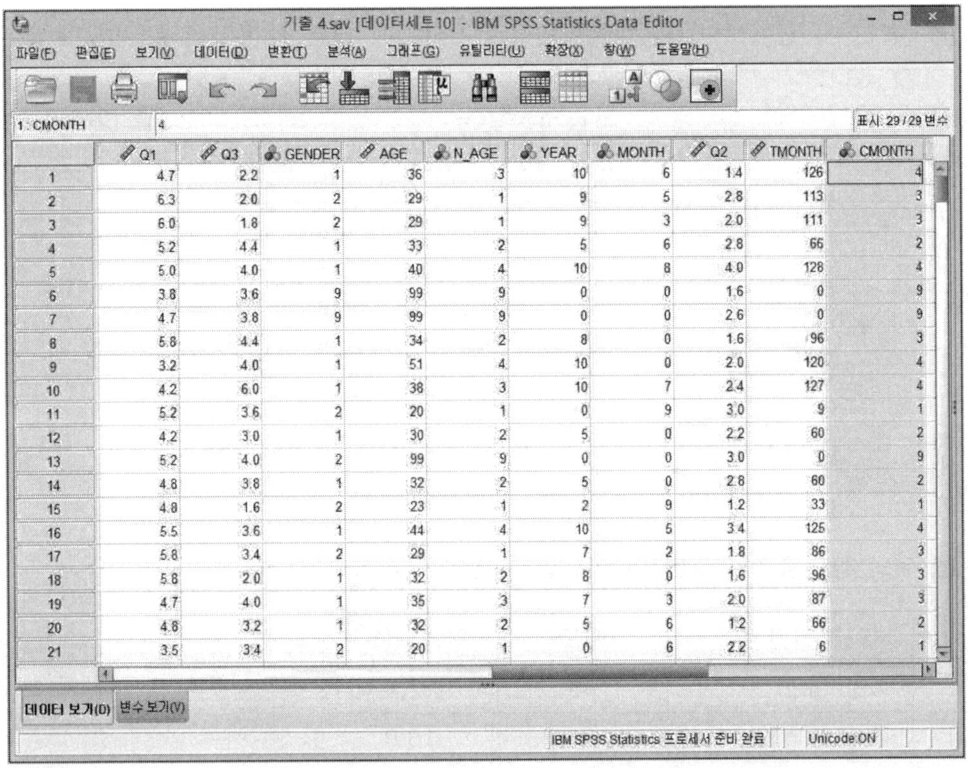

⑪ CMONTH(근무기간범주)에 대한 빈도표를 작성하기 위하여 다음의 메뉴를 선택한다.

분석 ➡ **기술통계량** ➡ **빈도분석**

⑫ **《빈도분석》** 대화상자에서 **변수**에 CMONTH를 선택하여 ➡를 클릭한 다음 **빈도표 표시**를 선택한다.

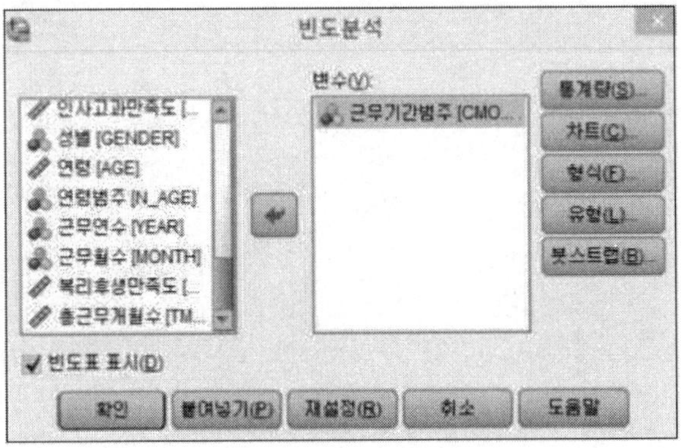

13 [확인]을 클릭하면 CMONTH(근무기간범주)에 대한 다음과 같은 빈도표를 얻을 수 있다.

근무기간범주

		빈도	퍼센트	유효 퍼센트	누적 퍼센트
유효	4년 미만	40	12.4	13.7	13.7
	4~7년 미만	61	18.9	20.9	34.6
	7~10년 미만	98	30.3	33.6	68.2
	10년 이상	93	28.8	31.8	100.0
	전체	292	90.4	100.0	
결측	9	31	9.6		
전체		323	100.0		

14 위의 결과를 이용하면 다음과 같이 답안을 작성할 수 있다.

근무기간범주	빈도	퍼센트(%)
4년 미만	40	12.4
4~7년 미만	61	18.9
7~10년 미만	98	30.3
10년 이상	93	28.8
무응답	31	9.6
전 체	323	100.0

문제 3-1

연령과 근무기간사이에 관계가 있는지 분할표를 이용하여 살펴보고자 한다. 데이터 파일에는 연령(AGE) 범주자료가 "연령범주(N_AGE)"로 이미 입력되어 있으며, 근무기간은 [문제 2]에서 계산하여 변환한 범주 자료를 이용하기로 한다. 이 때, 연령 범주와 근무기간 범주의 무응답 자료는 결측값으로 처리하여 분석하기로 한다. 연령과 근무기간의 관계를 살펴보기 위한 분할표를 작성하시오.

1 N_AGE(연령범주)과 CMONTH(근무기간범주)의 분할표를 작성하기 위하여 다음의 메뉴를 선택한다.

분석 ➡ **교차분석**

2 《**교차분석**》 대화상자에서 **행**에 N_AGE를 선택하고, **열**에는 CMONTH를 선택한다.

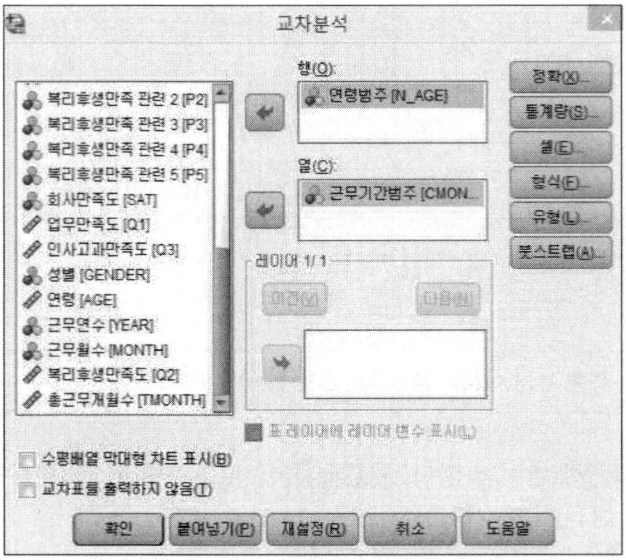

3 《**교차분석**》 대화상자의 [확인]을 클릭하면 연령범주와 근무기간범주에 대한 교차표를 얻을 수 있다.

연령범주 * 근무기간범주 교차표

빈도

		근무기간범주				
		4년 미만	4~7년 미만	7~10년 미만	10년 이상	전체
연령범주	20대	29	26	45	5	105
	30대 초반	5	26	17	17	65
	30대 후반	2	6	25	35	68
	40대 이상	4	1	9	35	49
전체		40	59	96	92	287

4 위의 결과를 이용하면 답안을 작성할 수 있다.

근무기간범주 / 연령범주	4년 미만	4~7년 미만	7~10년 미만	10년 이상	계
20대	29	26	45	5	105
30대 초반	5	26	17	17	65
30대 후반	2	6	25	35	68
40대 이상	4	1	9	35	49
계	40	59	96	92	287

문제 3-2

문제의 가설을 검정하는 검정통계량 값과 분포를 표현하시오.

1 [문제 3-1]에서처럼 N_AGE(연령범주)와 CMONTH(근무기간범주)의 분할표를 작성하기 위하여 다음의 메뉴를 선택한다.

분석 ➡ **교차분석**

2 《교차분석》 대화상자에서 **행**에는 N_AGE(연령범주)를 선택하고, **열**에는 CMONTH(근무기간범주)를 선택한 다음 검정통계량 값과 분포를 구하기 위하여 [통계량]을 클릭한다.

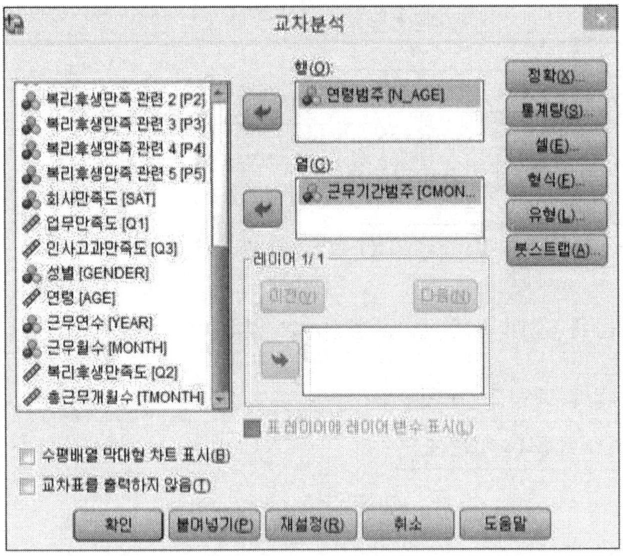

3 《**교차분석: 통계량**》 대화상자에서 **카이제곱**을 선택한 후 [계속]을 클릭한다.

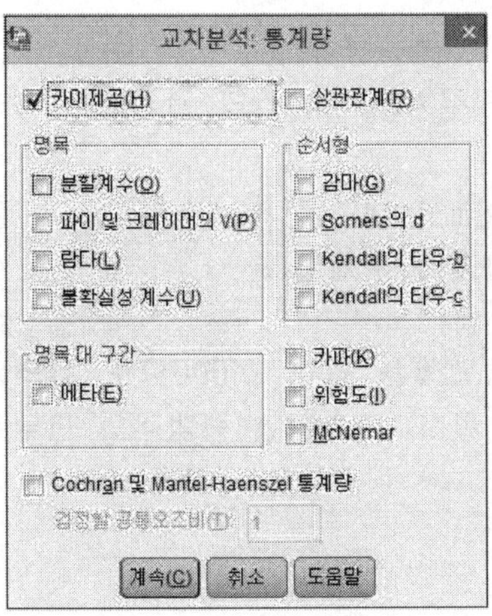

4 《**교차분석**》 대화상자의 [확인]을 클릭하면 다음과 같은 카이제곱 검정 결과를 얻을 수 있다.

	값	자유도	근사 유의확률 (양측검정)
Pearson 카이제곱	112.743[a]	9	.000
우도비	123.864	9	.000
선형 대 선형결합	72.972	1	.000
유효 케이스 수	287		

a. 0 셀 (0.0%)은(는) 5보다 작은 기대 빈도를 가지는 셀입니다. 최소 기대빈도는 6.83입니다.

5 위의 결과를 이용하면 다음과 같이 답안을 작성할 수 있다.

검정통계량 값	검정통계량의 분포
112.743	카이제곱(χ^2)분포

문제 3-3

문제의 가설을 고려하여 유의수준 5%에서 검정한 결과를 설명하시오.

1 [문제 3-2]의 결과를 이용하여 연령범주와 근무기간범주 간의 관계를 검정하기 위한 가설은 다음과 같다.

- H_0 : 연령범주와 근무기간범주 사이에는 관계가 없다.
- H_1 : 연령범주와 근무기간범주 사이에는 관계가 존재한다.

2 카이제곱 검정에서 χ^2값이 112.743이고, 유의확률 값이 0.000으로 유의수준 0.05보다 작기 때문에 귀무가설을 기각할 수 있다. 따라서 연령범주와 근무기간범주 사이에는 관계가 존재한다고 할 수 있다.

문제 4-1

연령범주에 따라 회사만족도에 차이가 있는지 살펴보고자 한다. 여기서 분석에 사용하는 모든 변수의 무응답 자료를 결측값으로 처리한 후, 회사만족도(SAT)에 차이가 있는지 분석하기로 한다. 가설을 검정하기 위한 검정통계량 값과 분포를 표현하시오.

1 N_AGE(연령범주)에 따라 SAT(회사만족도)에 차이가 있는지 살펴보기 위하여 다음의 메뉴를 선택한다.

분석 ➡ 평균비교 ➡ 일원배치 분산분석

2 **《일원배치 분산분석》** 대화상자에서 **종속변수**에는 SAT를 선택하고, **요인**에는 N_AGE를 선택한다.

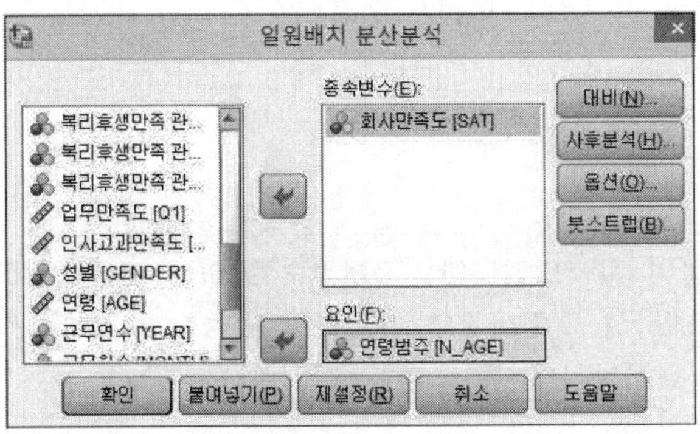

3 **《일원배치 분산분석》** 대화상자의 [확인]을 클릭하면 다음과 같은 분산분석 결과를 얻을 수 있다.

회사만족도

	제곱합	자유도	평균제곱	F	유의확률
집단-간	38.487	3	12.829	10.738	.000
집단-내	346.482	290	1.195		
전체	384.969	293			

4 가설검정을 위한 검정통계량 값과 검정통계량의 분포는 다음과 같다.

검정통계량 값	검정통계량의 분포
10.738	F-분포

문제 4-2

문제의 가설을 고려하여 유의수준 5%에서 검정한 결과를 설명하시오.

1 연령범주에 따라 회사만족도에 차이가 있는지를 검정하기 위한 가설은 다음과 같다.
- H_0 : 연령범주에 따라 회사만족도에 차이가 없다.
- H_1 : 연령범주에 따라 회사만족도에 차이가 있다.

2 분산분석결과 F값이 10.738이고, 유의확률 값이 0.000으로 유의수준 0.05보다 작기 때문에 귀무가설을 기각할 수 있다. 따라서 연령범주에 따라 회사만족도에 차이가 있다고 할 수 있다.

문제 4-3

만일 유의수준 5%에서 귀무가설이 기각되었다면, 구체적으로 어느 연령범주에서 회사만족도에 차이가 있는지 Tukey의 다중비교를 이용하여 분석한 후 나타난 동일집단군을 다음의 표에 (V)로 표시하시오.

1 어떤 N_AGE(연령범주)에서 SAT(회사만족도)에 차이가 있는지 Tukey의 다중비교를 이용하여 분석하기 위하여 다음의 메뉴를 선택한다.

분석 ➠ **평균비교** ➠ **일원배치 분산분석**

2 **《일원배치 분산분석》** 대화상자에서 **종속변수**에는 SAT를 선택하고, **요인**에는 N_AGE를 선택한 다음 [사후분석]을 클릭한다.

3 **《일원배치 분산분석:사후분석-다중비교》** 대화상자에서 **Tukey 방법**을 선택한 후 [계속]을 클릭한다.

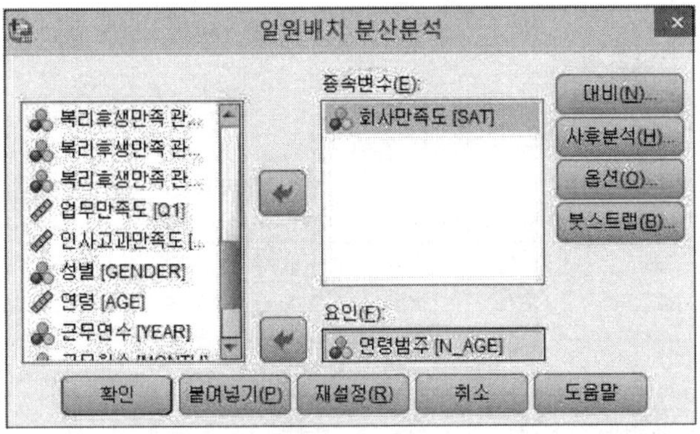

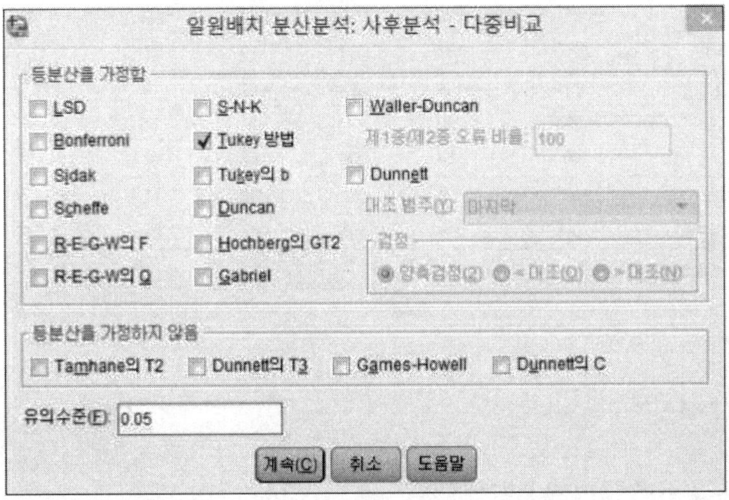

4 《**일원배치 분산분석**》 대화상자의 [확인]을 클릭하면 다음의 결과를 얻을 수 있다

5 연령범주별 다중비교 결과를 이용하여 동일집단군을 V 표시해 보면 다음과 같다.

연령범주	20대	30대 초반	30대 후반	40대 이상
20대				
30대 초반	V			
30대 후반		V		
40대 이상			V	

다중비교

종속변수: 회사만족도

Tukey HSD

(I) 연령범주	(J) 연령범주	평균차이(I-J)	표준화 오류	유의확률	95% 신뢰구간 하한	95% 신뢰구간 상한
20대	30대 초반	−.366	.171	.144	−.81	.08
	30대 후반	−.620*	.167	.001	−1.05	−.19
	40대 이상	−1.003*	.189	.000	−1.49	−.52
30대 초반	20대	.366	.171	.144	−.08	.81
	30대 후반	−.254	.186	.524	−.74	.23
	40대 이상	−.637*	.206	.012	−1.17	−.10
30대 후반	20대	.620*	.167	.001	.19	1.05
	30대 초반	.254	.186	.524	−.23	.74
	40대 이상	−.384	.202	.233	−.91	.14
40대 이상	20대	1.003*	.189	.000	.52	1.49
	30대 초반	.637*	.206	.012	.10	1.17
	30대 후반	.384	.202	.233	−.14	.91

*. 평균차이는 0.05 수준에서 유의합니다.

동질적 부분집합

회사만족도

Tukey HSD[a,b]

연령범주	N	유의수준 = 0.05에 대한 부분집합 1	2	3
20대	107	4.59		
30대 초반	66	4.95	4.95	
30대 후반	72		5.21	5.21
40대 이상	49			5.59
유의확률		.209	.529	.174

동질적 부분집합에 있는 집단에 대한 평균이 표시됩니다.

a. 조화평균 표본크기 68.034을(를) 사용합니다.

b. 집단 크기가 동일하지 않습니다. 집단 크기의 조화평균이 사용됩니다. I 유형 오차 수준은 보장되지 않습니다.

문제 5

직원들의 회사만족도(SAT)와 새로 계산된 3개의 개별 만족도(Q1~Q3)사이의 관계 유무를 상관분석을 실시할 경우 회사만족도와 3개의 개별 만족도와의 상관계수를 계산하시오(단, 분석에 사용되는 모든 변수의 무응답 자료는 결측값으로 처리).

1 SAT(회사만족도)와 3개의 개별 만족도, Q1(업무만족도), Q2(복리후생만족도), Q3(인사고과만족도)와의 상관계수를 구하기 위하여 다음의 메뉴를 선택한다.

분석 ➡ **상관분석** ➡ **이변량 상관**

2 **《이변량 상관계수》** 대화상자의 **변수**에 SAT, Q1, Q2, Q3를 선택하고, **상관계수**는 **Pearson**을 선택한다.

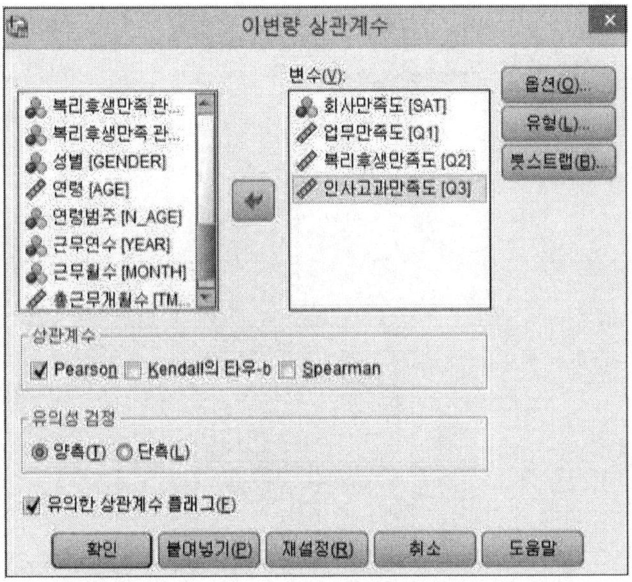

3 **《이변량 상관계수》** 대화상자의 [확인]을 클릭하면 다음과 같은 결과를 얻을 수 있다.

4 회사만족도와 업무만족도, 복리후생만족도, 인사고과만족도 변수사이의 상관계수는 다음과 같다.

	업무만족도	복리후생만족도	인사고과만족도
회사만족도	0.525	0.364	0.533

상관관계

		회사만족도	업무만족도	복리후생만족도	인사고과만족도
회사만족도	Pearson 상관	1	.525**	.364**	.533**
	유의확률 (양측)		.000	.000	.000
	N	320	319	315	316
업무만족도	Pearson 상관	.525**	1	.296**	.363**
	유의확률 (양측)	.000		.000	.000
	N	319	322	316	318
복리후생만족도	Pearson 상관	.364**	.296**	1	.558**
	유의확률 (양측)	.000	.000		.000
	N	315	316	317	313
인사고과만족도	Pearson 상관	.533**	.363**	.558**	1
	유의확률 (양측)	.000	.000	.000	
	N	316	318	313	319

**. 상관관계가 0.01 수준에서 유의합니다(양측).

문제 6-1

회사만족도(SAT)에 어떤 요인들이 얼마나 영향을 미치는지를 알아보기 위해 새로 계산된 3개의 개별 만족도와 성별, 수치자료인 연령, 그리고 개월수로 계산한 근무기간(0개월은 무응답 자료로 처리)을 포함하여 분석하고자 한다. 여기서 분석에 사용하는 모든 변수의 무응답 자료는 결측값으로 처리하며, 모든 독립변수와 종속변수사이에는 선형관계가 존재한다고 가정한다(단 여기서 성별을 남자=1,여자=0인 더미변수로 변환할 것).
복리후생만족도가 회사만족도에 영향을 준다는 주장을 단순회귀분석을 통해 유의수준 5%에서 가설을 검정하고자 한다.
가) 문제를 검정하기 위한 귀무가설과 대립가설을 표현하시오.
나) 문제의 가설을 검정하는 검정통계량과 p값을 계산하시오.
다) 귀무가설의 기각/채택 여부를 판단하고 검정 결과를 간단히 설명하시오.

1 Q2(복리후생만족도)가 SAT(회사만족도)에 영향을 미치는지를 알아보기 위하여 다음 메뉴를 선택한다.

분석 ➡ **회귀분석** ➡ **선형**

2 《**선형 회귀**》 대화상자에서 **종속변수**에는 SAT를 선택하고, **독립변수**에는 Q2를 선택한다.

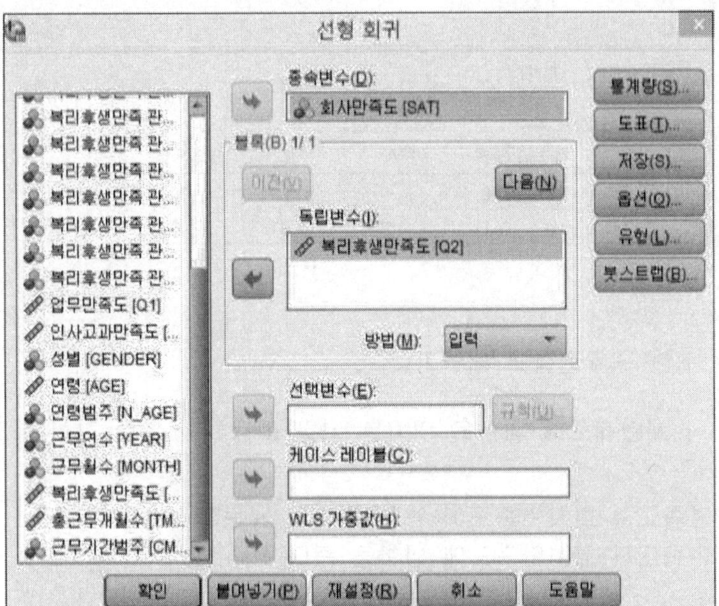

3 《**선형 회귀**》 대화상자의 [확인]을 클릭하면 다음과 같은 결과를 얻을 수 있다.

입력/제거된 변수[a]

모형	입력된 변수	제거된 변수	방법
1	복리후생만족도[b]	.	입력

a. 종속변수: 회사만족도

b. 요청된 모든 변수가 입력되었습니다.

모형 요약

모형	R	R 제곱	수정된 R 제곱	추정값의 표준오차
1	.364[a]	.133	.130	1.101

a. 예측자: (상수), 복리후생만족도

ANOVA[a]

모형		제곱합	자유도	평균제곱	F	유의확률
1	회귀	57.979	1	57.979	47.839	.000[b]
	잔차	379.342	313	1.212		
	전체	437.321	314			

a. 종속변수: 회사만족도

b. 예측자: (상수), 복리후생만족도

계수[a]

모형		비표준화 계수 B	비표준화 계수 표준화 오류	표준화 계수 베타	t	유의확률
1	(상수)	3.775	.178		21.240	.000
	복리후생만족도	.434	.063	.364	6.917	.000

a. 종속변수: 회사만족도

가) 문제를 검정하기 위한 귀무가설과 대립가설

1 복리후생만족도가 회사만족도에 영향을 미치는 지를 검정하기 위한 가설은 다음과 같다.

- H_0 : 복리후생만족도가 회사만족도에 영향을 주지 않는다.
- H_1 : 복리후생만족도가 회사만족도에 영향을 준다.

나) 문제의 가설을 검정하는 검정통계량과 p값

■1 선형회귀분석 결과로부터 가설검정을 위한 검정통계량 값과 p값은 다음과 같다.

검정통계량 값	p값
47.839	0.000

다) 귀무가설의 기각/채택 여부를 판단하고 검정 결과를 간단히 설명

■1 분산분석 결과 F값이 47.839이고, 유의확률이 유의수준 0.05보다 작기 때문에 귀무가설을 기각할 수 있다. 따라서 복리후생만족도가 회사만족도에 영향을 준다고 할 수 있다.

문제 6-2

회사만족도에 얼마나 영향을 미치는지를 알아보기 위하여 6가지 요인들(새로 계산된 3개의 개별 만족도와 성별, 수치 자료인 연령, 그리고 개월수로 계산한 근무기간)을 독립변수로 하여 다중회귀분석을 실시한다.

가) 다음의 분산분석표를 채우시오.

요 인	제곱합	자유도	평균제곱	F-통계량	p값
모 형					
오 차					
합 계					

나) 아래의 변수에 대해 추정된 회귀계수 값과 개별 변수가 종속변수에 미치는 영향력의 존재유무를 검정하는 p값을 계산하고, 유의수준 5%에서 각 변수의 유의성 여부(상수항에 대한 유의성 검정은 제외함)를 판단하시오.

변 수	회귀계수	p값	유의성 여부
업무만족도			
복리후생만족도			
인사고과만족도			
성별			
연령			
근무기간			

■1 GENDER(성별)을 더미변수로 변환하기 위하여 메뉴를 선택한다.

변환 ➡ **다른 변수로 코딩변경**

2 **《다른 변수로 코딩변경》** 대화상자에서 GENDER를 택하여 ▶를 클릭한 다음 **출력변수**의 **이름**에 새로운 변수명인 GENDER1을 입력하고, **레이블**에는 "성별더미"라고 입력을 한 후 [변경]를 클릭한 다음 [기존값 및 새로운 값]을 클릭한다.

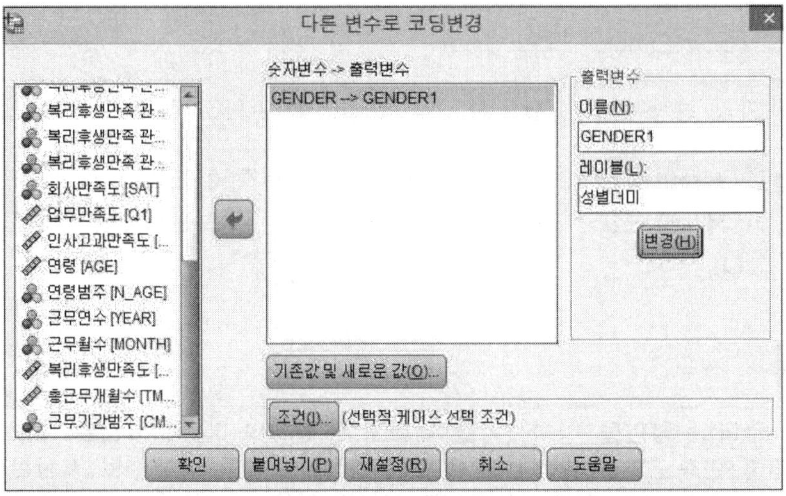

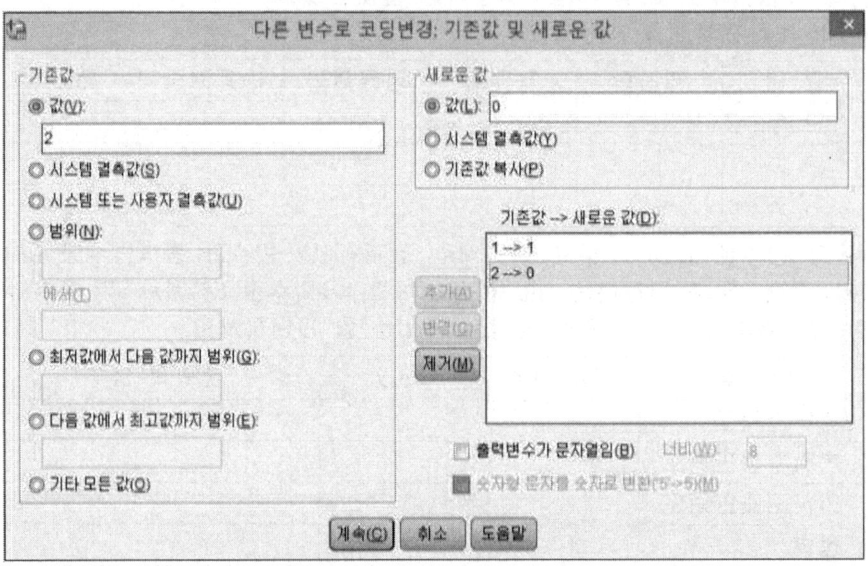

3 **《다른 변수로 코딩변경 기존값 및 새로운 값》** 대화상자에서 "남자=1"은 그대로 1로, "여자=2"는 0으로 변경하기 위하여 **기존값-값**을 선택하여 1을 입력한 후, **새로운 값-기존값**에서 1을 입력하고 [추가]를 누른다. 마찬가지 방법으로 **기존값-값**을 선택하여 2를 입력한 후, **새로운 값-기존값**에서 0을 입력하고 [추가]를 누른 후, [계속]을 클릭한다.

4 《**다른 변수로 코딩변경**》 대화상자의 [확인]을 클릭하여 다음과 같이 [데이터 보기] 창을 보면 GENDER1이라는 변수가 새롭게 생성되었음을 볼 수 있다.

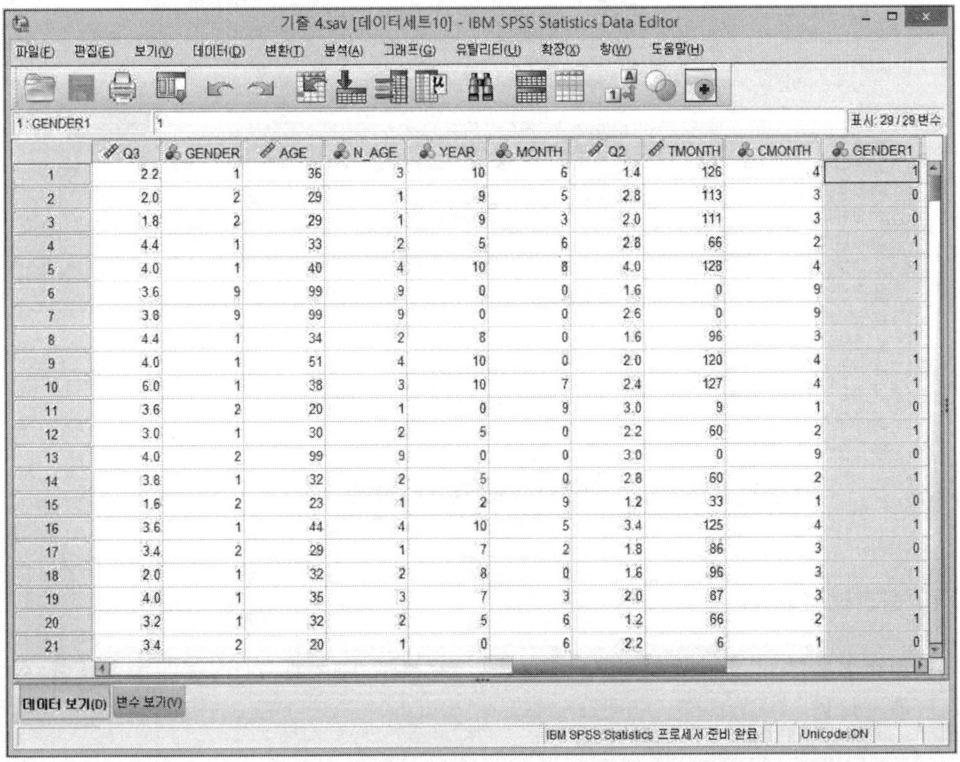

	Q3	GENDER	AGE	N_AGE	YEAR	MONTH	Q2	TMONTH	CMONTH	GENDER1
1	2.2	1	36	3	10	6	1.4	126	4	1
2	2.0	2	29	1	9	5	2.8	113	3	0
3	1.8	2	29	1	9	3	2.0	111	3	0
4	4.4	1	33	2	5	6	2.8	66	2	1
5	4.0	1	40	4	10	8	4.0	128	4	1
6	3.6	9	99	9	0	0	1.6	0	9	.
7	3.8	9	99	9	0	0	2.6	0	9	.
8	4.4	1	34	2	8	0	1.6	96	3	1
9	4.0	1	51	4	10	0	2.0	120	4	1
10	6.0	1	38	3	10	7	2.4	127	4	1
11	3.6	2	20	1	0	9	3.0	9	1	0
12	3.0	1	30	2	5	0	2.2	60	2	1
13	4.0	2	99	9	0	0	3.0	0	9	0
14	3.8	1	32	2	5	0	2.8	60	2	1
15	1.6	2	23	1	2	9	1.2	33	1	0
16	3.6	1	44	4	10	5	3.4	125	4	1
17	3.4	2	29	1	7	2	1.8	86	3	0
18	2.0	1	32	2	8	0	1.6	96	3	1
19	4.0	1	35	3	7	3	2.0	87	3	1
20	3.2	1	32	2	5	6	1.2	66	2	1
21	3.4	2	20	1	0	6	2.2	6	1	0

5 6가지 요인 즉, 새로 계산된 3개의 개별 만족도 Q1, Q2, Q3와 GENDER1(성별 더미), 수치 자료인 AGE(연령), 그리고 개월수로 계산한 TMONTH(총근무개월수)가 SAT(회사만족도)에 얼마나 영향을 미치는지를 알아보기 위하여 다음 메뉴를 선택한다.

분석 ➠ **회귀분석** ➠ **선형**

6 《**선형 회귀**》 대화상자에서 **종속변수**에는 SAT을 선택하고, **독립변수**에는 Q1, Q2, Q3, GENDER1, AGE, TMONTH를 선택한다. **방법**에는 회귀모형에 독립변수를 모두 포함시키기 위해 **입력**을 선택한다.

7 《**선형 회귀**》 대화상자의 [확인]을 클릭하면 결과를 얻을 수 있다.

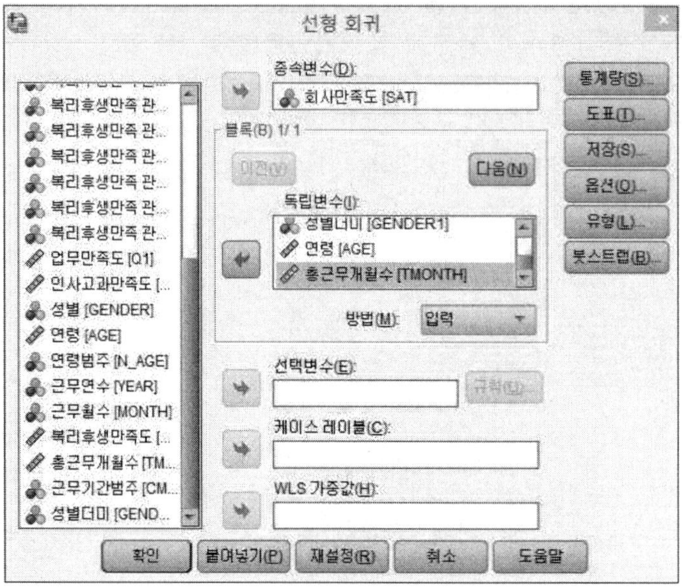

가) 분산분석표

■ 선형회귀분석 결과의 *ANOVA* 부분을 이용하여 다음과 같이 분산분석표를 작성할 수 있다.

요 인	제곱합	자유도	평균제곱	F-통계량	p값
모 형	147.052	6	24.509	30.307	0.000
오 차	215.915	267	0.890		
합 계	362.967	273			

나) 각 변수에 대한 회귀계수, p값, 유의성 여부

■ 각 변수에 대해 추정된 회귀계수 값과 개별 변수가 종속변수에 미치는 영향력의 존재유무를 검정하는 p값과 유의수준 5%에서 각 변수의 유의성 여부를 다음과 같이 요약할 수 있다.

회귀

입력/제거된 변수[a]

모형	입력된 변수	제거된 변수	방법
1	연령, 복리후생만족도, 업무만족도, 총근무개월수, 인사고과만족도, 성별더미[b]	.	입력

a. 종속변수: 회사만족도

b. 요청된 모든 변수가 입력되었습니다.

모형 요약

모형	R	R 제곱	수정된 R 제곱	추정값의 표준오차
1	.637[a]	.405	.392	.899

a. 예측자: (상수), 연령, 복리후생만족도, 업무만족도, 총근무개월수, 인사고과만족도, 성별더미

ANOVA[a]

모형		제곱합	자유도	평균제곱	F	유의확률
1	회귀	147.052	6	24.509	30.307	.000[b]
	잔차	215.915	267	.809		
	전체	362.967	273			

a. 종속변수: 회사만족도

b. 예측자: (상수), 연령, 복리후생만족도, 업무만족도, 총근무개월수, 인사고과만족도, 성별더미

계수[a]

모형		비표준화 계수		표준화 계수		
		B	표준화 오류	베타	t	유의확률
1	(상수)	.871	.465		1.874	.062
	총근무개월수	-.001	.002	-.017	-.278	.781
	인사고과만족도	.444	.073	.376	6.131	.000
	성별더미	-.096	.192	-.041	-.498	.619
	업무만족도	.443	.064	.369	6.907	.000
	복리후생만족도	.025	.068	.021	.359	.720
	연령	.014	.018	.075	.774	.439

a. 종속변수: 회사만족도

변 수	회귀계수	p값	유의성 여부
업무만족도	0.443	0.000	매우 유의하다.
복리후생만족도	0.025	0.720	유의하지 못하다.
인사고과만족도	0.444	0.000	매우 유의하다.
성별	-0.096	0.619	유의하지 못하다.
연령	0.014	0.439	유의하지 못하다.
근무기간	-0.001	0.781	유의하지 못하다.

문제 6-3

[문제 6-2]의 유의성 검정 결과에 근거하여 회사만족도에 유의한 영향을 주는 변수만을 이용하여 추정된 모형식을 표현하시오.

1 [문제 6-2]의 유의성 검정 결과에 근거하여 SAT(회사만족도)에 유의한 영향을 주는 변수만을 이용하여 회귀분석을 수행하기 위하여 다음의 메뉴를 선택한다.

분석 ➡ **회귀분석** ➡ **선형**

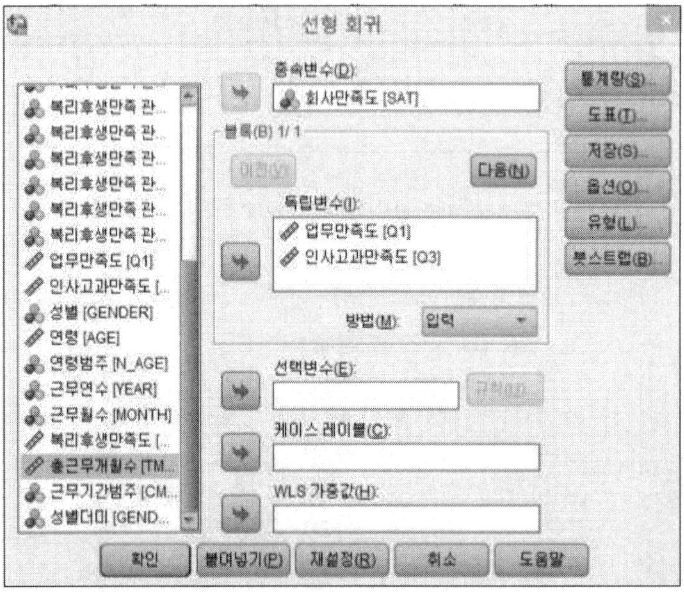

2 **《선형 회귀》** 대화상자에서 **종속변수**에는 SAT를 선택하고, **독립변수**에는 회사만족도에 유의한 영향을 주는 Q1, Q3 두 변수만을 선택한다. **방법**에는 회귀모형에 독립

변수 모두 포함시키기 위해 **입력**을 선택한다.

3 《**선형 회귀분석**》 대화상자의 [확인]을 클릭하면 다음과 같은 회귀분석 결과를 얻을 수 있다.

입력/제거된 변수[a]

모형	입력된 변수	제거된 변수	방법
1	인사고과만족도, 업무만족도[b]	.	입력

a. 종속변수: 회사만족도

b. 요청된 모든 변수가 입력되었습니다.

모형 요약

모형	R	R 제곱	수정된 R 제곱	추정값의 표준오차
1	.645[a]	.416	.412	.900

a. 예측자: (상수), 인사고과만족도, 업무만족도

ANOVA[a]

모형		제곱합	자유도	평균제곱	F	유의확률
1	회귀	179.875	2	89.938	110.975	.000[b]
	잔차	252.855	312	.810		
	전체	432.730	314			

a. 종속변수: 회사만족도

b. 예측자: (상수), 인사고과만족도, 업무만족도

계수[a]

모형		비표준화 계수		표준화 계수		
		B	표준화 오류	베타	t	유의확률
1	(상수)	1.041	.272		3.829	.000
	업무만족도	.453	.056	.377	8.103	.000
	인사고과만족도	.488	.056	.404	8.682	.000

a. 종속변수: 회사만족도

4 회귀분석 결과의 **계수** 부분으로부터 추정된 회귀모형식은 다음과 같다.

$(\widehat{SAT}) = 1.041 + 0.453 \times Q1 + 0.488 \times Q3$

또는

$(\widehat{\text{회사만족도}}) = 1.041 + 0.453 \times (\text{업무만족도}) + 0.488 \times (\text{인사고과만족도})$

사회조사분석사 기출문제 V

기출문제

[요구사항] 아래의 모든 질문에 대한 답안은 통계 패키지를 이용하여 수행한 결과 (화면 이용)를 바탕으로 문제지에 직접 작성하시기 바랍니다.

주어진 데이터는 20세 이상 남녀 300명을 대상으로 "스포츠센터 이용 만족도 조사"를 실시한 결과이다. 데이터 파일은 지급받은 디스켓에 "data5.txt"로 저장되어 있으며 아래의 <표 1>과 <표 2>는 데이터의 코딩가이드와 데이터의 입력 형태이다.
변인과 변인 간에는 **동일한 SPACE로 구분**되어 있습니다. 모든 문항에 무응답이 있는 경우에는 "9" 혹은 "99", "999"로 입력되어 있습니다. 각각의 문항들에 대하여 '무응답'을 결측치(missing value)처리한 후 분석하시오.

<표 1> 데이터 파일의 코딩 가이드

변인명	변인의 설명 (Variable Label)	칼럼수	변수값의 설명 (Value Labels)
ID	일련번호	3	1-300의 일련번호
V1	문화센터 등록 프로그램수	1	1:1개, 2:2개, 3:3개 이상
V2	일일 센터 이용량 (분)	3	30-600분 사이의 등간 척도 999:무응답
V3	헬스장 이용정도	1	1:전혀 이용하지 않는다 2:별로 이용하지 않는다 3:보통이다 4:자주 이용한다 5:매우 자주 이용한다 9:무응답
V4	수영장 이용정도	1	
V5	탁구장 이용정도	1	
V6	농구장 이용정도	1	
V7	헬스장 만족도	1	1:매우 불만족 2:약간 불만족 3:그저 그렇다 4:약간 만족 5:매우 만족 9:무응답
V8	수영장 만족도	1	
V9	탁구장 만족도	1	
V10	농구장 만족도	1	
V11	전반적인 스포츠센터 이용 만족도	2	1-10점 사이의 등간척도 99:무응답
V12	성별	1	1:남자, 2:여자
V13	연령	2	만_세
V14	학력	1	1:중졸이하, 2: 고졸 3:대재/대졸이상, 9:무응답
V15	가구 소득	1	1:100만원 미만, 2:100-200만원 미만 3:200-300만원 미만, 4:300만원 이상 9:무응답

<표 2> 디스켓에 수록된 자료의 입력 형태

001	2	…	3	2
002	1	…	1	2
…	…	…	…	…
299	1	…	1	4
300	2	…	1	3

【문제 1】

"연령"은 응답자의 나이가 입력되었다. 연령을 답란의 값에 따라 10세 간격으로 범주화한 후 답안의 빈칸을 채우시오.

Value	Value Labels	사례수	Valid Percent
1	20대		
2	30대		
3	40대		
4	50대		
total			

【문제 2】

"일일 센터 이용 운동량(분)"에 대하여 빈도분석을 실시 한 후 답란을 채우시오.

Missing Case	
평균	
중앙값(중위수)	
최빈값(Mode)	
표준편차	
제 3사분위수(75백분위수)	

【문제 3】

가구소득 수준이 문화센터 등록 프로그램수와 관련이 있는지에 대해 가설을 세우고 교차분석(이차원 분할표 분석)을 통하여 이를 검정하려고 한다. 다음 질문에 답하시오.

1) 귀무가설(H_0)과 대립가설(H_1)을 적으시오.

귀무가설(H_0) :

대립가설(H_1) :

2) 교차분석(이차원 분할표 분석)을 실시하고 답란의 빈칸에 분석 결과를 적으시오.

Pearson Chi-Square	자유도(df)	유의확률(2-sided)

3) 위의 문제 1)의 가설과 2)의 분석 결과를 해석하시오.

【문제 4】

응답자의 문화센터 이용정도를 분석한 결과 "탁구장 이용 정도"의 평균 점수는 2.86점이었으며 "농구장 이용정도" 평균은 2.54점이었다. 이 두 점수 간에 차이가 있는지 여부를 검정하려고 한다.

1) 두 변수의 평균차이 검증을 실시한 후 다음의 빈칸을 채우시오.

t-value	자유도(df)	유의확률(2-tailed)

2) 위의 문제 1)의 분석결과를 해석하시오.

【문제 5】

응답자의 학력(중졸이하, 고졸, 대재/대졸이상의 3집단)에 따라 "전반적인 스포츠 센터 이용 만족도" 평균에 차이가 있는지에 대해 검정하려고 한다. 이를 위하여 다음 가설을 세우고 일원배치 분산분석(One-way-ANOVA)을 통하여 가설을 검정하려고 한다. 다음 질문에 답하시오.

1) 귀무가설(H_0)을 적으시오.

귀무가설(H_0) :

2) 분산의 동일성 대한 검정을 실시하고자 한다. Levene 방법 또는 Bartlett 방법을 이용하여 검정통계량 값과 유의확률을 적고 그 결과를 해석하시오.

- 검정통계량의 값 :
- 유의확률 :
- 결과해석 :

3) 일원배치 분산분석(One-way-ANOVA) 결과 중 다음의 빈칸을 채우시오.

	자유도(df)	F	유의확률
Between Groups			
Within Groups			
Total			

4) 위의 문제 3)의 결과를 해석하시오. 필요할 경우에만 사후 검정을 실시하시오. 단, 사후 검정은 편의상 Tukey Test만 실시하고 해석하시오.

【문제 6】

"일일센터이용량(분)"과 "헬스장 이용정도", "수영장 이용정도", "농구장 이용정도도", "탁구장 이용정도"의 상관계수를 구하시오.

1) 다음 원칙에 따라 상관관계 분석을 실시하고, 답란의 표를 완성하시오.
- Pearson 상관계수를 구할 것
- 양측 검정을 실시할 것

	일일 센터 이용량(분)	
	상관계수	유의확률
헬스장 이용정도		
수영장 이용정도		
탁구장 이용정도		
농구장 이용정도		

2) 문제 1)의 상관관계 분석 결과를 해석하시오.

【문제 7】

"헬스장 이용 만족도", "수영장 이용 만족도", "탁구장 이용 만족도", "농구장 이용 만족도" 등 4가지 문화 센터 이용별 만족도(독립변인)가 "전반적인 스포츠센터 이용 만족도"(종속변인)에 미치는 영향력의 크기를 분석하는 다중회귀분석을 실시하여 다음의 질문에 구체적으로 답하시오. 단 회귀분석시 다중공선성 문제는 고려하지 마시오.

1) 다중 회귀 분석을 실시한 후 아래 빈칸을 채우시오.

	회귀계수 추정치 "B"	유의확률
(상수)		
헬스장 만족도		
수영장 만족도		
탁구장 만족도		
농구장 만족도		

2) 위의 문제 1)의 회귀분석 결과에 근거하여 회귀계수를 산출하고 회귀방정식을 구하시오.

문제풀이

1 분석할 자료가 "data5.txt"로 텍스트 파일 형식으로 주어졌으므로 이러한 자료를 불러오기 위해서 다음의 메뉴를 선택한다.

파일 ➡ 데이터 가져오기 ➡ 텍스트 데이터

2 《데이터열기》 대화상자가 나타나면, 자료가 저장되어 있는 위치를 확인하여 해당 자료인 "data5.txt" 파일을 선택한 후 [열기]를 클릭하여, 《텍스트 가져오기 마법사-6단계》를 진행한다. 그리고 다음과 같이 [변수 보기] 상태에서 **이름**, **유형**, **레이블**, **값**, **결측값** 등을 지정한 다음 파일명을 **기출 5.sav**로 저장한다.

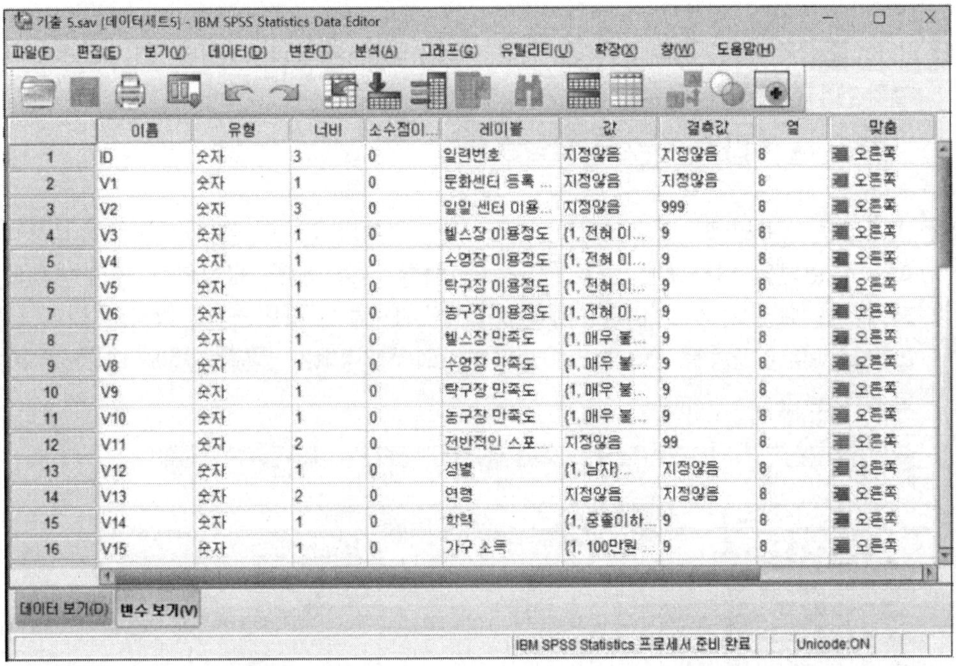

문제 1

"연령"은 응답자의 나이가 입력되었다. 연령을 답란의 값에 따라 10세 간격으로 범주화한 후 답안의 빈칸을 채우시오.

Value	Value Labels	사례수	Valid Percent
1	20대		
2	30대		
3	40대		
4	50대		
total			

1 연령(V13)을 연령대의 범주로 묶일 수 있도록 새로운 변수로 코딩변경을 해야 한다. 이를 위해서 다음의 메뉴를 선택한다.

변환 ➡ **다른 변수로 코딩변경**

2 **《다른 변수로 코딩변경》** 대화상자가 나타나면, 왼쪽의 변수목록에서 변경하고자 하는 기존의 연령을 나타내는 변수 V13을 선택한 다음 ➡를 클릭한다. **출력변수**에는 새롭게 코딩되는 변수의 이름인 연령범주를 입력하고, [변경]을 클릭한 다음 [기존값 및 새로운 값]을 클릭한다. 출력변수의 **레이블**에는 연령범주에 대한 변수설명을 입력한다.

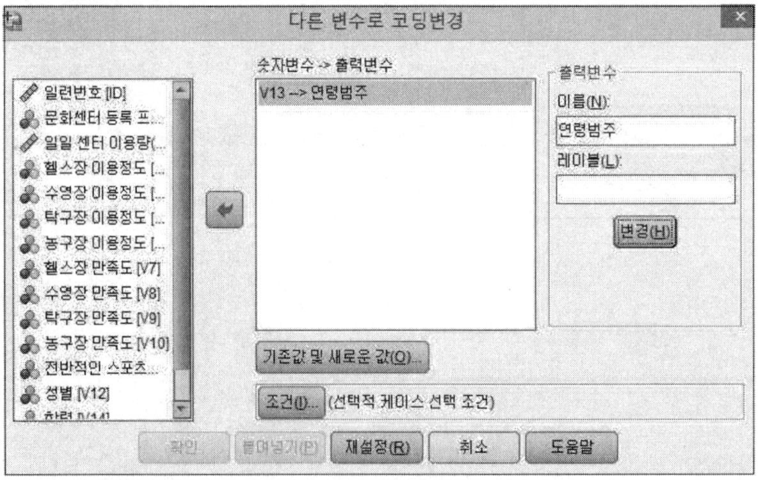

3 [기존값 및 새로운 값]을 클릭하여 나타나는 **《다른 변수로 코딩변경:기존값 및 새로운 값》** 대화상자에서 다음과 같이 지정한 다음 [계속]을 클릭한다.

① **기존값-최저값에서 다음 값까지 범위(G)**에 29를 입력한 후 **새로운 값-값**에 1을 입력하고 [추가] 클릭 - 20대
② **기존값-범위(N)**에 30에서 39를 입력한 후 **새로운 값-값**에 2를 입력하고 [추가] 클릭 - 30대
③ **기존값-범위(N)**에 40에서 49를 입력한 후 **새로운 값-값**에 3을 입력하고 [추가] 클릭 - 40대
④ **기존값-다음 값에서 최고값까지 범위(E)**에 50을 입력한 후 **새로운 값-값**에 4를 입력하고 [추가] 클릭 - 50대

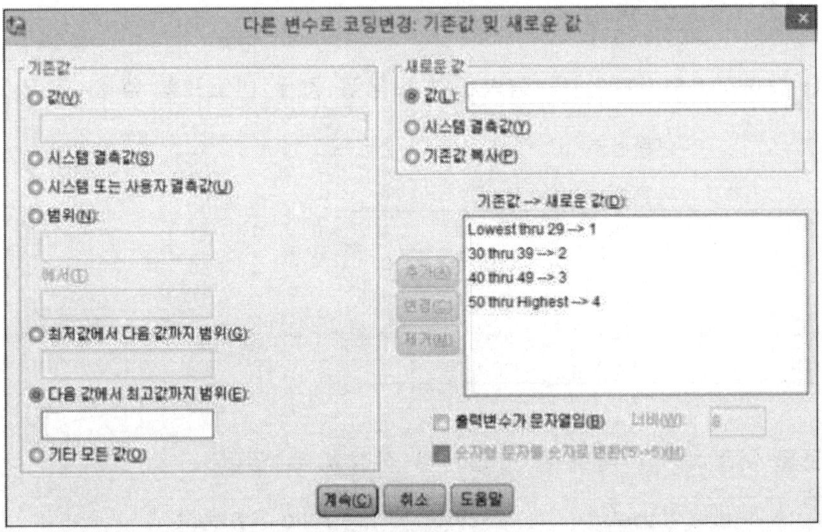

4 **《다른 변수로 코딩변경》** 대화상자에서 [확인]을 클릭하면 [데이터 보기] 창에서 새로운 변수 연령범주가 생성된 것을 확인할 수 있으며, 이 값은 연령범주가 1인 경우에는 20대, 연령범주가 2인 경우에는 30대, 3인 경우에는 40대, 4인 경우에는 50대를 의미한다.

5 연령범주에 대한 빈도표를 작성하기 위하여 다음의 메뉴를 선택한다.

분석 ➠ **기술통계량** ➠ **빈도분석**

6 **《빈도분석》** 대화상자에서 **변수**에 연령범주를 선택하여 ➡를 클릭한 다음 **빈도표 표시**를 선택한다.

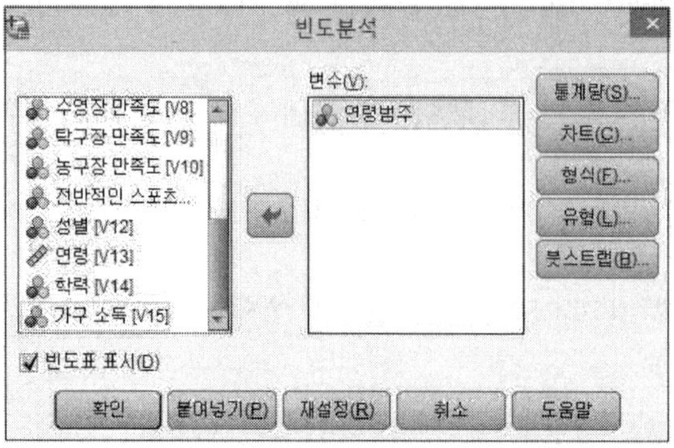

7 《**빈도분석**》 대화상자의 [확인]을 클릭하면 다음과 같은 빈도표를 얻을 수 있다.

연령범주

		빈도	퍼센트	유효 퍼센트	누적 퍼센트
유효	1.00	86	28.7	28.7	28.7
	2.00	88	29.3	29.3	58.0
	3.00	76	25.3	25.3	83.3
	4.00	50	16.7	16.7	100.0
	전체	300	100.0	100.0	

8 위의 결과를 이용하면 다음과 같이 답안을 작성할 수 있다.

Value	Value Labels	사례수	Valid Percent
1	20대	86	28.7
2	30대	88	29.3
3	40대	76	25.3
4	50대	50	16.7
total		300	100.0

문제 2

"일일 센터 이용 운동량(분)"에 대하여 빈도분석을 실시 한 후 답란을 채우시오.

Missing Case	
평균	
중앙값(중위수)	
최빈값(Mode)	
표준편차	
제 3사분위수(75백분위수)	

1 일일 센터 이용량(분)에 대한 빈도분석을 실시하기 위하여 다음의 메뉴를 선택한다.

분석 ➡ **기술통계량** ➡ **빈도분석**

2 《**빈도분석**》 대화상자에서 **변수**에 일일 센터 이용량(분)[V2]을 선택하여 ➡를 클릭한 다음 [통계량]을 선택한다.

3 《**빈도분석: 통계량**》 대화상자에서 **평균**, **중위수**, **최빈값**, **표준화 편차**, **사분위수**를 선택한 후 [계속]을 클릭한다.

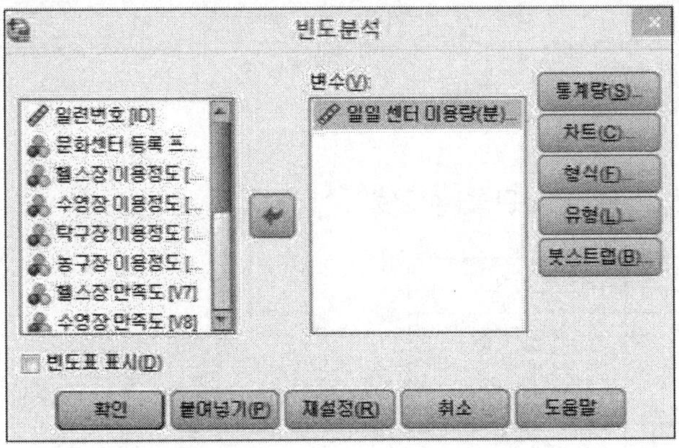

4 《**빈도분석**》 대화상자의 [확인]을 클릭하면 다음과 같은 결과를 얻을 수 있다.

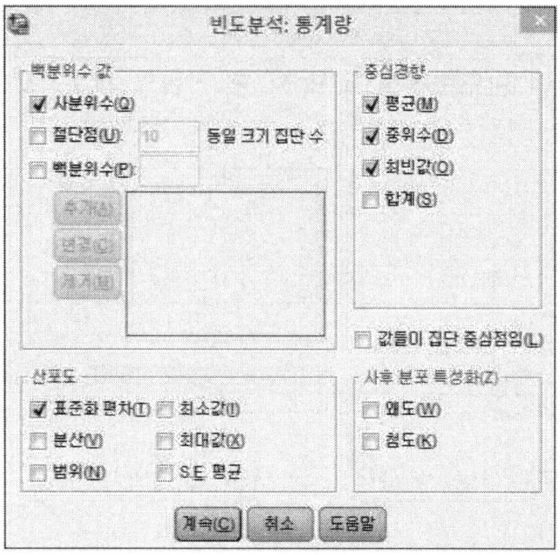

통계량

일일 센터 이용량(분)

N	유효	297
	결측	3
평균		187.58
중위수		150.00
최빈값		120
표준화 편차		124.111
백분위수	25	120.00
	50	150.00
	75	240.00

5 앞의 결과를 이용하면 다음과 같이 답안을 작성할 수 있다.

Missing Case	3
평균	187.58
중앙값(중위수)	150.00
최빈값(Mode)	120
표준편차	124.111
제 3사분위수(75백분위수)	240.00

문제 3-1

가구소득 수준이 문화센터 등록 프로그램수와 관련이 있는지에 대해 가설을 세우고 교차분석(이차원 분할표 분석)을 통하여 이를 검정하려고 한다. 다음 질문에 답하시오.

1) 귀무가설(H_0)과 대립가설(H_1)을 적으시오.
   귀무가설(H_0) :
   대립가설(H_1) :

1 가구소득 수준과 문화센터 등록 프로그램수와의 관련성 여부를 검정하기 위하여 설정한 귀무가설과 대립가설은 다음과 같다.
귀무가설(H_0) : 가구소득 수준과 문화센터 등록 프로그램수와는 관련이 없다.
대립가설(H_1) : 가구소득 수준과 문화센터 등록 프로그램수와는 관련이 있다.

문제 3-2

2) 교차분석(이차원 분할표 분석)을 실시하고 답란의 빈칸에 분석 결과를 적으시오.

Pearson Chi-Square	자유도(df)	유의확률(2-sided)

1 가구소득()수준과 문화센터 등록 프로그램 수(V1)간의 교차분석을 하기 위하여 다음의 메뉴를 선택한다.

분석 ➠ **기술통계량** ➠ **교차분석**

2 《**교차분석**》 대화상자에서 **행**에는 V15를 선택하고, **열**에는 V1을 선택하여 ➡를 클릭한다. 교차분석을 위한 검정통계량 값을 구하기 위하여 [통계량]을 클릭한다. 《**교차분석: 통계량**》 대화상자가 나타나면, **카이제곱**을 선택하고 [계속]을 클릭한다.

3 《**교차분석**》 대화상자의 [확인]을 클릭하면 카이제곱 검정 결과를 얻을 수 있다.

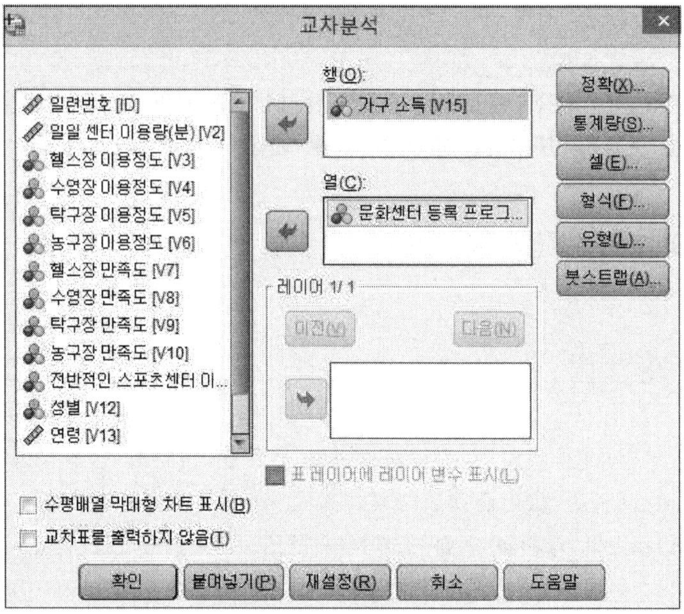

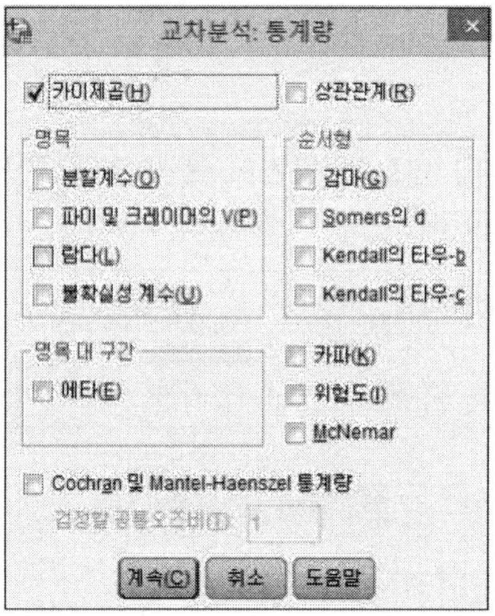

4 카이제곱 검정 결과를 이용하여 다음과 같이 답안을 작성할 수 있다.

Pearson Chi-Square	자유도(df)	유의확률(2-sided)
33.892	6	0.000

카이제곱 검정

	값	자유도	근사 유의확률 (양측검정)
Pearson 카이제곱	33.892[a]	6	.000
우도비	34.819	6	.000
선형 대 선형결합	27.697	1	.000
유효 케이스 수	298		

a. 2 셀 (16.7%)은(는) 5보다 작은 기대 빈도를 가지는 셀입니다. 최소 기대빈도는 3.38입니다.

문제 3-3

3) 위의 [문제 3-1]의 가설과 [문제 3-2]의 분석 결과를 해석하시오.

1 가구소득 수준과 문화센터 등록 프로그램수와의 관련성 여부를 검정하기 위하여 설정한 귀무가설과 대립가설은 다음과 같다.

귀무가설(H_0) : 가구소득 수준과 문화센터 등록 프로그램수와는 관련이 없다.

대립가설(H_1) : 가구소득 수준과 문화센터 등록 프로그램수와는 관련이 있다.

2 카이제곱 검정 결과 **Pearson 카이제곱** 검정통계량 값은 33.892이고, 이때의 유의확률 값이 0.000으로 유의수준 0.05보다 작기 때문에 귀무가설을 기각한다. 따라서 가구소득 수준과 문화센터 등록 프로그램 수 사이에는 관련이 있다고 할 수 있다.

문제 4-1

응답자의 문화센터 이용정도를 분석한 결과 "탁구장 이용 정도"의 평균 점수는 2.86점이었으며 "농구장 이용정도" 평균은 2.54점이었다. 이 두 점수 간에 차이가 있는지 여부를 검정하려고 한다.

1) 두 변수의 평균차이 검증을 실시한 후 다음의 빈칸을 채우시오.

t-value	자유도(df)	유의확률(2-tailed)

1. 탁구장 이용 정도(V5)와 농구장 이용 정도의 차이(V6)에 대한 모평균 검정을 수행하기 위해서 다음 메뉴를 선택한다.

분석 ➠ **평균비교** ➠ **대응표본 T검정**

2. 탁구장과 농구장 이용 정도에 대한 차이가 있는지를 검정하기 위한 것이므로 《**대응표본 T검정**》 대화상자에서 **대응 변수**로 V5와 V6을 선택한다.

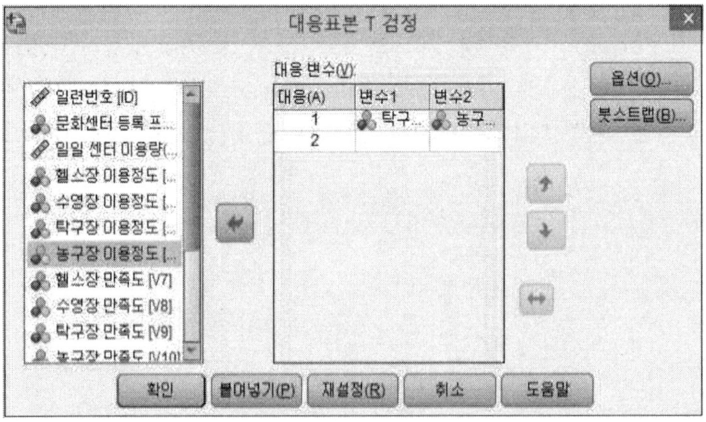

3. [확인]을 클릭하면 다음과 같은 대응표본 검정 결과를 얻을 수 있다.

대응표본 검정

		대응차					t	자유도	유의확률 (양측)
					차이의 95% 신뢰구간				
		평균	표준화 편차	표준오차 평균	하한	상한			
대응 1	탁구장 이용정도 - 농구장 이용정도	.317	1.394	.081	.157	.478	3.897	292	.000

4 앞의 결과를 이용하면 다음과 같이 답안을 작성할 수 있다.

t-value	자유도(df)	유의확률(2-tailed)
3.897	292	0.000

문제 4-2

2) 위의 [문제 4-1]의 분석결과를 해석하시오.

1 분석결과로부터 탁구장 이용 정도와 농구장 이용 정도의 차이에 대한 평균과 표준편차는 각각 0.317과 1.394임을 알 수 있으며, **대응표본 검정** 부분의 결과를 이용하여 다음과 같이 탁구장 이용 정도와 농구장 이용 정도에 통계적으로 유의한 차이가 있는지를 검정할 수 있다. 이 때 귀무가설과 대립가설은 다음과 같이 설정할 수 있다.

귀무가설(H_0) : 탁구장과 농구장 이용 정도에는 차이가 없다.

대립가설(H_1) : 탁구장과 농구장 이용 정도에는 차이가 있다.

2 대응표본 검정 결과 검정통계량 t값은 3.897이고, 이때의 유의확률 값이 0.000으로 유의수준 0.05보다 작기 때문에 귀무가설을 기각한다. 따라서 탁구장과 농구장 이용 정도에는 차이가 있다고 할 수 있다.

문제 5-1

응답자의 학력(중졸이하, 고졸, 대재/대졸이상의 3집단)에 따라 "전반적인 스포츠센터 이용 만족도" 평균에 차이가 있는지에 대해 검정하려고 한다. 이를 위하여 다음 가설을 세우고 일원배치 분산분석(One-way-ANOVA)을 통하여 가설을 검정하려고 한다. 다음 질문에 답하시오.

1) 귀무가설(H_0)을 적으시오.

1 다음과 같이 귀무가설을 설정할 수 있다.

귀무가설(H_0) : 응답자의 학력에 따라 전반적인 스포츠센터 이용 만족도의 평균에 차이가 없다.

문제 5-2

2) 분산의 동일성 대한 검정을 실시하고자 한다. Levene 방법 또는 Bartlett 방법

을 이용하여 검정통계량 값과 유의확률을 적고 그 결과를 해석하시오.

- 검정통계량의 값 :
- 유의확률 :
- 결과해석 :

1 분산의 동일성에 대한 검정을 하기 위해서 다음과 같은 메뉴를 선택한다.

분석 ➠ 평균비교 ➠ 일원배치 분산분석

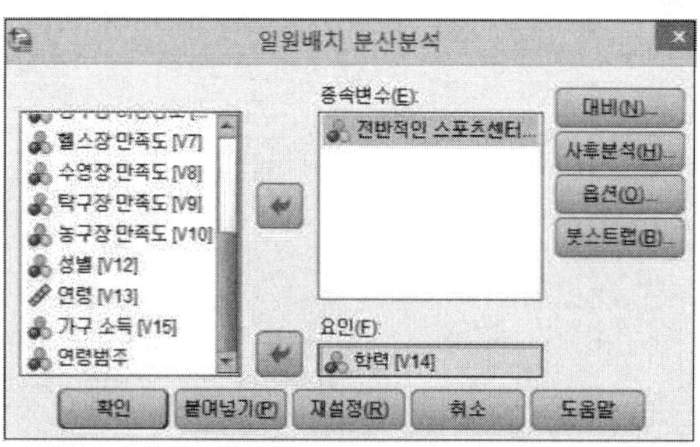

2 **《일원배치 분산분석》** 대화상자에서 **종속변수**에는 전반적인 스포츠 센터 이용 만족도

(V11)를, **요인**에는 학력(V14)을 선택한다. 그리고 옵션을 선택하여 얻어지는 **《일원배치 분산분석:옵션》** 대화상자에서 통계량의 **분산 동질성 검정**을 선택하여 [계속]을 클릭한다.

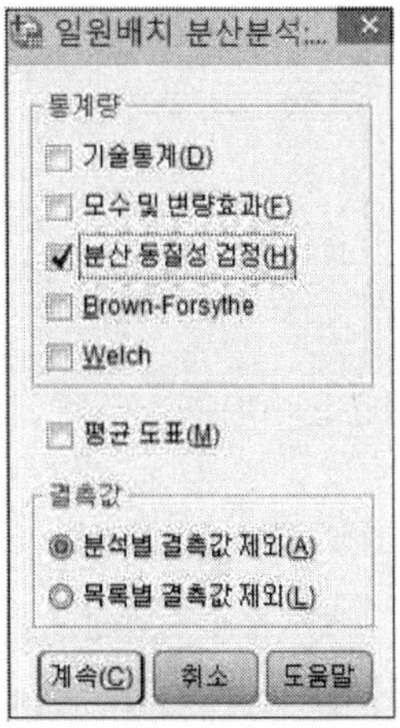

3 **《일원배치 분산분석》** 대화상자의 [확인]을 클릭하면 다음과 같은 결과를 얻을 수 있다.

분산의 동질성 검정

		Levene 통계량	자유도1	자유도2	유의확률
전반적인 스포츠센터 이용 만족도	평균을 기준으로 합니다.	1.289	2	289	.277
	중위수를 기준으로 합니다.	.949	2	289	.388
	자유도를 수정한 상태에서 중위수를 기준으로 합니다.	.949	2	288.503	.388
	절삭평균을 기준으로 합니다.	1.303	2	289	.273

4 앞의 결과를 이용하면 다음과 같이 답안을 작성할 수 있다.

- 검정통계량의 값 : 1.289
- 유의확률 : 0.277
- 결과해석 : 귀무가설은 "분산이 동질적이다"라고 설정할 수 있다. 검정 결과 Levene 검정통계량 값은 1.289이고, 이때의 유의확률 값이 0.277로 유의수준 0.05보다 크기 때문에 귀무가설을 기각하지 못한다. 따라서 "분산이 동질적이다."라고 할 수 있다.

문제 5-3

3) 일원배치 분산분석(One-way-ANOVA) 결과 중 다음의 빈칸을 채우시오.

	자유도(df)	F	유의확률
Between Groups			
Within Groups			
Total			

■1 [문제 5-2]의 절차를 따르면 분산의 동일성에 대한 검정뿐만 아니라 다음과 같은 분산분석표를 얻을 수 있다.

ANOVA

전반적인 스포츠센터 이용 만족도

	제곱합	자유도	평균제곱	F	유의확률
집단-간	1.423	2	.712	.364	.695
집단-내	564.998	289	1.955		
전체	566.421	291			

■2 앞의 결과를 이용하면 다음과 같이 답안을 작성할 수 있다.

	자유도(df)	F	유의확률
Between Groups	2	0.364	0.695
Within Groups	289		
Total	291		

문제 5-4

4) 위의 [문제 5-3]의 결과를 해석하시오. 필요할 경우에만 사후 검정을 실시하시오. 단, 사후 검정은 편의상 Tukey Test만 실시하고 해석하시오.

■1 귀무가설에 대한 F-검정 결과, 검정통계량 값은 0.364이고, 이때의 유의확률 값은 0.695로 통계적으로 유의한 차이가 있다고 할 수 없다. 여기서 귀무가설은 응답자의 학력에 따라 전반적인 스포츠센터 이용 만족도에 차이가 없다는 것인데, 분석 결과 응답자의 학력에 따라 전반적인 스포츠센터 이용 만족도의 차이는 통계적으로 유의하지 않다고 결론지을 수 있다. 이와 같이 통계적으로 유의한 차이가 없는 경우에는 사후 검정이 필요하지 않다.

문제 6-1

“일일센터이용량(분)”과 “헬스장 이용정도”, “수영장 이용정도”, “농구장 이용정도도”, “탁구장 이용정도”의 상관계수를 구하시오.

1) 다음 원칙에 따라 상관관계 분석을 실시하고, 답란의 표를 완성하시오.
- Pearson 상관계수를 구할 것
- 양측 검정을 실시할 것

	일일 센터 이용량(분)	
	상관계수	유의확률
헬스장 이용정도		
수영장 이용정도		
탁구장 이용정도		
농구장 이용정도		

1 “일일센터이용량(분)”과 “헬스장 이용정도”, “수영장 이용정도”, “농구장 이용정도도”, “탁구장 이용정도”의 상관계수를 구하기 위해서 다음 메뉴를 선택한다.

분석 ➠ **상관분석** ➠ **이변량 상관**

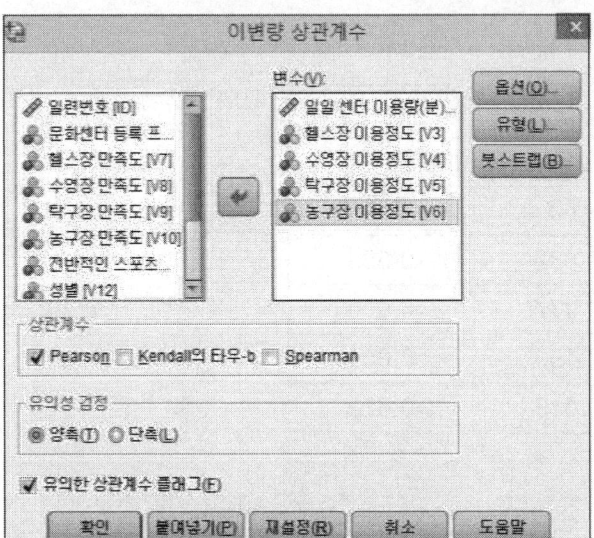

2 《**이변량 상관계수**》 대화상자의 변수목록에서 일일센터이용량(분), 헬스장 이용정도, 수영장 이용정도, 탁구장 이용정도, 농구장 이용정도 변수를 선택하여 [➡]를

클릭한다. **상관계수**는 변수값들이 연속형 자료인 경우 피어슨의 상관계수를 사용해야 하므로 **Pearson** 을 선택하고, **유의성 검정**은 디폴트인 **양쪽**을 클릭한다.

3 [확인]을 클릭하면 다음과 같은 결과를 얻을 수 있다.

상관관계

		일일 센터 이용량(분)	헬스장 이용정도	수영장 이용정도	탁구장 이용정도	농구장 이용정도
일일 센터 이용량(분)	Pearson 상관	1	.032	.277**	.193**	.013
	유의확률 (양측)		.585	.000	.001	.822
	N	297	295	291	292	294
헬스장 이용정도	Pearson 상관	.032	1	-.004	-.027	.111
	유의확률 (양측)	.585		.946	.649	.057
	N	295	298	292	293	295
수영장 이용정도	Pearson 상관	.277**	-.004	1	.306**	.066
	유의확률 (양측)	.000	.946		.000	.261
	N	291	292	294	289	291
탁구장 이용정도	Pearson 상관	.193**	-.027	.306**	1	.146*
	유의확률 (양측)	.001	.649	.000		.012
	N	292	293	289	295	293
농구장 이용정도	Pearson 상관	.013	.111	.066	.146*	1
	유의확률 (양측)	.822	.057	.261	.012	
	N	294	295	291	293	297

**. 상관관계가 0.01 수준에서 유의합니다(양측).

*. 상관관계가 0.05 수준에서 유의합니다(양측).

4 앞의 결과를 이용하면 다음과 같이 답안을 작성할 수 있다.

	일일 센터 이용량(분)	
	상관계수	유의확률
헬스장 이용정도	0.032	0.585
수영장 이용정도	0.277	0.000
탁구장 이용정도	0.193	0.001
농구장 이용정도	0.013	0.822

문제 6-2

[문제 6-1]의 상관관계 분석 결과를 해석하시오.

1 일일 센터 이용량(분)과 수영장 이용정도의 피어슨 상관계수 값은 0.277이고, 유의확률이 0.000으로 통계적으로 매우 유의함을 알 수 있다. 마찬가지로 일일 센터 이용량(분)과 탁구장 이용정도의 피어슨 상관계수 값은 0.193이고, 유의확률이 0.001로 통계적으로 매우 유의함을 알 수 있다.

2 반면에 일일 센터 이용량(분)과 헬스장 이용정도의 피어슨 상관계수 값은 0.032이고, 유의확률이 0.585로 통계적으로 유의하지 못함을 알 수 있다. 또한 일일 센터 이용량(분)과 농구장 이용정도의 피어슨 상관계수 값은 0.013이고, 유의확률이 0.822로 통계적으로 유의하지 못함을 알 수 있다.

문제 7-1

"헬스장 이용 만족도", "수영장 이용 만족도", "탁구장 이용 만족도", "농구장 이용 만족도" 등 4가지 문화 센터 이용별 만족도(독립변인)가 "전반적인 스포츠 센터 이용 만족도"(종속변인)에 미치는 영향력의 크기를 분석하는 다중 회귀분석을 실시하여 다음의 질문에 구체적으로 답하시오. 단 회귀분석시 다중공선성 문제는 고려하지 마시오.

1) 다중 회귀 분석을 실시한 후 아래 빈칸을 채우시오.

	회귀계수 추정치 "B"	유의확률
(상수)		
헬스장 만족도		
수영장 만족도		
탁구장 만족도		
농구장 만족도		

1 회귀계수 추정치를 구하기 위하여 다음 메뉴를 선택한다.

분석 ➡ **회귀분석** ➡ **선형**

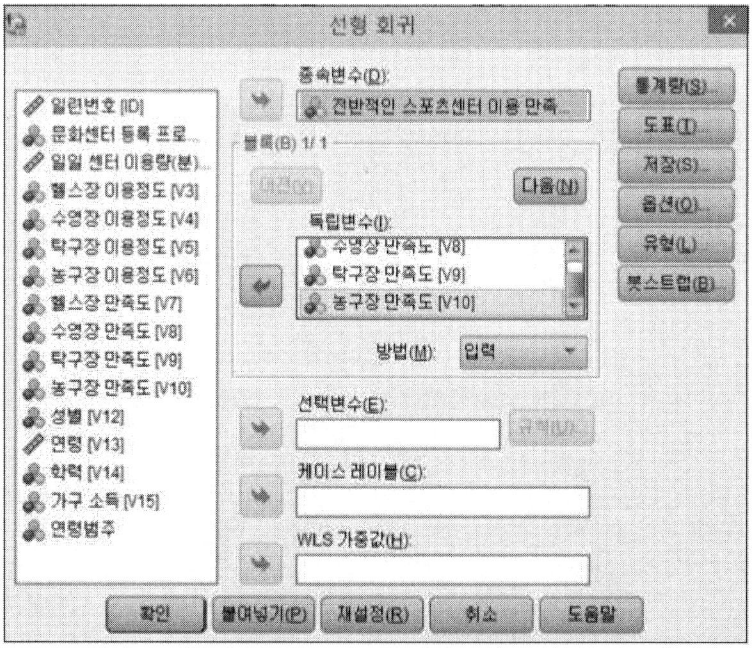

2 **《선형 회귀》** 대화상자에서 **종속변수**에는 전반적인 스포츠센터 이용 만족도를 선택하고, **독립변수**에는 헬스장 만족도, 수영장 만족도, 탁구장 만족도, 농구장 만족도를 각각 선택하여 ➡를 클릭한다. **방법**에서는 변수를 선택하기 위한 방법을 지정해야 하는데, 회귀모형에 독립변수 네 개를 모두 포함시키기 위해서 **입력**을 지정한다.

3 [확인]을 클릭하면 다음과 같은 결과를 얻을 수 있다.

입력/제거된 변수[a]

모형	입력된 변수	제거된 변수	방법
1	농구장 만족도, 수영장 만족도, 헬스장 만족도, 탁구장 만족도[b]	.	입력

a. 종속변수: 전반적인 스포츠센터 이용 만족도

b. 요청된 모든 변수가 입력되었습니다.

모형 요약

모형	R	R 제곱	수정된 R 제곱	추정값의 표준오차
1	.338[a]	.114	.101	1.325

a. 예측자: (상수), 농구장 만족도, 수영장 만족도, 헬스장 만족도, 탁구장 만족도

ANOVA[a]

모형		제곱합	자유도	평균제곱	F	유의확률
1	회귀	63.613	4	15.903	9.064	.000[b]
	잔차	494.812	282	1.755		
	전체	558.425	286			

a. 종속변수: 전반적인 스포츠센터 이용 만족도

b. 예측자: (상수), 농구장 만족도, 수영장 만족도, 헬스장 만족도, 탁구장 만족도

계수[a]

모형		비표준화 계수		표준화 계수		
		B	표준화 오류	베타	t	유의확률
1	(상수)	4.960	.538		9.223	.000
	헬스장 만족도	.219	.100	.125	2.200	.029
	수영장 만족도	.355	.093	.232	3.819	.000
	탁구장 만족도	.160	.087	.113	1.841	.067
	농구장 만족도	.049	.098	.028	.503	.616

a. 종속변수: 전반적인 스포츠센터 이용 만족도

4 앞의 결과를 이용하면 다음과 같이 답안을 작성할 수 있다.

	회귀계수 추정치 "B"	유의확률
(상수)	4.960	0.000
헬스장 만족도	0.219	0.029
수영장 만족도	0.355	0.000
탁구장 만족도	0.160	0.067
농구장 만족도	0.049	0.616

문제 7-2

위의 [문제 7-1]의 회귀분석 결과에 근거하여 회귀계수를 산출하고 회귀방정식을 구하시오.

1 추정된 회귀직선(회귀방정식)을 다음과 같이 나타낼 수 있다.

$$\widehat{(\text{전반적인 스포츠센터 이용 만족도})} = 4.960 + 0.219 \times (\text{헬스장 만족도}) + 0.355 \times (\text{수영장 만족도}) + 0.16 \times (\text{탁구장 만족도}) + 0.049 \times (\text{농구장 만족도})$$

2 *ANOVA* 부분을 살펴보면 검정통계량 F값이 9.064이고, 이때의 유의확률 값이 0.000으로 적합된 선형회귀모형이 통계적으로 유의하다고 할 수 있다.

3 상수에 대한 추정된 회귀계수는 4.960이고, 이때의 유의확률 값이 0.000으로 추정된 회귀계수는 통계적으로 매우 유의하다. 그리고 헬스장 만족도의 추정된 회귀계수는 0.219이고, 이때의 유의확률 값이 0.029로 유의수준을 0.05로 할 경우 추정된 회귀계수는 통계적으로 유의하다. 또한 수영장 만족도의 추정된 회귀계수는 0.355이고, 이때의 유의확률 값이 0.000으로 추정된 회귀계수는 통계적으로 매우 유의하다.

4 반면에 탁구장 만족도의 추정된 회귀계수는 0.160이고, 이때의 유의확률 값이 0.067로 유의수준을 0.05로 할 경우 추정된 회귀계수는 통계적으로 유의하지 못하다. 또한 농구장 만족도의 추정된 회귀계수는 0.049이고, 이때의 유의확률 값이 0.616으로 추정된 회귀계수는 통계적으로 유의하지 못하다.

사회조사분석사 기출문제 VI

기출문제

[요구사항] 아래의 모든 질문에 대한 답안은 통계 패키지를 이용하여 수행한 결과(화면 이용)를 바탕으로 문제지에 직접 작성하시기 바랍니다.

주어진 데이터는 남녀 314명을 대상으로 "개인특성과 경력에 따른 만족도조사"를 실시한 결과이다. 데이터 파일은 지급받은 디스켓에 "data6.txt"로 저장되어 있으며 아래의 <표 1>과 <표 2>는 데이터의 코딩가이드와 데이터의 입력 형태이다.
변인과 변인 간에는 TAB으로 구분되어 있습니다. 모든 문항에 무응답이 있는 경우에는 "9" 혹은 "99", "999"로 입력되어 있습니다. 각각의 문항들에 대하여 '무응답'을 결측치(missing value)처리한 후 분석하시오.

<표 1> 데이터 파일의 코딩 가이드

변인명	변인의 설명 (Variable Label)	칼럼수	변수값의 설명 (Value Labels)
ID	일련번호	3	5자리 숫자
Q1_1	정치분야 만족도	1	1:만족 2:그저 그렇다 3:불만족 9:무응답
Q1_2	교육분야 만족도	3	
Q1_3	사회분야 만족도	1	
GENDER	성별	1	0:여자 1:남자
AGE	연령	2	20세-49세 99:무응답
EDU	교육기간	2	8년-20년 99:무응답
REGION	지역	1	1:대도시 2:중소도시 3:군도시 9:무응답
INCOME	수입	3	71만원-546만원 999:무응답

<표 2> 디스켓에 수록된 자료의 입력 형태

ID	Q1_1	…	REGION	INCOME
11203	1	…	1	205
…	…	…	…	…
71607	2	…	2	208
71608	2	…	2	173

【문제 1】

데이터 파일의 코딩가이드를 참고하여 수입과 연령 변수에 대하여 이상한 값이 존재한다면 이상한 값의 해당 값을 결측(missing)으로 처리하라. 이후 분석에서는 모두 결측으로 처리한 값을 사용하라. 수입과 연령변수에서 결측치의 개수를 적으시오.

구분	결측치(Missing case) 수
수입	
연령	

【문제 2】

응답자의 연령에서 교육기간을 빼고 추가로 6년을 빼서 경력변수를 생성 후 경력에 대해 분석 실시 후 답란을 채우시오.

N	
최대값	
평균	
표준편차	

【문제 3】

연령대와 사회분야만족도와 관련이 있는지에 대해 가설을 세우고 교차분석(이차원 분할표 분석)을 통하여 이를 검정하려고 한다. 다음 질문에 답하시오.

1) 다음 교차표의 빈칸을 채우고 귀무가설(H_0)과 대립가설(H_1)을 적으시오.

	사회분야 만족도				
연령대		만족	그저그렇다	불만족	합계
	20대	10			106
	30대		63	62	
	40대		23	23	52
	합계	32		124	

귀무가설(H_0) :

대립가설(H_1) :

2) 교차분석(이차원 분할표 분석)을 실시하고 답란의 빈칸에 분석 결과를 적으시오.

Pearson Chi-Square	자유도(df)	유의확률(2-sided)
	4	

3) 위의 문제 1)의 가설과 2)의 분석 결과를 해석하시오.

【문제 4】

"교육기간"과 "수입"의 상관관계를 구하시오.

1) 다음 원칙에 따라 상관관계를 분석을 실시하고 답란의 표를 완성하시오.
- Pearson 상관계수를 구할 것
- 양측 검정을 실시할 것

	수입(원)	
	상관계수	유의확률
교육기간		

2) 문제 1)의 상관관계 분석 결과를 해석하시오.

【문제 5】

응답자의 지역(대도시, 중소도시, 군소지역의 3집단)에 따라 "수입" 평균에 차이가 있는지에 대해 검정하려고 한다. 이를 위하여 다음 가설을 세우고 일원배치 분산분석(One-way-ANOVA)을 통하여 가설을 검정하고 한다. 다음 질문에 답하시오.

1) 독립변수와 종속변수를 구분하시오.
- 독립변수 :
- 종속변수 :

2) 일원배치 분산분석(One-way-ANOVA) 결과 중 다음의 빈칸을 채우시오.

- 기술통계

	구분	평균	N	표준편차
지역	대도시	246.325	80	
	중소도시		115	82.364
	군소도시	214.569		
합계		234.086		

- ANOVA

	제곱합	자유도	평균제곱	F	유의확률
그룹간			32,483.024	4.569	0.011
그룹내			7,108.889		

3) 위의 문제 2)의 결과를 해석하시오,

【문제 6】

독립변수 중 경력과 성별변수를 통제한 후 교육기간이 수입에 영향을 미치는 정도를 알아보기 위해 다중회귀분석을 실시하고자 한다.

1) 회귀분석 실시 후 빈칸을 채우시고 결정계수를 구한 후 해석하시오.

	제곱합	자유도	평균제곱	F	유의확률
모형		3			
잔차		297			
합계					

- 결정계수 :
- 해석 :

2) 아래 빈칸을 채우시고 회귀계수를 산출하고 회귀방정식을 구한 후 해석하시오.

구분	회귀계수 추정치 "B"	t	유의확률
상수항			
교육기간			
성별			
경력			

- 회귀식 :
- 결과 해석 :

문제풀이

1 분석할 자료가 "data6.txt"로 텍스트 파일 형식으로 주어졌으므로 이를 불러오기 위해서 다음의 메뉴를 선택한다.

파일 ➡ 데이터 가져오기 ➡ 텍스트 데이터

2 《데이터 열기》 대화상자가 나타나면, 자료가 저장되어 있는 위치를 확인하여 해당 자료인 "data6.txt" 파일을 선택한 후 [열기]를 클릭하여, 《텍스트 가져오기 마법사-6단계》를 진행한다. data6.txt 파일을 살펴보면 데이터 파일의 첫 번째 행에 변수 이름이 입력되어 있으므로 《텍스트 가져오기 마법사-2단계》에서 **변수 이름이 파일의 처음에 있습니까?**에서 **예**를 선택해야 한다.[변수보기] 상태에서 **레이블**, **값** 및 **결측값**을 지정한 다음 파일명을 **기출 6.sav**로 하여 저장한다.

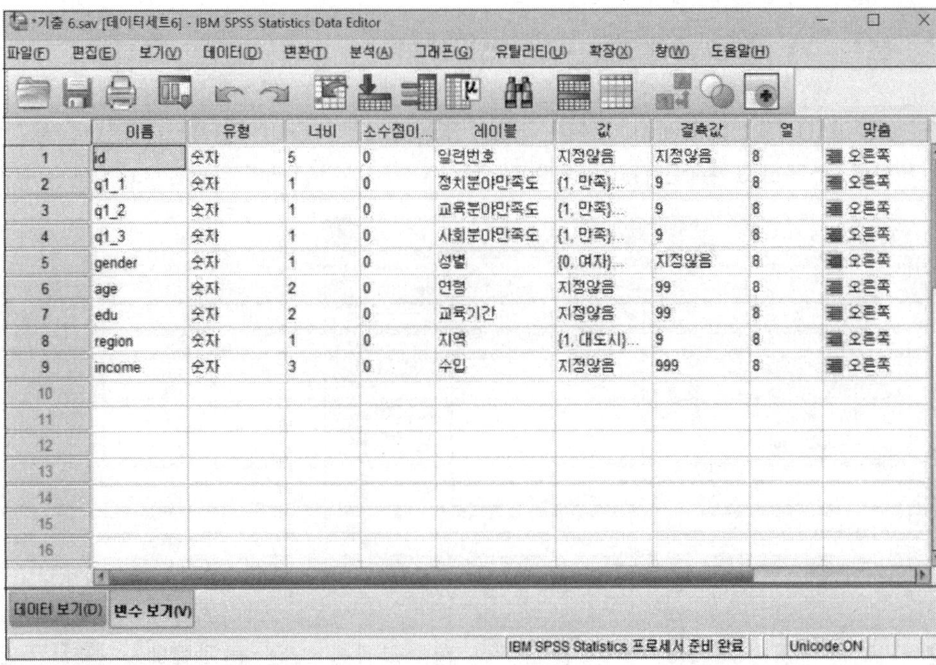

문제 1

데이터 파일의 코딩가이드를 참고하여 수입과 연령 변수에 대하여 이상한 값이 존재한다면 이상한 값의 해당 값을 결측(missing)으로 처리하라. 이후 분석에서는 모두 결측으로 처리한 값을 사용하라. 수입과 연령변수에서 결측치의 개수를 적으시오.

구분	결측치(Missing case) 수
수입	
연령	

1 수입(income)과 연령(age) 변수에 대한 이상값과 결측값을 확인하기 위하여 다음과 같은 빈도분석 메뉴를 선택한다.

분석 ➠ **기술통계량** ➠ **빈도분석**

2 **《빈도분석》** 대화상자에서 **변수**에 수입, 연령을 선택하여 ➡를 클릭한 다음 **빈도표 표시**를 선택하고 [확인]을 클릭한다.

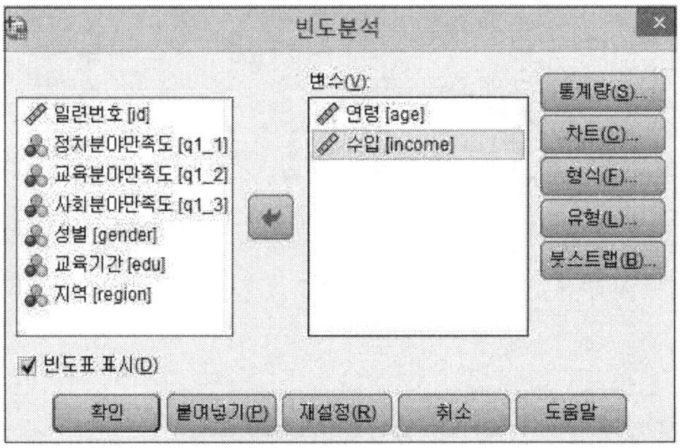

3 다음에 주어진 연령에 대한 빈도분석 출력결과를 보면 원자료에서 연령은 20세에서 49세 사이에만 존재해야 하는데 19세가 존재함을 알 수 있다. 이 값은 이상값으로 분석에서 제외되어야 한다. 마찬가지 방법으로 수입에 대한 빈도분석 결과를 살펴보면 수입은 71만원에서 546만원 범위 내에 모든 자료 값이 존재하여 이상값이 없는 것으로 판단된다. 따라서 이에 대한 빈도분석 결과를 생략하였다.

연령

		빈도	퍼센트	유효 퍼센트	누적 퍼센트
유효	19	1	.3	.3	.3
	20	1	.3	.3	.6
	21	4	1.3	1.3	1.9
	22	3	1.0	1.0	2.9
	23	3	1.0	1.0	3.9
	24	6	1.9	1.9	5.8
	25	12	3.8	3.9	9.7
	⋮				
	46	1	.3	.3	99.4
	47	1	.3	.3	99.7
	49	1	.3	.3	100.0
	전체	309	98.4	100.0	
결측	99	5	1.6		
전체		314	100.0		

4 연령에서 이상값 19를 가지고 있는 번호를 찾기 위해서 [데이터 보기] 상태에서 age를 선택한 후 다음의 메뉴를 선택한다.

편집 ➠ **찾기**

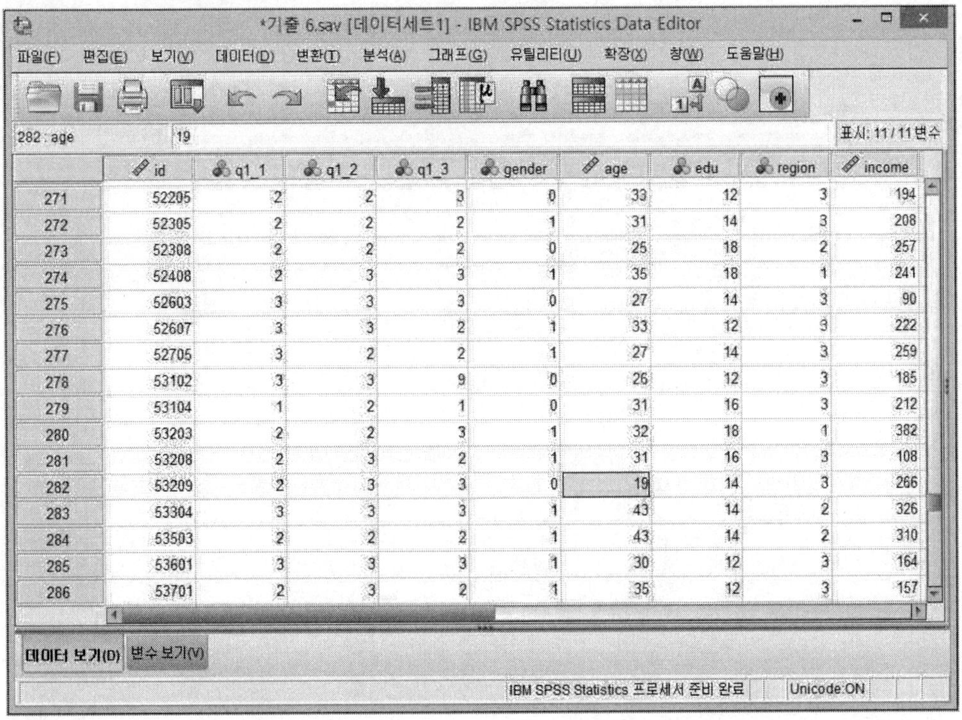

5 《찾기 및 바꾸기 - 데이터 보기》 대화상자가 나타나면, 찾기에 "19"를 입력하고 [다음찾기]를 클릭하면 282번째 데이터에 값 19가 존재함을 알 수 있다. 따라서 값 19를 99로 수정하여 결측으로 처리한 후 저장한다.

6 이상값 19를 결측으로 처리한 후 빈도분석을 다시 실시하면 다음과 같은 결과를 얻을 수 있다.

통계량

		연령	수입
N	유효	308	308
	결측	6	6

7 앞의 결과를 이용하면 다음과 같이 답안을 작성할 수 있다.

구분	결측치(Missing case) 수
수입	6
연령	6

문제 2

응답자의 연령에서 교육기간을 빼고 추가로 6년을 빼서 경력변수를 생성 후 경력에 대해 분석 실시 후 답란을 채우시오.

N	
최대값	
평균	
표준편차	

1 변수들의 연산을 통해서 **경력변수**라는 새로운 변수를 만들기 위하여 다음 메뉴를 선택한다.

변환 ➠ 변수 계산

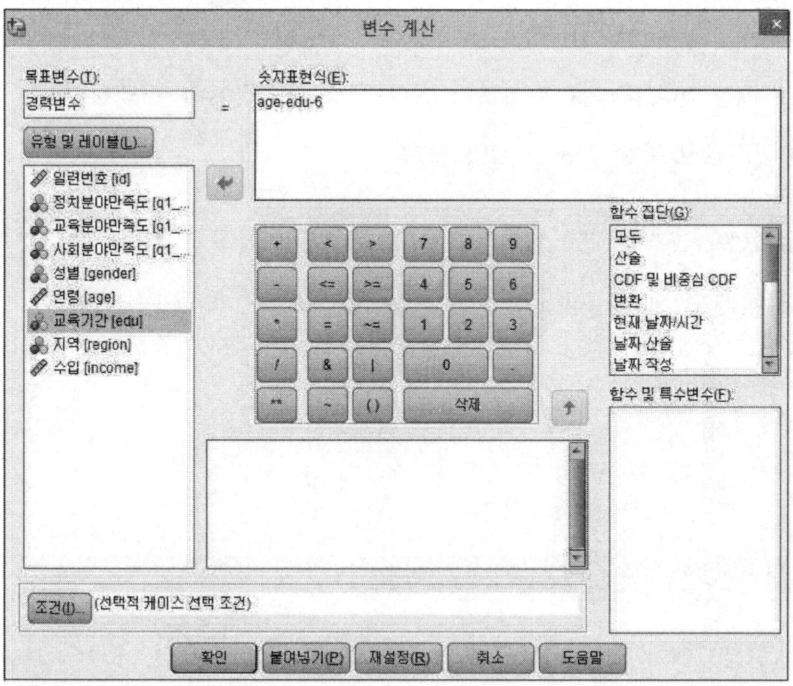

2 **《변수 계산》** 대화상자에서 **대상변수**에 **경력변수**를 입력하고 **숫자표현식**에 age-edu-b을 입력한 다음 [확인]을 클릭하면 다음과 같이 [데이터 보기] 창에 **경력변수**가 추가되었음을 확인할 수 있다.

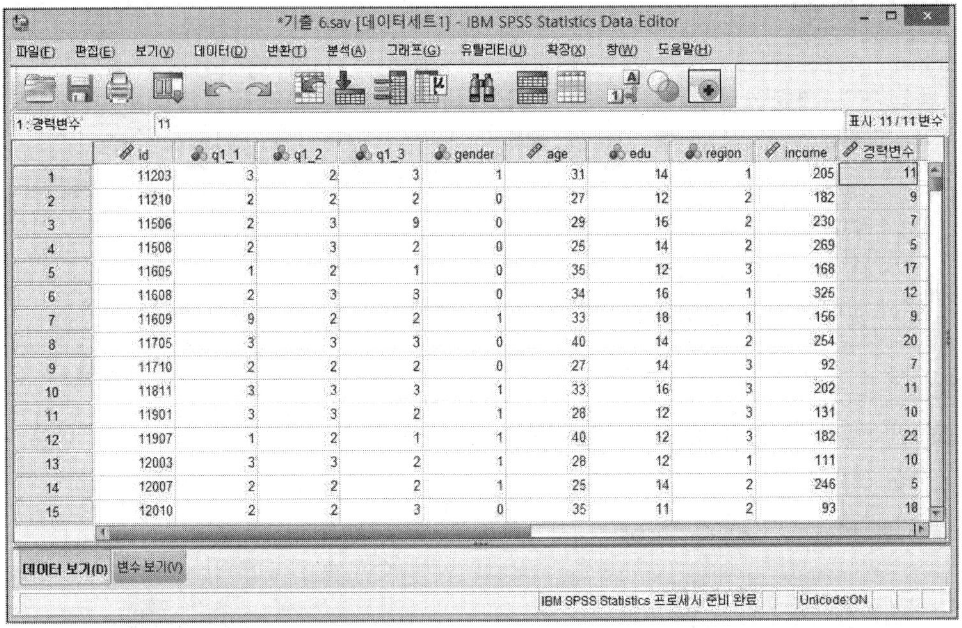

3 경력변수에 대한 빈도분석을 실시하기 위하여 다음의 메뉴를 선택한다.

분석 ➠ 기술통계량 ➠ 빈도분석

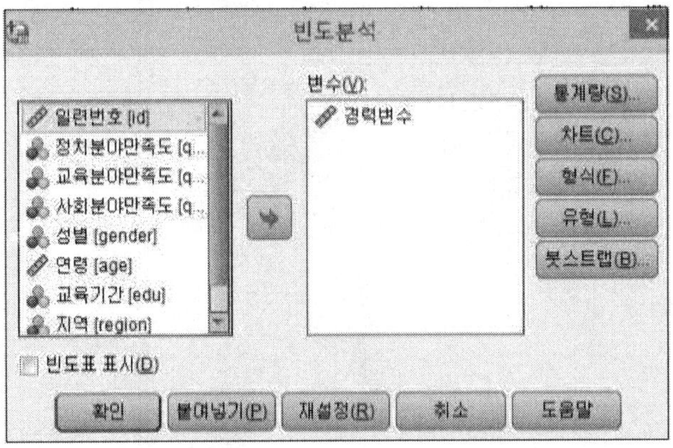

4 《**빈도분석**》 대화상자에서 **변수**에 경력변수를 선택하여 ➡를 클릭한 다음 [통계량]을 선택한다. 《**빈도분석: 통계량**》 대화상자에서 **최대값**, **평균**, **표준화 편차**를 선택한 후 [계속]을 클릭한다.

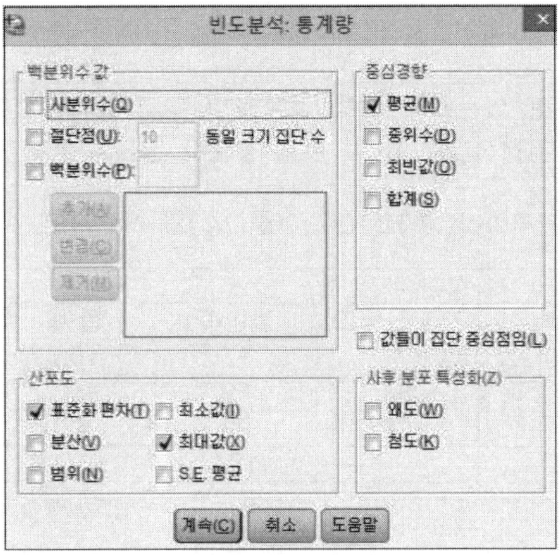

5 **《빈도분석》** 대화상자의 [확인]을 클릭하면 다음과 같은 통계량을 얻을 수 있다.

통계량

경력변수

N	유효	306
	결측	8
평균		11.61
표준화 편차		5.677
최대값		23

6 앞의 결과를 이용하면 다음과 같이 답안을 작성할 수 있다.

N	306
최대값	23
평균	11.61
표준편차	5.677

문제 3-1

연령대와 사회분야 만족도와 관련이 있는지에 대해 가설을 세우고 교차분석(이차원 분할표 분석)을 통하여 이를 검정하려고 한다. 다음 질문에 답하시오.

1) 다음 교차표의 빈칸을 채우고 귀무가설(H_0)과 대립가설(H_1)을 적으시오.

		사회분야 만족도			
		만족	그저그렇다	불만족	합계
연령대	20대	10			106
	30대		63	62	
	40대		22	23	52
	합계	32		124	

귀무가설(H_0) :

대립가설(H_1) :

1 연령을 연령대의 범주로 묶일 수 있도록 다른 변수로 코딩 변경하기 위해서 다음의 메뉴를 선택한다.

변환 ➡ **다른 변수로 코딩변경**

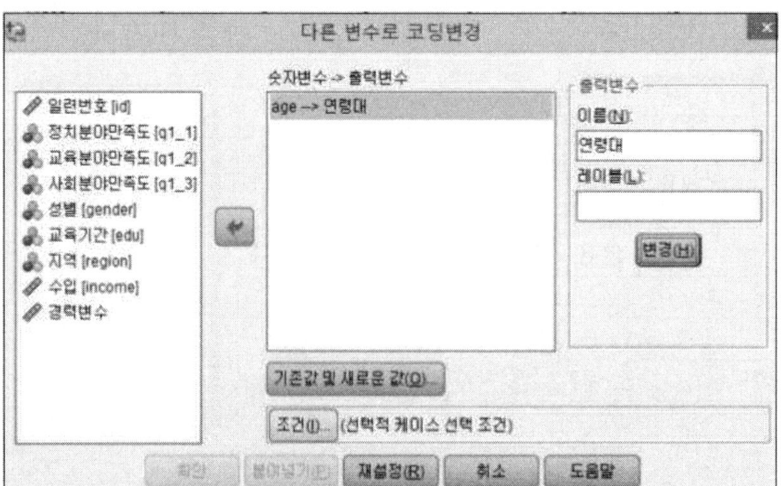

2 **《다른 변수로 코딩변경》** 대화상자가 나타나면, 왼쪽의 변수목록에서 변경하고자 하는 기존의 연령변수 즉, age를 선택한 다음 ➡를 클릭한다. **출력변수**에는 새롭게 코딩되는 변수의 이름인 연령대를 입력하고, [변경]을 클릭한 다음 [기존값 및 새로운 값]을 클릭한다.

3 [기존값 및 새로운 값]을 클릭하여 《**다른 변수로 코딩변경:기존값 및 새로운 값**》대화상자에 다음과 같은 순서대로 변경하는 절차를 수행한다.

① **기존값-범위(N)**에 20에서 29를 입력한 후 **새로운 값-값**에 1을 입력하고 [추가]를 클릭 - 20대

② **기존값-범위(N)**에 30에서 39를 입력한 후 **새로운 값-값**에 2를 입력하고 [추가]를 클릭 - 30대

③ **기존값-범위(N)**에 40에서 49를 입력한 후 **새로운 값-값**에 3을 입력하고 [추가]를 클릭 - 40대

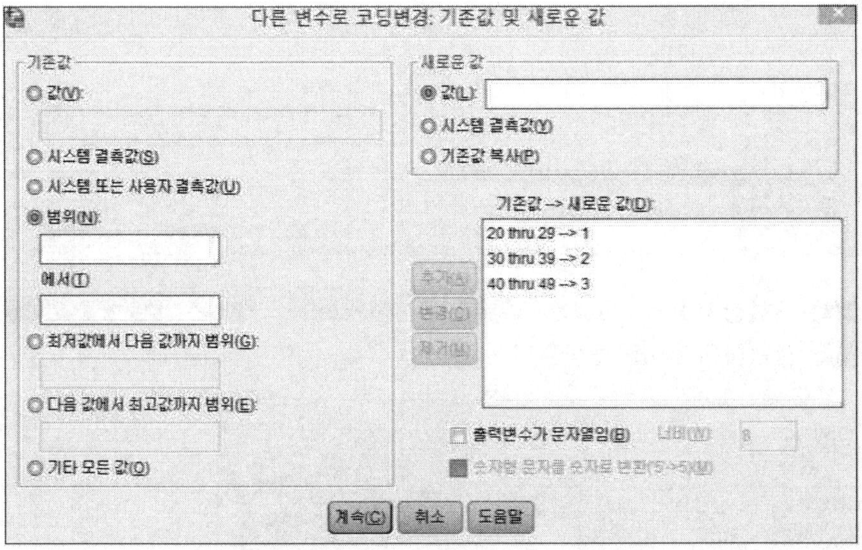

4 입력이 끝나면 [계속]을 누르고 나타나는《**다른 변수로 코딩변경**》대화상자에서 [확인]을 클릭한다. [데이터 보기] 창을 살펴보면 새로운 변수 연령대가 생성된 것을 확인할 수 있으며, 이 값은 연령대가 1인 경우에는 20대, 연령대가 2인 경우에는 30대, 3인 경우에는 40대를 의미한다. [변수보기] 상태에서 연령대의 값 **레이블**을 20대, 20대, 40대로 변경하자.

5 연령대와 사회분야 만족도와의 교차분석을 하기 위하여 다음의 메뉴를 선택한다.

분석 ➠ **기술통계량** ➠ **교차분석**

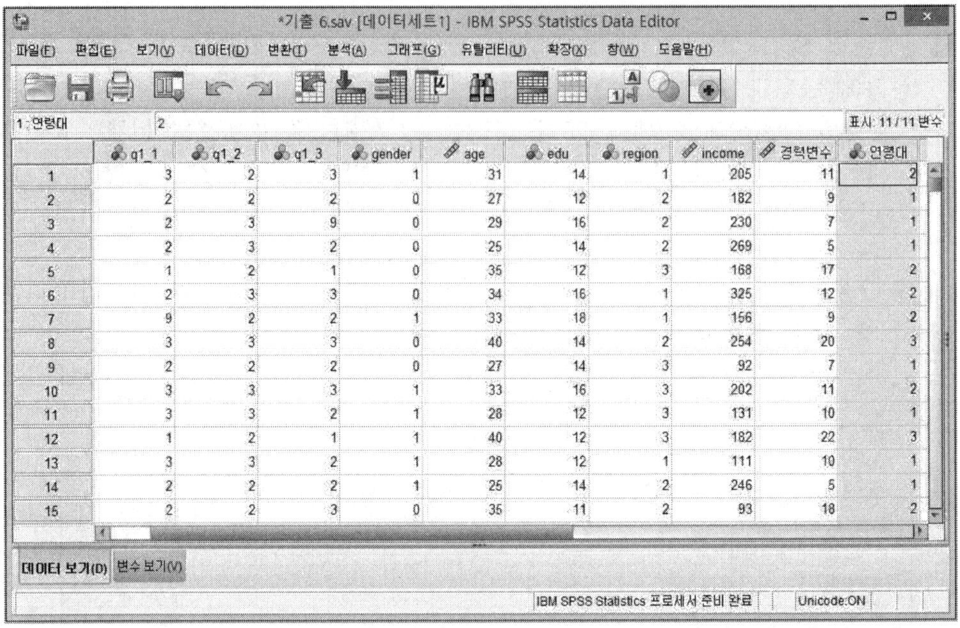

6 《교차분석》 대화상자에서 **행**에는 연령대를 선택하고, **열**에는 사회분야 만족도 [q1_3]를 선택하여 ➡를 클릭한다.

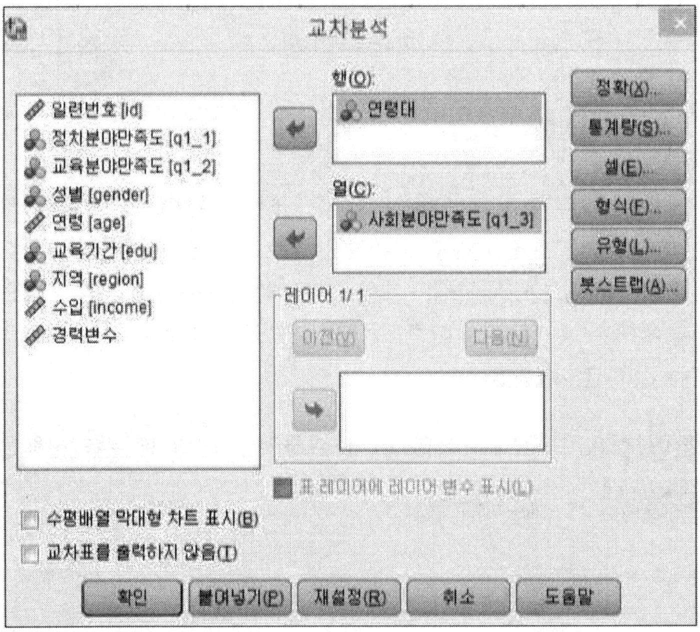

7 《교차분석》 대화상자의 [확인]을 클릭하면 다음과 같은 결과를 얻을 수 있다.

교차분석

케이스 처리 요약

	케이스					
	유효		결측		전체	
	N	퍼센트	N	퍼센트	N	퍼센트
연령대 * 사회분야만족도	298	94.9%	16	5.1%	314	100.0%

연령대 * 사회분야만족도 교차표

빈도

		사회분야만족도			전체
		만족	그저 그렇다	불만족	
연령대	20대	10	57	39	106
	30대	15	63	62	140
	40대	7	22	23	52
전체		32	142	124	298

8 앞의 결과를 이용하면 다음과 같이 답안을 작성할 수 있다.

	사회분야 만족도				
		만족	그저그렇다	불만족	합계
연령대	20대	10	57	39	106
	30대	15	63	62	140
	40대	7	22	23	52
	합계	32	142	124	298

9 연령대와 사회분야 만족도와 관련이 있는지를 검정하기 위한 가설을 다음과 같이 설정할 수 있다.

귀무가설(H_0) : 연령대와 사회분야 만족도 사이에는 관련이 없다.

대립가설(H_1) : 연령대와 사회분야 만족도 사이에는 관련이 있다.

문제 3-2

2) 교차분석(이차원 분할표 분석)을 실시하고 답란의 빈칸에 분석 결과를 적으시오.

Pearson Chi-Square	자유도(df)	유의확률(2-sided)
	4	

1 《교차분석》 대화상자에서 교차분석을 위한 검정통계량 값을 구하기 위하여 [통계량]을 클릭한다. 《교차분석:통계량》 대화상자가 나타나면, 카이제곱을 선택하고, [계속]을 클릭한다.

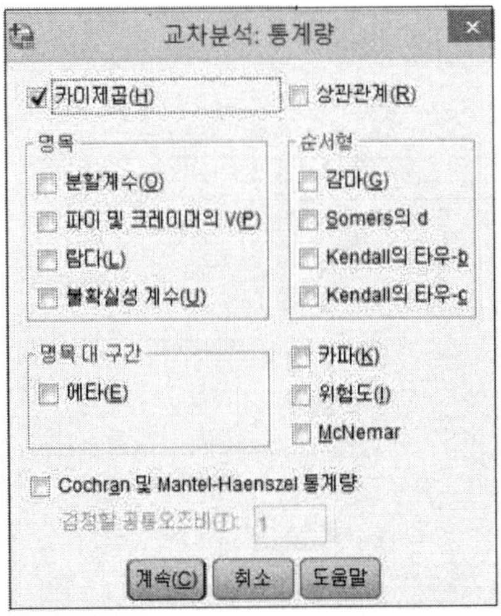

2 《교차분석》 대화상자의 [확인]을 클릭하면 다음과 같은 카이제곱 검정 결과를 얻을 수 있다.

카이제곱 검정

	값	자유도	근사 유의확률 (양측검정)
Pearson 카이제곱	2.797[a]	4	.592
우도비	2.777	4	.596
선형 대 선형결합	.212	1	.645
유효 케이스 수	298		

a. 0 셀 (0.0%)은(는) 5보다 작은 기대 빈도를 가지는 셀입니다. 최소 기대빈도는 5.58입니다.

3 앞의 결과를 이용하면 다음과 같이 답안을 작성할 수 있다.

Pearson Chi-Square	자유도(df)	유의확률(2-sided)
2.797	4	0.592

문제 3-3

3) 위의 [문제 3-1]의 가설과 [문제 3-2]의 분석 결과를 해석하시오.

1 연령대와 사회분야 만족도와 관련이 있는지에 대해 검정하기 위하여 설정한 귀무가설과 대립가설은 다음과 같다.

귀무가설(H_0) : 연령대와 사회분야 만족도 사이에는 관련이 없다.

대립가설(H_1) : 연령대와 사회분야 만족도 사이에는 관련이 있다.

2 카이제곱 검정 결과 Pearson 카이제곱 검정통계량 값은 2.797이고, 이때의 유의확률 값이 0.592로 유의수준 0.05보다 크기 때문에 귀무가설을 기각하지 못한다. 따라서 연령대와 사회분야 만족도 사이에는 관련이 없다고 할 수 있다.

문제 4-1

"교육기간"과 "수입"의 상관관계를 구하시오.

1) 다음 원칙에 따라 상관관계를 분석을 실시하고 답란의 표를 완성하시오.
 - Pearson 상관계수를 구할 것
 - 양측 검정을 실시할 것

	수입(원)	
	상관계수	유의확률
교육기간		

1 교육기간과 수입의 상관계수를 구하기 위해서 다음 메뉴를 선택한다.

분석 ➡ **상관분석** ➡ **이변량 상관**

2 《**이변량 상관계수**》 대화상자의 변수목록에서 교육기간, 수입 변수를 선택하여 ➡를 클릭한다. **상관계수**는 변수값들이 연속형 자료인 경우 피어슨의 상관계수를 사용해야 하므로 **Pearson** 을 선택하고, **유의성 검정**은 디폴트인 **양쪽**을 클릭한다.

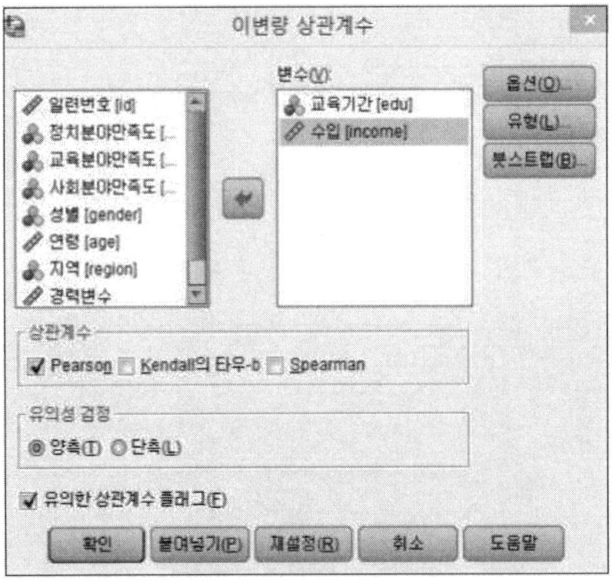

3 《이변량 상관계수》 대화상자의 [확인]을 클릭하면 상관분석 결과를 얻을 수 있다.

상관관계

		교육기간	수입
교육기간	Pearson 상관	1	.334**
	유의확률 (양측)		.000
	N	312	306
수입	Pearson 상관	.334**	1
	유의확률 (양측)	.000	
	N	306	308

**. 상관관계가 0.01 수준에서 유의합니다(양측).

4 앞의 결과를 이용하면 다음과 같이 답안을 작성할 수 있다.

	수입(원)	
	상관계수	유의확률
교육기간	0.334	0.000

문제 4-2

2) [문제 4-1]의 상관관계 분석 결과를 해석하시오.

1 교육기간과 수입의 피어슨 상관계수 값은 0.334이고, 유의확률이 0.000으로 통계적으로 매우 유의함을 알 수 있다.

문제 5-1

응답자의 지역(대도시, 중소도시, 군소지역의 3집단)에 따라 "수입" 평균에 차이가 있는지에 대해 검정하려고 한다. 이를 위하여 다음 가설을 세우고 일원배치 분산분석(One-way-ANOVA)을 통하여 가설을 검정하고 한다. 다음 질문에 답하시오.

1) 독립변수와 종속변수를 구분하시오.
- 독립변수 :
- 종속변수 :

1 **지역**에 따라 **수입** 평균에 차이가 있는지에 대해 검정하기 위해서 독립변수와 종속변수를 다음과 같이 구분한다.

독립변수 : 지역

종속변수 : 수입

문제 5-2

2) 일원배치 분산분석(One-way-ANOVA) 결과 중 다음의 빈칸을 채우시오.
- 기술통계

	구분	평균	N	표준편차
지역	대도시	246.33	80	
	중소도시		115	82.364
	군소도시	214.57		
합계		234.09		

- ANOVA

	제곱합	자유도	평균제곱	F	유의확률
그룹간			32483.024	4.569	0.011
그룹내			7108.889		

1 **지역**에 따라 **수입** 평균에 차이가 있는가를 검정을 하기 위해서 다음과 같은 메뉴를 선택한다.

분석 ➠ **평균비교** ➠ **일원배치 분산분석**

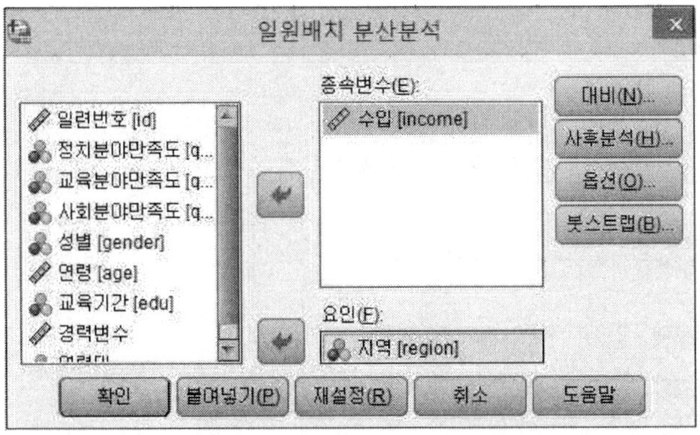

2 《일원배치 분산분석》 대화상자에서 **종속변수**에는 수입을, **요인**에는 지역을 선택한다. 그리고 [옵션]을 선택하여 얻어지는 《일원배치 분산분석:옵션》 대화상자에서 **통계량**의 **기술통계**를 선택하고 [계속]을 클릭한다.

3 《일원배치 분산분석》 대화상자의 [확인]을 클릭하면 다음 결과를 얻을 수 있다.

기술통계

수입

	N	평균	표준화 편차	표준화 오류	평균에 대한 95% 신뢰구간		최소값	최대값
					하한	상한		
대도시	80	246.33	103.347	11.555	223.33	269.32	71	546
중소도시	115	244.07	82.364	7.681	228.85	259.28	73	536
군소도시	109	214.57	69.565	6.663	201.36	227.78	73	366
전체	304	234.09	85.302	4.892	224.46	243.71	71	546

ANOVA

수입

	제곱합	자유도	평균제곱	F	유의확률
집단-간	64966.049	2	32483.024	4.569	.011
집단-내	2139775.727	301	7108.889		
전체	2204741.776	303			

4 앞의 결과를 이용하면 다음과 같이 답안을 작성할 수 있다.

	구분	평균	N	표준편차
지역	대도시	246.33	80	103.347
	중소도시	244.07	115	82.364
	군소도시	214.57	109	69.565
합계		234.09	304	85.302

	제곱합	자유도	평균제곱	F	유의확률
그룹간	64,966.049	2	32,483.024	4.569	0.011
그룹내	2,139,775.7	301	7,108.889		

문제 5-3

3) 위의 [문제 5-2]의 결과를 해석하시오,

1 지역에 따라 수입 평균에 차이가 있는지를 검정하기 위하여 설정한 귀무가설과 대립가설은 다음과 같다.
귀무가설 : 지역에 따라 수입 평균에 차이가 없다.
대립가설 : 지역에 따라 수입 평균에 차이가 있다.

2 귀무가설에 대한 F-검정 결과, 검정통계량 값은 4.569이고, 이때의 유의확률 값은 0.011로 유의수준 0.05보다 작기 때문에 귀무가설을 기각한다. 따라서 지역에 따라 수입 평균에 차이가 있다고 할 수 있다.

문제 6-1

독립변수 중 경력과 성별변수를 통제한 후 교육기간이 수입에 영향을 미치는 정도를 알아보기 위해 다중회귀분석을 실시하고자 한다.

1) 회귀분석 실시 후 빈칸을 채우시고 결정계수를 구한 후 해석하시오.

	제곱합	자유도	평균제곱	F	유의확률
모형		3			
잔차		296			
합계					

- 결정계수 :
- 해석 :

1 다중회귀분석을 실시하기 위하여 다음 메뉴를 선택한다.

분석 ➠ **회귀분석** ➠ **선형**

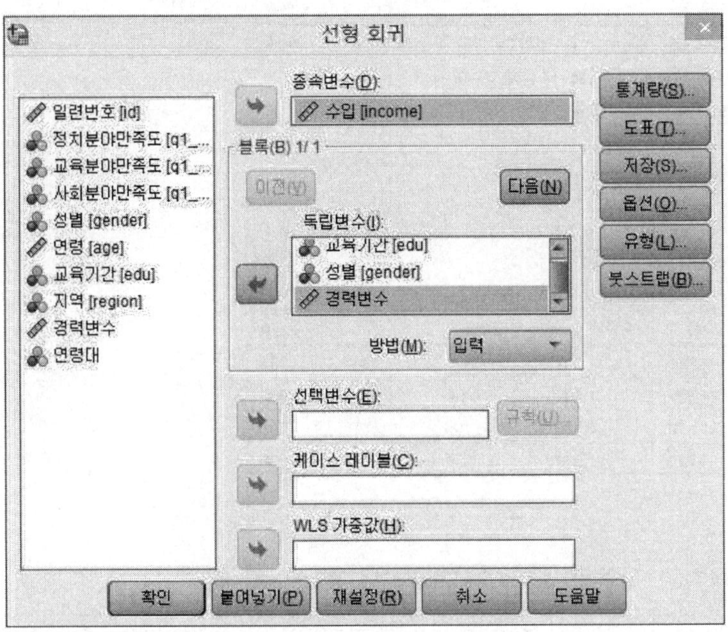

2 **《선형 회귀》** 대화상자에서 **종속변수**에는 수입을 선택하고, **독립변수**에는 교육기간, 성별, 경력변수를 각각 선택하여 ➡를 클릭한다. **방법**에서는 변수를 선택하기 위한 방법을 지정해야 하는데, 회귀모형에 독립변수 세 개를 모두 포함시키기 위해서 **입력**을 지정한다.

3 《**선형 회귀**》 대화상자의 [확인]을 클릭하면 다음과 같은 결과를 얻을 수 있다.

회귀

입력/제거된 변수[a]

모형	입력된 변수	제거된 변수	방법
1	경력변수, 성별, 교육기간[b]	.	입력

a. 종속변수: 수입

b. 요청된 모든 변수가 입력되었습니다.

모형 요약

모형	R	R 제곱	수정된 R 제곱	추정값의 표준오차
1	.408[a]	.167	.158	78.929

a. 예측자: (상수), 경력변수, 성별, 교육기간

ANOVA[a]

모형		제곱합	자유도	평균제곱	F	유의확률
1	회귀	369243.123	3	123081.041	19.757	.000[b]
	잔차	1843998.513	296	6229.725		
	전체	2213241.637	299			

a. 종속변수: 수입

b. 예측자: (상수), 경력변수, 성별, 교육기간

계수[a]

모형		비표준화 계수		표준화 계수		
		B	표준화 오류	베타	t	유의확률
1	(상수)	11.783	31.010		.380	.704
	교육기간	11.659	1.905	.342	6.121	.000
	성별	17.979	9.572	.103	1.878	.061
	경력변수	3.239	.820	.215	3.952	.000

a. 종속변수: 수입

4 앞의 결과를 이용하면 다음과 같이 답안을 작성할 수 있다.

	제곱합	자유도	평균제곱	F	유의확률
모형	369,243.123	3	123,081.041	19.757	0.000
잔차	1,843,998.513	296	6,229.725		
합계	2,213,241.637	299			

- 결정계수 : 0.167
- 해석 : *ANOVA* 부분을 살펴보면 검정통계량 F값이 19.757이고, 이때의 유의확률 값이 0.000으로 적합된 선형회귀모형이 통계적으로 유의하다고 할 수 있다. 결정계수 값은 0.167이며, 추정된 회귀직선이 전체 자료를 16.7% 정도 설명한다고 할 수 있다.

문제 6-2

2) 아래 빈칸을 채우시고 회귀계수를 산출하고 회귀방정식을 구한 후 해석하시오.

구분	회귀계수 추정치 "B"	t	유의확률
상수항			
교육기간			
성별			
경력			

- 회귀식 :
- 결과 해석 :

1 앞의 결과를 이용하면 다음과 같이 답안을 작성할 수 있다.

구분	회귀계수 추정치 "B"	t	유의확률
상수항	11.783	0.380	0.704
교육기간	11.659	6.121	0.000
성별	17.979	1.878	0.061
경력	3.239	3.952	0.000

- 회귀식 :

$$(\widehat{\text{수입}}) = 11.738 + 11.659 \times (\text{교육기간}) + 17.979 \times (\text{성별}) + 3.239 \times (\text{경력})$$

(성별=1이면 남자, 성별=0이면 여자)

- 결과 해석 : **경력** 변수와 **성별**이 주어진 경우에 **교육기간**에 대한 추정된 회귀계수가 11.659이고, 이때의 유의확률이 매우 작아서 **교육기간**은 **수입**에 통계적으로 매우 유의한 영향을 미치는 것으로 나타났다.

부 록

spss 분석에 사용된 자료

자료파일 목록

사회조사분석사란?

사회조사분석사 시험 출제기준

응시자격 및 검정기준과 검정방법

spss 분석에 사용된 자료

변수명	변수 설명	변수 코드
반	반	1반=1 ; 2반=2
번호	번호	-
이름	이름	-
성별	성별	남자=1 ; 여자=2
전공	학생들의 전공	통계=1 ; 수학=2
통학방법	통학방법	대중교통=1 ; 도보=2; 자가용=3
나이	나이	-
지역	출신 고등학교 지역	서울=1 ; 광역시=2 ; 지방=3
P1	성공적인 취업을 위해서 우선적으로 필요하다고 생각되는 항목 1	학점=1 ; 자격증=2 ; 외국어역량=3 ; 공모전, 인턴쉽=4 ; 봉사, 대외활동=5
P2	성공적인 취업을 위해서 우선적으로 필요하다고 생각되는 항목 2	
IQ1	지능지수를 향상시키기 위한 프로그램 연수 전 지능지수	-
IQ2	지능지수를 향상시키기 위한 프로그램 연수 후 지능지수	-
키	단위(cm)	-
몸무게	단위(kg)	-
허리둘레	단위(inch)	-
언어영역	언어영역 점수	-
수리영역	수리영역 점수	-
평점	대학 평점	-

※ 통학방법은 2반 학생들에게만 조사되었음.

자료 a1 1반 학생들의 일반사항 및 설문조사 결과와 지능지수

반	번호	이름	성별	전공	나이	지역	P1	P2	IQ1	IQ2
1	1	김승현	1	1	20	1	1	2	125	135
1	2	최경희	2	2	20	2	1	2	118	121
1	3	강희영	2	2	20	1	1	2	125	128
1	4	이남석	1	2	20	3	1	3	127	125
1	5	이주형	1	2	21	1	1	2	118	115
1	6	한상철	1	1	20	3	1	2	106	116
1	7	김호준	1	1	20	2	2	3	98	105
1	8	김선영	2	1	22	1	1	2	114	116
1	9	정동준	1	1	20	3	1	2	132	130
1	10	이수미	2	2	20	2	1	3	105	110
1	11	이정아	2	2	21	3	1	2	126	128
1	12	한경기	1	1	21	3	1	2	139	138
1	13	김숙희	2	1	22	1	1	2	137	135
1	14	한미라	2	2	20	2	1	2	107	115
1	15	임철민	1	1	25	2	2	3	139	142
1	16	이민아	2	2	20	2	1	2	105	110
1	17	이정희	2	2	21	3	1	2	126	128
1	18	김승수	1	1	20	1	1	2	125	135
1	19	최희경	2	2	20	2	1	2	118	121
1	20	강희라	1	2	20	1	2	3	125	128
1	21	이남칠	1	2	20	3	1	3	127	125
1	22	이형주	1	2	21	1	2	4	118	115
1	23	한철수	1	1	20	3	1	3	106	116
1	24	이호준	1	1	20	2	2	3	98	105
1	25	김선아	2	1	22	1	1	3	114	116
1	26	한동준	1	1	20	3	1	4	132	130
1	27	이수리	1	2	20	2	1	3	105	110
1	28	허정희	2	2	21	3	1	2	126	128
1	29	최경기	1	1	21	3	1	2	139	138
1	30	김희라	2	1	22	1	2	3	137	135
1	31	한미향	2	2	20	2	1	3	107	115
1	32	임철진	1	1	25	2	2	4	139	142

자료 a2 1반 학생들의 신체정보와 성적

반	번호	키	몸무게	허리둘레	언어영역	수리영역	평점
1	1	165.5	63	31	80	77	3.4
1	2	159.1	59	26	70	68	3.4
1	3	162.5	54	25	66	80	3.4
1	4	164.0	61	31	87	72	3.4
1	5	174.6	60	30	70	69	3.2
1	6	176.5	74	27	78	81	3.2
1	7	177.7	76	31	75	63	3.4
1	8	153.2	45	25	83	70	3.6
1	9	173.5	80	31	85	73	3.5
1	10	159.0	53	26	60	79	3.2
1	11	154.0	48	25	66	78	3.6
1	12	163.0	56	28	90	85	4.1
1	13	160.2	50	25	74	92	3.8
1	14	161.5	54	28	79	84	2.9
1	15	170.0	71	30	95	92	3.8
1	16	151.4	52	24	60	79	3.8
1	17	164.1	56	25	73	78	3.2
1	18	176.2	79	29	80	77	2.8
1	19	165.7	55	27	68	68	3.5
1	20	157.2	59	25	79	80	3.2
1	21	168.8	62	29	87	72	3.0
1	22	168.7	75	29	65	69	2.7
1	23	169.7	72	32	80	81	4.0
1	24	165.9	58	29	75	63	3.1
1	25	165.0	50	27	83	70	3.9
1	26	180.0	77	34	85	73	3.9
1	27	162.1	54	24	60	79	3.3
1	28	161.3	58	27	73	78	4.1
1	29	172.0	80	30	90	85	3.8
1	30	169.7	58	24	67	92	3.1
1	31	162.7	52	25	79	84	3.5
1	32	173.1	69	30	95	92	3.6

자료 a3 2반 학생들의 일반사항 및 설문조사 결과와 지능지수

반	번호	이름	성별	통학방법	전공	나이	지역	P1	P2	IQ1	IQ2
2	1	강성혁	1	1	1	21	1	1	3	127	129
2	2	정수진	2	1	2	22	1	2	3	140	145
2	3	김수민	2	2	1	23	2	2	3	120	117
2	4	정선미	2	1	1	21	1	1	3	123	125
2	5	조영기	1	1	2	20	3	2	4	116	120
2	6	강은주	2	1	1	21	3	1	3	124	128
2	7	전지영	2	2	2	21	2	2	3	137	139
2	8	정희숙	2	1	1	22	3	2	3	127	130
2	9	강난희	2	2	1	20	1	1	4	111	121
2	10	나석영	1	2	1	21	3	1	3	145	146
2	11	유승진	1	1	1	21	2	2	3	124	126
2	12	김윤정	2	2	2	22	2	2	3	125	128
2	13	홍석철	1	1	1	23	1	2	3	127	130
2	14	이순철	1	1	1	21	3	2	4	125	126
2	15	김수진	2	1	2	20	2	2	4	109	117
2	16	유진수	1	1	1	21	2	2	4	124	126
2	17	김윤아	2	3	2	22	2	2	3	125	128
2	18	이강혁	1	1	1	21	1	2	5	127	129
2	19	정수라	2	1	2	22	1	2	4	140	145
2	20	김민혁	1	3	1	23	2	2	3	120	117
2	21	정선희	2	1	1	21	1	2	4	123	125
2	22	조영환	1	1	2	20	3	2	5	116	120
2	23	강은희	2	1	1	21	3	2	4	124	128
2	24	전지희	2	3	2	21	2	2	5	137	139
2	25	정희라	2	1	1	22	3	2	4	127	130
2	26	강희란	2	2	1	20	1	2	5	111	121
2	27	나영석	1	2	1	21	3	1	2	145	146
2	28	허승미	2	1	1	21	2	1	2	124	126
2	29	강윤정	2	3	2	22	2	2	5	125	128
2	30	이석철	1	1	1	23	1	2	3	127	130
2	31	김순철	1	1	1	21	3	1	3	125	126
2	32	김진미	2	1	2	20	2	1	2	109	117

자료 a4 2반 학생들의 신체정보와 성적

반	번호	키	몸무게	허리둘레	언어영역	수리영역	평점
2	1	174.5	67	29	89	72	3.6
2	2	163.5	48	25	90	88	3.9
2	3	174.0	75	30	74	76	3.9
2	4	166.4	61	24	78	78	4.1
2	5	174.7	71	31	82	89	3.9
2	6	159.2	63	25	77	75	3.9
2	7	164.2	50	26	75	84	3.7
2	8	157.5	50	27	81	90	4.2
2	9	164.3	57	26	75	81	3.5
2	10	167.6	70	31	77	95	3.5
2	11	172.0	79	28	89	72	3.7
2	12	166.7	55	24	91	88	4.1
2	13	184.2	84	33	72	75	3.6
2	14	182.1	77	35	80	77	3.5
2	15	158.6	48	24	72	83	3.7
2	16	184.6	78	27	89	72	3.4
2	17	163.8	52	26	91	88	4.2
2	18	174.0	62	29	89	72	3.0
2	19	157.0	50	26	90	88	4.0
2	20	175.5	77	32	74	76	4.0
2	21	160.0	60	23	80	78	3.7
2	22	172.5	74	33	82	89	3.7
2	23	154.3	47	24	77	75	3.9
2	24	160.1	53	27	75	84	3.8
2	25	154.1	60	27	81	90	3.9
2	26	170.3	63	26	75	81	3.5
2	27	165.6	75	28	77	95	3.9
2	28	176.7	80	32	89	72	3.8
2	29	176.1	62	30	91	88	3.1
2	30	176.7	70	29	79	75	3.8
2	31	174.0	66	32	80	77	3.6
2	32	156.0	55	26	72	83	3.8

자료파일 목록

본 교재에서 사용되는 모든 데이터 파일은 자유아카데미 **홈페이지 (www.freeaca.com)의 자료실 : 데이터 파일**에서 다운로드 받을 수 있으며, 각 파일의 이름과 파일 형식에 대한 정보는 다음과 같다.

	파일명	파일 형식	구분자	비고
chapter 1	a1.sav	spss	-	
	a2.txt	텍스트	공백	
	a3.xlsx	엑셀		변수명 포함
	a4.txt	텍스트	고정너비	
chapter 2	분석자료.sav	spss		
chapter	추가자료.xlsx	엑셀	-	변수명 포함
chapter 11	환경자료.sav	spss	-	
기출문제 1	성적.txt	텍스트	공백	
기출문제 2	q1.dat	텍스트	탭	변수명 포함
	q2.dat	텍스트	탭	변수명 포함
기출문제 3	건강상태.txt	텍스트	탭	변수명 포함
기출문제 4	만족도.txt	텍스트	공백	
기출문제 5	data5.txt	텍스트	탭	
기출문제 6	data6.txt	텍스트	탭	변수명 포함

사회조사분석사란?

사회조사분석사란 다양한 사회정보의 수집·분석·활용을 담당하는 새로운 직종으로 기업, 정당, 지방자치단체, 중앙정부 등 각종 단체의 시장조사 및 여론조사 등에 대한 계획을 수립하고 조사를 수행하며 그 결과를 분석, 보고서를 작성하는 전문가이다. 지식 사회조사를 완벽하게 끝내기 위해서는 '사회조사방법론'은 물론이고 자료분석을 위한 '통계지식', 통계분석을 위한 '통계패키지프로그램' 이용법 등을 알아야 한다. 또, 부가적으로 알아야 할 분야는 마케팅관리론이나 소비자행동론, 기획론 등의 주변 관련분야로 이는 사회조사의 많은 부분이 기업과 소비자를 중심으로 발생하기 때문이다. 사회조사분석사는 보다 정밀한 조사업무를 수행하기 위해 관련분야를 보다 폭넓게 경험하는 것이 중요하다.

사회조사분석사가 수행해야 할 직무는 기업, 정당, 정부 등 각종단체의 시장조사 및 여론조사 등에 대한 계획을 수립하여 조사를 수행하고 그 결과를 통계처리 및 분석보고서를 작성하는 것이다,

사회조사분석사 시험은 현재 한국산업인력공단에 위탁하여 시행되고 있으며, 사회조사분석사 시험에 필요한 정보를 제공하는 관련기관과 인터넷 싸이트는 다음과 같다.

- 한국통계학회(www.kss.or.kr)
- 한국조사연구학회(www.kasr.or.kr)
- 대한통계협회(www.stat.or.kr)
- 사회조사분석사 홈페이지(sa.stat.or.kr)

사회조사분석사 시험 출제기준

사회조사분석사 시험은 1급과 2급으로 구분되며, 각 시험은 필기시험과 실기시험으로 나뉘어 시행된다. 사회조사분석사 1급 시험의 경우 1차 시험인 필기시험 과목은 고급조사방법론 Ⅰ, Ⅱ와 고급통계처리 및 분석이며, 2차 시험인 실기시험 과목은 사회조사분석 실무이다. 2급 시험은 1차 필기시험 과목은 질문지설계 및 자료수집에 관련된 조사방법론 Ⅰ과 표본수집 및 측정에 관련된 조사방법론 Ⅱ 및 사회통계이며, 2차 실기시험은 설문작성방법과 단순통계처리 및 분석에 관련된 사회조사분석 실무 과목이다. 1차 필기시험은 모두 4지 택일형의 객관식 문항으로 구성되며, 각각 100문항으로 출제된다. 사회조사분석사 1, 2급 시험과목과 검정방법을 표로 요약하면 다음과 같다.

	구분	시험과목	검정방법
1급	필기 (1차)	고급조사방법론(Ⅰ.Ⅱ) 고급통계처리 및 분석	객관식 (4지 택일형)
	실기 (2차)	사회조사분석 실무	
2급	필기 (1차)	조사방법론(Ⅰ.Ⅱ) 사회통계	객관식 (4지 택일형)
	실기 (2차)	사회조사분석 실무 (설문작성, 단순통계처리 및 분석)	

사회조사분석사 1급 및 2급 시험의 필기시험과 실기시험의 시험과목별 주요항목과 세부항목을 살펴보면 다음과 같다.

사회조사분석사 1급

고급조사방법론 1 (30문항) - 필기

주요항목	세부항목	세세항목
과학적 연구의 개념	과학적 연구의 의미	- 과학적 연구의 의미 - 과학적 연구의 논리체계
	과학적 연구의 목적과 유형	- 과학적 연구의 목적과 접근방법 - 과학적 연구의 유형
	과학적 연구의 절차와 계획	- 과학적 연구의 절차 - 과학적 연구의 분석단위
	연구문제 및 가설	- 연구문제의 의미와 유형 - 이론 및 가설의 개념
	조사윤리와 개인정보보호	- 조사윤리의 의미 - 개인정보보호의 의미
조사 설계	설명적 조사 설계	- 설명적 조사 설계의 기본원리
	기술적 조사 설계	- 기술적 조사 설계의 개념 - 횡단면적 조사 설계의 개념과 유형 - 내용분석의 의미
	질적 연구의 조사 설계	- 질적 연구의 개념과 목적 - 행위연구 설계의 의미 - 사례연구 설계의 의미
자료수집방법	자료의 종류와 수집방법의 분류	- 자료의 종류 - 자료수집방법의 분류
	질문지법의 이해	- 질문지법의 의의 - 질문지 작성 - 질문지 적용방법
	관찰법의 이해	- 관찰법의 이해 - 관찰법의 유형 - 관찰법의 장단점
	면접법의 이해	- 면접법의 의미 - 면접법의 종류 - 집단면접 및 심층면접의 개념
조사의 이용	조사평가	- 조사평가의 중요성 - 조사평가의 절차
	보고서 작성	- 보고서의 의의 - 보고서 작성의 사전작업 - 보고서 작성시 유의점 - 보고서 내용 - 자료의 제시와 도표화

고급조사방법론 II(30문항) - 필기

주요항목	세부항목	세세항목
개념과 측정	개념, 구성개념, 개념적 정의	- 개념 및 구성개념 - 개념적 정의
	변수와 조작적 정의	- 변수의 개념 및 종류 - 개념적, 조작적 정의
	변수의 측정	- 측정의 개념 - 측정의 수준과 척도
	측정도구와 척도의 구성	- 측정도구 및 척도의 의미 - 척도구성방법 - 척도분석의 방법
	지수(index)의 의미	- 지수(index)의 의미와 작성방법 - 사회지표의 종류
측정의 타당성과 신뢰성	측정오차의 의미	- 측정오차의 개념 - 측정오차의 종류
	타당성의 의미	- 타당성의 개념 - 타당성의 종류
	신뢰성의 의미	- 신뢰성의 개념 - 신뢰성 추정방법 - 신뢰성 제고방안
표본 설계	표본추출의 의미	- 표본추출의 기초개념 - 표본추출의 이점
	표본추출의 설계	- 표본추출설계의 의의 - 확률표본추출방법 - 비확률표본추출방법
	표본추출오차와 표본크기의 결정	- 표본추출 오차와 비표본추출 오차의 개념 - 표본추출 오차의 크기 및 적정 표본크기의 결정
자료의 처리	자료의 코딩 및 입력	- 코딩의 개념 - 코드범주 만들기 - 코드북 만들기
	데이터클리닝	- 유효코드 클리닝 - 상황적 클리닝 - 가중치 부여 - 결측치 처리
	자료매칭	- 자료매칭의 의미 - 자료매칭의 종류와 방법

고급통계처리 및 분석(40문항) - 필기

주요항목	세부항목	세세항목
추정	점추정	- 모평균, 모비율, 모분산의 추정
	구간추정	- 모평균, 모비율, 모분산의 구간추정 - 두 모집단의 평균차의 추정 - 대응모집단의 평균차의 추정 - 표본크기의 결정
가설검정	가설검정의 기초	- 가설검정의 개념 - 가설검정의 오류
	단일모집단의 가설검정	- 모평균, 모비율, 모분산의 가설검정
	두 모집단의 가설검정	- 두 모집단평균의 가설검정 - 대응 모집단의 평균차의 가설검정 - 두 모집단비율의 가설검정 - 두 모분산 비의 가설검정
분산분석	분산분석의 개념	- 분산분석의 기본가정 - 변량모형 및 혼합모형과 다원 배치법
	일원분산분석	- 일원분산분석의 의의 - 일원분산분석의 전개과정
	이원분산분석	- 이원분산분석의 의의 - 이원분산분석의 전개과정
회귀분석	회귀분석의 개념	- 회귀모형 - 회귀식
	단순회귀분석	- 단순회귀식의 적합도 추정 - 적합도 측정방법 - 단순회귀분석의 검정
	중회귀분석	- 표본의 중회귀식 - 중회귀식의 적합도 검정 - 중회귀분석의 검정 - 변수의 선택 방법
	상관분석	- 상관계수의 의미 - 상관계수의 검정
다변량분석	요인분석	- 요인분석의 의의와 절차
	군집분석	- 군집분석의 의의와 절차
	판별분석	- 판별분석의 의의와 절차
	경로분석	- 경로분석의 의의와 절차
	시계열분석	- 시계열분석의 의의와 절차
	구조방정식모형	- 구조방정식모형의 의의와 절차

주요항목	세부항목	세세항목
비모수통계·교차분석	비모수적 추론	- 윌콕슨 순위합 검정 - 대응비교 - 부호검정 - 무작위의 검정
	교차분석	- 교차분석의 의의
빅데이터통계	데이터 이해	- 빅데이터 이해, - 빅데이터 분석기술 이해
	데이터 분석기획	- 도메인 이슈 도출, - 분석목표수립, - 프로젝트계획
	데이터분석	- 텍스트마이닝, - 정형데이터결합분석

▦ 사회조사분석 실무 – 실기

주요항목	세부항목	세세항목
통계조사 계획	통계조사목적 수립하기	- 조사에 필요한 고객의 요구사항을 분석할 수 있다. - 수집된 요구사항에 따라 조사목적을 수립할 수 있다. - 조사목적을 달성하기 위한 세부 목표를 설정할 수 있다.
	조사내용 결정하기	- 수립된 조사목적에 따라 조사 가능한 주요 조사 내용을 도출할 수 있다. - 주요 조사 내용에 대하여 측정 가능한 방법을 결정할 수 있다. - 결정된 측정방법을 고려하여 주요 조사 내용을 결정할 수 있다.
	조사방법 결정하기	- 결정된 조사내용에 따라 적용 가능한 조사 방법의 목록을 작성할 수 있다. - 조사 목적을 달성하기 위하여 작성된 조사방법들을 비교분석할 수 있다. - 비교분석 결과에 따라 최적의 조사방법을 결정할 수 있다.
	실행계획 수립하기	- 조사내용과 방법을 고려하여 조사환경을 분석할 수 있다. - 분석된 조사 환경과 조사예산을 고려하여 조사 범위를 결정할 수 있다. - 조사수행에 필요한 통계조사 실행계획을 수립할 수 있다.
표본설계	조사대상 정하기	- 수립된 조사 계획에 따라 조사목적에 적합한 모집단을 선택할 수 있다 . - 정의된 모집단을 기반으로 표본추출틀을 결정할 수 있다.

주요항목	세부항목	세세항목
		- 모집단과 표본추출틀을 바탕으로 조사대상을 결정할 수 있다.
	표본추출방법 결정하기	- 조사대상과 표본추출틀에 따라 표본추출방법의 목록을 작성할 수 있다. - 오차와 비용을 고려하여 최적의 표본추출방법을 결정할 수 있다. - 결정된 표본추출 방법에 대하여 세부적인 표본추출 절차를 수립할 수 있다.
	표본크기 결정하기	- 조사 목적에 따라 정확도 수준을 결정할 수 있다. - 주어진 예산과 표본추출방법을 고려하여 표본의 크기를 결정할 수 있다. - 결정된 표본의 크기에 따라 표본오차의 크기를 계산할 수 있다.
	표본배분하기	- 조사 설계를 위하여 층화변수를 설정할 수 있다. - 층화변수에 따라 층화별 모집단 구성비를 계산할 수 있다. - 층화변수의 모집단 구성비에 따라 할당 표본 크기를 계산할 수 있다. - 층화별 최적 표본크기를 확보할 수 있도록 표본을 배분할 수 있다.
	표본추출하기	- 세부적인 표본추출절차에 대한 알고리즘을 개발할 수 있다. - 개발된 알고리즘과 층화별 표본크기에 따라 표본을 추출할 수 있다. - 추출된 표본에 따라 조사 대상 목록을 작성할 수 있다.
설문설계	분석설계하기	- 조사목적에 따라 산출할 수 있는 조사 내용을 구체화할 수 있다. - 구체화된 조사내용을 토대로 원시정보의 유형을 결정할 수 있다. - 구체화된 조사 내용에 따라 분석모형을 도출할 수 있다.
	개별설문항목 작성하기	- 분석 설계에 기초하여 필요한 설문 항목들을 구조화할 수 있다. - 개별 설문항목에 따라 적절한 질문항목을 만들 수 있다. - 개별 질문항목에 따라 적절한 응답항목을 만들 수 있다. - 개별 질문항목과 응답항목 간의 일관성을 검토할 수 있다.
	설문시안 작성하기	- 정확한 응답을 얻기 위하여 설문 항목들을 구조화할 수 있다. - 설문의 흐름에 따라 지문을 삽입할 수 있다. - 구조화된 설문내용을 토대로 설문 시안을 작성할 수 있다.

주요항목	세부항목	세세항목
	설문지 완성하기	- 사전조사를 통하여 설문지 문제점을 점검할 수 있다. - 사전조사결과를 토대로 설문 내용을 보완할 수 있다. - 보완된 설문지를 바탕으로 최종설문지를 완성할 수 있다.
실사관리	실사준비하기	- 조사방법에 맞추어 적절한 인원을 선발할 수 있다. - 선발 인력에 대해 필요한 교육을 실시할 수 있다. - 선발 인력에게 업무를 배정할 수 있다. - 자료 수집을 위한 필요한 준비를 할 수 있다.
	실사진행 관리하기	- 수립된 실행계획을 토대로 자료수집 계획서를 작성할 수 있다. - 자료수집 계획서에 따라 실사 진행 사항을 점검할 수 있다. - 점검 결과에 따라 필요조치를 취할 수 있다.
	실사품질 관리하기	- 수집된 자료의 정합성을 점검할 수 있다. - 정합성 점검을 바탕으로 필요한 조치를 취할 수 있다. - 실사 품질관리 결과를 문서화할 수 있다.
자료처리	부호화하기	- 응답된 설문항목에 기초하여 자료 값이 가질 수 있는 범위를 정할 수 있다. - 개방형 응답 변수에 대한 응답내용을 부호화할 수 있다. - 부호화된 값과 설문항목 간 대응관계를 파악하기 위하여 부호화 지침서를 작성할 수 있다.
	자료입력하기	- 자료 분석을 위하여 설문 응답 자료를 데이터베이스에 입력할 수 있다. - 자료의 정확성을 확보하기 위하여 입력된 자료의 정합성을 판단할 수 있다. - 정합성 판단 결과를 토대로 오류값을 수정할 수 있다. - 데이터베이스에 입력된 자료를 기초로 자료 분석용 원시자료를 생성할 수 있다.
	최종 원시자료 생성하기	- 완성된 원시자료파일을 기반으로 각 응답항목에 대하여 빈도표를 작성할 수 있다. - 작성된 빈도표를 토대로 설문 항목별 자료의 특성을 분석할 수 있다. - 응답항목별 특성을 기초로 최종 원시자료를 생성할 수 있다.
2차 자료분석	2차 자료 선정하기	- 조사목적에 부합하는 2차 자료 유형을 조사할 수 있다. - 조사목적에 적합한 2차 자료 후보군을 수집할 수 있다. - 예산과 기간 범위 내에서 조사목적을 달성할 수 있는 2차 자료 대상을 결정할 수 있다.

주요항목	세부항목	세세항목
	2차 자료 수집하기	- 선정된 2차 자료를 효과적으로 수집하기 위한 계획을 수립할 수 있다. - 수립한 계획에 따라 2차 자료를 수집할 수 있다. - 조사목적에 따라 수집한 2차 자료를 점검할 수 있다. - 점검 결과에 따라 필요한 조치를 취할 수 있다.
	2차 자료 분석하기	- 분석하고자 하는 목적에 맞게 2차 자료를 분류할 수 있다. - 자료의 특성에 따라 적절한 분석기법을 적용하여 정밀 분석할 수 있다. - 조사목적에 맞게 분석한 결과의 결론을 도출할 수 있다. - 조사목적에 따라 2차 자료분석 보고서를 작성할 수 있다.
기술통계 분석	추정·가설검정	- 분석 목적 달성을 위하여 수집된 자료를 파악할 수 있다. - 분석 목적에 적합한 통계 분석 방법을 적용하기 위하여 수집된 자료의 사전탐색을 통하여 가설을 설정할 수 있다. - 가설 검정을 위한, 통계치의 기준을 설정하고 적용할 수 있다.
	기술통계량 산출	- 조사 자료의 다양한 속성을 요약, 정리할 수 있다. - 표본 전체의 전반적인 속성을 파악 할 수 있다. - 첨도, 왜도 등을 통해 자료의 기울기와 구조를 확인할 수 있다.
	빈도분석	- 분석설계에 따라 조사항목별로 빈도분석 결과를 산출할 수 있다. - 분석된 결과에 대하여 유의미한 정보를 도출할 수 있다.
	교차분석	- 가설 설정과 가설 검정을 할 수 있다. - 분석설계에 따라 교차분석 결과를 산출할 수 있다. - 분석된 결과에 대하여 통계적 의미를 도출할 수 있다.
	평균차이분석	- 가설 설정과 가설 검정을 할 수 있다. - 분석설계에 따라 분석 결과를 산출할 수 있다. - 분석된 결과에 대하여 통계적 검정과 해석을 도출할 수 있다.
응용통계 분석	다변량분석	- 기술통계분석, 평균차이분석 결과를 고려하여 다변량 분석 방법을 결정할 수 있다. - 분석설계에 따라 다변량분석 결과를 산출할 수 있다. - 분석된 결과에 대하여 통계적 검정과 해석을 도출할 수 있다. - 판별분석, 군집분석, 경로분석, 요인분석을 할 수 있고 그 결과를 해석할 수 있다.

주요항목	세부항목	세세항목
	컨조인트분석	- 연구 분석 목적에 적합한 통계 분석 방법을 결정할 수 있다. - 통계 분석 방법의 가설 검정을 위한 통계치의 기준을 설정하고 적용할 수 있다. - 분석된 결과에 대하여 통계적 검정과 해석을 도출할 수 있다.
	비모수통계	- 연구 분석 목적에 적합한 통계 분석 방법을 결정할 수 있다. - 통계 분석 방법의 가설 검정을 위한 통계치의 기준을 설정하고 적용할 수 있다. - 분석된 결과에 대하여 통계적 검정과 해석을 도출할 수 있다.
회귀분석	신뢰도분석	- 분석 목적 달성을 위하여 수집된 자료의 신뢰도를 파악할 수 있다. - 수집된 자료의 신뢰도를 확보하고, 적용할 수 있다.
	상관분석	- 가설 설정 및 가설 검정을 할 수 있다. - 분석설계에 따라 분석 결과를 산출할 수 있다. - 분석된 결과에 대하여 통계적 검정과 해석을 도출할 수 있다.
	단순회귀분석	- 기술통계분석, 평균차이분석, 상관분석 결과를 고려하여 회귀분석 방법을 결정할 수 있다. - 분석설계에 따라 가설 설정과 가설 검정, 분석 결과를 산출할 수 있다. - 분석된 결과에 대하여 통계적 검정과 해석을 도출할 수 있다.
	다중회귀분석	- 기술통계분석, 평균차이분석, 상관분석 결과를 고려하여 회귀분석 방법을 결정할 수 있다. - 분석설계에 따라 가설 설정과 가설 검정, 분석 결과를 산출할 수 있다. - 분석된 결과에 대하여 통계적 검정과 해석을 도출할 수 있다.
FGI 정성조사	FGI 설계하기	- 조사목적에 따라 FGI 주제를 선정할 수 있다. - 선정된 FGI 주제에 부합하는 인터뷰 대상을 선정할 수 있다. - FGI 주제에 부합하는 질문지를 작성할 수 있다. - FGI진행 환경을 고려하여 진행지침을 작성할 수 있다.
	FGI 실시하기	- 작성된 진행 지침에 따라 그룹인터뷰를 진행할 수 있다. - 제한된 시간 안에 선정된 주제를 모두 인터뷰 할 수 있다. - 인터뷰가 진행되는 동안 적절한 질문과 경청으로 참가자의 응답을 이끌어 낼 수 있다.
	FGI 자료분석	- FGI 결과를 구체적인 정보단위로 정리할 수 있다. - 정리된 정보를 FGI 목적에 맞춰 분류할 수 있다. - FGI 자료 분석결과를 해석할 수 있다. - FGI 자료 분석결과 및 해석을 보고서 형태로 정리할 수 있다.

주요항목	세부항목	세세항목
보고서 작성	보고서 구성하기	- 조사결과를 효과적으로 전달하기 위하여 보고서 서식을 디자인 할 수 있다. - 조사 목적과 결과에 따라 보고서 목차를 구성할 수 있다. - 보고서 체계에 따라 보고서 작성기준을 수립할 수 있다.
	보고서 작성하기	- 수립된 작성기준에 따라 조사결과 보고서를 작성할 수 있다. - 조사결과를 바탕으로 시사점을 도출할 수 있다. - 도출된 시사점을 바탕으로 제언 사안을 도출할 수 있다.
	보고서 발표하기	- 보고서 내용을 효과적으로 전달하기 위하여 발표내용을 기획할 수 있다. - 기획된 내용에 따라 발표 자료를 작성할 수 있다. - 작성된 자료를 바탕으로 내 · 외부 고객에게 발표 할 수 있다.
빅데이터 통계	기획서 작성하기	- 도메인이슈를 도출할 수 있다. - 분석목표를 수립할 수 있다. - 프로젝트를 계획할 수 있다.
	빅데이터 처리하기	- 빅데이터처리 계획수립을 할 수 있다. - 시스템을 구성 할 수 있다.
	빅데이터 분석하기	- 가설설정을 할 수 있다. - 빅데이터 모델을 개발 할 수 있다. - 평가 및 검증할 수 있다.
	분석보고서 작성하기	- 분석보고서의 목적을 작성할 수 있다. - 분석보고서를 구성 할 수 있다. - 빅데이터 분석 및 해석결과를 검토 할 수 있다. - 최종결론을 제시할 수 있다.

사회조사분석사 2급

조사방법론 1 (30문항) - 필기

주요항목	세부항목	세세항목
과학적 연구의 개념	과학적 연구의 의미	- 과학적 연구의 의미 - 과학적 연구의 논리체계
	과학적 연구의 목적과 유형	- 과학적 연구의 목적과 접근방법 - 과학적 연구의 유형
	과학적 연구의 절차와 계획	- 과학적 연구의 절차 - 과학적 연구의 분석단위
	연구문제 및 가설	- 연구문제의 의미와 유형 - 이론 및 가설의 개념
	조사윤리와 개인정보보호	- 조사윤리의 의미 - 개인정보보호의 의미
	현장조사 이해 및 실무	- 현장조사의 이해 - 현장조사의 실무
조사 설계의 이해	설명적 조사 설계	- 설명적 조사 설계의 기본원리
	기술적 조사 설계	- 기술적 조사 설계의 개념 - 횡단면적 조사 설계의 개념과 유형 - 내용분석의 의미
	질적 연구의 조사 설계	- 질적 연구의 개념과 목적 - 행위연구 설계의 의미 - 사례연구 설계의 의미
자료수집 방법	자료의 종류와 수집방법의 분류	- 자료의 종류 - 자료수집방법의 분류
	질문지법의 이해	- 질문지법의 의의 - 질문지 작성 - 질문지 적용방법
	관찰법의 이해	- 관찰법의 이해 - 관찰법의 유형 - 관찰법의 장단점
	면접법의 이해	- 면접법의 의미 - 면접법의 종류 - 집단면접 및 심층면접의 개념

조사방법론 II(30문항) - 필기

주요항목	세부항목	세세항목
개념과 측정	개념, 구성개념, 개념적 정의	- 개념 및 구성개념 - 개념적 정의
	변수와 조작적 정의	- 변수의 개념 및 종류 - 개념적, 조작적 정의
	변수의 측정	- 측정의 개념 - 측정의 수준과 척도
	측정도구와 척도의 구성	- 측정도구 및 척도의 의미 - 척도구성방법 - 척도분석의 방법
	지수(index)의 의미	- 지수(index)의 의미와 작성방법 - 사회지표의 종류
측정의 타당성과 신뢰성	측정오차의 의미	- 측정오차의 개념 - 측정오차의 종류
	타당성의 의미	- 타당성의 개념 - 타당성의 종류
	신뢰성의 의미	- 신뢰성의 개념 - 신뢰성 추정방법 - 신뢰성 제고방안
표본 설계	표본추출의 의미	- 표본추출의 기초개념 - 표본추출의 이점
	표본추출의 설계	- 표본추출설계의 의의 - 확률표본추출방법 - 비확률표본추출방법
	표본추출오차와 표본크기의 결정	- 표본추출 오차와 비표본추출 오차의 개념 - 표본추출 오차의 크기 및 적정 표본크기의 결정

사회통계 (40문항) - 필기

주요항목	세부항목	세세항목
기초통계량	중심경향측정치	- 평균, 중앙값, 최빈값
	산포의 정도	- 범위, 평균편차, 분산, 표준편차
	비대칭도	- 피어슨의 비대칭도 - 분포의 모양과 평균, 분산, 비대칭도
확률이론 및 확률분포	확률이론의 의미	- 사건과 확률법칙
	확률분포의 의미	- 확률변수와 확률분포 - 이산확률변수와 연속확률변수 - 확률분포의 기댓값과 분산
	이산확률분포의 의미	- 이항분포의 개념
	연속확률분포의 의미	- 정규분포의 의미 - 표준정규분포
	표본분포의 의미	- 평균의 표본분포 -비율의 표본분포
추정	점추정	- 모평균, 모비율, 모분산의 추정
	구간추정	- 모평균, 모비율, 모분산의 구간추정 - 두 모집단의 평균차의 추정 - 대응모집단의 평균차의 추정 - 표본크기의 결정
가설검정	가설검정의 기초	- 가설검정의 개념 - 가설검정의 오류
	단일모집단의 가설검정	- 모평균, 모비율, 모분산의 가설검정
	두 모집단의 가설검정	- 두 모집단평균의 가설검정 - 대응 모집단의 평균차의 가설검정 - 두 모집단비율의 가설검정
분산분석	분산분석의 개념	- 분산분석의 기본가정
	일원분산분석	- 일원분산분석의 의의 - 일원분산분석의 전개과정
	교차분석	- 교차분석의 의의

회귀분석	회귀분석의 개념	- 회귀모형 - 회귀식
	단순회귀분석	- 단순회귀식의 적합도 추정 - 적합도 측정방법 - 단순회귀분석의 검정
	중회귀분석	- 표본의 중회귀식 - 중회귀식의 적합도 검정 - 중회귀분석의 검정 - 변수의 선택 방법
	상관분석	- 상관계수의 의미 - 상관계수의 검정

▦ 사회조사분석 실무(설문지작성, 단순통계처리 및 분석) - 실기

주요항목	세부항목	세세항목
통계조사 계획	통계조사목적 수립하기	- 조사에 필요한 고객의 요구사항을 분석할 수 있다. - 수집된 요구사항에 따라 조사목적을 수립할 수 있다. - 조사목적을 달성하기 위한 세부 목표를 설정할 수 있다.
	조사내용 결정하기	- 수립된 조사목적에 따라 조사 가능한 주요 조사 내용을 도출할 수 있다. - 주요 조사 내용에 대하여 측정 가능한 방법을 결정할 수 있다. - 결정된 측정방법을 고려하여 주요 조사 내용을 결정할 수 있다.
	조사방법 결정하기	- 결정된 조사내용에 따라 적용 가능한 조사 방법의 목록을 작성할 수 있다. - 조사 목적을 달성하기 위하여 작성된 조사방법들을 비교분석할 수 있다. - 비교분석 결과에 따라 최적의 조사방법을 결정할 수 있다.
	실행계획 수립하기	- 조사내용과 방법을 고려하여 조사환경을 분석할 수 있다. - 분석된 조사 환경과 조사예산을 고려하여 조사 범위를 결정할 수 있다. - 조사수행에 필요한 통계조사 실행계획을 수립할 수 있다.
표본설계	조사대상 정하기	- 수립된 조사 계획에 따라 조사목적에 적합한 모집단을 선택할 수 있다 . - 정의된 모집단을 기반으로 표본추출틀을 결정할 수 있다. - 모집단과 표본추출틀을 바탕으로 조사대상을 결정할 수 있다.

주요항목	세부항목	세세항목
	표본추출방법 결정하기	- 조사대상과 표본추출틀에 따라 표본추출방법의 목록을 작성할 수 있다. - 오차와 비용을 고려하여 최적의 표본추출방법을 결정할 수 있다. - 결정된 표본추출 방법에 대하여 세부적인 표본추출 절차를 수립할 수 있다.
	표본크기 결정하기	- 조사 목적에 따라 정확도 수준을 결정할 수 있다. - 주어진 예산과 표본추출방법을 고려하여 표본의 크기를 결정할 수 있다. - 결정된 표본의 크기에 따라 표본오차의 크기를 계산할 수 있다.
	표본배분하기	- 조사 설계를 위하여 층화변수를 설정할 수 있다. - 층화변수에 따라 층화별 모집단 구성비를 계산할 수 있다. - 층화변수의 모집단 구성비에 따라 할당 표본 크기를 계산할 수 있다. - 층화별 최적 표본크기를 확보할 수 있도록 표본을 배분할 수 있다.
	표본추출하기	- 세부적인 표본추출절차에 대한 알고리즘을 개발할 수 있다. - 개발된 알고리즘과 층화별 표본크기에 따라 표본을 추출할 수 있다. - 추출된 표본에 따라 조사 대상 목록을 작성할 수 있다.
설문설계	분석설계하기	- 조사목적에 따라 산출할 수 있는 조사 내용을 구체화할 수 있다. - 구체화된 조사내용을 토대로 원시정보의 유형을 결정할 수 있다. - 구체화된 조사 내용에 따라 분석모형을 도출할 수 있다.
	개별설문항목 작성하기	- 분석 설계에 기초하여 필요한 설문 항목들을 구조화할 수 있다. - 개별 설문항목에 따라 적절한 질문항목을 만들 수 있다. - 개별 질문항목에 따라 적절한 응답항목을 만들 수 있다. - 개별 질문항목과 응답항목 간의 일관성을 검토할 수 있다.
	설문시안 작성하기	- 정확한 응답을 얻기 위하여 설문 항목들을 구조화할 수 있다. - 설문의 흐름에 따라 지문을 삽입할 수 있다. - 구조화된 설문내용을 토대로 설문 시안을 작성할 수 있다.
	설문지 완성하기	- 사전조사를 통하여 설문지 문제점을 점검할 수 있다. - 사전조사결과를 토대로 설문 내용을 보완할 수 있다. - 보완된 설문지를 바탕으로 최종설문지를 완성할 수 있다.

주요항목	세부항목	세세항목
실사관리	실사준비하기	- 조사방법에 맞추어 적절한 인원을 선발할 수 있다. - 선발 인력에 대해 필요한 교육을 실시할 수 있다. - 선발 인력에게 업무를 배정할 수 있다. - 자료 수집을 위한 필요한 준비를 할 수 있다.
	실사진행 관리하기	- 수립된 실행계획을 토대로 자료수집 계획서를 작성할 수 있다. - 자료수집 계획서에 따라 실사 진행 사항을 점검할 수 있다. - 점검 결과에 따라 필요조치를 취할 수 있다.
	실사품질 관리하기	- 수집된 자료의 정합성을 점검할 수 있다. - 정합성 점검을 바탕으로 필요한 조치를 취할 수 있다. - 실사 품질관리 결과를 문서화할 수 있다.
자료처리	부호화하기	- 응답된 설문항목에 기초하여 자료 값이 가질 수 있는 범위를 정할 수 있다. - 개방형 응답 변수에 대한 응답내용을 부호화할 수 있다. - 부호화된 값과 설문항목 간 대응관계를 파악하기 위하여 부호화 지침서를 작성할 수 있다.
	자료입력하기	- 자료분석을 위하여 설문 응답 자료를 데이터베이스에 입력할 수 있다. - 자료의 정확성을 확보하기 위하여 입력된 자료의 정합성을 판단할 수 있다. - 정합성 판단 결과를 토대로 오류값을 수정할 수 있다. - 데이터베이스에 입력된 자료를 기초로 자료분석용 원시자료를 생성할 수 있다.
	최종 원시자료 생성하기	- 완성된 원시자료파일을 기반으로 각 응답항목에 대하여 빈도표를 작성할 수 있다. - 작성된 빈도표를 토대로 설문 항목별 자료의 특성을 분석할 수 있다. - 응답항목별 특성을 기초로 최종 원시자료를 생성할 수 있다.
2차 자료분석	2차 자료 선정하기	- 조사목적에 부합하는 2차 자료 유형을 조사할 수 있다. - 조사목적에 적합한 2차 자료 후보군을 수집할 수 있다. - 예산과 기간 범위 내에서 조사목적을 달성할 수 있는 2차 자료 대상을 결정할 수 있다.
	2차 자료 수집하기	- 선정된 2차 자료를 효과적으로 수집하기 위한 계획을 수립할 수 있다. - 수립한 계획에 따라 2차 자료를 수집할 수 있다. - 조사목적에 따라 수집한 2차 자료를 점검할 수 있다. - 점검 결과에 따라 필요한 조치를 취할 수 있다.

주요항목	세부항목	세세항목
	2차 자료 분석하기	- 분석하고자 하는 목적에 맞게 2차 자료를 분류할 수 있다. - 자료의 특성에 따라 적절한 분석기법을 적용하여 정밀 분석할 수 있다. - 조사목적에 맞게 분석한 결과의 결론을 도출할 수 있다. - 조사목적에 따라 2차 자료분석 보고서를 작성할 수 있다.
기술통계 분석	추정·가설검정	- 분석 목적 달성을 위하여 수집된 자료를 파악할 수 있다. - 분석 목적에 적합한 통계 분석 방법을 적용하기 위하여 수집된 자료의 사전탐색을 통하여 가설을 설정할 수 있다. - 가설 검정을 위한, 통계치의 기준을 설정하고 적용할 수 있다.
	기술통계량 산출	- 조사 자료의 다양한 속성을 요약, 정리할 수 있다. - 표본 전체의 전반적인 속성을 파악 할 수 있다. - 첨도, 왜도 등을 통해 자료의 기울기와 구조를 확인할 수 있다.
	빈도분석	- 분석설계에 따라 조사항목별로 빈도분석 결과를 산출할 수 있다. - 분석된 결과에 대하여 유의미한 정보를 도출할 수 있다.
	교차분석	- 가설 설정과 가설 검정을 할 수 있다. - 분석설계에 따라 교차분석 결과를 산출할 수 있다. - 분석된 결과에 대하여 통계적 의미를 도출할 수 있다.
	평균차이분석	- 가설 설정과 가설 검정을 할 수 있다. - 분석설계에 따라 분석 결과를 산출할 수 있다. - 분석된 결과에 대하여 통계적 검정과 해석을 도출할 수 있다.
FGI 정성조사	FGI 설계하기	- 조사목적에 따라 FGI 주제를 선정할 수 있다. - 선정된 FGI 주제에 부합하는 인터뷰 대상을 선정할 수 있다. - FGI 주제에 부합하는 질문지를 작성할 수 있다. - FGI진행 환경을 고려하여 진행지침을 작성할 수 있다.
	FGI 실시하기	- 작성된 진행 지침에 따라 그룹인터뷰를 진행할 수 있다. - 제한된 시간 안에 선정된 주제를 모두 인터뷰 할 수 있다. - 인터뷰가 진행되는 동안 적절한 질문과 경청으로 참가자의 응답을 이끌어 낼 수 있다.
	FGI 자료분석	- FGI 결과를 구체적인 정보단위로 정리할 수 있다. - 정리된 정보를 FGI 목적에 맞춰 분류할 수 있다. - FGI 자료 분석결과를 해석할 수 있다. - FGI 자료 분석결과 및 해석을 보고서 형태로 정리할 수 있다.

응시자격 및 검정기준과 방법

응시자격

종목 및 등급	응시자격
사회조사분석사 1급	다음 각 호의 어느 하나에 해당하는 사람 - 해당종목의 2급 자격을 취득한 후 해당실무에 2년 이상 종사한 자 - 해당실무에 3년 이상 종사한 자
사회조사분석사 2급	제한 없음

검정기준

종목 및 등급	검정기준
사회조사분석사 1급	- 종합적인 조사계획을 수립할 수 있는 능력의 유무 - 표본을 추출하는 방식을 결정할 수 있는 능력의 유무 - 조사목적에 적합한 조사방법, 통계기법을 선택·결정·활용할 수 있는 능력의 유무 - 조사보고서 작성업무를 총괄적으로 기획하고 관리할 수 있는 능력의 유무
사회조사분석사 2급	- 질문지(조사표)를 체계적으로 작성할 수 있는 능력의 유무 - 조사방법에 관한 기본지식의 유무 - 회수된 조사표를 검토·분석하기 위한 자료 준비(편집·부호화·자료선정 등)를 수행할 수 있는 능력의 유무 - 통계프로그램을 활용하여 조사결과를 분석할 수 있는 능력의 유무 - 분석결과를 토대로 조사보고서를 작성할 수 있는 능력의 유무

검정방법

구분	1차 시험	2차 시험	
	1급.2급 공통	1급	2급
시험방법	객관식 4지 택일형	작업형(100점)	-복합형 -작업형(40점) -필답형(60점
시험시간	2시간 30분	4시간 정도	-작업형 : 2시간 정도 -필답형 : 2시간

메뉴 찾아보기

그래프

데이터

변환

분석

요소

파일

편집

참고문헌

[1] http://cafe.daum.net/sr2

[2] http://cafe.naver.com/stathelp

[3] http://cafe.naver.com/statclub

[4] http://www.mirae21.re.kr/

[5] 권세혁(2004). *SAS, SPSS 활용 설문조사분석*, 자유아카데미.

[6] 김기영, 강현철, 최병진(2000). *예제로 배우는 SAS 기초통계분석*, 자유아카데미

[7] 김봉수, 박동일, 박정오, 이주희(2002). *사회조사분석사 2급 실기 - 사회조사 실무 [작업형] 실전모의고사*, 성안당.

[8] 김영원, 류제복, 박진우, 홍기학(1998). *표본조사의 이해와 활용*, 자유아카데미.

[9] 김주환, 이기성(2002). *일반통계학*, 자유아카데미.

[10] 박성현, 조신섭, 김성수(2002). *한글 SPSS*, SPSS 아카데미.

[11] 박영술, 정동빈(2003). *SPSS를 이용한 자료정리와 분석*, 자유아카데미.

[12] 성내경(1998). *Windows용 SAS를 이용한 통계적 자료분석*, 자유아카데미.

[13] 이기성, 남기성(2020), *사회조사분석론-조사방법론과 사회통계-*, 자유아카데미.

[14] 정기문, 한성실(2007). *SAS를 활용한 통계자료분석 실습*, 자유아카데미.

[15] 최병수, 정승환, 박옥희, 홍종선(2002). *엑셀을 이용한 사회조사분석*, 탐진.

저자 소개

이기성
현) 우석대학교 아동복지학과 교수

한성실
현) 부경대학교 통계학과 시간강사

정기문
현) 경성대학교 정보통계학과 교수

한글 SPSS 통계자료분석 -제3판-

사회조사분석사 실기 기출문제 및 풀이 수록

저 자 이기성 · 한성실 · 정기문
발 행 인 김지영
발 행 처 자유아카데미
주 소 경기도 파주시 회동길 37-42
파주출판도시
전 화 031-955-1321
팩 스 031-955-1322
홈페이지 www.freeaca.com
전자우편 main@freeaca.com (대표)
editor@freeaca.com (편집)
crm@freeaca.com (영업)
등 록 제406-2003-017호, 1980. 7. 12
제3판1쇄 2020년 8월 25일 발행
정 가 30,000원

저자와의
협의하에
인지생략

ISBN 979-11-5808-280-2 93310